교육과정이 들려주는
수업 Story

교육과정이 들려주는 수업 Story

발행일	2020년 11월 6일			
지은이	이수인			
펴낸이	손형국			
펴낸곳	(주)북랩			
편집인	선일영	편집	정두철, 최승현, 윤성아, 이예지, 최예원	
디자인	이현수, 김민하, 한수희, 김윤주, 허지혜	제작	박기성, 황동현, 구성우, 권태련	
마케팅	김회란, 박진관, 장은별			
출판등록	2004. 12. 1(제2012-000051호)			
주소	서울특별시 금천구 가산디지털 1로 168, 우림라이온스밸리 B동 B113~114호, C동 B101호			
홈페이지	www.book.co.kr			
전화번호	(02)2026-5777	팩스	(02)2026-5747	

ISBN   979-11-6539-441-7 03370 (종이책)   979-11-6539-442-4 05370 (전자책)

이 도서의 국립중앙도서관 출판예정도서목록(CIP)은 서지정보유통지원시스템 홈페이지(http://seoji.nl.go.kr)와
국가자료공동목록시스템(http://www.nl.go.kr/kolisnet)에서 이용하실 수 있습니다.
(CIP제어번호: CIP2020046682)

(주)북랩 성공출판의 파트너

북랩 홈페이지와 패밀리 사이트에서 다양한 출판 솔루션을 만나 보세요!

홈페이지 book.co.kr   •   **블로그** blog.naver.com/essaybook   •   **출판문의** book@book.co.kr

역량중심 백워드 기반 KDB 모형과의 만남!

교육과정이 들려주는 수업 Story

이수인 지음

교육과정 재구성과 수업 디자인을 위한
비타민 같은 지침서

북랩 book Lab

"교육이라는 '꽃'이 학교에서 피어난다면, 배움이라는 '열매'는 교실에서 수업을 통해 자라고 익어서 결실을 맺게 된다."

_ 이윤호

이수인(2020), 수업 열매, 60×55㎝

　교육과 관련한 많은 아포리즘 중에서 저자가 가장 좋아하는 글귀이다. 이 말은 학교에서 구성원들이 철학과 가치를 공유하고 이를 학교 교육과정에 반영하여 기반 조성을 통해 학생들에게 교육의 씨앗을 뿌리고 꽃을 피우도록 한다면, 학생들의 알찬 배움은, 교사로 인해 교실이라는 공간에서 정성을 다해 잘 자라고 익도록 해야 한다는 의미를 내포하고 있기 때문이다. 또한, 배움의 열매가 잘 맺도록 영양분을 맞춤형으로 제공하기 위해서는 교사의 전문적 지도 내용과 방법이 무엇보다 중요하다는 것을 암시하고 있기 때문이기도 하다.

배움은 대부분 교실에서 수업을 통해 교사와 학생과의 상호작용으로 이루어진다. 교육의 '꽃'을 교실에서 튼실한 열매로 맺게 하기 위해서는 무엇보다 교사의 전문적 지도 기술이 중요한 요소가 된다. 결국은 교사의 전문성 여부에 따라 꽃이 잘 영글어 충실한 배움의 열매가 맺게 된다는 논리라고 할 수 있다. 그러므로 알토란같은 배움 열매를 얻기 위해서는 영양가 있는 교사의 가르침은 필요충분조건인 셈이다. 영양가 있는 가르침이란 무엇일까? 아마도 학생들이 온전히 배움으로 담아낼 수 있도록 교사가 전문적으로 제공하는 맞춤형 선물, 즉 교수·학습일 것이다.

교직은 전문직이기 때문에 교사를 전문가라고 말한다. 그렇다면 교사는 어떤 분야에 전문가여야 하는가? 학교 현장에서 전문적 영역은 많다. 수업 실연, 수업 디자인, 수업 컨설팅, 학급 경영, 생활교육, 심리상담, 학교폭력, 교육과정 재구성, 과정중심평가, 수업 연출, 교실 관리 등 전문적 분야는 다양하다. 그러나 이러한 전문적 분야를 대표할 수 있는 것은 아마도 수업이 아닐까 생각한다. 물론, 수업은 수업 디자인, 연출, 실연까지 포함한다. 다음으로 수업과 연계성이 깊은 것은 교육과정과 평가이다. 왜냐하면, 수업은 교육과정과 평가와는 한 몸일 수밖에 없기 때문이다. 이러한 측면에서 지금까지 현장 교사를 중심으로 교육과정, 수업, 평가와 관련하여 이론과 실제를 다룬 책들이 시중에 많이 출간되었다. 이는 교사에게 다양한 관점을 주고 전문성을 확장하여 준다는 차원에서 고무적인 일이다. 교사들의 전문적 식견을 높아지게 만드는 기제로 작용하기 때문이다.

다만 지금까지의 책들은 전반적으로 교육과정 재구성과 평가에 대한 이해와 사례 중심이어서 수업 관련 실제 부분에 대한 언급이 없었던 것은 저자에게 아쉬움으로 다가왔다. 한 권의 책으로 교육과정, 수업, 평가의 이해는 물론 그 당위성을 공유하여 교사의 마음을 움직이게 하는 종합적인 지침서와 같이 교사들의 가려운 부분을 확실하게 긁어줄 수 있는 효자손과 같은 책이 필요하다고 생각하였다.

이러한 측면에서 저자는 교사들이 한 권의 책으로 교육과정을 이해하고, 이를 바탕으로 재구성을 어떻게 하며, 평가는 무엇이고 어떻게 적용해야 하는지 등 이 모든 것을 아울러서 수업으로 귀결이 되는 종합비타민과 같은 책을 세상에 선보이고 싶었다. 물론 이러한 용기는 교사 시절 교육과정과 수업의 매력에 푹 빠졌었고, 전문직이 된 이후부터 지금까지 교육과정, 수업, 평가 분야에 대한 연구와 실천적 생활을 하면서 얻은 노하우를 바탕으로 다양한 강의와 컨설팅 전문가로 활동을 해 온 경험도 한몫하였다. 그래서 퇴임도 얼마 남지 않았고 교직 생활을 정리하는 차원에서 무언가 현장에 도움을 주어야 하겠다는 마음을 담아 정리한 책이 드디어 세상 밖으로 나오게 되었다.

이 책에 담겨있는 메시지이자 키워드는 크게 4가지이다. 핵심적인 4대 키워드는 교육과정중심 수업의 패러다임, 성취기준 비밀 탐구하기, 백워드 기반 KDB 모형 적용 교육과정 재구성, 수업 에듀테이너이다.

교육과정중심 수업의 패러다임은 '1부'에서 다루었다. 우선은 미래 교육에 대한 전망을 통해 교육적 철학과 가치를 명확하게 갖도록 하였다.

그다음에는 교사의 탈전문화를 촉진시킨 주인공에 해당하는 교과서 중심 수업의 문제점을 지적하고, 교육과정 전문가로 발돋움하도록 교육과정중심 수업 패러다임 전환의 당위성을 설명하였다. 교육과정-수업-평가의 일체화는 물론 교육과정 문해력도 자연스럽게 증진할 수 있는 방향으로 구성하였다.

또한, 평가적 이해를 충분하게 하도록 이론적 제시는 물론 개념적 부재로 혼란스러워하는 과정중심평가에 대해서도 충분하게 이해할 수 있도록 제시하였다. 특히, 성취기준 중심 총체적 및 분석적 루브릭과 과정중심 지필평가, 과정중심 수행평가는 물론 연간 평가계획 작성과 통지 방법에 대해서도 충실한 안내자 역할을 하고자 하였다.

성취기준 비밀 탐구는 '2부'의 몫이다. 성취기준의 의미와 메시지, KDB 모형 적용 성취기준 분석하기, 교과서와 성취기준과 연결하기 등을 통해 재구성의 핵심인 성취기준 비밀 열쇠를 찾아 하나둘씩 탐색하는 즐거움을 느끼도록 하였다.

역량중심 백워드 기반 KDB 모형 적용 재구성은 '3부'에서 깊이 있게 다루었다. 재구성에 입문하는 교사를 위하여 교과서 활용 성취기준 중심 단원 재구성을 우선적으로 제시하였다. 그리고 중급 이상의 교사를 대상으로 백워드 탬플릿을 그대로 사용하지 않고, 주요 3단계와 일부 내용을 기반하여 맥락적으로 활용하였다. 다른 책에서 한 번도 접근하지 않은 KDB 모형 분석틀을 새롭게 적용하여 교과 내 재구성 및 주제 중심 교과통합 재구성 방법에 대하여 작성 방법과 사례까지 상세하게 제시하여 누구나 쉽게 접근하도록 진술하였다.

마지막 키워드인 수업 에듀테이너는 '4부'에서 조망하였다. 기존의 교육과정-수업-평가 관련 책에서 깊이 있게 제시하지 않은 수업 디자인, 연출, 실연 부분에 대하여 현장 교사들이 궁금해하는 내용을 중심으로 구성하였다. 수업 디자인을 하면서 알쏭달쏭한 내용은 Q&A 형식으로 설명하여 충분한 이해가 되도록 하였다. 수업과정안 작성과 연출 및 실연까지 포함하여 수업 관련 기본적 사항의 이해에 목말라 하던 교사들에게는 오아시스와 같이 도움이 되도록 하였다.

1정 연수를 받을 때 "수업에 승부를 거는 교사가 되겠다."라고 이야기하던 동료의 말이 떠오른다. 교사의 생명은 수업이다. 좋은 수업을 만들기 위해서는 교육과정중심의 사고와 문해력을 갖추고, 평가에 대한 전문성과 적용 능력을 바탕으로 자기 연찬을 통해 재구성을 맞춤형으로 조직화하여 교실에서 영양가 있는 수업을 전개할 때 학생들은 배움이라는 알찬 열매를 얻게 된다. 이 책을 통해 교육과정 문해력, 성취기준 이해, KDB 모형 적용 교육과정 재구성, 수업 디자인 등에 관심 있는 현장 교사들에게 전문성이 신장되어 당당한 교사로 거듭나는 데 도움이 되기를 바란다. 또한, 소그룹의 수업탐구공동체나 교과연구회, 학교 및 학년 단위의 전문적 학습공동체에서 활용되고 토론의 대상이 되어 교육 현장이 교육과정중심 수업 문화가 정착되고, 양질의 교육을 통해 학생들에게 배움의 행복 웃음 바이러스가 널리 퍼지기를 바란다.

끝으로 주변의 많은 분의 도움과 격려 그리고 지지가 없었다면 이 책은 세상의 빛을 보지 못했을 것이다. 특히, 국립학교 특수성으로 인하여 기초·기본 보통 교육은 물론 교육실습 중심학교, 교육부 상설연구학교를 운영하는 등 바쁜 가운데서도 학년별로 전문적 학습공동체를 중심으로 참여형 수업방법, 백워드 기반 KDB 모형 적용 재구성, 주제 중심 교과통합 프로젝트 수업 운영, 컬래버레이션 수업 등을 선도적으로 실천하는 춘천교육대학교 부설초등학교 선생님들의 교육적 열정이 없었더라면 이 책은 완성될 수 없었을 것이다. 가르침과 아이들을 사랑하는 멋진 부설 선생님들께 지면을 통해 감사의 마음을 전한다. 또한, 항상 곁에서 격려와 지지를 아낌없이 해주는 아내와 두 딸에게도 고마움을 전한다. 모쪼록 이 책을 통해 교육과정을 사랑하고 교육의 본질을 추구하는 교사들이 많아지기를 기대해본다.

2020년 9월
들풀 이수인

| 차 례 |

4부

왕도가 없다는 수업! 함께 생각하는 수업 이야기　277

1부

교육과정 패러다임 이해는
전문성 있는
교사의 바로미터

I.
미래 교육에 대한
철학과 가치를 담자

1. 교육의 목표는 같지만, 목적은 다르다

우리는 살아가면서 "목표는 같지만, 목적은 다르다."라는 말을 종종 듣는다. 사실 목표와 목적의 의미를 혼동하는 경우도 있다. 어떤 학교에서 6학년을 대상으로 배움 여행을 제주도로 가면서 하루 일정은 모든 학생이 한라산 정상을 등반하는 계획을 수립하였다고 가정하자. 그렇다면 한라산 정상을 등반하는 것은 목적일까, 아니면 목표일까?

사전적으로 목표(目標)는 어떤 목적을 이루려고 지향하는 실제적 대상 또는 목적으로 삼아 도달해야 할 곳이며, 목적(目的)은 실현하려고 하는 일이나 나아가는 방향을 의미한다. 다시 말하면 목표는 도달하려거나 이루려는 구체적인 대상을 뜻하며, 목적은 어떤 일을 하려는 이유나 의도를 뜻한다. 목표는 최종적인 결과물이며 목적은 행위의 방향과 이유이기 때문에 철학이나 가치를 수반한다.

그렇다면 한라산 정상을 등반하는 것은 무엇에 해당할까? 바로 목표이다. 한라산을 등정하는 것은 도달해야 할 지향점이기 때문이다. 그러므로 한라산 등정이라는 목표는 모두에게 동일하지만, 한라산에 올라가야 하는 이유, 즉 목적은 대부분 다를 것이다. 어떤 학생은 자신의 체력이 어느 정도인지 시험해 보고 싶어서 한라산을 오른다고 할 것이고, 다른 학생은 한라산 정상에 있는 백록담을 직접 보고 싶어서 등 한라산을 올라가는 목적은 다양할 것이다.

교육을 하는 데 있어서도 교육의 목표는 같지만, 목적이 다른 것은 마찬가지이다. 학생에게 배움을 주는 교사에게 있어서 교육의 목표를 인식하고 나름대로 교육적 철학과 가치를 확고히 하는 것은 매우 중요한 부분이다. 이러한 측면에서 우리나라 국가 수준 교육과정에서 제시하는 교육 목적과 목표를 살펴보는 것은 의미가 크다 하겠다.

우리나라 교육의 목적은 교육과정 총론의 추구하는 인간상에 제시되어 있다. "인격을 도야하고, 자주적 생활 능력과 민주시민으로서의 필요한 자질을 갖게 함으로써 인간다운 삶을 영위하게 하고, 민주 국가의 발전과 인류 공영의 이상을 실현하는 데에 이바지하는 것(교육부, 2015: 3)."이라고 명시되어 있다. 또한 「초·중등교육법」 제38조에는 초등학교의 교육 목적을 "초등학교는 국민 생활에 필요한 기초적인 초등교육을 하는 것으로 한다."라고 규정하고 있다.

이러한 목적을 이루고자 하는 지향점인 교육목표를 국가 수준에서는 어떻게 설정하고 있을까? 초등학교 교육과정에서 총괄 목표로 명시하는 내용을 살펴보면 '초등학교 교육은 학생의 일상생활과 학습에 필요한 기본 습관 및 기초 능력을 기르고 바른 인성을 함양하는 데에 중점을 둔다.'이다. 즉, 초등학교에서는 기본 생활 습관을 바르게 형성하게 하고, 기초 학습능력을 길러주며, 바른 인성을 내면화하도록 하는 것을 교육의 당면 과제이자 목표로 설정하는 것이다.

철학과 가치를 수반하는 것이 목적이므로 교육자에게 있어서 교육을 왜 해야 하는지에 해당하는 교육의 목적에 대하여 철학과 가치를 분명하게 하는 것은 교육의 본질에 충실한 것이기도 하다. 또한, 교육의 종착지에 해당하는 교육목표에 대하여 명확하게 인지하고 있어야 함은 물론이다. 교육은 현재 진행형이 되어서는 안 되며 미래 지향적이어야 한다.

따라서 교사는 미래 사회에 대한 전망과 교육의 방향을 조망하고 시사점을 통해 교육의 목적을 분명하게 갖고 교육과정에 대한 패러다임의 이해를 바탕으로 전문성을 확보하여 수업을 통해 교육의 목적을 녹여 낼 수 있어야 한다.

2. 미래 사회의 변화와 교육의 키워드로 바라보는 교육의 지향점

사회의 변화 속도는 정말로 빠르고 때로는 놀라움을 금치 못하게 한다. 앨빈 토플러는 1980년에 『제3의 물결』이라는 책을 통해서 20~30년 후에는 컴퓨터를 중심으로 전개되는 정보화 사회가 도래할 것을 예견하였다. 사실 당시만 해도 미래학에 대하여 반신반의하였다. 믿지 않으려는 사람들도 사뭇 많았다.

그 뒤 컴퓨터의 하드웨어나 소프트웨어가 지속해서 업그레이드되었고 이에 맞물려 인터넷 환경도 급속도로 발전하게 되어 사회는 엄청난 변화를 맞이했다. 이러한 사회적 변화에 따라 앨빈 토플러가 예견한 모습은 현실이 되었다. 지식과 정보가 가치의 중심이 되는 지식정보화 사회가 정착되었기 때문이다.

이에 더하여 미래학자들은 사회의 급속한 변화에 따라 미래 사회는 인공지능이 중심이 되는 지능정보화 사회로 빠르게 전환되고 있음을 말하고 있다. 지능정보화 사회는 4차 산업혁명으로 변화하는 사회를 대변한다고 해도 과언이 아니다. 위키백과에서는 지능정보사회를 "고도화된 정보통신기술 인프라를 통해 생성, 수집, 축적된 데이터와 인공지능(AI)이 결합한 지능정보기술이 경제, 사회, 삶 모든 분야에 보편적으로 활용됨으로써 새로운 가치가 창출되고 발전하는 사회."라고 정의하고 있다.

이러한 4차 산업혁명의 지능정보화 사회에 대비한 교육은 어떻게 해야 할까? 효과적인 교육을 준비하기 위해서는 미래 사회의 모습을 보다 다양하게 조망해 보는 것이 필요할 것이다. 미래 사회의 변화에 따른 인재와 교육의 키워드는 무엇일지 탐색하며 교육의 방향을 모색하는 것도 교사에게 있어서는 중요한 부분이라고 생각한다.

4차 산업혁명이란 용어는 꽤나 오래전부터 사용되어 온 용어 같지만, 사실 2016년 스위스 다보스포럼을 주관하는 세계경제포럼(WEF)에서 발표한 「일자리의 미래」 보고서에서 처음으로 언급되었다. 즉, 지금으로부터 불과 몇 년 지나지 않았지만, 10년 이상 사용한 용어처럼 익숙해져 버렸다.

그렇다면 4차 산업혁명으로 대변되는 미래 사회의 변화 모습은 어떨까? 「일자리의 미래」 보고서에 의하면 "전 세계 7세 어린이의 65%는 지금 없는 직업을 가질 것."이라고 하였고, "인공지능·로봇기술·생명과학 등 기술 발전은 사물인터넷(IoT)·자율주행 자동차 같은 혁신으로 로봇이 사람의 일자리를 대체하는 것은 시간문제이다(중앙일보, 2016)."라고 전망하였다.

또한, 세계가 주목하는 미래학자인 토머스 프레이는 "빅데이터, 드론, 사물인터넷, 3D 프린터 등으로 지금부터 인류는 역사상 가장 큰 변화를 겪을 것이며, 2030년에는 일자리 20억 개가 사라지고 새로운 일자리는 더 많아질 것."이라고 하였다(토머스 프레이, 2015). 영국 옥스퍼드 대학 마이클 오스본 로봇공학 교수는 '로봇 혁명으로 20년 이내 현재의 직업의 47%가 사라질 것'으로 내다봤다. 이러한 미래 사회 예측 시점이 불과 5년 전이었다는 것은 더욱 놀라울 수밖에 없다. 인공지능이 중심이 되는 지능정보화 사회는 시작되었고 앞으로 그 변화 속도는 더욱 빨라지게 될 것이다. 정말 미래가 현재를 바꾸게 된다는 말이 실감이 날 정도이다.

이러한 미래 사회 변화에 따라 교육적 대처를 어떻게 해야 할까? KBS 시사 기획 창의 <로봇 혁명, 미래를 바꾸다>라는 프로그램에서 답을 찾을 수 있다. 많은 학자와 경영자는 현재의 교육시스템은 100년 전에 필요했던 시스템이라며, 세계 각국에서는 미래 사회에 맞는 교육시스템을 개편 중이라고 하였다. 독일은 "위키피디아에 나오는 것들을 가르칠 필요는 없다. 창의력과 기계가 못 하는 일들을 가르쳐야 한다."라고 하였고, 영국은 "창의력과 알고리즘이 다음 세대의 직업 필수요소."라며 초등학교 1학년부터 알고리즘과 코딩교육을 실시하고 있다고 하였다. 이스라엘은 영국보다 일찍이 코딩교육을 시작한 것으로 유명하다.

또한, 세계경제포럼(WEF)의 클라우스 슈바프 회장은 "각국은 대량 실업 등 최악의 시나리오를 피하려면 로봇이 대체할 수 있는 단순 기술을 가르치기보다 창조력과 고도의 문제해결능력을 기르는 교육 훈련에 집중해야 한다."라고 강조하였다(중앙일보, 2016). 시사하는 바가 매우 크다. 지금 학생들에게 제대로 된 직업을 안겨주기 위해서는 기계가 하지 못하는 것을 전제로 하는 교육을 준비해야 하고, 교육은 혁신적이고 창의적이며 인문학적으로 접근해야 한다는 것을 알 수 있다.

많은 학자가 주장한 내용을 토대로 4차 산업혁명이 중심이 되는 미래 사회에 필요한 인재를 조망해 보았다. 그 결과는 통찰 역량을 갖춘 사람, 융합적 사고로 문제 상황에 대처해 나갈 수 있는 능력을 갖춘 사람, 다른 사람과 공감하며 상상력과 감성이 뛰어난 사람 등이었다. 이를 바탕으로 미래형 인재가 갖추어야 할 키워드는 상상력과 감성, 조화로운 인성, 창의성과 융합적 사고력, 핵심역량, 통섭 능력, 인문학적 소양 등이었다. 결국, 이러한 역량을 학생들에게 길러주는 것은 교육만이 가능하다는 것을 교육자라면 누구나 분명하게 인식해야 한다.

따라서 미래 사회를 준비하기 위한 교육의 방향을 국가가 어떻게 준비하는가는 매우 중요하다. 국가의 비전은 그 나라의 발전과 밀접한 관련성을 갖기 때문이다. 우리나라도 이러한 추세에 맞게 교육을 준비하고 있음을 국가의 교육적 비전을 살펴보면 알 수 있다. 2020년 교육부 비전은 '국민이 체감하는 교육 혁신, 미래를 주도하는 인재 양성'이다. 이를 구현하기 위해 급변하는 미래 사회에 대응하여 새로운 가치를 창출하고 변화를 선도할 수 있는 미래인재 양성을 위한 다양한 교육정책을 추진하고 있다.

이는 과목 지식(기초 지식 습득)보다 과정 지식(배우는 방법)으로의 전환의 필요성을 제기하는 작금의 시대 변화를 적절하게 읽고 대비하는 모습이라고 여겨진다. 다만 이러한 국가의 교육적 방향, 즉 비전을 학교별로, 교사별로 체화하여 현장에서 적극적으로 실천하는 의지가 보다 더 중요할 것이다.

3. 교육과정에는 4차 산업혁명 시대의 변화를 어떻게 반영하고 있을까?

　미래 사회의 변화에 가장 발 빠르게 대처해야 하는 곳은 아마도 학교가 되어야 할 것이다. 이러한 상황을 가장 잘 설명하는 사람은 미래학자인 앨빈 토플러이다. 그는 『부의 미래』에서 "세상이 변하는 것 중에서 제일 심각한 것은 시간(time)에 적응하는 속도가 서로 다른 점이라는 것을 주장하면서 기업과 같은 조직은 100마일의 속도로 변화하고 있지만, 학교는 겨우 10마일의 속도로 변화하고 있다(앨빈 토플러, 2006: 72)."라고 하였다.

　변화에 가장 능동적으로 대처해야 하는 학교가 기업의 1/10 정도밖에 안 된다고 하니 반성적 접근이 필요하다고 할 것이다. 어찌 되었든 4차 산업혁명으로 대변되는 미래 사회에 필요한 교육을 하기 위해서는 미래 교육을 담아내는 인재상과 키워드가 국가 수준 교육과정에 올곧게 반영되어야 한다. 국가 수준 교육과정은 학교 교육의 변화에 가장 직접적으로 영향을 주기 때문이다. 국가 수준 교육과정의 질은 학교 교육과정의 질을 능가하지 못한다. 국가 수준 교육과정에 변화하는 사회에 맞춤형으로 교육 내용을 잘 담아내야 국가가 발전할 수 있음은 명약관화한 일이다.

　우리나라의 경우 2007 개정 교육과정부터 수시 교육과정 체제로 전환이 되면서 2009 개정 교육과정에 이어 현재는 2015 개정 교육과정이 적용되고 있다. 미래 지향적인 교육 내용을 교육과정에 녹여내기 위해 2009 개정 교육과정부터는 성취기준 도입과 더불어 인성교육중심 수업을 강조하였다. 2015 개정 교육과정부터는 보다 미래 사회의 변화에 따른 교육적 요구를 다양하게 반영하게 되었다. 우선적으로 미래 사회의 전망을 통해 창의융합형 인재 양성에 대한 국가·사회적 요구를 반영하였다.

　미래 사회가 정보통신기술 및 융합과학기술의 고도화, 저출산 고령화, 다문화 가정 증가, 경제·정치적 세계화, 직업의 다양화 등의 요인이 작용하는 것을 염두에 두었다는 것이다. 이는 2015 개정 교육과정의 인재상을 '바른 인성을 갖춘 창의융합형 인재'로 설정한 것에서 엿볼 수 있다. 총론 해설서에는 인재상을 '바른 인성을 가지고 인문학적 상상력과 과학기술 창조력으로 새로운 지식을 창조하고 다양한 지식을 융합하여 새로운 가치를 창출할 수 있는 사람'이라고 보다 자세하게 그 의미를 제시하고 있다.

이런 측면에서 2015 개정 교육과정을 문·이과 통합교육과정이라고 하며 인문학적 소양과 융합적 사고 능력 함양 교육을 강조하고 있다는 점에 주목해야 한다. 그 밖에도 컴퓨팅 사고력 함양을 위한 소프트웨어(SW) 교육을 초등학교 5학년부터 적용하도록 도입하였다. 다만 영국 등 여러 나라와 같이 초등학교 전 학년에 걸쳐서 도입하지 않은 것은 아쉬운 부분이다.

또한, 2015 개정 교육과정에서는 미래 사회에서 가장 필요하다고 주장하는 핵심역량을 도입하였다. 핵심역량은 6가지로 제시하고 이를 교과 수업 속에서 교과역량을 통해 도달하도록 반영하였다는 점은 눈여겨볼 만하다.

4. 교육 철학과 가치를 담아
잘 살아가는 힘을 길러주는 교육하기

지금까지 미래 사회에 대한 전망과 교육의 키워드 및 교육의 흐름이 교육과정에 어떻게 담기고 있는지를 모색해 보았다. 전 세계적으로 미래 사회에 능동적으로 대처하기 위해 창의인재를 육성해야 하는 당면 과제를 해결하기 위하여 미래 대비 교육에 다양하게 접근하고 있다. 새로운 지식을 많이 창출하는 국가가 세계를 리드하기 때문에 국가경쟁력을 제고하기 위하여 교육에 막대한 관심을 갖고 투자하는 것이다. 이는 사회의 변화를 이끌어 나가는 교육이 절대적으로 필요하다는 인식을 함께하고 있기 때문이다.

국가 수준에서 교육의 방향을 제시하면, 이를 바탕으로 학교는 학교 특성에 맞는 목표를 세우고 목표 구현을 위한 다양한 교육 활동을 전개하게 된다. 이러한 교육 활동을 전개하는 데 있어서 가장 중요한 것은 목표 도달을 위한 목적을 분명하게 갖고 있어야 한다는 점이다. 이는 학교 교육의 핵심인 교사들이 목표 구현을 왜 해야 하는지 그 의미를 명확하게 인식해야 한다는 뜻이다. 목적 없이 교육하는 것은 목적 없이 표류하는 배와 같은 결과를 초래할 것이기 때문에 미래 교육에 대한 철학과 가치의 인식은 매우 중요하다.

미래 사회의 변화에 대비하고 국가 및 학교 교육의 목표에 도달하기 위한 교사 수준에서의 목적은 어떻게 설정하고 수행해야 할까? 교사로서 '내가 왜 교육을 하지?', '수업은 왜 하는 것일까?' 이러한 질문에 대한 답을 이해하기 쉽게 접근할 수 있도록 말한 사람은 농부 철학자 윤구병 박사이다.

윤구병 박사는 교육을 해야 하는 이유는 "학생 스스로 제 앞가림을 하는 힘을 기르는 것과 어울려 사는 힘을 길러주는 것."이라고 하였다(윤구병, 2008). 여기에서 힘이라는 것은 능력 또는 역량으로 표현할 수도 있다.

앞가림을 하는 힘은 배운 지식을 활용하여 일상생활에 다양하게 적용할 수 있는 능력이기도 하다. 앎과 삶이 하나 되는 교육과정을 운영해야 하는 이유이기도 하다. 또한, 어울려 사는 힘은 바로 타인을 존중하고 배려하며 협력할 줄 아는 역량을 길러주어야 함을 의미한다. 더불어서 함께하고 공감하며 소통하는 인재는 미래 사회에서 필요한 키워드이기도 하다.

두 번째 사람은 앨빈 토플러로 교육을 하는 목적을 "자신의 미래 삶을 전망하고 실현하도록 자신감을 갖게 도움을 주는 것."이라고 하였다. 사실 교육이라는 것은 학생들이 미래에 성인이 되어서 자신의 삶을 행복하게 살아가도록 학생들이 지닌 특성을 잘 파악하여 잘할 수 있는 것을 찾아주고 그러한 재능과 꿈을 키워가도록 지원하는 것이어야 한다. 학교에서 교사가 교육 활동을 전개하면서 학생들 개개인이 보다 관심을 갖는 것이 무엇이고, 좋아하고 잘하는 것이 무엇인지를 관찰하고 찾아서 학생에게 피드백해 주면서 진로와 연계하여 지속해서 키워나가도록 도움을 주는 것이 교육을 하는 이유 중에서 중요한 부분이라고 여겨진다.

교육을 하는 목적을 두 사람의 말을 통해 이야기해 보았다. 결국 교육을 해야 하는 이유는, 목적은, 현재의 학생들이 배움을 통해 미래 사회에서 행복한 삶을 영위하도록 기반을 마련해 주어야 하는 것으로 귀결이 된다. 학생들이 성장해서 성인이 되어 사회 구성원으로서 직업을 갖고 행복한 생활을 하기 위해서는 잘 살아갈 수 있는 힘이 있어야 한다.

따라서 학교에서 교사들이 교육을 해야 하는 목적은 학생들이 미래 사회에서 잘 살아가는 힘, 즉 역량을 길러주는 것이어야 한다고 생각한다. 여기서 말하는 잘 살아가는 힘은 앞가림을 하는 힘과 어울려 사는 힘, 미래 삶을 전망하는 능력을 포함하는 인성, 소통, 창의력, 지식 활용능력, 진로 능력 등을 모두 포함하는 것이다.

잘 살아가는 힘을 길러주기 위해서는 교사가 교육에 대한 철학과 가치를 분명하게 갖고 이를 교육과정중심으로 재구성하고 앎과 삶이 하나 되는 수업을 전개할 때 가능해진다. 교사가 교육의 목적을 분명하게 하고, 왜 교과서 중심 수업에서 교육과정중심 수업으로 전환해야 하는지에 대한 답을 스스로 찾고 그 길로 나아가 지속해서 전문성을 신장할 수 있도록 해야 할 것이다.

II.
교과서 중심에서
교육과정중심으로의
패러다임 변화는 무죄

1. 교직은 전문직인가?
교사는 전문가인가?

우리는 학생을 가르치는 사람을 교사라고 부른다. 학생을 가르치는 교사가 종사하는 직업을 직업상으로 분류하여 교직이라고 한다. 그렇다면 전문직이라고 불리는 직업 중에 교직도 포함되는 것일까?

전문직이란 직업 입문 시기부터 모든 종사자가 전문가이기를 요구하는 직업을 말한다. 예를 들어 의사, 변호사, 성직자 등을 말한다. 대체로 전문직이라 함은 전문성이 있어야 하고 그 분야의 전문가이어야 함을 의미한다(김은주, 2018: 29)

대표적으로 전문직이라고 이야기하는 의사의 경우를 살펴보자. 의사는 장기간에 걸친 교육과 훈련으로 의사라는 직업을 수행할 수 있는 능력을 갖추고 직업을 획득하게 된다. 그래서 의사로서 내리는 진단과 처방에 대하여 그 누구도 이의를 제기하지 않는다. 이러한 모습은 의사의 전문성을 모두가 인정하기 때문에 가능한 일이다.

전문가인지, 아닌지의 여부는 해당 분야에 관한 기준이 있기 마련이다. 의사는 의학적 진단과 처방, 수술 능력이 기준이 되고, 변호사의 경우에는 법률적 해석 능력이 기준이 되며, 음악가는 음악적 이해의 깊이 정도가 기준이 될 것이다. 그렇다면 교사에게 있어서 누가 더 전문가인지를 구분하는 기준은 무엇일까?

몇 년 전에 교직 경력이 다양한 교사들을 대상으로 교육과정과 수업 관련하여 컨설팅을 하게 되었다. 그중에서 20여 년의 교직 경력이 있는 모 여교사가 자신은 지금까지 많은 세월 동안 교사의 길을 걸어왔지만, 전문가라고 자신 있게 내세울 수 없다고 생각한다며 자존감이 많이 떨어져 있는 상황이라 하였다. 그 이유에 대하여 여교사는 교과서를 중심으로 가르치다 보니 생활지도나 수업 기술은 어느 정도 자신이 있지만, 교육에 대한 목적성과 교육과정에 대하여 아는 것이 별로 없어서 자신이 전문가인지 반문하게 되더란 것이었다. 또한, 과정중심평가나 재구성 방법도 잘 몰라 그러한 생각이 더욱 든다는 것이었다. 사실 교과서 중심으로 수업을 진행하다 보면 교과서가 어떻게 만들어졌고 교과서에 교육과정이 어떻게 녹여져 있는지 관심을 갖지 않게 되는 것은 사실이다.

그렇다면 교직은 전문직인가? 교사는 전문가인가? 그렇다. 교직은 전문직이고 전문성이 있는 전문가임은 틀림없다. 교사도 특수목적 대학인 교육대학에서 4년 동안 교사 양성 시스템 속에서 교육과 훈련을 받고 임용 고시를 통과하여 교사로 임용되기 때문이다. 더욱이 임용이 된 이후에도 교직과 관련된 다양한 연수를 지속해서 받고 전문성 신장을 위해 부단히 노력하고 있다는 점도 작용한다. 다만 교직 내에서 교사들 스스로 보다 더 전문성을 갖기 위해서는 교육과정, 수업방법, 평가 등 교육적 본질에 대한 분석적·적용적 접근이 필요하다고 생각한다.

결국 교사가 전문가인지, 아닌지를 구별하는 기준은 무엇일까? 교과서를 잘 가르치는 것이 기준이 되는 것일까? 교과서를 잘 가르치는 것이 교사로서 전문가의 표준이라고 한다면 대다수의 사람은 교직을 전문직이라고 여기지 않을 것이다. 누구든지 교과서는 가르칠 수 있다고 생각하기 때문이다. 그 누구도 범접할 수 없는 기준이 있어야 수긍하게 된다.

그러면 무엇이 전문가의 기준이 되는 것일까? 교사로서 전문가의 여부를 가늠하는 척도가 되는 기준은 바로 교육과정에 대한 이해 및 적용 능력, 즉 교육과정 문해력[1]이다. 교육과정에 대한 의미, 구조, 총론과 각론과의 관계, 성취기준 이해 및 분석, 성취기준 중심 교육과정 재구성을 통한 교육과정-수업-평가의 일체화 구현 등이 교육과정 문해력의 핵심적인 요소들이기 때문이다. 이러한 요소는 체계적인 교육과 훈련을 받지 않으면 수행할 수 없는 전문적인 분야이므로 교직 이외의 사람들도 인정할 수밖에 없을 것이다. 이러한 전문성을 인정받으면 교사가 가르치는 내용과 피드백에 대하여 그 누구도 이의를 제기할 수 없을 것이다.

따라서 교직이 보다 전문직이기 위해서는 교사는 교육에 대한 전문성을 갖고 전문가로 거듭나도록 전문가의 기준이 되는 교육과정에 대한 해박한 지식을 갖고 실천할 수 있도록 교육과정 문해력을 함양하도록 지속적인 노력이 절실히 필요하다.

---

[1] 교육과정 문해력은 국가 수준의 교육과정을 이해하고 상용하는 능력을 말한다. 다시 말하면 교육과정이 무엇을 의도하는지에 관한 이해를 바탕으로 교사의 철학과 가치를 반영하여 교사 수준의 교육과정으로 편성·운영할 수 있는 능력이다. 자세한 내용은 〈6. 교육과정 문해력은 교육 전문가의 필요충분조건〉 부분을 참고하기 바란다.

2. 교사의 전문성을 가로막는 교과서 중심 수업

　교과서 중심 수업이 왜 교사의 전문성을 가로막고 있다고 할까? 우리나라에서는 예전부터 교사가 수업할 때 교과서가 항상 중심이었고 학생은 책가방을 통해 교과서는 학교에서 집으로, 집에서 학교로 늘 함께했는데 말이다. 그러나 우리가 간과하고 있었던 부분이 있다. 사회의 시대적 변화에 따라 요구하는 교육의 변화에 민감하게 반응하지 않았다는 점이다. 바로 이러한 변화에 대한 둔감성으로 인하여 교과서 중심 수업이 교사의 전문성을 가로막게 되었다는 것이다. 왜 그렇게 되었을까? 그렇다면 교과서 중심 수업에서 벗어나는 방법은 무엇일까?

　교사가 전문가의 여부는 교과서를 잘 가르치는 능력이 아니라 교육과정 문해력에 달려있다고 하였다. 그런데 아직도 일부 교사들은 학교 현장에서 교과서가 주는 달콤함에 빠져 교육과정으로 시선을 두지 못한 채 교과서 바라기로 생활을 하는 경우가 있다. 교육과정 자율화로 교사들에게 교재권, 평가권을 부여하기 시작한 2009 개정 교육과정에 이어 2015 개정 교육과정이 정착되는 시점임에도 불구하고 학교 현장에서는 일부이긴 하지만 교육과정은 곧 교과서라는 도식으로 인식하고 있어 교과서 중심의 수업은 계속 진행형이다. 더욱이 제6차 교육과정의 기본적 정책 변화가 '교과서 중심 학교 교육'을 '교육과정중심 학교 교육'으로 전환하여 의도된 교육과 실현된 교육을 접근시키는 교육적 질 관리를 강화(교육부, 1992: 33)하였다는 점을 상기해야 한다. 무려 30여 년 전부터 교과서 중심에서 탈피해야 한다고 교육과정 해설서에서 강조하고 있다는 사실에 우리는 반성적 접근이 필요하지 않을까 하는 생각마저 든다.

　왜 교사들은 교과서에 의존하는 삶을 살아왔을까? 이는 전적으로 교사들의 잘못인가? 그렇지는 않은 것 같다. 이러한 상황을 만든 것은 국가의 교육과정 정책에서 비롯된 점도 많았기 때문이다. 우리나라는 대체로 주기적 개정체제까지는 중앙집권형 교육과정으로 표준화된 교육과정에서 벗어나기가 어려웠다. 그 이유는 해방 후 세계적 표준 이상의 학업성취에 도달할 수 있도록 국가가 교육과정을 통제하면서 평준화 및 표준화 정책을 꾸준히 전개하여 학교 교육의 질을 중앙집중형으로 관리했기 때문이었다(정광순, 2013: 17).

국가에서는 표준화 교육과정을 운영하기 위해서 국정교과서를 만들어 학교에 보급하고 교사가 잘 가르치도록 통제하는 시스템이었다. 당연히 교사는 교과서를 충실하게 지식 중심으로 가르치고 시험을 잘 보도록 하면 본연의 역할을 잘 수행한 것으로 여겨지게 되었다. 언제나 학교 교육 활동의 표준은 교과서였고, 교사는 어떤 교육 활동이든 교과서에 의존할 수밖에 없었다. 그렇다 보니 교사나 학부모도 교과서 진도를 다 나가지 않으면 잘 가르치지 않은 것으로 생각하게 되었고, 이는 교과서가 '성전'으로 여겨지게 된 배경이기도 한 것이다.

교과서는 틀림없이 좋은 교육 자료임에는 의심할 여지가 없다. 성취기준에 잘 도달하도록 전문가들이 모여서 만들었기 때문이다. 그러나 예전이나 지금이나 모든 지도서를 보면 교과서는 하나의 자료로 활용해야 한다고 제시되어 있다. 교과서나 지도서는 공식적인 문서가 아니라는 것을 의미하는 것이다. 그렇다면 공식적 문서는 무엇일까? 공식적인 문서는 실질적으로 가르쳐야 할 교육과정이 되는 것이다.

국가의 교육과정 정책으로 교사가 교과서를 금과옥조로 여기게 되었다고는 하지만 그동안 시대도 많이 변화했다. 이러한 변화에 맞게 국가도 교육과정을 선진형으로 전환하기 위한 교육과정 자율화 정책의 일환으로 2009년 6월 11일 자로 교육과정 자율화 방안을 추진하면서 교사에게 교육과정중심으로 운영하도록 방향을 제시한 지 10여 년이나 지났다. 하지만 여전히 교사 중 일부는 교과서를 손에서 놓지 못하는 것을 보면 어떤 매력이 있기는 있는가 보다. 그러나 교사가 전문성을 갖고 전문가가 되기 위해서는 한시라도 빨리 교과서 중심 수업에서 벗어나야 하는 것은 자명한 사실이다.

교과서 중심 수업에서 하루빨리 벗어나야 하는 이유는 교과서 중심 수업으로 인한 문제점에서 답을 찾을 수 있다. 교사가 교과서 중심으로 수업을 하다 보면 교사는 교과서의 단순 지식만을 전달하는 기능인으로 전락하는 현상이 대물림되는 문제점이 대두된다. 또한, 교육과정에 관심을 갖지 못하는 상황이 반복되어 나무만 보고 숲을 보지 못하는 우를 범하게 된다. 결국, 교사의 전문성은 신장될 수 없는 구조가 되어 교직의 탈전문화가 촉진된다는 점에 주목해야 한다. 더군다나 교과서 중심 수업의 가장 큰 문제점은 교육과정 문해력이 전혀 필요 없는 구조가 되다 보니 저경력의 새내기 교사나 10년, 20년 된 고경력의 교사나 누가 더 전문성을 가졌는지 가늠할 수 없게 되는 상황이 벌어진다는 것이다. 이는 매우 안타까운 일이다. 경력이 많을수록 전문가로 인정받는 타 직종과 비교해 보면 아쉬움이 크다. 교사도 경력이 많으면 당연히 전문성을 바탕으로 전문가로 인정받을 수 있어야 하기 때문이다.

따라서 교사가 전문가로 인정받기 위해서, 아니, 교육의 본질에 충실하기 위해서는 교육과정중심으로 전환을 하여 교육과정 문해력을 증진해야 한다. 이렇게 되기 위해서는 교육 당국에서 교육과정중심으로 전환하도록 행정적 조치나 각종 연수를 지속해서 실시해야 한다. 또한, 교사 스스로도 교과서에서 벗어나기 위한 노력이 선행되어야 한다. 그동안 편함을 안겨 주었던 교과서를 쉽게 버리기는 어렵겠지만, 변화는 시작되어야 한다. 국가 수준 교육과정의 일관성에 대한 이해를 바탕으로 교사 수준에서 교육과정의 다양성을 수업으로 표출시킬 수 있는 전문적인 능력, 즉 교육과정 문해력이 절대적으로 필요하다. 교사의 전문성을 가로막고 있는 교과서 중심 수업에서 벗어날 때 교사의 전문성은 비로소 바로 설 수 있다는 점을 인식해야 한다.

3. 교육과정의 변화에 박자를 맞추지 못하는 내차 교육과정

국가 수준 교육과정이 5차, 6차, 7차 교육과정 등으로 바뀌어도 내 차만 타고 가면 그만이라는 의미로 탄생한 용어를 내차 교육과정이라고 한다. 교육과정이 아무리 변화해도 내 방식대로 교과서대로 가르치면 그만이라는 교육과정 마이웨이를 의미한다. 사실 2015 개정 교육과정을 도입하면서 재구성을 기반으로 하는 교육과정-수업-평가 일체화 운동이 확산되기 전까지는 대부분 내차 교육과정으로 이루어져 왔다고 해도 과언이 아닐 것이다. 일부 교사에게 있어서 내차 교육과정은 여전히 현재도 진행형이기도 하다. 내차 교육과정을 선호하다 보면 교육과정은 변화하지만, 교사는 결국 변화하지 않게 된다. 교육과정 문해력이 신장될 수 없는 구조가 되어 버리는 것이다.

내차 교육과정이 자리 잡게 된 배경의 주범은 교과서이지만, 한편으로는 새로운 변화에 둔감한 교사의 습관도 한 몫을 차지하고 있다. 교육과정이 바뀌면 교사는 인재상, 인간상, 교육목표를 비롯한 교육과정 철학과 가치를 분명하게 인식해야 한다. 총론과 각론이 어떻게 바뀌었는지 읽고 분석하여 교육과정중심으로 재구성하여 이를 수업을 통해 녹여내야 한다. 교육과정 변화에 능동적으로 대처하는 것은 전문성이 있는 교사에게 있어서 기본 사항이다. 내차 교육과정에서 벗어나기 위해서는 교과서 중심으로 고착화된 관습에서 탈피해야 한다. 교육과정이 중심이 되어야 한다. 교육과정의 일관성을 유지하면서 전문성 있는 교사 수준의 교육과정 운영으로 중심추가 이동해야 한다.

그렇게 하기 위해서 교사는 교육과정의 변천 과정을 분석하여 그 시사점을 통해 교육과정 문해력을 신장하고 지속 가능한 실천력이 요구된다. 그동안 우리나라에서 교육과정이 어떻게 변화했고 그 특징은 무엇이며 교사에게는 어떤 부분을 요구하는지 이해를 돕기 위하여 정리한 내용은 다음에 제시한 〈표 1-국가 교육과정 변화 내용〉을 참고하기 바란다.

교육은 국가의 경쟁과 발전의 바로미터이기 때문에 세계 어느 나라도 교육에 대한 관심과 지원을 하지 않는 나라는 없을 것이다. 그래서 대부분의 나라에서는 학교 교육의 질을 효율적으로 관리하고 운영하기 위하여 표준화된 국가 수준의 교육과정을 제시하고 있다. 국가 교육과정의 변화 내용을 살펴보면 우리나라의 경우에도 1945년 교수요목기를 시작으로 2015 개정 교육과정에 이르기까지 11번의 교육과정이 개정되어 왔음을 볼 수 있다.

교육과정은 시대적 변화에 따른 국가·사회적 요구를 반영하게 된다. 제7차 교육과정까지는 적절한 기간이 지나면 개정이 이루어지는 주기적 개정체제를 유지해 왔다. 그러나 급변하는 사회 변화에 발 빠르게 대처하기 위하여 2007 개정부터는 수시 개정체제로 전환이 되었다.

체제	교육과정 시기	적용연도	기간	단계	방식	교육과정 특징
주기적 개정	미군정, 교수요목	1945~1954	10	(1기) 형성기 (후진형)	통제 (중앙집권형)	• 교육과정 외형 갖추기 • 체제 정비 • 교과목 보유
	제1차 교육과정	1954~1963	9			
	제2차 교육과정	1963~1973	10			
	제3차 교육과정	1973~1981	8	(2기) 발전기 (중진형)		• 교육과정 표준화, 평준화 • 국가주도 교육과정 정책 • 학업성취 향상 관심 • 세계표준 이상의 성취 • 국정교과서 제작·보급
	제4차 교육과정	1981~1987	6			
	제5차 교육과정	1987~1992	5			
	제6차 교육과정	1992~1997	5			
	제7차 교육과정	1997~2007	10			
수시 개정	2007 개정 교육과정	2007~2009	2	(3기) 선진화 (선진형)	개방 자율	• 교육과정 질적 전환기 • 교재권, 평가권 부여 • 성취기준 중심 교육과정 운영 (문해력 필수)
	2009 개정 교육과정	2009~2015	6			
	2015 개정 교육과정	2015~현재	6			

〈표 1-국가 교육과정 변화 내용(정광순, 2013: 16. 재구성)〉

우리나라의 경우, 개발도상국에서 선진국으로 진입하기 전까지 교육과정 정책은 주로 세계표준 이상의 학업성취를 위해 표준화, 평준화를 통한 통제 중심의 중앙집권적이고 양적 성장 위주의 기조를 유지해 왔다. 이는 학업성취를 국가 수준에서 관리하는 중앙집권형 정책으로 인하여 PISA 국제 학업성취도 평가에서 우수한 성적을 거두게 된 직접적인 요인으로 볼 수 있다. 다만 학교생활 만족도와 행복감, 협동능력 등 정서적·행동적 요인이 대부분 최하위라는 부정적인 결과도 함께 얻었는데 이는 국가 차원에서 교육정책에 대하여 고민해야 할 부분이다.

또한, 국가 주도의 중앙집권형 교육과정 정책은 교사들의 자율성과 전문성을 결여되게 만드는 원인도 제공하게 되었다. 그래서 교육선진국들은 일찍이 중앙집권적인 통제에서 벗어나 개방형 교육과정 정책을 지원하고 있다. 교사가 국가 수준에서 제시한 교육과정 목표와 내용을 중심으로 교육과정을 재구성하여 수업 자료도 직접 찾고 제작하여 수업을 전개하다 보니 자연스럽게 교육과정 문해력이 높아지게 되었기 때문이다. 교과서도 국정에서 벗어나 인정 또는 자유 발행체제로 전환하여 교과서는 하나의 참고자료로 활용하게 된 것이다. 사실 교과서가 없는 나라도 많다. 또한, 교사들이 직접 교과서를 제작하여 수업에 활용하는 경우도 많다. 그렇다 보니 당연히 선진국 교사들은 적극적인 교육과정 사용자로 거듭나게 된 것이다.

그렇다면 우리나라의 경우 교육과정 선진화를 위한 교육과정의 개방화 정책은 어느 시기부터 이루어져 왔을까? 교육과정 해설서를 살펴보면 5차 교육과정까지는 중앙집권적 교육과정 결정 방식을 채택해 왔다. 하지만 6차 교육과정부터는 우리나라도 초·중등 교육의 다양화·지역화·자율화를 위해 교육과정 결정 방식의 분권화를 시도해온 점에 주목해야 한다. 정광순(2013)은 2007 개정 교육과정부터 개방화 정책으로 전환되어 선진화를 지향하게 되었으며, 2009 개정 교육과정부터는 성취기준의 도입으로 보다 적극적인 개방화의 문을 활짝 열어주었다고 하였다.

특히 성취기준[2]의 전면적인 도입으로 교육과정의 질적 전환기를 마련하게 된 것은 매우 의미가 큰 것이다. 성취기준 중심의 교육과정 운영의 핵심은 교사에게 교재권, 평가권을 부여하였다는 것이다. 이는 교사가 재구성을 통해 철학과 가치를 반영하여 앎과 삶이 하나 되는 교육과정을 운영하는 기반을 조성해 주었다는 것에 의미를 부여해야 할 것이다. 이러한 교육과정의 변천에 따른 내용과 의미, 즉 교육과정의 일관성을 이해하고 실천하는 것이 교사에게 있어서 매우 중요한 것이다. 사실 돌이켜보면 2009 개정 교육과정 시기에 성취기준에 대한 이해를 바탕으로 재구성을 실천해 온 교

---

2   초등교육과정 해설서(교육부, 2015)에 성취기준은 각 교과에서 학생이 학습을 통해 얻어야 할 지식이나 기능 혹은 태도를 담고 있으며, 학습의 결과로 학생들이 할 수 있어야 할 것이라고 진술하고 있다. 또한, 교수·학습 활동이나 평가는 성취기준에 근거하여 계획, 실행되어야 한다고 하였다. 이는 교수·학습과 평가활동은 성취기준과 일관성을 유지하여 이루어져야 함을 시사하는 것이다. 성취기준은 교과 교육과정에서 가르쳐야 하는 교육 내용의 핵심이다.

사들이 얼마나 있었을까? 사실 이 시기부터 교사에게 있어서 성취기준 중심 교육과정 재구성은 선택이 아닌 필수가 되었다.

따라서 주어지는 교육과정에 익숙해져 수동적인 존재로서 교과서 중심 수업에 머물러 있지 말고, 개방적인 교육과정 패러다임에 맞게 교육과정 문해력을 갖고 지속해서 교사 수준의 교육과정을 운영하여 교육과정 선진화가 정착되는 데 교사가 중심적 역할을 수행해야 할 것이다. 앞으로는 내차 교육과정이 내 방식대로, 내 차만 타고 가면 그만이라는 수동적 교육과정 사용자에서 벗어나, 국가 수준 교육과정의 일관성을 유지하면서 교사 자신의 철학과 가치를 담아 색깔 있는 교사 수준의 교육과정을 질적인 측면에서 운영하는 진정한 내차 교육과정으로 전환이 되어 선순환적 교육과정이 정착되기를 기대해 본다.

4. 수시 개정체제
국가 수준 교육과정 패러다임 한눈에 살펴보기

2015 개정 교육과정이 고시(2015-72, 2015.9.23.)된 이후로 5년여의 세월이 지났다. 2007 개정 교육과정부터 수시 개정체제로 전환되면서 본격적으로 개방과 자율화 정책이 펼쳐지기 시작하였다. 그래서 2007 개정 교육과정부터 2015 개정 교육과정까지 어떻게 변화를 가져왔는지 그 패러다임을 살펴보는 것은 의미가 있다.

대부분 교육과정이 개정되면 학교 현장에서는 교육과정의 전체적인 맥락을 이해하려는 노력이 부족한 것은 사실이다. 교사들은 교육과정이 개정되면 총론의 일부 변경된 부분에만 관심을 갖고 전반적인 패러다임에 대한 의미를 정확하게 인지하지 못한 상황에서 교육과정을 운영하게 된다. 때로는 교육과정을 바라보지 않고 편의 위주로 교과서로 눈을 돌리게 된다. 그러다 보니 2009 개정 교육과정이 성취기준 중심으로 운영해야 하는 사실도 인지하지 못한 상황에서 성취기준 중심 수업이 보다 강화된 2015 개정 교육과정을 맞이하게 되는 상황이 연출되었던 것이다. 사실 새로운 교육과정에 대한 전반적인 철학과 성격을 파악하지 못하면 나무만 보고 큰 숲을 보지 못하는 우를 범하게 된다. 그러므로 교육과정 변화에 따라 기존 교육과정과 현재 교육과정 간의 연계성과 차이점을 알게 되면 교육과정 재구성이나 수업을 설계하고 적용하는 데 교육적으로 보다 확장성을 갖게 될 것이다. 이러한 측면에서 수시 개정 교육과정에 따른 교육과정별 변천 과정을 손쉽게 이해하도록 다음과 같이 정리한 내용을 함께 살펴보도록 하자.

개정 명칭	2007 개정 교육과정	2009 개정 교육과정	2015 개정 교육과정
고시	2007-79호(2007.02.28.)	2009-41(2009.12.23.)	2015-74(2015.9.23.)
인재상	다면적인 인재 육성	창의 인재 육성	창의융합형 인재 육성
인간상	개성 추구하는 사람 능력 발휘하는 사람 진로 개척하는 사람 가치 창조하는 사람 발전 공헌하는 사람	진로 개척하는 사람 창의성 발휘하는 사람 사람을 영위하는 사람 공동체 발전에 공헌한 사람	자주적인 사람 창의적인 사람 교양있는 사람 더불어 사는 사람
학년 구분	학년별	학년군별	학년군별
교육과정 성격	내용중심 교육과정	성취기준 교육과정	성취기준 교육과정 이해중심 교육과정
수업 방향	교육과정중심 수업 도입	교육과정중심 수업 전개	교육과정중심 수업 강화
일체화	교육과정-수업	교육과정-수업-평가	교육과정-수업-평가-기록
핵심역량	핵심역량 미 제시	핵심역량 도입(일부교과)	핵심역량, 교과역량 반영
중점교육	자기 주도적 학습능력	인성교육중심 수업 강조	융합교육, SW교육
재구성	재구성 선택	재구성 필수	재구성 강화

〈표 2-수시 개정 교육과정 변천 과정〉

수시 개정 교육과정의 변천 과정을 살펴보면, 인재상은 시대적으로 미래 사회의 변화에 따라 요구하는 인재를 반영하고 있음을 알 수 있다. 인간상의 경우에는 2007 개정에서는 5가지에서 2009 개정에서는 4가지로 1가지가 줄어들었다. 2015 개정에 이르러서는 핵심역량과 연계하여 보다 구체적으로 제시되었으며, 4차 산업혁명 미래 사회에 대비하기 위한 측면도 반영되었다. 2009 개정에서 역량이 일부 교과에 도입되었지만, 2015 개정에서는 총론에 핵심역량을 제시하고 이를 교과역량을 통해 함양되도록 교육과정에 포함하여 도입한 것은 매우 의미가 있다.

체제 면에서 2015 개정 교육과정은 전반적으로 2009 개정 교육과정 골격은 그대로 유지하면서 교사에게 자율성 부여와 교육과정중심의 운영을 보다 강화하는 방향으로 이루어졌음을 알 수 있다. 또한, 과정중심평가의 도입과 더불어 평가가 리드하는 백워드 단원 설계가 중심이 되고 있다. 이러한 이유로 2015 개정 교육과정이 이해중심 교육과정이라고 불리는 것이다. 그러나 현장에서는 일부 교사들은 2015 개정 교육과정이 이해중심 교육과정이라는 의미와 성격에 대하여 정확하게 인지하지 못하고 교육과정을 편성·운영하는 경우도 있다.

교육과정 성격과 구성 측면에서 보면, 2015 개정 교육과정은 2009 개정 교육과정보다 학생 중심 교육과정 운영과 학교 체제를 교육과정중심으로 운영하도록 그 방향을 보다 강조하는 것이 특징이다. 그래서 학생참여형 수업을 활성화하도록 하고 있으며, 특히 교육과정 구성의 중점에도 제시되어 있지만, 교육과정-수업-평가의 일관성을 유지하도록 규정하는 것에 주목해야 한다. 또한, 교육과정 재구성은 2007 개정 교육과정은 교과서 중심이라면, 2009 개정 교육과정부터는 재구성은 필수였고, 2015 개정 교육과정에서는 강화가 되었다. 이는 교과서에서만 답을 찾으려 하지 말고, 교과서라는 자료를 활용하여 교육과정의 핵심인 성취기준에 잘 도달하도록 하는 재구성이 선택이 아닌 필수가 되었음을 의미한다. 성취기준은 교육과정 재구성의 근거로 국가가 제시하였음을 잊지 말아야 한다.

따라서 향후에도 교육과정이 개정되면 가장 중요한 것은 총론의 일부 변경된 내용만을 관심을 가져서는 안 된다는 것이다. 교육과정 성격과 구성의 중점 부분의 충분한 이해를 바탕으로 교육과정의 전체적인 큰 틀을 알고 총론과 각론에 대하여 체계적으로 탐구해 나가도록 해야 할 것이다. 그렇게 되면 국가 수준에서 요구하는 내용이 학교 현장에 보다 효과적으로 반영되어 교육과정의 일관성을 유지할 수 있고, 더불어 교사의 교육과정 상용 능력은 보다 신장할 것이다.

교사의 전문성 여부 판단 기준
- '교육과정 워드 클라우드' 이해 정도

교육과정은 시대적 변화와 국가·사회적 요구를 반영하여 개정이 이루어진다. 새로운 교육과정은 인재상과 인간상, 교육목표, 구성의 중점 등에 교육적 비전과 어젠다를 담아 제시하고 철학과 가치를 반영한다. 그래서 학교나 교사들은 개정되는 교육과정에서 요구하는 방향에 대한 인식과 이를 현장에 착근하는 데 필요한 재구성, 참여형 수업, 평가 등 각종 교육적 적용 방법에 대한 이해가 선행되어야 한다.

2015 개정 교육과정의 경우에도 2017년 초등학교 1~2학년부터 적용이 시작된 이래로 올해는 마지막으로 중·고등학교 3학년까지 적용되기에 이르렀다. 초등학교는 2019년에 이미 적용이 완료된 바 있다. 따라서 2015 개정 교육과정을 적용하는 학교나 현장 교사들의 경우 2015 개정 교육과정이 담고 있는 핵심적 가치와 성격, 교육과정 패러다임, 교육과정-수업-평가 일체화 구현에 필요한 방법 등과 관련되는 교육적 키워드에 대하여 충분한 이해가 필요한 것이다. 이러한 이해 수준은 교사들이 국가 교육과정에서 요구하는 교육적 가치를 학교 현장에서 녹여내야 하는 책무성에 있어서 필요충분조건이기 때문이다.

〈그림 1-2015 개정 교육과정 워드 클라우드〉

따라서 학교 현장에서 교사들이 2015 개정 교육과정을 적용하고 추진하는 데 있어서 필수적으로 이해하고 있어야 할 교육적 키워드를 중심으로 작성한 것이 앞의 도해와 같은 '2015 개정 교육과정 워드 클라우드'이다. 워드 클라우드의 특징은 2015 개정 교육과정을 운영하는 데 있어서 필수적인 교육적 키워드를 제시하고, 보다 중요도가 있는 키워드는 글자 크기를 크게 강조하여 나타냈다는 것이다.

그러므로 교육과정, 수업, 평가와 관련하여 전문성이 있는 교사의 경우에는 워드 클라우드에 있는 대부분의 키워드에 대하여 그 교육적 의미를 타인에게 자신 있게 설명할 수 있어야 한다. 교사는 전문성이 있는 전문가이기 때문에 더욱이 그렇다. 특히 성취기준, 핵심역량, 교육과정 문해력, 준거지향평가, 분석적 루브릭, 총합적 루브릭, 내용체계, 재구성, 이해중심교육과정, 백워드 설계 등과 같은 중요도가 높은 키워드는 필수적으로 이해하고 설명할 수 있어야 한다. 만약에 이러한 중요도가 있는 키워드에 대하여 정확하게 이해하지 못한 상황에서 교육과정을 운영하는 교사가 있다고 하면 반성적 사고가 필요할 것이다. 교육과정 운영에 대한 반성적 접근이 없는 교사에게는 성장과 발전을 기대할 수 없다. 교사도 지속적인 배움이 있어야 성장할 수 있다. 전문성은 스스로의 노력과 열정으로 만들어진다. 변화에 둔감하고 정체하면 발전할 수 없다. 교육과정 운영에 필요한 내용과 방법에 대하여 항상 연구하고 배우는 자세가 필요하다. 교사는 교육과정에 대한 채움의 미학이 생활화되어야 하기 때문이다.

"교육의 질은 교사의 질을 능가하지 못한다."라는 켄베이 박사의 말처럼 교사의 질은 우리 교사 스스로의 노력으로 만들어 가야 한다. 현재도 그렇고 앞으로도 교육과정을 운영하는 교사는 스스로 '교육과정 워드 클라우드'를 작성해 보아야 한다. 교육과정 워드 클라우드를 작성하다 보면 무엇을, 왜, 어떻게 가르쳐야 하는지에 대한 물음을 스스로 갖게 된다. 그리고 그 물음을 통해 자연스럽게 교육적인 키워드를 추출할 수 있게 된다. 그렇게 되면 교사 자신이 작성한 키워드에 대해서 명확하게 이해할 수 있으므로 교사의 전문성은 저절로 신장하는 것이다.

6. 교육과정 문해력은 교육 전문가의 필요충분조건

가. 교육과정 문해력! 너를 알고 싶어

　교육과정 문해력이란 한마디로 국가 수준 및 지역 수준의 교육과정을 이해하고 이를 활용하고 상용하는 능력을 뜻한다. 정광순(2013: 14)은 교사의 교육과정 문해력(curriculum literacy)은 "교사가 교육과정을 사용할 수 있게 하는 것."이라고 하면서 세부적으로 주어진 교육과정을 이해하고, 다양한 상황에서 교육하는 데 그것을 사용할 수 있는 능력이라고 하였다. 또한, 교육과정 원문에서 성취기준을 찾고 읽는 방법, 성취기준과 교과서와의 연관에 비평하는 방법을 아는 것, 교육과정을 상용화하는 것 등으로 설명하고 있다. 그리고 경기도교육청(2016: 7)은 교육과정 문해력을 "성취기준을 중심으로 교육과정 문서를 읽고 해석하여, 교육과정 재구성과 배움중심 수업, 성장중심평가를 실행하는 교육과정 상용 능력이다."라고 정의하면서 교육과정-수업-평가(기록)의 일체화가 중요함을 역설하였다. 우선적으로 교육과정에 대한 문해력을 가지고 있다는 것은 기본적으로 국가 수준, 지역 수준, 학교 수준의 교육과정에 대한 이해 능력이 필요함을 의미한다. 그리고 국가 수준에서 제시하는 교육에 대한 가치와 철학, 개정 방향, 인간상 및 핵심역량, 교육목표에 대한 이해를 바탕으로 이를 담아내는 각론에 대한 깊이 있는 해석능력이 요구된다. 또한, 교과 교육과정에서 제시하는 성취기준에 대한 분석과 이를 학생들의 특성에 맞게 재구성한 다음 다양한 참여형 수업방법을 적용하고 과정중심의 평가를 통해 학생들이 배움과 성장이 이루어지도록 해야 하는 상용 능력이 기본적으로 필요한 것이다. 교사의 교육과정 문해력 정도는 교사의 전문성이 있느냐, 없느냐를 판가름할 척도가 된다는 점에서 교사들이 교육과정에 대한 문해력을 높이기 위한 자기 연찬이 절대적으로 필요하다. 결국 교육과정 문해력은 교육과정 중심 수업을 하는 데 있어서 교사에게 기본이 되어야 한다.

나. 교육과정 문해력의 습득 과정 이해하기

교육과정을 읽고 쓸 수 있으며 활용할 수 있는 능력이 교육과정 문해력이다. 그렇다면 교육과정에 대한 문해력을 갖고 이를 상용화하기 위해서는 교육과정 문해력을 함양해 나갈 수 있는 절차가 있기 마련이다. 이 말은 교육과정 문해력을 습득해 나가는 과정으로 설명할 수 있다. 정광순(2013: 22)은 교사가 문해력을 기를 수 있는 교사의 교육과정 문해력 습득 과정을 4가지 단계로 제시하였다. 정광순이 제시한 기준을 기반으로 경기도교육청(2016: 16)에서 문해력을 습득하는 과정을 정리하여 제시한 것에 필자가 다소 추가하여 정리한 문해력 습득 과정은 다음의 표와 같다.

단계 및 요소		실천 내용

1단계	교육과정 문서 찾기	• 주어진 교육과정 인식하기
		• 교육과정 원문(문서)과 자료 찾고 구별하기
		  - 문서와 자료 구분하기
		  - 문서와 자료 찾아 보관하기

2단계	교육과정 읽고 해석하기	• 교육과정 문서 읽고 구조와 용어 관심갖기
		• 총론 문서 읽고 해석하기
		  - 교육적 가치, 개정 방향, 인간상, 핵심역량, 교육목표
		  - 학교급별 교육과정 편성·운영의 기준
		  - 학교 교육과정 편성·운영과 지원
		• 각론(교과 교육과정) 문서 읽고 해석하기
		  - 성격(교과역량), 목표, 내용 체계 및 성취기준, 교수·학습방법 및 평가 구조 및 내용 이해하기

3단계	교육과정 지도 갖기	• 나만의 교육과정 만들기
		  - 총론 및 각론 체계 지도(조망도) 갖기
		  - 성취기준 코드 중심으로 교과서 자료 연계망 만들기
		• 성취기준 종적·횡적 지도(조망도) 갖기

4단계	교육과정 상용하기	• 교육과정 성취기준 도달을 위한 자료 활용·심화하기
		• 단원별 성취기준 중심 교육과정 재구성하기
		  - 교과 내 재구성, 교과 간 통합 재구성
		  - 이해중심 교육과정-백워드 설계 재구성
		• 배움중심 수업 및 과정중심평가 실천하기
		  - 교육과정-수업-평가 일체화 구현

〈표 3-교육과정 문해력 습득 과정〉

이러한 절차를 이해하고 실천한다면 교사는 자연스럽게 문해력이 증진될 것이다. 교육과정 문해력을 체득하는 과정을 보다 자세하게 설명하면 다음과 같다.

1단계에서는 교육과정 문서를 찾는 것이 가장 중요하다. 교육과정 문서를 찾는다는 것은 우선적으로 교사에게 가르치도록 요구되는 국가 수준 교육과정을 인식해야 함을 의미한다. 가르쳐야 할 교육과정 문서를 찾기 위해서는 교육과정 문서와 자료를 구분할 줄 알아야 한다. 교육과정 문서는 국가 수준에서 작성해서 법적으로 학교에서 교육해야 할 내용, 즉 원문이 담긴 것을 말한다. 자료는 교과서와 지도서와 같이 교사에게 교육과정을 가르치는 데 도움을 주는 것을 지칭한다. 그래서 교사는 자료보다 교육과정 문서를 찾는 방법을 알아야 한다. 주로 학교에 보급된 교육과정 문서 책자를 찾아서 소지하거나, 국가 교육과정정보센터(http://www.ncic.go.kr/) 홈페이지를 활용해 파일 형태로 보관하여 문서를 찾아 읽고 해석할 수 있도록 준비하는 것이 바람직하다.

2단계는 교육과정을 읽고 해석하는 단계이다. 교육과정 문서는 총론과 각론으로 되어 있으므로 혼자 단독으로 읽거나 아니면 동학년 전문적 학습공동체나 교과연구회를 조직하여 그룹 간에 읽고 해석하는 시간을 갖도록 하는 것이 좋다. 총론의 경우 장과 절로 되어 있는 문서 구조에 따라 주어진 의미를 명확하게 이해하고 읽도록 한다. 예를 들어 인재상, 인간상, 교육목표, 핵심역량이 의미하는 것이 무엇이며 이는 각론과 어떤 관계를 갖고 있는지, 이전 교육과정과 비교하여 달라진 점은 무엇인지 등을 이해하는 것이 중요하다. 또한, 각론의 경우에도 교과 교육과정의 체계가 어떻게 이루어져 있고 성취기준, 교과역량 등의 용어에 대해서도 관심을 갖고 각론 문서를 읽어야 해석하는 데 도움이 된다.

3단계는 나만의 교육과정을 만드는 단계이다. 교육과정에 대한 지도, 즉 조망도를 그리는 것이 중요하다. 1~2단계를 통해 교육과정 문서를 찾아 읽고 해석을 통해 전반적인 교육과정을 이해하였다면, 3단계에서는 이를 바탕으로 나만의 교육과정 지도(조망도)를 그릴 수 있어야 한다. 이는 총론과 각론의 체계와 의미를 연결하는 교육과정 지도를 그려야 함을 의미한다. 또한, 교과서 자료를 활용하기 위해 교과서 단원과 성취기준을 연결해 보고, 성취기준을 횡적·종적 측면에서 조망도를 그려 보고 재구성을 위해 다양하게 접근할 수 있어야 한다.

마지막 4단계에서는 교과별로 성취기준 중심으로 재구성을 하고 이를 바탕으로 학생참여형 수업을 적용하며 과정중심평가를 통해 교육과정 내용 목표를 완성하는 단계이다. 즉, 교육과정 이해를 바탕으로 상용 능력이 요구되는 등 교육과정 문해력이 완성되는 단계이다. 교과서 자료를 최대한 활용하여 교과 내에서 성취기준 중심으로 차시 및 내용 증감·통합을 통해 재구성하거나, 주제 중심으로 교과 간 통합을 위한 재구성 및 백워드 단원 설계 방법을 적용한 재구성을 상황에 맞게 전개하는 등 다양한 재구성이 이루어지게 된다.

또한, 단원 재구성 내용을 중심으로 수업에 즐겁게 참여하고 호기심을 주며 역량이 함양되도록 다양한 학생참여형 배움중심 수업을 적용하고 단원 목표 도달 정도를 확인하는 과정중심평가가 이루어지도록 하는 것이 중요한 요소이다. 이렇게 교육과정 문해력이 갖추어지면 교육과정중심 수업은 자연스럽게 이루어지는 것이다.

7. 교육과정중심 수업은 선택이 아닌 필수

가. 왜 교육과정중심으로 수업을 해야 할까?

교육과정중심으로 수업해야 한다는 말의 의미는 무엇일까? 이 말은 반대로 지금까지는 교육과정중심으로 수업을 잘 하지 않았다는 것인가? 그렇다. 적어도 2015 개정 교육과정 이전까지는 학교 현장에서 보편적으로 교육과정중심의 수업보다는 교과서 중심으로 수업이 진행되어 온 것은 사실이다. 2015 개정 교육과정이 적용되는 현재에도 일부 교사들은 교과서 중심으로 수업을 진행하고 있다.

그렇다면 왜 교육과정중심으로 수업을 해야 한다고 하는 것일까? 답은 간단하다. 교육과정중심으로 수업을 진행해야 하는 것이 기본이기 때문이다. 교사의 전문성은 교육과정중심 수업으로부터 시작된다. 앞서도 지적한 것과 같이 우리나라의 경우에는 중앙집권형 교육과정 정책으로 인하여 국정교과서를 보급하고 이를 잘 가르치도록 강요하게 되어 교사들은 자연스럽게 교과서에 의존하게 되었다. 교사들은 가르치는 데 편리한 교과서의 마력에 빠져 쉽사리 교과서에서 벗어나지 못하게 되었던 것이다. 이러한 타성은 자연스럽게 형성되었다.

국가에서도 교과서 중심의 문화로 인한 문제점을 인식하고 이를 해결하고자 시대적 변화를 반영하여 그동안의 통제 중심의 교육과정 정책에서 벗어나 2007 개정 교육과정부터는 본격적으로 개방화·자율화를 통한 교육과정 선진화 정책을 펼치게 되었다. 이는 교사들이 교육과정의 핵심인 성취기준 중심으로 수업하도록 학교 현장에 교육과정의 자율권을 부여하였다는 것을 의미한다. 교사의 전문성을 신장하고 자존심을 되찾기 위해서는 교사들에게 주어진 교육과정의 자율권을 스스로 가져와 실천적 변화를 가져오는 데 앞장서야 한다. 교사가 교과서 중심 수업에서 교육과정중심 수업으로 전환하는 것은 거스를 수 없는 대세가 되었다는 것을 충분하게 인식해야 한다.

교육 선진국의 경우 대부분 국가에서는 교사들에게 교육과정과 시수만을 제시한다.

국정교과서는 보급하지도 않는다. 교사가 교과서에 의존할 수가 없다. 그래서 교사들은 우선적으로 교육과정의 개정 방향과 의미에 대하여 분석적 접근을 통해 충분히 이해하게 된다. 그다음에는 교사들의 철학과 가치를 담아 성취기준을 중심으로 일상생활에 활용할 수 있도록 단원을 재구성한다. 교육과정 운영에 필요한 학습자료는 스스로 준비하여 수업을 설계하고 진행하는 등 최종적으로 교육과정 목표와 성취기준에 잘 도달하도록 수업을 실행한다. 이렇게 하다 보니 당연히 교육선진국 교사들은 교육과정을 얼마나 잘 알고 쓸 줄 아는가 하는 교육과정 문해력 지수가 높을 수밖에 없다. 지금은 달라졌겠지만, 2009년에 PISA에서 비공개로 국가별 교육과정 문해력을 측정한 결과에 따르면 10점 만점에 우리나라 교사들의 교육과정 문해력은 0.13점이었다. 교육선진국인 핀란드는 9.87이었다. 국가의 정책과 교사의 교육과정 상용 능력에 대한 노력이 얼마나 중요한지 알려주는 지수라고 생각된다.

캐나다의 일부 주에서는 일정 기간이 지나면 교사들과 재계약을 체결한다. 재계약을 하기 위해서 교사들은 일정한 평가를 실시한다. 교육과정 성취기준과 시수만을 부여하고 단원 설계를 하도록 하는 것이 평가 내용이라고 한다. 이러한 경우 교육과정 문해력이 높은 교사가 좋은 평가를 받게 되는 것은 당연할 것이다. 문해력이 낮아 단원을 설계하는 능력이 부족한 교사는 작성한 내용이 충실하지 못하여 결국에는 재계약을 할 수 없게 될 것이다. 교육과정을 잘 알고 쓸 줄 아는 것이 얼마나 중요한지를 알게 해 주는 사례라고 볼 수 있다.

미국의 경우 상위 30% 수준에 해당하는 사람들이 교사가 되어 학생들을 가르치고 있다고 한다. 반면에 우리나라의 경우 상위 10% 수준에 해당하는 고급 인력들이 교사로 임용되어 학교 현장에서 교육적 역할을 수행하고 있다. 요즈음은 상위 5% 정도가 되어야 교대에 입학할 수 있다고도 한다. 우리보다 수준이 낮은 미국과 같은 교사들도 교육과정 문해력을 기반으로 교과서에 의존하지 않고 질적인 교육을 펼치고 있다. 수준이 높은 교사로 구성된 우리나라의 경우 임용 전에는 임용고시에 교육과정 과목이 있기에 깊이 있게 공부하지만, 막상 발령을 받으면 교육과정을 쉽게 버리고 교과서에 의존하는 현상을 어렵지 않게 찾아볼 수 있다. 이러한 구조적 문제에서 탈피하기 위해서는 교사들은 기존의 관습에서 벗어나 교과서를 멀리하고 교육과정중심으로 초점을 맞추어 미래 지향적인 교육적 접근이 이루어져야 한다.

📖 교사가 교육과정중심으로 수업하게 되면 어떤 점이 향상될까?

우선 교육과정의 구조적 이해와 성취기준에 대한 해석능력이 높아진다. 교육과정 문해력은 기본적으로 갖추어진다. 또한, 지식 단순 전달자에서 벗어나 지식을 기반으로 기능·태도까지 포함하여 앎과 삶이 하나 되는 교육과정 운영이 가능해진다. 지식 위주 평가에서 정의적·행동적 기능 중심의 과정중심평가로 전환하게 되어 전반적으로 전문성이 길러지는 구조가 된다.

교육과정중심 수업의 핵심은 교육과정에서 제시한 성취기준을 분석하여 설계한 내용을 중심으로 학생참여형 수업을 통해 배움이 잘 일어나도록 하는 것이다. 다시 말하면 교사가 교육과정의 주체가 되어 교육과정에 대한 해박한 지식을 가지고 교육과정에서 요구하는 기본 방향과 역량이 반영된 성취기준을 분석하고 학생들의 특성을 고려하여 적절한 학습 내용과 방법을 선정하는 등 재구성을 통해 다양한 학생참여형 수업을 진행하며, 과정중심평가를 실시하여 성취기준 도달 여부를 파악하여 피드백을 제공하는 일련의 과정이 교육과정중심 수업인 것이다.

따라서 교육과정중심으로 수업을 하다 보면 교사들은 자연스럽게 교육과정 해석에 대한 전문성, 교과별 성취기준 중심으로 수업을 다양성 있게 전개할 수 있는 교육과정 재구성에 대한 전문성을 갖게 된다. 그리고 참여형 교수·학습방법에 대한 전문성을 갖게 되어 토의·토론, 교육연극, 하브루타, 내러티브학습, 액션러닝, 비주얼 씽킹, 거꾸로 수업 등 학습방법에 대한 다양한 전문가가 생겨나게 된다. 이러한 선순환이 이루어지면 교육적 철학의 기반 위에 다양한 전문가가 학교 현장에 나타나게 되어 상호간에 시너지 효과가 일어나 교단의 발전을 꾀하게 될 것이다. 결국은 교사가 전문가로 거듭나고 교육의 본질을 추구하기 위한 길은 교육과정중심 수업이 답이라는 것으로 귀결된다. 교육과정을 이해하고 새롭게 출발하는 것은 모든 교사에게 선택이 아니라 필수이다.

나. 교육과정중심 수업의 종착역은 교육과정-수업-평가의 일체화

📖 왜 교육과정-수업-평가는 일체화가 되어야 하나?

교육과정-수업-평가의 일체화라는 말은 무엇인가? 리사 카터(2017: 55)는 총체적 수업 일체화란 가르치는 내용과 가르치는 방법, 그리고 평가하는 내용이 일치하도록 하는 것이라고 하였다. 즉, 교육과정, 수업, 평가가 조화로운 한 몸이 되도록 끊임없이 구성적 활동을 추구한다는 의미라고 볼 수 있다. 그렇다면 일체화가 되어야 한다는 말은 지금까지 일체화가 이루어지지 않았다는 것을 의미한다고 볼 수 있다. 즉, 분절 현상이 유지되어 온 것을 전제하는 의미가 내포되어 있다.

왜 그럴까? 그 이유는 간단하다. 교과서가 교육과정의 핵심인 성취기준이 반영되도록 만들어진 것이기는 하지만, 교사는 그저 교과서만을 가르쳤지 성취기준이 어떻게 포함되어 있는지에 관해서는 관심을 갖고 있지 않았기 때문이다. 교과서는 항상 수업의 주연배우였다. 당연히 교육과정과 수업은 하나가 아닌 따로국밥이 된 셈이었다. 교육과정-수업은 일체화가 아니라 분절이 되어 버리는 상황이 반복되기에 이르렀다.

평가도 성취기준에 잘 도달했는지에 초점을 두어야 하는데 차시 수업에만 매몰되어 교육과정에 대한 진정한 평가가 이루어지지 않았다. 교육과정-수업-평가는 한 몸이 될 수 없는 구조가 되었던 것이다. 이처럼 일체화가 아닌 분절화는 계속 진행되었고, 이로 인하여 교과서 중심 수업의 정체화는 가속되었으며, 결국에는 교육과정의 탈전문화가 지속되는 악순환이 전개되어 온 것이다.

그러나 다행스럽게도 2015 개정 교육과정이 고시되고 적용되면서 교육과정-수업-평가가 분절에서 탈피하여 일체화의 패러다임으로 전환되는 계기가 만들어졌다. 2015 개정 교육과정의 총론을 살펴보면 교육과정 구성의 중점 마항에 "교과의 교육목표, 교육 내용, 교수·학습 및 평가의 일관성을 강화한다."라고 제시되어 있다. 이 말은 학생의 학습 경험을 성장의 우선에 두고 교육 내용(교육과정), 교수·학습(수업), 평가의 일관성이 확보될 때 의도한 교육목표를 달성할 수 있다는 것이다. 이러한 일관성은 일체화를 의미한다.

2015 개정 교육과정의 문서상에서 제시되는 일관성의 의미는 바로 학교 현장에서 교사들이 교육과정-수업-평가 일체화를 해야 하는 이유이기도 하다. 지금까지는 교육목

표 도달을 위해 가르쳐야 할 교육 내용을 교과서가 대신하다 보니 교사는 교육과정에서 제시하는 실제적인 교육 내용이 무엇인지 모르고 가르치게 되어 일체화의 장애가 발생하게 된 것이다.

그렇다면 2015 개정 교육과정에서 요구하는 교육과정-수업-평가의 일체화가 이루어지기 위해서는 어떻게 해야 할까? 알고 보면 답은 간단하다. 교과서 중심이 아닌 교육과정중심으로 수업을 하면 된다. 교육과정중심으로 수업을 진행하면 그동안 문제점으로 지적되었던 교과서 중심 수업으로 인한 교육과정-수업-평가의 분절성 문제는 자연스럽게 해결되기 때문이다.

학교 현장에서 교사는 국가 수준에서 제시하는 교육과정의 의미를 학생들에게 배움으로 연결해 주어야 하는 것이 가장 중요한 책무이다. 교육과정의 철학과 교과 교육과정의 목표, 내용을 재구성하고 다양한 교수·학습 활동을 전개하여 평가를 통해 역량을 길러주는 교육을 펼쳐 나가야 한다. 학교 교육의 핵심은 국가 수준에서 제시하는 교육과정이다. 그러므로 당연히 교육이 이루어지는 일련의 과정, 즉 교육과정 분석 및 재구성, 교수·학습 활동, 평가는 일관성이 유지되어야 하므로 일체화는 기본이자 핵심이 되는 것이다.

더군다나 2015 개정 교육과정은 이해중심교육과정의 가치를 담고 있다. 그러므로 포워드 단원 설계 방식이 아닌 백워드 단원 설계 방식으로 교육과정중심 수업을 진행하면 교육과정-수업-평가의 일체화는 더욱 견고해질 것이다. 교육과정-수업-평가 일체화는 교육과정과 수업 그리고 평가가 선순환적인 체계로 이루어져 가는 시스템으로 이해하면 된다. 다시 말하면 교육과정-수업-평가의 일체화를 별도로 구현하고자 노력해야 하는 것은 아니다. 교육과정중심으로 수업을 하다 보면 의도하지 않아도 교육과정과 수업 그리고 평가는 자연스럽게 일체화가 이루어지는 것이기 때문이다. 결국, 교육과정중심 수업은 교육의 만병통치약인 셈이다.

📖 교과서 중심 수업과 교육과정중심 수업은 어떻게 다른가?

교과서 중심 수업이 왜 분절이 되었는지, 교육과정중심 수업은 왜 일체화가 될 수밖에 없었는지는 교과서 중심 수업과 교육과정중심 수업이 어떻게 이루어지는지를 설명하면 이해가 빨리 될 것이다. 교과서 중심 수업은 말 그대로 교사가 학생들을 가르칠 때 교과서를 중심으로 가르치는 것을 말하고, 교육과정중심 수업은 교육과정을 중심으로 가르치는 방법을 의미한다. 다만 교육과정중심 수업의 경우 교과서를 사용하지 않는 것이 아니라 교과서를 하나의 자료로 활용하는 방향으로 접근하는 것이 바람직하다고 생각한다. 교과서를 처음부터 멀리하면 여러 가지 어려움이 발화되는 측면도 있겠지만, 아직도 교과서는 학교 현장에 국정 및 검인정으로 보급되어 있어 이러한 자료를 최대한 활용하는 것도 효과적이기 때문이다. 다만 향후 교사의 교육과정 문해력이 지속해서 증진된다면 교과서가 필요 없게 되어 자연스럽게 교과서는 사라지게 될 것이다.

■ 교과서 중심 수업

우선 교과서 중심 수업을 살펴보자. 교과서 중심 수업을 하게 되면 교사는 교과서가 어떻게 만들어졌는지에는 관심이 없고 가르쳐야 할 교과서의 내용만이 주된 관심사가 된다. 이미 다른 사람이 만들어 놓은 단원과 차시 내용을 그대로 가르치면 그만이다. 그런데 교과서만을 가르치면 어떤 오류를 범하게 될까? 왜 탈전문화가 촉진된다고 할까? 그 답을 찾아보도록 하자. 교과서 중심 수업에 대한 이해를 위해 제시한 교과서 중심 수업 내용표를 참고하여 주기 바란다.

단원	차시	주요 학습 내용	평가
1. 생각과 느낌을 나누어요.	1~2	생각이나 느낌이 서로 다른 까닭을 말할 수 있다. (동시/<꽃씨>)	차시 형성평가 및 단원평가
	3~4	시를 읽고 생각이나 느낌을 나눌 수 있다. (동시/<등급은 나무>)	
	5~6	이야기를 읽고 생각이나 느낌을 나눌 수 있다. (줄글/<가훈 속에 담긴 뜻>)	
	7~8	일어난 일에 대한 의견을 말할 수 있다. (줄글/<의심>)	
	9~10	이야기를 읽고 의견을 나눌 수 있다. (줄글/<가끔씩 비 오는 날>)	
성취기준(교육과정) ≠ 수업, 성취기준(교육과정) ≠ 평가			

〈표 4-교과서 중심 수업 내용표〉

교과서 내용은 집필진이 성취기준을 나름대로 분석하여 단원명과 소주제를 정하고 단원 전체에 대한 차시를 배정한 다음 차시별 주요 학습 내용을 선정하게 된다. 이때 어느 특정 지역이나 학교 여건을 고려하는 것이 아니라 전국적으로 공통적일 수 있는 내용으로 표준화하여 단원과 차시별 학습 내용을 구성하게 된다.

　물론 성취기준 도달에 초점을 두고 집필한 것은 사실이다. 그러므로 교과서 내용은 교사가 아닌 집필진 입장에서는 교육과정 재구성이 이미 이루어진 셈이다. 그런데 교사가 이러한 사실을 대부분 모르는 채로 교과서만 바라보고 맹신하는 수업을 하게 되면 교과 교육과정에서 요구하는 성취기준을 바라보지 못하는 상황이 반복되기 마련이다. 성취기준은 교육과정의 핵심인데 말이다.

　교사들이 성취기준을 바라보지 못하게 된 상황은 교과서뿐만 아니라 지도서도 한 몫을 했다. 2009 개정 교육과정 지도서의 경우 단원지도계획에 성취기준이 어떻게 연결되어 있는지가 누락되어 있어 더욱이 교사가 성취기준, 즉 교육과정에 가까이 다가가지 못하게 하였다. 결국은 교사들의 교육과정 문맹화에 일조를 하게 된 셈이다. 그나마 다행인 것은 2015 개정 교육과정에서는 대부분 교과별로 지도서의 단원별 전개 계획에 성취기준을 연결하여 놓았다는 점이다. 다만 지도서에 성취기준이 연결되어 있다는 사실을 모르고 지도서를 활용하는 교사가 아직도 있다는 데 일말의 아쉬움이 있기는 하지만 말이다.

　교사가 교과서를 맹신하고 성취기준이 연결된 사실을 모르는 상황에서 수업을 진행하면 어떤 문제점이 발생할까? 우선적으로 교과 교육과정의 목표, 성격, 내용 체계, 교과역량, 성취기준 등 교사 전문성의 척도가 되는 교육과정 문해 능력이 형성되어 있지 않은 상황에서 단지 교과서의 내용만을 아이들에게 전달하게 된다. 성취기준을 통한 단원 목표 인식, 학생의 배움 수준 평가의 중요성에 대한 거시적인 철학적 접근이 이루어지지 못하게 되어 단순 지식만을 전달하는 기능인에 그치게 된다. 수업도 차시별 내용 중심으로 전개하게 되고, 평가도 차시 중심의 일반적인 형성평가 위주로 이루어져 결국 성취기준에 제대로 도달하지 못하게 된다.

　예를 들어, 교과서에 제시된 학습목표는 성취기준을 집필진이 재해석하여 차시별로 쪼개서 진술한 것인데 성취기준에 대한 이해가 없이 가르친다면 성취기준이 반영된 단원 목표보다 학습목표만을 중요하게 생각하게 되어 분절적으로 가르치게 됨으로써 결국 교육과정에 충실한 수업이 이루어지지 못하게 된다는 것이다. 왜냐하면, 성취기준을 달성하지 못하는 결과를 낳게 되어 교육과정의 의도와 유리되는 상황이 만들어지기 때문이다. 교과서를 가르치더라도 교육과정의 요소가 교과서에 어떻게 반영되어 있는지 모르고 활용하여 가르친다면 결국 교육과정중심으로 접근하지 못하게 되어 미완성 교육과정 교향곡이 만들어지는 데 일조하게 되는 것이다. 이렇게 되면 교사가 전문성이 있는 전문가로 인정받기 어려운 구조가 되어 버린다.

또한, 교과서로 수업할 경우 교사의 탈전문화가 촉진되는 이유는 교사 스스로 재구성 능력이 향상되지 못하는 구조적 문제점이 있다는 것이다. 교과서는 전국적으로 표준화된 내용으로 구성되어 지역이나 학생 특성을 고스란히 담아내는 데 어려움이 있다. 그래서 재구성은 필수적인 사항이 되는 것이다. 성취기준을 잘 도달하도록 교과서 내용을 참고하여 지역 및 학생 특성 등을 고려, 단원을 설계하고 이를 바탕으로 학습의 다양성을 추구하는 적극적인 재구성 능력이 필요한 것이다.

그런데 교과서 중심으로 수업을 하는 경우 단원 시기 조절이나 일부 내용 대체를 하는 소극적 재구성은 어느 정도 이루어지기는 하겠지만, 성취기준 중심으로 예시 글 및 내용 등 대체, 차시 증·감축, 차시 통합, 주제 중심 교과통합 등 적극적인 재구성은 이루어지지 못하게 된다. 학교 현장에서 "재구성의 재 자만 들어도 재채기가 난다."라는 농담 아닌 농담이 있다고 한다. 교사의 재구성에 대한 능동적인 접근이 무엇보다 필요하다는 것을 우회적으로 표현하는 말이기도 할 것이다.

■ 교육과정중심 수업

다음으로 교육과정중심 수업을 살펴보자. 교육과정중심 수업 흐름이나 내용 체계는 다음의 교육과정중심 수업 내용 구성을 참고하여 주기 바란다. 교육과정중심으로 수업을 하게 되면 어떤 절차로 이루어질까? 물론 교과서 자료를 기본적으로 활용하는 것을 전제로 하여 설명하면 다음과 같다.

학년	4-1	교과		국어	단원	1. 생각과 느낌을 나누어요.

① 성취기준 분석(수업 후 학생에게 바라는 결과) KDB 모형 적용	내용 요소	행동 요소			② 평가계획 (수용할 만한 증거 결정)
	K(Know): 지식(What)	D(to Do) : 기능(How)	B(to Be) : 가치·태도	
성취 기준	• [4국05-04] 작품을 듣거나 읽거나 보고 떠오른 생각과 느낌을 다양하게 표현한다.	• 동시나 동화 등에 대한 생각과 느낌	• 다양하게 표현하기	• 떠오른 생각이나 느낌을 존중하는 태도 갖기	• 작품에 대한 표현활동 (독후활동)
	• [4국02-05] 읽기 경험과 느낌을 다른 사람과 나누는 태도를 지닌다.	• 읽기 경험과 느낌	• 작품에 대하여 다른 사람과 공유하기	• 지속해서 읽기 경험과 느낌 나누는 태도 갖기	• 읽기 경험을 일상생활 속에서 공유하기

③ 교육과정 재구성 & 학생참여형 수업					
교과서 내용		성취 기준	성취기준 중심 재구성 및 수업		비고
차시	주요 학습 내용		차시	주요 학습 내용	
1-2	생각이나 느낌이 서로 다른 까닭을 말할 수 있다. (동시/<꽃씨>)	[4국05-04] 작품을 듣거나 읽거나 보고 떠오른 생각과 느낌을 다양하게 표현한다.	1	• 성취기준 안내 및 온 작품 읽기 도서 선정 • 교과서 동시 <꽃씨> 읽고 생각이나 느낌 나누기 - 생각 표현 및 사람마다 생각과 느낌이 다른 까닭 말하기(하브루타)	
3-4	시를 읽고 생각이나 느낌을 나눌 수 있다. (동시/<등굽은 나무>)	[4국02-05] 읽기 경험과 느낌을 다른 사람과 나누는 태도를 지닌다.	2-3	• 『학교폭력 왕따! 그만해!』 책 표지 보여주고 어떤 책일까 생각 이야기하기 - 왕따 등과 관련된 경험 이야기하기 • 『학교폭력 왕따! 그만해!』 책 교사가 읽어 주기(중간중간에 몰입하도록 질문 던지기) • 책의 인물 및 일어난 일 의견 말하기 (독서토론학습)	

〈표 5-교육과정중심 수업 내용 구성 및 절차〉

첫째, 가르치고자 하는 교과 단원에 해당하는 학습 내용과 관련된 교육과정 성취기준이 무엇인지 찾아서 연결하게 된다. 성취기준은 교과 교육과정에서 가르쳐야 할 핵심적인 교육 내용이기 때문이다. 성취기준을 연결하면 교과서 내용은 단지 하나의 예시 자료가 될 수밖에 없다. 교사 입장에 따라 성취기준 도달을 위하여 기존의 교과서 내용과 달리 다른 내용으로 다양하게 재구성하여 가르칠 수 있기 때문이다. 성취기준을 연결하기 위해서는 교사는 교과 교육과정의 어느 부분에 있는지 알아야 하기 때문에 교육과정과 친해지지 않을 수 없게 된다.

둘째, 성취기준을 다각적으로 분석하는 것이다. 성취기준을 분석하기 위해서는 교과 교육과정에 제시된 목표는 물론이고 학습 요소, 성취기준 해설, 교수·학습 및 평가 유의사항 등 교육과정 요소를 탐색해야 한다. 성취기준을 지식, 기능, 태도를 중심으로 무엇을 어떻게 가르칠 것인가에 대한 부분도 분석한다. 또한, 성취기준을 어떻게 평가할 것인지도 함께 고려해야 한다.

셋째, 성취기준을 잘 도달하도록 교과 단원 내용을 성취기준 중심으로 재구성한다. 재구성은 교사에 따라 백워드 단원 설계를 바탕으로 차시 간 통합, 차시 증·감축, 내용 대체 방법을 활용하여 교과 내, 교과 간 통합 등으로 다양하게 이루어질 수 있다.

넷째, 단원을 설계한 내용을 중심으로 다양한 참여형 수업방법을 적용하여 교수·학습 활동을 전개한다. 단원 목표에 해당이 되는 성취기준을 어느 정도 도달하였는지를 알 수 있도록 과정중심의 성취평가를 실시하여 피드백을 제공하는 등 일련의 배움 과정으로 진행하는 것이다.

이상과 같이 교육과정중심으로 수업하게 되면 교과 교육과정에서 가르치도록 요구하는 성취기준을 분석하여 평가계획을 수립하고 이를 잘 도달하도록 학습 내용을 선정하는 단원 설계를 위해 맞춤형으로 재구성하게 되어 다양한 교수·학습 활동을 전개할 수 있게 된다. 성취기준 도달 여부를 확인하기 위하여 과정중심의 성취평가가 이루어져 배움 정도에 따라 피드백을 제공하여 궁극적으로 배움이 완성되도록 한다.

교육과정중심 수업은 이러한 절차로 이루어지기 때문에 교육과정과 수업 그리고 평가는 분리될 수 없는 구조가 되어버린다. 당연히 교육과정-수업-평가의 일체화는 자연스럽게 구현이 되는 것이다. 따라서 교육과정중심 수업의 종착역은 교육과정-수업-평가의 일체화가 될 수밖에 없다. 이 말은 교과서 중심 수업에서 교육과정중심 수업으로 패러다임의 전환이 필요한 이유이기도 하다.

📖 교육과정중심 수업은 바로 교육과정-수업-평가의 일체화

지금까지 이야기한 내용을 살펴보면 교육과정중심 수업은 바로 교육과정-수업-평가의 일체화를 의미한다는 것을 이해할 수 있을 것이다. 교육과정중심 수업은 국가 수준의 교육과정 총론에서 제시하는 기본 방향(인재상, 인간상, 핵심역량, 교육목표)과 교육철학적 가치를 기반으로 교과 교육과정의 핵심인 성취기준 중심의 단원 설계와 이를 바탕으로 학생의 특성을 고려하여 맞춤형으로 최적화된 참여형 교수·학습방법·적용을 통한 알찬 수업을 전개하여 학생들이 진정한 배움이 일어나도록 하는 것이다. 또한, 평가를 통해 성취기준이 잘 도달되었는지를 파악하여 미도달 학생에 대한 재지도와 재평가 등으로 완전하게 도달하도록 하는 책무성도 포함이 된다. 교육과정중심 수업의 체계는 교육과정과 수업 그리고 평가가 아래의 「교육과정-수업-평가 일체화 구조도」와 같이 선순환적인 체계로 이루어지는 시스템으로 이해하면 될 것이다.

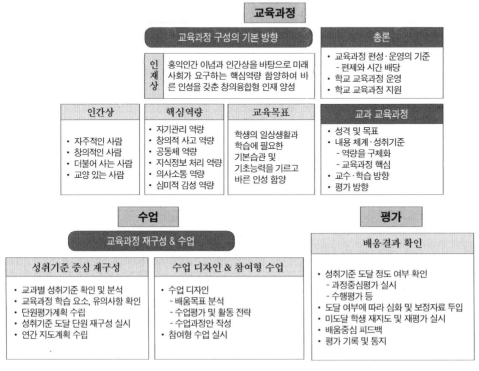

〈표 6-교육과정-수업-평가 일체화 구조도〉

따라서 교육과정-수업-평가 일체화란 교사가 재구성한 교육과정을 바탕으로 배움중심 철학과 가치를 반영한 학생 중심 수업과 과정중심평가로 학생의 전인적인 성장을 돕는 일련의 과정을 의미한다. 시대적으로 교육과정-수업-평가 일체화가 강조되는 까닭으로 수업과 평가를 바라보는 패러다임이 기존의 가르침 중심 수업, 결과 중심 평가에서 배움중심 수업, 과정중심평가로 전환되고 있기 때문인 것을 명심해야 할 것이다.

결국, 수업은 국가 수준에서 제시한 성취기준에 잘 도달하는 것이 매우 중요하며, 성취기준 도달 여부 정도를 평가를 통해 확인하는 과정을 거쳐야 한다는 사실에 주목해야 한다.

다. 교육과정중심 수업이 지향하는 바는 무엇인가?

교사는 수업에 호기심을 잃으면 안 된다. 교사가 교육과정에 호기심을 잃으면 교사이기를 포기하는 것과 다르지 않기 때문이다. 교사에게 있어서 교육과정은 법적으로 가르쳐야 하는 교육 내용이기도 하다. 이런 의미에서 교육과정중심으로 수업하는 것은 성취기준 중심 수업이라고 해도 무방하다. 성취기준은 교과에서 학생이 학습을 통해 얻어야 할 지식이나 기능 혹은 태도를 담고 있는 것으로 국가 수준 교육과정에서 반드시 가르치도록 요구하는 핵심 내용이기 때문이다.

교과서 자료를 활용한다고 해도 성취기준을 연결하고 성취기준에 잘 도달하도록 교과서 내용을 재구성하여 배움을 완성하도록 수업을 진행하면 교육과정중심 수업이라고 할 수 있다. 그렇다면 성취기준 중심 수업, 즉 교육과정중심으로 수업을 펼치게 되면 어떤 교육적 효과가 있을까? 교육과정중심 수업의 방향성은 무엇일까? 이 질문은 결국 교과서 중심 수업에서 교육과정중심 수업으로 전환하면 교육적으로 어떤 변화가 일어나게 되는 것인가에 대한 답을 얻을 수 있다. 이러한 측면에서 교육과정중심 수업의 지향점에 대하여 이야기해 보고자 한다.

첫째, 학생이 학습의 주체가 되기를 지향하는 학생참여형 수업으로 전개해야 한다. 국가 수준 교육과정 구성의 중점에 보면 "교과 특성에 맞는 다양한 학생참여형 수업을 활성화하여 자기 주도적 학습 능력을 기르고 학습의 즐거움을 경험하도록 한다."라고 제시하고 있다. 2015 개정 교육과정에서 요구하는 교과역량 함양은 사실 성취기준에 잘 도달하면 자연스럽게 이루어지게 된다. 따라서 학생들이 교과의 지식과 기능을 깊이 있게 탐구하고 경험할 수 있도록 학생참여형으로 수업이 이루어져야 함을 의미하고 있다.

이는 단체여행과 배낭여행의 비교를 통해서 설명할 수 있다. 단체여행의 경우 소위 패키지 상품으로 구성된 내용을 중심으로 여행한다. 여행자들은 여행 목적, 코스, 일정 등을 계획하는 데 전혀 참여하지 않고 여행 중에도 가이드만 열심히 따라다니게 된다. 이처럼 여행자는 수동적인 존재로 여기저기 정신없이 여행하다 보면 종료되면 남는 것이 없게 된다. 학습적으로 접근하면 여행을 통해 배운 지식과 이를 활용하는 능력이 없게 되는 것이다. 교실 수업에서도 교사가 가이드가 되어 이끌어가는 수업을 하고 학생들은 수동적으로 따라가는 수업이 이루어지면 학생들은 자기 주도적 능력뿐만 아니라 배움의 깊이도 얕게 형성되기 마련이다.

반면에 배낭여행의 경우에는 여행을 떠나기 전에 여행자 스스로 여행을 내가 왜 하는지에 대한 목적부터 시작하여 여행지를 검색하고 선택하면서 일정도 꼼꼼하게 작성하게 된다. 물론 비행기 티켓팅부터 현지 여행을 할 때 이동 수단이나 식사까지도 미리 탐색하는 등 능동성을 발휘하여 여행의 주인공이 된다. 이렇게 준비를 철저하게 한 다음 여행을 다니게 되면 여행의 참맛을 느끼게 되고 여행이 종료되어도 오랫동안 기억에 남게 된다. 학습적으로 보면 스스로 참여하여 계획하고 실행하게 되어 학습적 지식과 이를 활용하는 기능이 알차게 함양되는 것이다.

따라서 교육과정중심 수업은 단체여행과 같은 수업이 아니라 배낭여행과 같은 수업을 지향하는 것을 의미한다. 교육과정중심 수업에서 가장 중요한 것은 성취기준에 도달하도록 가르치면서 담긴 지식을 바탕으로 기능과 태도가 길러지도록 하여 동반적으로 교과역량이 함양하도록 지도해야 하는 것이다. 그렇게 하기 위해서는 배낭여행 방법과 같이 학생 스스로 참여하여 탐구하고 추진하는 자기 주도형의 학생참여형의 수업이 교실에서 다양한 형태로 이루어져야 할 것이다.

둘째, 교사가 무엇을 가르치느냐가 아니라 학생들이 무엇을 하느냐에 초점을 두는 수업을 해야 한다. 이 말은 '교사가 무엇을 가르칠 것인가?'와 같은 교수 활동 중심에서 '학생이 무엇을 배웠는가?'와 같은 학습 결과 중심의 관점으로 전환해야 하는 것을 의미한다(교육부, 2012: 3). 이는 성취기준이 도입된 배경이기도 하다. 물론 교수 활동이 중요하지 않다는 것이 아니라 수업의 흐름의 주된 방향이 배움중심으로 수업의 물길이 흘러가도록 해야 한다는 것을 말하는 것이다. 교사가 교수 활동 중심으로 수업하면 학생들은 교사로부터 지식을 전달받게 된다. 지식을 구조화하거나 실생활에 적용하는 힘이 길러지는 것은 어렵게 된다.

학생 스스로 생각하지 않고 표현하지 않는 박제 같은 수업으로는 창의성이나 문제해결능력 등은 길러질 수 없다. 학생들이 학생-학생, 학생-교사의 협력으로 실패나 시행착오를 통해 지식을 탐구하면서 자기 생각 만들기가 진정한 배움이기 때문에 학생들이 서로 토론하고 질문하며 문제를 해결해 가도록 학생 스스로 지식을 찾고 이를 활용할 수 있도록 수업을 진행해야 한다. 또한, 자기 생각 만들기를 위한 과정중심평가의 중요성도 함께 생각하며 수업을 배움중심으로 전개해야 한다는 의미도 내포되어 있다.

셋째, 변화가 없는 일방적인 수업이 아닌 소통 중심의 질문이 살아있는 수업을 해야 한다. 이의용(2010: 93)은 『잘 가르치는 교사』라는 책에서 가르치는 방법을 볼링형 수업에서 탁구형 수업으로 패러다임을 전환해야 한다고 역설한 바 있다. 볼링은 핀을 넘어 뜨리기 위해 선수가 공을 일방적으로 굴리는 운동이다. 서로 주고받는 것이 없다. 전달만 할 뿐, 피드백이 없다. 만약 교사가 볼링하듯이 강의식으로 자기중심적·일방적인 지식 전달 중심으로 수업을 한다면 학생들은 배움에 흥미를 갖지 못하고 의욕도 상실할 것이다. 교육과정중심 수업은 성취기준에 잘 도달하도록 하는 탁구형과 같은 수업이라고 할 수 있다. 탁구는 계속 서로 주고받으면서 이루어지는 운동이다. 지속적인 소통이 있다. 이와 같이 수업도 탁구를 치듯이 살아있는 질문을 하고 구성원 간에 소통하면서 생생한 수업을 하여 배움을 즐기도록 하자는 것이다. 즉, 교사가 추임새도 주고 확산적 발문 및 질문과 대답이 쉼 없이 이루어지는 공감력과 집중도가 있는 수업이 되도록 하자는 것이다.

넷째, 성취기준을 분석하여 구성원의 특성을 고려 재구성 절차를 거쳐 앎과 삶이 하나 되도록 실생활에 활용할 수 있는 수업을 해야 한다. 성취기준에는 지식과 기능·태도가 포함되어 진술되어 있다. 교사는 가르치기 전에 성취기준을 분석하여 가르쳐야 할 지식의 정도와 어떤 기능을 내면화하고 학습 활동을 통해 정의적 영역인 태도, 인성 등의 요소를 녹여낼 것인지를 파악해야 한다.

그리고 학생, 학부모, 교사 대상으로 발달 단계, 능력과 수준 등 교육 관점에 의거하여 다양하게 재구성을 하여 수업을 실시해야 한다. 수업의 방향은 지식을 많이 알게 하는 것이 아니라 학습을 통해 배운 지식을 바탕으로 기능·태도 중심의 역량을 키우고 실제 생활에 적용하고 활용할 수 있도록 가르쳐야 한다. 실제 생활과 관련된 밀접한 내용으로 재구성하여 가르치는 것이 기본이 되어야 한다. 만약 학생들이 알고 있지만, 실제 생활에서 배움을 실천하지 못하거나 활용하지 못한다면 교육은 생명력을 잃게 되는 것이다.

미국의 교실에서 실생활과 관련된 수업의 예를 들어보면 이해하기 쉽다. 미국에서는 집합을 배울 때, 집합을 배우는 목적이 되는 무한을 셈하는 방법을 말하고, 우리나라 학생들은 들어보지도 못했을 카오스, 퍼지제어, 로봇공학, 인간의 행복, 첨단산업의 원천기술과의 연관성을 알려주고 대화를 한다는 것이다. 수학의 어떤 단원을 배우면 이를 어디에 활용하는지를 분명하게 알려 하고 결국 알아내고 만다. 그리고 수학을 공부하면서 나중에 자신이 어떤 분야의 첨단산업기술자가 될 것인지 구체적인 꿈을 꾸도록 한다. 이런 아이들이 존재하도록 교육한다는 것이 바로 미국의 힘이라고 한다(유선수, 2013). 지식 중심이 아닌 실생활과 연계성을 갖고 수업을 진행하고 있다는 것을 엿볼 수 있다.

따라서 학생들의 필요나 발달 수준에 적합하도록 재구성하여 자신이나 사회에 대한 실질적이고 구체적인 프로젝트나 실천 기회를 갖도록 하는 수업을 해야 한다. 그렇게 하면 학생들이 앎과 삶이 일치되는 생활이 지속 가능하다.

Ⅲ.

2015 개정 교육과정 완전 정복!
- 교육과정 전문가로 거듭나기

1. 교육과정, 너는 누구니! 알고 싶어

교육과정이라는 말은 교육에 종사하는 교원이면 누구나 가장 많이 듣고 쓰는 용어이다. 더욱이 새 학년을 준비하는 2월이 되면 학교에서는 교육과정 시즌이 되기도 한다. 교육과정 함께 만들기 주간을 운영하면서 구성원들이 모여 학교의 교육 철학을 세우고 학교 교육과정에 대하여 소통하는 기회를 갖는다.

또한, 국가 수준 교과 교육과정을 읽고 해석하여 이를 잘 가르치기 위하여 교사 수준의 교육과정을 편성하는 데 노력을 기울인다. 그리고 편성한 교육과정 내용을 1년 동안 가르치게 된다. 교사들은 1년 동안 교육과정과 분리하지 못하고 한 몸이 되어 교육과정과 함께하는 생활을 하게 된다. 그만큼 교육과정은 교사들에게 가장 핵심적인 부분이며 영원한 동반자인 셈이다. 이러한 교육과정에 대한 의미를 교사들은 얼마나 잘 알고 현장에서 쓰고 적용하고 있을까?

위키백과에서 교육과정(敎育課程, curriculum)은 "일정한 교육의 목적에 맞추고, 교육 내용과 정해진 수업의 교육 및 학습을 종합적으로 계획한 것을 말한다."라고 설명하고 있다. 한마디로 요약한다면 교육과정은 학습자들이 배워야 할 것을 제시해 놓은 교육 내용으로 이해하면 된다. 보다 구체적으로 접근하면 학생들에게 역량을 길러주기 위해 교육적으로 필요한 부분이 무엇인지 분명하게 목표성을 갖고 이를 구현하기에 알맞은 교육 내용을 선정하고, 이를 가르치고 배우는 것과 도달 여부를 확인하는 평가까지 포함하는 일련의 계획이라고 볼 수 있다. 한마디로 교육과정은 교육을 위한 기본적인 설계도라고 표현할 수 있다.

또한 홍후조(2011: 31)는 교육과정이라는 것은 '사회 속의 학습자들이 자신의 잠재력을 찾고 더 나은 배움과 더 나은 삶을 열어가기 위해서 무엇을 가르치고 배우면 좋을까를 묻고, 이에 대해 심사숙고하여 답하고 계획하며, 이를 전문적으로 실천하고, 질 높은 성과를 노리는 총체적인 과정'이라고 정의하고 있다. 이 말은 교육과정이 단순 계획이라는 의미에서 벗어나 계획의 시행을 통해 기대되는 학습 결과에 주목하는 측면도 고려하고 있다고 볼 수 있다. 결국, 교육과정에 대한 관점을 보다 폭넓게 바라보고 있는 것이다.

법적으로 구속력이 있는 문서화된 국가 수준 교육과정에는 교육과정과 관련된 용어, 성격 등이 어떻게 담아내었고 변화시켜 왔을까? 『초등학교 교육과정 해설서』(교육부, 2016)를 살펴보면 교육과정이라는 용어가 국가 수준 교육과정 문서에서 처음으로 제시된 것은 문교부령 제35호(1954.4.20)로 공포된 「초등학교·중학교·고등학교·사범학교 교육과정 시간 배당기준령」으로, 여기서는 교육과정을 "각 학교의 교과목 및 기타 교육 활동의 편제를 말한다."라고 규정하였다.

6차 교육과정에서는 처음으로 교육과정의 성격을 명시함으로써 국가 수준에서 문서로 고시하는 교육과정의 법제적 의미를 분명하게 밝혔다(교육부, 1992: 3). 2009 개정 교육과정에서는 국가 교육과정의 의미를 '전국의 초·중등학교에서 어떤 내용과 방법으로 교육을 해야 할 것인지를 제시한 설계도이며 기본적인 틀'이라고 하였다. 또한, 2015 개정 교육과정에서는 인간상을 구체화할 뿐만 아니라 학생이 학습한 것을 가지고 무엇을 할 수 있는가를 '핵심역량'으로 제시함으로써 교육과정의 의미를 보다 체계화하였다(교육부, 총론, 2016: 3).

이러한 교육과정의 관점을 학교로 전환하여 생각해 보자. 학교 교육에 필요한 교육과정의 의미는 무엇일까? 한마디로 학교 교육목표를 구현하기 위한 하나의 기본적인 교육 설계도라고 말할 수 있다. 교육목표를 달성하기 위해 그 내용을 체계적으로 조직한 교육의 전체 계획이 담겨 있는 것이다. 그러므로 학교에서 계획하고 실천하는 교육과정은 의도적이고 계획적인 행위가 포함되어 있다.

의도적이고 계획적인 행위는 달성하고자 하는 교육목표와 목적을 포함한다. 즉, 학교에서 계획하고 실천하는 교육과정은 학교의 교육목표 및 목적을 달성하기 위해 교육 내용 또는 학습 경험을 선정하고 조직하고 실천하고 평가하는 제반 행위를 가리키는 것이라고 할 수 있다. 따라서 의도적이고 계획적인 학교 교육에 적용하고자 하는 교육과정은 '교육목표와 경험 혹은 내용, 방법, 평가를 체계적으로 조직한 교육 계획'으로 정의할 수 있다(교육부, 해설서, 2016: 3).

결국, 학교 교육과정, 즉 설계도에는 '교육의 기본 질문' 도해와 같이 교육목표, 교육과정(내용), 교수·학습과 교육평가까지 포함하는 일련의 의도된 계획이 고스란히 담겨 있다. 특히나 교육과정 기본 질문의 핵심적인 것은 '무엇을 가르치고 배우는가?'이다.

이 질문은 교육 내용이기도 하지만 사실 교육과정이라고 이야기할 수 있기 때문이다.

교과 교육과정(각론)의 목차를 살펴보면 교육의 기본 질문에 있는 교육목표, 교육 내용(성취기준), 교수·학습, 평가 방법의 방향이 고스란히 담겨 있음을 볼 수 있다. 결국, 교육과정을 바라볼 때 아래의 4가지 질문에 대한 답을 스스로 하면서 국가 수준 교육과정 문서에 대한 문해력을 높이도록 해야 한다. 따라서 교사는 교육과정이라는 설계도를 다각적으로 읽고 이해하여 어떻게 가르치고 배우게 할 것인가에 관심을 갖고 가르치는 데 전문적 기술을 갖도록 노력해야 한다. 그렇게 하기 위해서는 교사는 교육 설계도인 교육과정 문서에 해박한 지식을 갖도록 하는 전문성이 요구되는 것이다.

〈표 7-교육의 진행 과정을 기초로 하는 기본 질문(홍후조, 2011: 16)〉

2. 학교에서 교육과정을 운영해야 하는 법적인 근거 찾아보기

일반적으로 학교에서는 국가 수준에서 제공하는 교육과정 문서를 기준으로 하여 교육과정을 편성 및 운영하고 있다. 그렇다면 왜 학교는 자율적으로 가르쳐야 할 내용을 선정하지 않고 국가에서 제시하는 내용을 가르치고 있는 것일까? 이 질문에 대한 답은 「초·중등교육법 시행령」에 잘 담겨 있다. 「초·중등교육법 제23조」(교육과정 등) 제1항에는 "학교는 교육과정을 운영하여야 한다."라고 되어 있다. 즉, 학교는 교육과정을 운영할 수밖에 없는 법적 구속력의 영향을 받고 있는 것이다. 학교가 교육을 하는 목적은 교육과정을 운영해야 함을 의미하는 것이다.

하지만 법적으로 교육과정을 운영하도록 되어 있으나 학교마다 지역 및 학생 특성에 알맞은 내용을 중심으로 국가나 교육청의 간섭 없이 자율적으로 교육과정을 편성하여 운영하고 있지는 않다. 그 이유는 「초·중등교육법」 제23조 2항에 "교육부장관은 제1항(학교가 교육과정을 운영해야 하는 것)에 따른 교육과정의 기준과 내용에 관한 기본적인 사항을 정하며, 교육감은 교육부장관이 정한 교육과정의 범위에서 지역의 실정에 맞는 기준과 내용을 정할 수 있다."라고 명시되어 있기 때문이다. 학교에서 운영해야 할 교육과정이 법적으로 명시되어 있으므로 학교는 교육부장관이 정한 기준과 내용을 기반으로 하여 운영해야 한다.

지금까지 살펴본 바와 같이 교육과정은 학교 교육을 이루는 필수적인 구성 요소로서, 매우 확고한 법적 토대 위에서 편성되고 운영되어야 함을 알 수 있다. 그러므로 교육과정의 핵심인 교육 내용에 해당하는 성취기준의 경우 법적으로 제시된 기준이므로 의도적으로 왜곡·누락하여 가르쳐서는 안 된다는 것을 의미하고 있다.

국가 수준의 기준과 내용을 기반으로 학교가 교육과정을 운영하는 것이 법적으로 제시되어 있듯이, 학교에서 교육과정을 편성하고 운영하는 데 필요한 교과, 학사 일정, 수업 운영 방법 등의 내용도 법으로 구조화되어 있다. 학교에서는 구성원 모두가 이러한 교육과정과 관련된 법적 조항에 관심을 가져야 하며, 이를 교육과정 편성 계획에 반영해야 한다. 이러한 법적 기준이 모호하거나 없다면 학교마다 운영에 있어 혼란을 가중하게 될 것이기 때문이다.

따라서 교육과정을 운영하는 데 있어서 직간접적으로 관련되는 법적 근거는 「헌법」, 「교육기본법」, 「초·중등교육법」, 「초·중등교육법시행령」, 교육부장관 고시, 시·도교육청 교육과정편성·운영지침 등에서 확인할 수 있으며, 관련 법규를 중심으로 학교 교육의 기본 성격과 운영 방향, 교육 이념의 내용 구조, 학교 교육과정의 수준 등을 규정할 수 있다. 교육과정 수립 및 이념적 근거가 되는 관련 법령에 대하여 정리하면 다음의 <표 8-교육과정의 법적·이념적 근거>와 같다. 교사는 이러한 교육과정의 법적 근거에 대한 충분한 이해가 선행되어야 할 것이다.

교육과정 관련 사항	법적·이념적 근거	규정 내용
국가 수준 교육과정 기준 설정	「헌법」 제31조 제1항	모든 국민은 능력에 따라 균등하게 교육을 받을 권리를 가진다.
	「헌법」 제31조 제2항	모든 국민은 그 보호하는 자녀에게 적어도 초등교육과 법률이 정하는 교육을 받게 할 의무를 진다.
교육 이념	「교육기본법」 제2조	교육은 홍익인간의 이념 아래 모든 국민으로 하여금 인격을 도야하고 자주적 생활 능력과 민주시민으로서의 필요한 자질을 갖추게 함으로써 인간다운 삶을 영위하게 하고 민주국가의 발전과 인류 공영의 이상을 실현하는 데 이바지하게 함을 목적으로 한다.
학습권, 교육의 기회균등, 교육 자주성 등	「교육기본법」 제3조, 제4조 「교육기본법」 제5조, 제6조	(제3조) 모든 국민은 평생에 걸쳐 학습하고, 능력과 적성에 따라 교육받을 권리를 가진다.
학교 교육과정 편성·운영의 지침, 법적 기준	「초·중등교육법」 제23조 제2항	교육부장관은 제1항에 따른 교육과정의 기준과 내용에 관한 기본적인 사항을 정하며, 교육감은 교육부장관이 정한 교육과정의 범위에서 지역의 실정에 맞는 기준과 내용을 정할 수 있다.
초등학교의 교육목적 규정	「초·중등교육법」 제38조	초등학교는 국민생활에 필요한 기초적인 초등교육을 하는 것을 목적으로 한다.
학교 교육과정 편성·운영	「초·중등교육법」 제23조 제1항	학교는 교육과정을 운영하여야 한다.
	교육부 고시 제2017-108	학교는 교육부의 초등학교 교육과정 편성·운영 자료와 시·도의 교육과정 편성·운영 지침, 지역 교육청의 학교 교육과정 편성·운영에 관한 실천 중심 장학자료를 바탕으로 학교 실정에 알맞은 학교 교육과정을 편성·운영한다.
교과	「초·중등교육법」 제23조 제3항	학교의 교과(敎科)는 대통령령으로 정한다.
	「초·중등교육법시행령」 제43조	초등학교, 중학교, 고등학교 등 학교급별 교과 제시
학사 일정 운영	「초·중등교육법」 제24조 제1항, 제2항, 제3항	학교의 학년도는 3월 1일부터 시작하여 다음 해 2월 말일까지로 한다. 수업은 주간(晝間)·전일제(全日制)를 원칙으로 한다. 다만, 법령이나 학칙으로 정하는 바에 따라 야간수업·계절수업·시간제수업 또는 방송·통신수업 등을 할 수 있다. 학교의 학기·수업일수·학급 편성·휴업일과 반의 편성·운영, 그 밖에 수업에 필요한 사항은 대통령령으로 정한다.
	「초·중등교육법시행령」 제44조	(학기) 제1학기는 3월 1일부터 학교의 수업일수·휴업일 및 교육과정 운영을 고려하여 학교의 장이 정한 날까지, 제2학기는 제1학기 종료일 다음 날부터 다음 해 2월 말일까지로 한다.
	「초·중등교육법시행령」 제45조	(수업일수) 초등학교·중학교·고등학교·고등기술학교 및 특수학교(유치부는 제외한다): 매 학년 190일 이상

학급 편성	「초·중등교육법시행령」 제46조	학급 편성은 같은 학년, 같은 학과로 하여야 한다. 다만, 학교의 장은 교육과정의 운영상 특히 필요한 경우에는 2개 학년 이상의 학생을 1학급으로 편성할 수 있다.
학교의 휴업일	「초·중등교육법시행령」 제47조 제1항~제4항	학교의 휴업일은 학교의 장이 매 학년도가 시작되기 전에 법 제31조 제1항에 따른 학교운영위원회의 심의 또는 자문을 거쳐 정하되, 토요일, 관공서의 공휴일 및 여름·겨울 휴가가 포함되어야 한다.
수업 운영 방법	「초·중등교육법시행령」 제48조 제2항	학교의 장은 교육상 필요한 때에는 학년 또는 학과 등을 달리하는 학생을 병합하여 수업할 수 있다.
	「초·중등교육법시행령」 제48조 제3항~제4항	(제3항) 방송프로그램 활용 수업 가능 (제4항) 원격학습 등 정보매체 활용 가능
중학교 자유학기제	「초·중등교육법시행령」 제48조의 2	중학교 및 특수학교의 장은 자유학기에 학생참여형 수업을 실시하고 학생의 진로탐색 등 다양한 체험을 위한 체험 활동을 운영해야 한다.
교외체험학습의 수업일수 인정	「초·중등교육법시행령」 제48조 제5항	학교의 장은 교육상 필요한 경우 보호자의 동의를 얻어 교외체험학습을 허가할 수 있다. 이 경우 학교의 장은 교외체험학습을 학칙이 정하는 범위 안에서 수업으로 인정할 수 있다.
학년제	「초·중등교육법」 제26조	학생의 진급이나 졸업은 학년제로 한다. 학교의 장은 관할청의 승인을 받아 학년제 외의 제도를 채택할 수 있다.
수료 및 졸업	「초·중등교육법」 제50조 제1항, 제2항, 제3항	학교의 장은 학생의 교육과정의 이수정도 등을 평가하여 학생의 각 학년과정의 수료 또는 졸업을 인정한다. 학생의 각 학년 과정의 수료에 필요한 출석일수는 제45조의 규정에 의한 수업일수의 3분의 2 이상으로 한다.
조기 진급·졸업	「초·중등교육법」 제27조 제1항~제3항	재능이 우수한 학생에게 수업연한(授業年限)을 단축(수업상의 특례를 포함한다)하여 조기진급 또는 조기졸업을 할 수 있도록 하거나 상급학교 조기입학 자격을 줄 수 있다.
학습부진아 등에 대한 교육	「초·중등교육법」 제28조	국가와 지방자치단체는 다음 각 호의 구분에 따른 학생들을 위하여 대통령령으로 정하는 바에 따라 수업일수와 교육과정을 신축적으로 운영하는 등 교육상 필요한 시책을 마련하여야 한다.
학습부진아 등에 대한 교육	「초·중등교육법시행령」 제54조	(제1항) 학습부진아 판별 (제2항) 교외체험학습 실시 및 위탁기관 교육 실시 가능 (제3항) 교육부장관, 교육감 부진아 지도 대책 마련
교과용 도서	「초·중등교육법」 제29조 제1항	학교에서는 국가가 저작권을 가지고 있거나 교육부장관이 검정하거나 인정한 교과용 도서를 사용하여야 한다.
	「초·중등교육법시행령」 제55조	교과용 도서의 사용방법은 따로 대통령령으로 정한다.
장학지도	「초·중등교육법」 제7조	교육감은 관할 구역의 학교를 대상으로 교육과정 운영과 교수(敎授)·학습방법 등에 대한 장학지도를 할 수 있다.
	「초·중등교육법시행령」 제8조	장학지도를 하는 경우 매학년도 장학지도의 대상·절차·항목·방법 및 결과처리 등에 관한 세부계획을 수립하여 이를 장학지도 대상학교에 미리 통보하여야 한다.
학교 규칙 제정	「초·중등교육법」 제8조 제1항	학교의 장(학교를 설립하는 경우에는 그 학교를 설립하려는 자를 말한다)은 법령의 범위에서 학교 규칙(이하 "학칙"이라 한다)을 제정 또는 개정할 수 있다.
	「초·중등교육법시행령」 제9조	(학칙 규칙의 기재 사항) 수업연한·학년·학기 및 휴업일
평가 및 평가결과 기록	「초·중등교육법」 제9조 제1항	교육부장관은 학교에 재학 중인 학생을 대상으로 학업성취도를 측정하기 위한 평가를 할 수 있다.
	「초·중등교육법시행령」 제12조	(평가의 기준) 예산의 편성 및 운용, 관할 학교 및 교육기관 등의 운영·감독, 학교 교육 지원 및 교육 성과 등
기타 교육과정 관련되는 법령		지방교육자치에 관한 법률, 교육과정심의회 규정, 교과용 도서에 관한 규정, 조기진급 등에 관한 규정, 「학교보건법」, 「저작권법」, 「과학교육 진흥법」, 「영재교육 진흥법」, 「장애인 등에 대한 특수교육법」, 「산업교육진흥 및 산학협력촉진에 관한 법률」, 「유아교육법」, 「교육관련 기관의 정보공개에 관한 특별법」 등

〈표 8-교육과정의 법적·이념적 근거〉

3. 국가 수준 교육과정의 종착역은 교사 수준의 교육과정

교사 수준 교육과정은 국가·지역 수준의 교육과정을 기준과 지침으로 학교 수준 교육과정에서 제시하는 요구 및 환경 등을 반영하여 단위 학년(급)별로 편성·운영되는 실천 중심 교육과정이다(에듀쿠스, 2018: 66). 국가 수준 교육과정의 기준과 내용이 최종적으로 반영되어 교육목표와 목적이 실현되는 곳이 교사 수준의 교육과정이라는 의미를 내포하고 있다.

이러한 의미에서 국가 수준 교육과정의 종착역은 교사 수준 교육과정이라고 할 수 있다. 그러므로 교사는 국가·지역 수준과 학교 수준에서 제시하는 모든 교육적 의도와 내용을 교사 수준의 교육과정에 체계적으로 고스란히 담아낼 줄 알아야 한다. 그렇게 하기 위해서는 교사는 국가 수준 교육과정, 지역 수준 교육과정, 학교 수준 교육과정이 가지고 있는 법적 근거와 의미 그리고 관계성을 교사 수준의 교육과정과 연계하여 이해하고 적용할 줄 알아야 한다. 즉, 교육과정의 구조에 대한 이해가 선행되어야 한다. 국가 수준 교육과정에서 교사 수준 교육과정까지 연계성 측면을 도식화한 다음의 <표 9-교육과정 수준 의미 및 관계도>를 참고하기 바란다.

의도·계획·지침·기준형 교육과정

국가 수준 교육과정	지역 수준 교육과정	학교 수준 교육과정
교육부장관이 고시하며, 초·중등학교의 교육 목적과 교육목표를 달성하기 위해 학교가 편성해야 할 공통적·일반적 기준 제시 ○ (총론) 인간상, 구성방침, 학교급별 교육목표 및 편제와 시간 배당, 편성 운영의 중점, 학교 교육과정 지원 등 포함 ○ (각론) 교과별 성격, 목표, 내용, 교수학습방법, 평가 등	시·도교육감이 교육과정 편성 운영 지침을 작성하여 지역의 특성과 학교의 실정, 학생의 실태, 학부모 및 지역 사회의 요구 등 지역 실정에 적합한 기준과 내용 제시 ○ 교육과정 연구를 위한 지원 및 컨설팅, 학교 교육 활동 지원 및 질 관리 등 ○ 장학자료, 교수·학습자료 및 교재 개발 지침	국가 수준의 교육과정 기준과 시·도 교육과정 편성·운영 지침 등을 근거로 학교 실정, 실태에 맞게 작성된 '당해 학교의 구체적인 실행 교육과정' ○ 해당 학교의 교육목표, 경영 철학 등 학교 교육활동 전반 ○ 학교 교과 수업 방향 및 평가 방법 제시 ○ 교사수준 교육과정의 지침 역할

⇩

교사 수준의 교육과정 ↔ 실천형 교육과정
교사 수준 교육과정은 국가3)지역 수준의 교육과정을 기준과 지침으로 학교 수준 교육과정에서 제시하는 요구 및 환경 등을 반영하여 교사 수준의 번역과 해석을 통해 편성·운영되는 **실천 중심의 교육과정**

학년 교육과정	학급 교육과정	교과 교육과정
■ 학급 교육과정의 지침 역할 ■ 학년 공동 프로그램의 운영계획 - 시간편제, 교과별 목표 및 내용, 학년 중점 및 특색교육	■ 교실에서 실천하는 교육과정 ■ 교육과정 재구성 ■ 연간 지도 및 평가계획 ■ 지역 사회 인적·물적 자원 활용	■ 교실에서 실천하는 교육과정 ■ 초등 전담교과 교사 운영 계획 ■ 중등 교과 교사 운영 계획

⇩

학생 수준의 교육과정 ↔ 실현형 교육과정
학생들에게 실현되는 교육과정으로 교사가 실제 수업 활동을 포함한 모든 교육 활동을 통해 지도하고 그 지도 성과로서 나타나는 교육과정

〈표 9-교육과정 수준 의미 및 관계도〉

교육과정 수준의 의미와 관계도를 도식화한 내용을 자세하게 설명하면 다음과 같다.

첫째, 국가 수준 교육과정은 지역 및 학교 수준 교육과정을 편성하는 지침 역할을

---

3 제5차 교육과정 해설서에는 국가 수준의 교육과정이 의도하는 교육과정이고, 전개되고 실천되는 교육과정은 <u>교사 수준의 교육과정</u>이며, 수업을 통해 실현된 교육과정은 <u>학생 수준의 교육과정</u>이라고 하였다(문교부, 1987: 3). 교사 수준의 교육과정이란 용어는 지속해서 해설서에 등장하다가 2009 개정 교육과정 해설서부터 사라진 것은 아쉬운 부분이다.

한다. 국가 수준 교육과정은 초·중등학교의 교육 목적과 목표 달성을 위해 「초·중등교육법」 제23조 제2항에 입각하여 교육부 장관이 결정, 고시하는 교육 내용에 관한 전국 공통의 일반적 기준을 의미한다(교육부, 2016: 6). 이 기준은 초·중등학교에서 편성·운영하여야 할 학교 교육과정의 교육목표와 내용, 방법과 운영, 평가 등에 관한 국가 수준의 지침이기 때문에 문서 그대로 학교에서 반영하여 교육해야 하는 근간이 된다. 국가 수준의 교육과정은 법적 구속력이 있기 때문이다.

둘째, 지역 수준 교육과정은 국가 수준과 학교 수준 교육과정과의 교량 역할을 한다. 국가 수준의 교육과정은 공통적, 일반적인 기준에 해당하므로 각 지역의 특수성과 각 학교의 다양한 요구와 필요를 모두 반영한다는 것은 매우 어려운 일이다. 이러한 측면을 고려하여 「초·중등교육법」 제23조 2항에 "교육감은 교육부장관이 정한 교육과정의 범위에서 지역의 실정에 맞는 기준과 내용을 정할 수 있다."라고 명시하고 있다. '국가 수준 교육과정 범위에서'라는 단서 조항은 있지만, 지역 수준의 교육과정에는 해당 지역의 특수성과 학교의 실정, 학생의 실태, 학부모 및 지역 사회의 요구, 그리고 해당 지역과 학교의 교육 여건 등을 고려하여 제시함으로써 학교에 대한 지침으로 기능하는 것이다. 바로 이것이 시·도에서 작성하여 각급 학교로 보급하는 교육과정편성·운영지침이 되는 것이다.

따라서 지역 수준 교육과정인 교육과정편성·운영지침은 국가 수준 교육과정 기준과 학교 수준의 교육과정을 자연스럽게 이어 주는 교량적 역할을 하게 되며, 장학 자료, 교수·학습자료 및 지역 교재 개발의 기본 지침이 되기도 한다. 예를 들어 시·도별로 교육의 중점이나 가치, 교육의 방향 등을 추가하거나, 범교과의 경우 국가 수준에서는 10개 영역으로 제시되었지만, 지역 수준에서 지역사회의 이해 등 일부 영역을 추가하여 작성되어 있는 것을 확인할 수 있다.

셋째, 학교 수준의 교육과정은 교사 수준의 지침 역할을 수행한다. 학교 교육과정의 경우에는 학교에서 일련의 교육 실천 계획을 수립하고 중점 교육 내용과 방법을 선택하고자 할 때 그 근거가 되는 것은 어디까지나 국가 교육과정 기준과 시·도 교육청의 교육과정편성·운영 지침이기 때문에 학교에서는 이 기준과 지침을 자세히 분석해서 반영해야 한다. 우리나라의 경우 중앙집권적 교육과정 체제에서 분권화, 자율화 체제로 전환되어 이러한 패러다임을 학교에서도 인식하고 보다 적극적인 학교 교육과정을 편성하고 운영해야 할 것이다.

넷째, 교사 수준의 교육과정은 실천 중심의 교육과정이다. 국가 수준에서 학교 수준까지는 기준과 지침의 성격이지만, 이를 교육적으로 구현하여 학생들에게 역량을 내면화하는 것은 교사 수준의 교육과정에서 완성되는 것이기 때문이다. 교사 수준의 교육과정은 상위 교육과정에서 요구하는 교육의 기본 방향과 철학 등을 반영하기 위하여 교과 교육과정을 재구성하고, 수업을 통해 다양한 역량을 길러주기 위한 교육 설계도를 작성하고 실천하는 곳이다. 아무리 상위 수준 교육과정의 기준과 내용이 알차게 구성되어 있다고 해도 교사 수준의 교육과정에서 제대로 반영하지 않는다면 그 의미가 상실된다. 국가·지역 수준 및 학교 교육과정은 의도되고 계획된 교육과정이지만 교사 수준의 교육과정은 교육적 철학이 구현되는 실천 중심 교육과정이며, 수업 실천을 통해 학생들에게 실현되는 것은 학생 교육과정(문교부, 1987: 3)이기 때문에 교사 수준의 교육과정은 매우 중요한 의미를 가지고 있다.

4. 교사 수준 교육과정의 주인공으로 거듭나기

"교사가 곧 교육과정이다."라는 말이 있다. 이 말은 교사는 자신만의 교육과정을 가지고 있어야 하고, 교사가 교육과정의 주인공이 되어야 한다는 것을 의미한다. 그러므로 교사가 교육과정이 되기 위해서는 국가·지역 수준의 지침이 반영된 학교 교육과정의 철학과 본질적 의미, 교육 방향을 정확하게 분석·이해하여 교사 수준에서 교육과정 설계도를 정교하게 작성하고, 교수·학습 및 평가를 통해 학생들에게 배움이 고스란히 체화되도록 해야 한다. 즉, 교사가 교육과정의 중심이 되어서 편성하고 운영하는 것을 의미한다.

그렇다면 학교 현장에서 교사들은 교육과정을 얼마나 잘 알고 교사 수준의 교육과정을 어느 정도로 작성하고 활용하고 있을까? 현장의 모습을 들여다보면 그리 만족스러울 정도로 교사 수준의 교육과정이 정착되고 있지는 않은 것 같다. 대부분 학교에서는 교육과정이라고 하면 학교 교육계획서 하나만 잘 작성하면 되는 것으로 생각하는 것으로 보인다. 교사 수준의 교육과정인 학년(급) 교육과정 작성은 별로 중요하게 여기지 않는다는 것이다. 교육과정 해설서에도 학교 수준의 교육과정까지는 설명하고 있지만 가장 중요한 학년(급) 교육과정, 즉 교사 수준의 교육과정에 대한 언급이 없는 것도 학교에서 교사 수준의 교육과정에 대한 중요성을 인식하지 않게 하는 데 일정 부분 일조하였다고 여겨진다.

학교 수준의 교육과정은 최종 도착지가 아니다. 최종 도착지는 교사 수준의 교육과정이다. 학교 교육과정은 단지 교사 수준의 교육과정을 작성하는 데 지침 역할을 한다는 사실에 주목할 필요가 있다. 학교 교육과정까지는 의도되고 계획 수준의 교육과정이지, 실천중심 교육과정은 아니라는 것이다.

예전에는 그나마 교사 수준의 교육과정이라고 할 수 있는 학급경영계획을 작성했었는데 이 또한 어느 시기부터인지는 모르지만, 서서히 사라지고 있는 것 같다. 일부 시·도에서는 학급경영계획은 결재사항이 아니라는 이유로 간편식과 같이 정보공시에 의무적으로 탑재해야 하는 교과별 연간 지도계획과 평가계획만으로 교사 수준의 교육과정을 대체하고 있기도 하다. 또한, 교사 수준의 교육과정 문서를 작성한다고 해도 단지 결재용으로 일회성으로 끝나버리는 경향이 굳어지고 있기도 하다.

교사가 전문가로 인정받고 교육의 본질에 충실하기 위해서는 교사 자신만의 교육과정을 가지고 있어야 한다. 간편식과 같이 편의 위주로 마지못해 의무적으로 타율적으로 교육과정을 설계하고 운영하는 것은 교사로서의 자존심을 버리는 것이나 다름이 없다. 전문성을 갖고 적극적으로 교사 수준의 교육과정을 완성해 나갈 때 비로소 교사로서 자존심을 세울 수 있다.

따라서 교사가 곧 교육과정이기 위해서는 교사 자신만의 교육 철학과 가치, 국가·지역 수준의 인간상, 교육목표와 학교 수준의 목표 구현 교육 활동 등을 어떻게 반영하고 적용할 것인지, 교과 교육과정의 재구성과 평가는 어떻게 할 것인지를 구체적으로 체계적으로 교사 수준의 교육과정 설계도에 담아야 할 것이다.

국가·지역 수준의 교육과정이 반영된 학교 수준의 교육과정에서 요구하는 교육의 방향과 의미가 고스란히 녹아 나와야 하는 곳은 교실이다. 교수·학습 활동을 통해 학생들에게 배움이 완성되기 위해서는 교사 수준의 교육과정을 작성하여 실천 중심으로 운영이 되도록 해야 한다. 교사만의 교육과정을 가지기 위해서는 교사는 교육과정 실행자, 사용자, 교수자를 넘어서 교육과정의 최종 결정자 역할을 수행하는 능동성이 필요한 것이다. 자신만의 교육과정을 구성해 나가는 개발자로 전환할 때 드디어 교사 수준 교육과정의 주인공이 될 것이다.

교사 수준의 교육과정을 보다 전문성이 있게 작성하는 방법은 무엇일까? 교사 수준의 교육과정 계획 수립에 대한 시기성·전문성·효과성도 중요하지만, 더 중요한 것은 학년(급) 교육과정에 담아내는 실제적인 내용과 방법이다. 국가 수준의 교육과정 구성의 방향과 학교 교육과정의 교육 철학과 가치 및 기본 방향을 기반으로 하여 전체적으로 일관성을 유지하면서 교사 자신만의 교육 철학을 정립하는 것이 매우 중요하다.

또한, 학교 교육과정에서 제시하는 중점교육과 구현을 위한 교육 활동을 해당 학년(급)에 맞게 담아내고 이것이 교과별 연간 지도계획에 그대로 반영되도록 해야 한다. 교과별 연간 지도계획 수립에 대한 고정관념의 변화도 필요하다. 이지에듀형 연간 지도계획에서도 벗어나야 한다. 이는 교과서 중심에서 교육과정중심의 연간 지도계획이 이루어져야 하는 것을 의미한다. 그렇게 하기 위해서는 교과별 교육과정에 대한 문해가 선행되어야 한다.

　그중에서도 교과별 교육목표, 성격, 교육 내용(내용 체계 및 성취기준), 교수·학습방법과 평가에 대한 내용을 정확하게 이해하는 것이 필요하다. 특히 내용 체계와 성취기준은 교육과정 수립을 하는 데 있어서 핵심 중의 핵심이다. 그러므로 교과별로 성취기준 중심의 재구성을 통한 연간 지도계획과 평가계획이 조화롭게 이루어져야 한다. 결국, 학교 현장에서 교사 수준의 교육과정이 의미 있게 수립되어 실천될 때 교육적 지향점인 학생들이 행복한 삶을 살아갈 수 있는 힘이 길러질 수 있게 되는 것이다.

　모든 교육과정의 최종 종착역은 교사 수준의 교육과정이다. 모든 교육의 지향점이 종합적으로 녹아져 있어야 한다. 교실 수업을 개선하고 바꾸는 것은 교사 수준의 교육과정에서 비롯된다. 학생의 배움과 성장을 통해 행복한 삶을 영위하도록 교과서 중심에서 교육과정중심으로의 패러다임 전환은 무죄이다. 앞으로 교육과정의 철학과 의미가 교실 수업으로 꽃피고 열매 맺는 교사 수준 교육과정의 꽃밭이 되도록 교사가 주인공으로서의 지대한 역할을 수행하여 나가야 할 것이다.

5. 교육과정 문서와 자료 구분은 전문가의 필요충분조건

    교사 수준의 교육과정을 운영하기 위해서는 교사는 기본적으로 교육과정 문서와 자료를 찾고 구분하는 방법을 잘 알고 있어야 한다. 교사 수준의 교육과정을 작성하는 데 있어서 핵심적인 것은 교육과정 문서와 자료를 찾고 이를 활용하여 교육 설계도를 완성하는 것이다. 그렇다면 교육과정 문서와 자료는 무엇인가?

    주로 교육과정을 바라보지 않고 주어지는 교과서만을 수업의 성전으로 사용하는 교사의 경우에는 교과서가 문서라고 생각할 수 있을 것이다. 사실 교과서는 문서가 아니다. 교과서의 본질적인 역할은 국가 수준 교육과정을 구현하기 위한 교수·학습용 자료일 뿐이다. 교육과정을 이해하고 수업을 하는 데 도움을 주도록 만들어 놓은 하나의 자료에 불과할 뿐이다.

    교육과정 문서는 법령에 의해 작성된 문서로서 교사 수준에서 수정이 불가한 것이고, 자료는 문서를 기초로 활용하기 위하여 가공된 것으로 교사 수준에서 선택적으로 사용할 수 있으며, 수정·보완 가능한 것을 말한다(경기도교육청, 2016: 16). 예를 들어 교육과정 문서는 2015 개정 교육과정 원문이 담긴 책자나 파일이다.

    원문은 법적으로 고시된 문서이기 때문에 교사가 임의로 삭제·생략·수정할 수 없다. 다만 일부 내용을 추가하거나 원문 내용의 의미를 손상하지 않는 범위에서 성취기준을 통합할 수는 있다. 또한, 자료는 다양한 종류의 교과서나 교육과정을 이해하는 데 어려운 부분을 도와주기 위해 제공되는 교육과정 해설서 등을 말한다.

    교육과정 해설서의 경우 2007 개정까지는 모든 교과까지 해설서가 보급되었지만, 2009 개정부터는 총론과 창의적 체험 활동만 해설서가 제공되고 있다. 그 이유는 교사들의 문해력이 높아져서 교과의 경우 해설서 없이 교과 교육과정만 제시해도 충분히 이해하고 상용할 수 있다고 판단했기 때문이라고 한다.

    교과서 자료는 모든 교사에게 제공되지만, 교육과정 문서는 책자로 일부 보급되고 있어 모든 교사가 소지할 수 없다. 지역 수준의 교육과정편성·운영지침도 마찬가지로 인쇄된 책자 문서는 제한적으로 보급되고 있다. 그래서 교육과정 문서를 파일로 다운로드하여 소지하고 활용하는 것이 필요하다. 문서 파일은 국가 교육과정정보센터 (http://ncic.re.kr/) 누리집에서 다운로드하여 활용하면 된다. 이 사이트에는 우리나라 역대 교육과정이나 해설서뿐만 아니라 세계 여러 나라 교육과정도 탑재되어 있다. 지역 수준의 교육과정도 시·도 교육청 누리집에서 파일을 다운로드하여 활용할 수 있다.

구분		종류
문서 (원문)	국가 수준	• 2015 개정 국가 수준 교육과정(교육부 고시) - 2015 개정 교육과정 총론 - 2015 개정 교육과정에 따른 교과 교육과정 - 창의적 체험 활동(안전한 생활 포함)
	지역 수준	• 시·도 교육과정 편성·운영 지침(교육청 고시) - 2020학년도 강원도 초등학교 교육과정 편성·운영 지침
	학교 수준	• 학교 교육과정 편성·운영 계획 - 2020학년도 ○○초등학교 교육과정
자료	국가 수준	• 교육과정 해설서 - 2015 개정 교육과정 총론 해설(초등학교) - 2015 개정 교육과정 창의적 체험 활동 해설(초등학교) • 교과용 도서(교과서, 교사용 지도서)
	지역 수준	• 지역화 교과서(살기 좋은 강원도), 인정 도서 • 학생 지도용 자료, 장학자료 등 - 에듀넷 T-CLEAR(https://st.edunet.net/) 누리집
	학교 수준	• 교수·학습 지도안, 교수·학습자료, 활동지, 평가지 등

문서	자료

〈표 10-교육과정의 구조도 및 관련 사진〉

6. 교육과정의 하드웨어(총론)와 소프트웨어(각론) 융합 Story

국가 수준 교육과정은 교육 목적과 목표 달성을 위해 장관이 고시하는 교육 내용에 관한 전국 공통의 일반적 기준을 의미한다. 이 기준에는 초·중등학교에서 편성·운영하여야 할 학교 교육과정의 교육목표와 내용, 방법과 운영, 평가 등에 관한 지침이 제시되어 있다. 이러한 법적 구속력이 있는 기준을 근거로 하여 학교 실정에 알맞게 편성·운영하는 것은 매우 중요하다. 그러므로 교사 수준의 교육과정을 운영해야 하는 교사들의 경우, 국가 수준 교육과정에 대한 올바른 이해는 필수적이다.

국가 수준의 교육과정은 컴퓨터가 하드웨어와 소프트웨어로 구성되어 있는 것과 같이 총론과 각론으로 나누어져 있다. 컴퓨터의 경우 하드웨어는 본체를 말하고 소프트웨어는 본체가 작동할 수 있도록 신호를 주는 역할을 한다. 사람의 경우 하드웨어는 손, 발, 눈과 같이 몸을 구성하는 것이고, 소프트웨어는 생각, 마음으로 뇌에서 신호를 보내야 몸이 움직일 수 있는 것과 같다. 하드웨어와 소프트웨어는 둘 중 하나라도 없으면 안 되게끔 밀접하게 연결되어 있다. 결국, 하드웨어와 소프트웨어는 융합되었을 때 최대한의 효과를 발휘하게 되는 것이다.

국가 수준 교육과정도 컴퓨터와 마찬가지로 총론과 각론이 서로 융합되어야 교육과정이 제 기능을 발휘할 수 있다. 몸체와 같은 총론에는 교육과정의 철학적 기반이 되는 인재상을 구현하기 위해 교육 이념과 목적, 추구하는 인간상과 핵심역량, 교육목표와 학교 교육과정 편성·운영의 기준이 제시되어 있다. 이러한 몸체가 잘 작동되기 위해서는 각론에 해당하는 교과 교육과정이 소프트웨어와 같은 역할을 해야 한다.

왜냐하면, 총론에서 요구하는 교육 철학적 의도(인재상, 인간상, 핵심역량, 교육목표)는 교과 교육과정 운영, 창의적 체험 활동, 다양한 학교 행사 교육활동 프로그램 운영을 통하여 달성되는 것이기 때문이다. 이는 교과 교육과정 운영을 통해 국가 수준에서 요구하는 교육적 비전과 의미가 학생들에게 함양되고 내재화되며 체화되어야 함을 뜻한다.

따라서 총론과 각론이 잘 융합하도록 하기 위해서는 교사가 총론에서 의도하는 교육적 방향을 분명하게 인식하고 이를 각론, 즉 교과 교육과정에 내실 있게 반영되도록 해야 한다. 이는 교과 교육과정중심으로 수업하면서 가르치는 내용이 총론에서 요구하는 교육적 의도와 어떤 관련성을 갖고 있는지 항상 고려해야 한다는 것을 의미한다. 교과서 차시 중심의 수업으로 내용을 분절적으로 가르치는 방식으로는 총론과 각론의 융합은 기대하기 어렵다.

결국, 총론과 각론이 융합되는 모습은 교과 교육과정의 핵심인 성취기준을 학생참여형 수업을 통해 도달하도록 하고, 창의적 체험 활동과 다양한 학교 행사 교육 활동 프로그램을 효과적으로 운영하는 것이다. 이렇게 하면 교육과정의 총론에서 요구하는 기본 방향과 철학적 가치가 구현될 수 있다.

다시 말해서 교과 교육과정, 창의적 체험 활동, 교육 활동 내용을 잘 가르치면 이를 통하여 교육목표, 핵심역량, 인간상 실현을 통해 최종적으로 2015 개정 교육과정에서 요구하는 인재상인 '바른 인성을 갖춘 창의융합적 인재'를 완성할 수 있다는 것이다.

〈그림 2-총론과 각론과의 융합적 관계 조망도〉

그러므로 교사는 〈그림 2-총론과 각론과의 융합적 관계 조망도〉와 같이 교과 교육과정의 성취기준을 분석하여 재구성하고 수업할 때 가르치고자 하는 학습 내용을 통해 총론의 교육 철학적 의도인 인간상, 핵심역량, 교육목표 등을 어떻게 하면 구현할 수 있을 것인지에 대하여 융합적으로 접근해야 할 것이다.

7. 교육과정의 맨틀인 총론! 완전정복하기

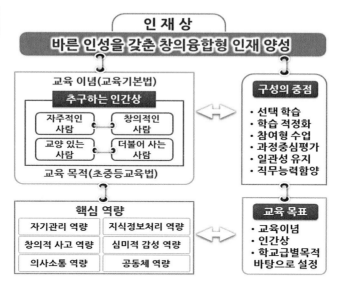

〈그림 3-교육과정 구성의 방향 조망도〉

　교육과정의 맨틀에 해당하는 총론에는 국가 수준에서 '창의융합형 인재' 양성에 대한 국가·사회적 요구를 반영하기 위한 교육 이념과 목적, 비전에 해당하는 추구하는 인간상, 핵심역량, 학교급별 교육목표가 제시되어 있다. 또한, 학교급별 교육과정편성·운영의 기준과 학교 교육과정편성·운영에 필요한 지침 및 학교 교육과정을 지원하는 방안에 대한 내용으로 구성되어 있다.

　총론 부분이 중요한 것은 국가 수준의 교육적 철학과 가치가 담겨 있기 때문이다. 어떤 인간을 기르고자 하는지, 어떤 목표를 이루기 위해 교육해야 하는지를 모르는 상황에서 교육을 수행한다는 것은 목적 없이 표류하는 난파선과 같은 것이다. 교육적 철학에 대한 공유는 분명한 목적성과 방향성을 갖게 해 준다.

　교사가 교사 수준의 교육과정 전문가가 되기 위해서는 국가 수준의 교육과정 철학과 비전을 인식하고 이를 설계도에 올곧게 담아내도록 공감하는 능력을 필수로 갖춰야 한다. 그래서 교사는 교육과정의 구성 방향에 해당하는 추구하는 인간상, 핵심역량, 교육목표에서 요구하는 교육적 의도를 명확하게 파악하는 문해력을 갖도록 해야 한다. 또한, 교육적 비전과 기본 방향이 어떤 연계성을 갖고 있는지, 각론의 교과 교육과정과는 어떤 관계가 형성되어 있는지 전체적인 조망도를 갖는 것은 매우 중요한 부분이다.

총론에 대해 깊이 있게 이해하기 위해서는 혼자 읽고 해석하는 것도 좋지만, 같은 학년이나 학교 구성원들 간의 전문적 학습공동체를 통해 함께 읽고 토론하는 방법도 효과가 있다. 또한, 교육과정 관련 각종 원격 및 집합 연수에 참여하는 기회를 통해 총론에 대하여 다각적으로 공부하는 것도 필요하다. 교육과정 총론의 문해력을 높이기 위해서는 총론을 바라보는 주요 관점(경기도교육청, 2016: 24)을 알고 접근하는 것이 바람직할 것이다.

■ 총론을 바라보는 주요 관점

- 현행 교육과정 개정의 방향과 의미는 무엇인가?
- 교육과정 개정의 배경과 바탕이 되는 교육 철학은 무엇인가?
- 교육과정이 추구하는 목표와 인간상, 핵심역량 등을 구현하기 위한 내용과 방법은 무엇인가?
- 교육과정 문서의 체제는 어떻게 이루어져 있으며, 체제에서 '장'과 '절'은 어떤 의미를 지니고 있는가?
- 교육과정 성격의 함의는 무엇인가?
- 교육과정에 사용되는 주요 용어는 무엇이며, 어떤 개념을 지니고 있는가?
- 교육과정의 주요 내용은 무엇인가?
- 주요 내용 중 학교(교사) 수준에서 의무적으로 시행되어야 할 내용은 무엇인가?
- 주요 내용 중 학교와 교사 수준의 교육과정에서 재량권을 행사할 수 있는 부분은 무엇인가?
- 이전 교육과정과 비교하여 변화된 부분은 무엇인가?

가. 교육과정 총론의 구성 체계

총론의 경우 4개의 장(Chapter)으로 구성되어 있고, 장별로 세부적으로 필요한 내용이 제시되어 있다.

1장의 교육과정 구성의 방향에는 국가 수준에서 창의·융합형 인재를 양성하기 위한 교육적 철학과 비전이 담겨 있고, 2장의 학교급별 교육과정편성·운영의 기준에는 학교급별로 학교에서 교육과정을 편성하고 운영하는 데 필요한 공통적인 기본 사항과 교과 편제 및 시간 배당 기준이 제시되어 있다.

3장에서는 학교 교육과정을 편성하고 운영하는 데 필요한 기본적인 기준과 교수·학습 및 평가를 어떻게 운영해야 하는지에 대한 방향이 제시되어 있다. 마지막으로 4장에서는 학교에서 교육과정을 설계하고 추진하는 데 필요한 국가 및 교육청 수준의 지원 방안에 관한 내용이 제시되어 있다.

Chapter	주요 내용
Ⅰ. 교육과정 구성의 방향	1. 추구하는 인간상 - 교육 이념, 목적, 인간상, 핵심역량 2. 교육과정 구성의 중점(6가지) 3. 학교급별 교육목표 - 초등학교, 중학교, 고등학교
Ⅱ. 학교급별 교육과정 편성·운영의 기준	1. 기본 사항 2. 초등학교·중학교·고등학교 - 편제와 시간 배당 기준 - 교육과정편성·운영 기준
Ⅲ. 학교 교육과정 편성·운영	1. 기본 사항 2. 교수·학습 3. 평가 4. 모든 학생을 위한 교육 기회의 제공
Ⅳ. 학교 교육과정 지원	1. 국가 수준 지원 2. 교육청 수준의 지원

〈표 11-국가 수준 교육과정 총론 구성 체계〉

나. 교육과정 구성의 기본 방향

국가 수준 교육과정에는 항상 초·중등교육이 추구해 나가야 할 교육 비전으로서 교육적 인간상을 제시하고 있다. 비전은 '미래에 대한 구상' 또는 '미래상'이라는 뜻으로 삶의 철학, 사상 등의 의미를 내포하고 있다. 학교 교육을 하는 데 필요한 교육적 지향점과 철학을 담아내는 것을 말한다. 또한, 비전은 어떤 목적을 달성해 가는 과정에서 계속 방향과 지침 역할을 한다.

2015 개정 교육과정에서는 교육 이념과 목적을 바탕으로 비전에 해당하는 '추구하는 인간상'을 자주적인 사람, 창의적인 사람, 교양 있는 사람, 더불어 사는 사람이라는 4가지 측면에서 제시하고 있다. 그리고 인간상을 구현하기 위하여 교과 교육을 포함한 학교 교육 전 과정을 통해 중점적으로 기르고자 하는 핵심역량을 6가지로 설정하

였다. 교육과정을 운영하는 학교나 교사들의 경우, 비전에 해당하는 인간상을 이해하고 반영해야 하는 이유는 인간상은 교육 활동의 등대이자 교육의 본질이기 때문이다.

학교 구성원은 학교 교육과정을 설계하기 전에 우선적으로 국가 수준의 교육적 지향점과 철학을 담아내는 인간상과 핵심역량, 교육목표와의 관계와 의미를 함께 공유하고 명확한 방향성을 갖는 것은 교육의 본질에 충실할 수 있는 출발점이란 사실을 항상 잊지 말아야 한다. 인재상을 실현하기 위한 추구하는 인간상, 핵심역량, 교육목표가 서로 어떤 관련이 있는지 분명하게 이해할 필요가 있는 것이다.

교육과정 구성의 방향과 관련한 조망도를 보면 알 수 있듯이 핵심역량은 추구하는 인간상을 구현하기 위해 교과와 창의적 체험 활동을 포함한 학교에서 이루어지는 모든 교육 활동을 통해 중점적으로 기르고자 하는 능력이다. 학교에서는 학교 교육 전반에서 이 핵심역량이 길러질 수 있도록 교육과정을 설계하고 운영하여야 한다. 핵심역량이 길러지면 인간상도 자연스럽게 구현되기 때문이다.

교육과정 구성의 중점을 제시한 배경은 교육 이념과 인간상을 바탕으로 미래 사회가 요구하는 핵심역량을 함양하여 바른 인성을 갖춘 창의융합형 인재를 양성하기 위한 측면에서 접근하였다는 점을 인식해야 한다.

학교급별 교육목표는 교육기본법에 제시된 교육 이념, 이를 반영한 추구하는 인간상, 그리고 「초·중등교육법」에 규정된 학교급별 교육목적을 바탕으로 설정되었다. 이러한 학교급별 교육목표는 교과별 목표를 설정하는 일반적인 지침이 되며, 단위 학교에서 편성·운영되는 학교 교육과정의 총체적인 방향을 제시하는 역할을 한다(교육부, 1997: 103)는 점에 주목해야 한다.

2015 개정 교육과정에서 학교급별 교육목표는 각각 총괄 목표와 하위 목표로 이루어져 있는데, 무엇보다 총괄 목표의 의미를 정확하게 이해하는 것이 중요하다. 하위 목표 네 가지는 2015 개정 교육과정이 추구하는 인간상을 각 학교급별로 구체화하여 제시한 것으로써 학생들의 발달단계를 감안하여 학교급별 목표의 차별성 및 위계성을 갖도록 하였다. 2015 개정 교육과정에서의 학교급별 교육목표는 「초·중등교육법」의 학교급별 교육 목적에 중점을 두되, 추구하는 인간상, 핵심역량과 일관성을 유지하도록 설정하였다(교육부, 2016: 48).

2015 개정 교육과정에서 인재상을 구현하기 위해 비전에 해당하는 추구하는 인간상에 대한 가독성과 현장 이해도를 높이고 여러 관련 개념들 사이의 관련성·일관성을 한

눈에 파악할 수 있도록 추구하는 인간상, 핵심역량, 교육목표와의 관계를 이해하는 데 도움을 주도록 제시한 다음의 〈표 12-교육과정의 기본 방향 관계도〉를 살펴보기 바란다.

인재상	바른 인성을 겸비한 **창의융합형 인재 육성**

⇧

추구하는 인간상 총괄목표		핵심역량	초등 교육목표		관련 교육
			총괄목표	하위목표	
자주적인 사람	전인적 성장을 바탕으로 자아 정체성을 확립하고 자신의 진로와 삶을 개척하는 **자주적인 사람**	자기관리 역량	학생의 **일상생활과 학습**에 필요한 **기본 습관 및 기초 능력**을 기르고 **바른 인성을 함양**하는 데에 중점을 둔다.	자신의 소중함을 알고 건강한 생활 습관을 기르며, 풍부한 학습 경험을 통해 **자신의 꿈**을 키운다.	자아 탄력성 교육, 체육교육, 현장체험학습, 진로교육, 보건교육, 영양교육
창의적인 사람	기초 능력의 바탕 위에 다양한 발상과 도전으로 새로운 것을 창출하는 **창의적인 사람**	지식정보처리 역량 창의적 역량		학습과 생활에서 문제를 발견하고 해결하는 기초 능력을 기르고, 이를 새롭게 **경험할 수 있는 상상력**을 키운다.	기초학력책임교육, 창의성교육, 과학교육, 정보화교육, 독서교육
교양 있는 사람	문화적 소양과 다원적 가치에 대한 이해를 바탕으로 인류 문화를 향유하고 발전시키는 **교양 있는 사람**	심미적 감성 역량		다양한 문화 활동을 즐기고 자연과 생활 속에서 **아름다움과 행복을 느낄 수 있는 심성**을 기른다.	문화예술교육, 지속가능발전교육, 감성교육, 다문화교육, 방과후학교
더불어 사는 사람	공동체 의식을 가지고 세계와 소통하는 민주시민으로서 배려와 나눔을 실천하는 **더불어 사는 사람**	의사소통 역량 공동체 역량		규칙과 질서를 지키고 협동정신을 바탕으로 **서로 돕고 배려하는 태도**를 기른다.	인성교육, 학교폭력예방교육, 민주시민교육, 리더십교육, 영어교육

〈표 12-교육과정의 기본 방향 관계도〉

다. 교육과정 구성의 중점

교육과정 구성의 중점은 2015 개정 교육과정의 철학과 가치를 구현하기 위해서 어떤 방향으로 교육과정을 구성할 것인지 방침을 제시하는 것이다. 교육과정 구성의 중점은 2009 개정 교육과정까지는 '교육과정 구성의 방침'이란 용어를 사용하였다. 2015 개정 교육과정의 구성 중점에는 우리나라 교육과정이 추구해 온 교육 이념과 인간상을 바탕으로 미래 사회가 요구하는 핵심역량을 함양하여 바른 인성을 갖춘 창의융합형 인재를 양성하는 데 중점을 둔다고 명시되어 있다. 2015 개정 교육과정부터 길러야 할 인재상이 무엇인지 명확하게 근거로 문서에 제시하였다는 점에서 의미가 크다 하겠다.

결국, 핵심역량 함양을 통해 궁극적으로 창의융합형 인재상을 길러주기 위하여 교육과정을 어떤 방향으로 개정하게 되었는지 큰 그림을 알려주는 것이 교육과정 구성의 중점의 역할이라고 볼 때 교사들은 교육과정이 개정되면 구성의 중점을 가장 눈여겨 보아야 할 것이다. 2015 개정 교육과정 구성의 중점 내용을 요약하면 다음과 같다.

교육과정 구성의 중점					

⇩

	①	②	③	④	⑤	⑥
방침	인문·사회·과학기술 기초 소양 함양과 선택 학습 강화	핵심 개념 중심의 학습 내용 구조화 및 학습량 적정화	교과 특성에 맞는 다양한 학생참여형 수업 활성화	학습의 과정을 중시하는 평가 강화	교과의 교육목표, 교육 내용, 교수·학습 및 평가의 일관성 강화	특성화 고등학교와 산업수요 맞춤형 고등학교의 교육과정
시사점	**문·이과 통합** 및 선택 학습 기회 제공	**이해중심교육과정** 충실(백워드 단원 설계 필수)	핵심역량 함양을 위해 **학생참여형 수업**방법 적용	**과정중심평가 실시**로 교수·학습과 통합하여 학생의 성장에 초점	**교육과정-수업-평가 일체화 구현**을 위해 방향성을 제시	**국가직무능력표준(NCS)** 연계로 직무 및 기초역량함양

〈표 13-교육과정 구성의 중점〉

라. 핵심역량의 도입 & 역량중심 교육과정

📖 핵심역량 도입 배경 및 정의

OECD에서는 21세기 지식기반사회에서 모든 사람이 성공적인 삶을 살기 위해서는 핵심역량을 갖출 필요가 있다고 보고, DeSeCo 프로젝트를 통해 핵심역량의 중요성을 제시하였다. 이러한 핵심역량은 선천적으로 타고나는 것이 아니라 학습될 수 있는 것으로, 지적능력, 인성(태도), 기술 등을 포괄하는 다차원적 개념이다. 향후 직업 세계를 포함한 미래의 삶에 성공적으로 대처하기 위해 삶의 다양한 영역에서 필수적으로 요칭되는 능력(이근우 외, 2012: 69)이라고 정의하고 있다.

다시 말하면 핵심역량은 삶을 위한 기초 능력으로 간주되었던 읽기, 쓰기, 셈하기와 같은 기초 능력 이상의 것으로 개인의 성공적이고 책임감 있는 삶을 이끌고 현재와 미래 사회의 도전에 대처하기 위해 반드시 요구되는 역량을 의미한다. 그래서 교육의 패러다임도 교과서에 나열된 지식을 암기하도록 가르치는 것보다, 그것을 이해하고 적용하는 능력이 중요시되는 방향으로 전환되는 것이다. 즉, 지식 이해는 물론 직접적 체험과 실생활과 연계하는 교육으로 전환을 해야 핵심역량이 보다 더 깊이 있게 길러진다고 보고 있는 것이다.

📖 2015 개정 교육과정의 별칭은 역량중심 교육과정

일반적으로 2015 개정 교육과정을 말할 때 역량중심 교육과정이라는 별칭을 붙여서 이야기한다. 2015 개정 교육과정에서는 핵심역량의 경우 총론의 6가지(자기관리 역량, 지식정보 처리 역량, 창의적 사고 역량, 심미적 감성 능력, 의사소통능력, 공동체 역량)로, 교과역량은 각론에 해당하는 교과 교육과정에 제시하였기 때문이다. 총론에서 제시하는 핵심역량의 의미는 추구하는 인간상이 갖추어야 할 능력으로서, 교과와 창의적 체험 활동을 포함한 학교에서 이루어지는 모든 교육 활동을 통해 길러지는 것을 말한다. 핵심역량과 교육적 인간상과의 관계는 '자기관리 역량'과 '자주적인 사람'의 경우와 같이 일부 인간상과 일부 핵심역량이 좀 더 밀접한 관계를 맺고는 있지만, 일대일 대응 관계로 규정하기는 어렵다. 인간상과 핵심역량은 오히려 우리 교육이 추구해야 할 과제를 다른 측면에서 요약하여 제시해 준 것이라고 볼 수 있다.

역량중심으로 교육과정을 운영하는 것은 교과 대신에 역량을 가르치자는 것이 아니다. 학교 교육 전반에 걸쳐서 역량을 중심으로 사고하자는 것을 의미하는 것이다. 역량을 강화하는 교육 내용에는 종래에 다루어 온 교과적인 지식에 사회적 실제에서 필요로 하는 능력이나 태도가 용해되는 것을 포함하고 있다. 역량중심 교육과정에서는 교사가 학생에게 무엇을 어떻게 학습시켜야 할 것인가에서 출발하는 것이 아니라, 학생들이 필요로 하는 역량을 어떻게 개발시켜 줄 것인가로부터 출발한다. 즉, 앎을 기반으로 한 실천 능력의 획득에 관점을 가지고 있는 것이다.

따라서 핵심역량 교육과정이라 함은 핵심역량을 키울 수 있도록 교과 및 창의적 체험 활동 등 수업을 통해 지식을 활용하여 다양한 역량을 개발하도록 교육과정을 편성·운영하는 것을 말한다. 6가지 핵심역량을 교과 시간에 중점적으로 길러주도록 가르치자는 것은 아니다. 왜냐하면, 2015 개정 교육과정에서 핵심역량은 교과역량을 통해 실현되는 것이므로 모든 교과나 창의적 체험 활동을 통해 관련 교과역량을 기르도록 수업을 진행하면 자연스럽게 연계되어 있는 핵심역량이 길러지는 구조이기 때문이다. 그러므로 교사는 핵심역량과 교과역량과의 관계에 대하여 깊이 있는 이해가 선행되어야 한다.

2015 개정 교육과정에서 역량을 도입함으로써 기대하는 효과는 교수·학습의 초점을 '교사가 무엇을 어떻게 가르칠 것인가?'로부터 '학습자가 배운 내용을 가지고 무엇을 할 수 있어야 하는가?'로 이동시키는 데 있다. 이를 통해 학교에서 배운 지식이 실생활에서 활용되고 확장되는 학습의 전이가 이루어져야 하기 때문이다(온정덕, 2015: 26). 이러한 의미야말로 역량중심 교육과정 운영이 필요한 이유이자 목적이 되는 것이다.

📖 핵심역량과 교과역량 관계 이해하기

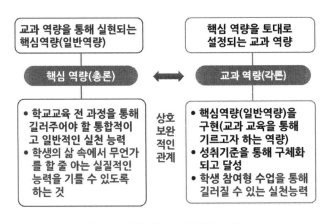

〈그림 4-핵심역량과 교과역량 관계도〉

총론에서 제시한 핵심역량이 모든 학생이 갖춰야 할 보편적인 것이라면 각론의 교과 교육과정에서 제시하는 역량은 교과별 특수성이 반영된 역량이다. 핵심역량과 교과역량의 사이를 나타내는 관계도를 보면 알 수 있듯이 총론의 핵심역량과 각론의 교과역량은 상호 보완적인 관계를 지니고 있다. 이러한 관계를 모르는 경우에는 교수·학습을 전개하면서 핵심역량 6가지만을 중심으로 길러주도록 설계하고 수업을 진행하게 된다. 그러면 교과역량은 핵심역량과는 별도로 지도하게 되어 엇박자 수업이 이루어지게 되는 것이다. 핵심역량은 학교 교육의 전 과정을 통해 길러주어야 할 통합적이고 일반적인 실천 능력으로 결국은 교과역량을 통해 실현되는 속성을 가지고 있기 때문이다. 그러므로 교과역량이 길러지면 관련된 핵심역량도 자연스럽게 길러지게 되어 교과역량의 역할은 최종적으로 핵심역량을 구현하는 것이라는 사실을 충분하게 인식해야 한다. 교과역량은 교과 교육을 통해 기르고자 하는 역량으로 총론의 핵심역량을 토대로 하여 각 교과에 알맞게 설정되었다는 사실도 이해하고 있어야 한다.

따라서 핵심역량은 교과역량이 제대로 개발되어야 발달할 수 있는 것으로 교과역량을 아우르며 조절하는 총체적인 역할을 수행하는 것으로 이해하면 된다. 교과별로 역량 설정이 핵심역량과 어떻게 관련성을 갖고 있는지는 각론 부분에서 보다 자세하게 다룰 것이다.

마. 학교급별 교육과정 편성·운영의 기준[4]

📖 기본 사항 주요 내용

■ 범교과 학습주제

> 아. 범교과 학습주제는 교과와 창의적 체험 활동 등 교육 활동 전반에 걸쳐 통합적으로 다루도록 하고, 지역 사회 및 가정과 연계하여 지도한다.

2015 개정에서 범교과 학습주제는 "지도한다."라는 강제 조항으로 되어 있다. 그래서 필수적으로 교과 및 창의적 체험 활동을 통해 지도해야 한다. 10개 영역을 교과 성취기준과 연계하여 체계적으로 지도할 수 있도록 재구성하는 것이 바람직하다. 2009 개

---

[4] 학교급별 교육과정 편성·운영의 기준과 관련하여 기본 사항, 편제와 시간 배당, 초등학교 교육과정 편성·기준 등의 주요 내용은 2015 개정 교육과정 총론 해설서(교육부, 2016: 55-72)를 근간으로 하여 일부 재구성하여 제시하였다. 또한, 초등학교 교육과정 부분에 초점을 맞추어 작성하였다.

정에서는 "힘쓴다."로 되어 있어 임의 조항이었다.

관련 자료 및 활용은 에듀넷-티클리어 누리집(http://info.edunet.net)-교육정책-교육과정-범교과 학습주제 메뉴를 참고하기 바란다.

📖 초등학교 편제와 시간 배당 기준 주요 내용

■ 시간 배당 기준

구분		1~2학년	3~4학년	5~6학년
교과 (군)	국어	국어 448	408	408
	사회/도덕		272	272
	수학	수학 256	272	272
	과학/실과	바른 생활 128	204	340
	체육		204	204
	예술(음악/미술)	슬기로운 생활 192	272	272
	영어	즐거운 생활 384	136	204
소계		1,408	1,768	1,972
창의적 체험 활동		336 안전한 생활 64	204	204
학년군별 총 수업 시간 수		1,744	1,972	2,176

〈표 14-시간 배당 기준〉

> ① 1시간 수업은 40분을 원칙으로 하되, 기후 및 계절, 학생의 발달 정도, 학습 내용의 성격, 학교 실정 등을 고려하여 탄력적으로 편성·운영할 수 있다.

초등학교 수업은 '시수제'로 운영되어 1시간은 40분을 원칙으로 하되 기후 등 여러 가지 여건에 따라 35분, 50분 등 융통성 있게 재구성하여 수업을 운영할 수 있다. 또한, 학생참여형 수업 강화를 위해 블록타임(70분, 80분, 90분, 120분)으로 구성하여 운영할 수 있다. 다만 원칙적으로 1차시 기준으로 합산한 학년군별 최소 수업 시간보다 줄어들지 않도록 유의해야 한다.

② 학년군 및 교과(군)별 시간 배당은 연간 34주를 기준으로 한 2년간의 기준 수업 시수를 나타낸 것이다.

③ 학년군별 총 수업 시간 수는 최소 수업 시수를 나타낸 것이다.

시간 배당 기준에 수업 시수는 '기준 수업 시수'와 '최소 수업 시수'로 이원화하여 제시하고 있다. 예를 들어 3~4학년 수학의 272시간은 20% 범위 내 증감이 가능한 기준 수업 시수이며, 교과(군) 소계 1,768과 학년군별 총 수업시간 수인 1,972시간은 최소 수업 시수이다. 최소 수업 시수의 의미는 반드시 그 이상 이수해야 한다는 것을 의미한다. 따라서 창의적 체험 활동 시간을 줄이거나 반대로 교과 시간을 감축하여 창의적 체험 활동 시간을 증배할 수는 없다. 또한, 체육, 예술(음악, 미술) 교과는 기준 수업 시수를 감축해서는 안 되도록 편성·운영 기준에 명시되어 있다. 창의적 체험 활동도 기준 수업 시수를 감축해서는 안 된다.

📖 초등학교 교육과정 편성·운영 기준 주요 내용

■ 기본 생활 습관, 기초 학습 능력, 바른 인성의 함양

1) 학교는 모든 교육 활동을 통해 학생의 기본 생활 습관, 기초 학습 능력, 바른 인성을 함양할 수 있도록 교육과정을 편성·운영한다.

이 기준은 초등학교 총괄 교육목표에서 제시한 내용으로 학교에서 교육활동을 추진하는 이유는 바로 기본 생활 습관 형성, 기초 학습 능력 배양, 바른 인성 함양이 되어야 한다는 것이다. 초등학교 교육은 기초 학습을 통한 보통 교육을 지향한다. 중학교 교육은 초등학교에서 얻은 기초 능력을 바탕으로 기본 능력을 갖추는 것이 교육적 총괄 목표이다. 초·중학교 교육을 받으면 일상생활과 학습에 필요한 기초·기본 능력이 갖추어지게 되는 것이다. 따라서 초등학교에서 교사들은 수업을 할 경우 기본 생활 습관, 기초 학습 능력과 바른 인성이 함양되도록 의도적으로 접근해야 하며, 항상 앎과 삶이 하나가 되도록 학생참여형 수업을 통해 다양한 교육적 기회를 갖도록 해야 한다.

2) 학교는 학년군별로 이수해야 할 교과를 학년별, 학기별로 편성하여 학생과 학부모에게 안내한다.

교과(군)별 시수의 20% 범위 내에서 시수를 증감하여 운영하도록 4)항에 명시되어 있어 학교는 학년군별로 이수해야 할 교과를 학년별, 학기별로 편성해야 한다. 여기서 특정 교과 시간을 20% 감축하는 것은 단원 재구성, 교육과정 압축 등과 같은 방식으로 교과 교육과정을 재구성하여 운영함을 의미하는 것이지, 일부 내용(성취기준)을 삭제하여 가르쳐도 된다는 말은 아니다. 이렇게 편성한 것을 학교 홈페이지, 나이스 학부모 서비스 등을 통해 학생과 학부모에게 필수로 안내해야 한다.

일부 학교의 경우 학기별로 편성하지 않는 경우가 있는데 이 조항에 의거하여 학기별로 반드시 편성해야 한다는 사실을 주지해야 한다. 그리고 대부분 시간 배당 기준을 약식으로 편성하는 경우가 있는데 국가 기준시수와 해당 학교 기준시수 및 증감 관련하여 가독성 있게 분명하고 세부적으로 작성할 필요가 있다. 이를 예시로 제시하면 다음의 표와 같다.

교육과정	학년	국가수준	본교시수	증감	1학년 본교기준	1학년 본교시수	1학년 증감	2019학년도 1학기	2019학년도 2학기	2학년 본교기준	2학년 본교시수	2학년 증감	2020학년도 1학기	2020학년도 2학기
교과(군)	국어	448	456	+8	218	222	+4	109(+4)	113	230	234	+4	116(+1)	118(+3)
	수학	256	256	0	122	122		60	62	134	134	0	68	66
	바른생활	128	124	-4	60	58	-2	26(-1)	32(-1)	68	66	-2	34	32(-2)
	슬기로운생활	192	192	0	90	90	0	44	46	102	102	0	50	52
	즐거운생활	384	384	0	180	180	0	87	93	204	204	0	102	102
	계	1,408	1,412	+4	670	672	+2	326(+3)	346(-1)	738	740	+2	370(+1)	370(+1)
창의적 체험 활동	자율활동	272	274	+2	170	172	+2	73	45	102	102	0	34	27
	동아리활동							12	14				11	16
	봉사활동							3	3				2	2
	진로활동							10	10				6	4
	계							98	72				53	49
안전한 생활	안전교육	64	64	0	30	30	0	15	15	34	34	0	17	17
연간 수업 시간 수		1,744	1,750	+6	868	872	+4	439	433	874	876	+2	440(+1)	436(+1)

〈표 15-1-2학년군(2학년) 연간 시간 운영 계획(기초학력 강화 모형)〉

■ 정보통신활용 교육, 보건 교육, 한자 교육 등의 체계적 지도

> 10) **정보통신활용 교육, 보건 교육, 한자 교육** 등은 관련 교과(군)와 창의적 체험 활동 시간을 활용하여 **체계적인 지도가 이루어질 수 있도록 한다.**

정보통신활용 교육, 보건 교육, 한자 교육 등은 교과(군) 시간 또는 창의적 체험 활동 시간을 활용하여 체계적인 지도가 이루어질 수 있도록 해야 한다. 강제 규정으로 되어 있어 최소한 1시간 이상은 지도해야 하나 체계적 지도라는 측면을 적극적으로 고려하여 형식적으로 지도하는 수준에서 벗어나 학교 구성원의 의견을 수렴하여 교육적 효과를 높일 수 있도록 적극성을 가지고 지도해야 한다.

예를 들어 한자의 경우 국어 교과와 연계하여 지도하고, 정보통신활용 교육은 실과 시간을 활용하여 기본 능력을 갖추게 하거나 여러 교과에서 정보통신을 활용하는 다양한 수업을 하며, 보건 교육은 체육 건강·보건 단원이나 보건 교사가 하는 수업과 연계하여 체계적으로 지도가 이루어지도록 해야 한다.

바. 학교 교육과정 편성·운영[5]

📖 기본 사항 주요 내용

■ 학교 교육과정 편성·운영의 계획 수립

> 가. 학교는 이 교육과정을 바탕으로 학교 실정에 알맞은 **학교 교육과정을 편성·운영**한다.
> 나. 학교는 학교 교육과정 편성·운영 계획을 바탕으로 학년군별 교육과정 및 교과(목)별 교육과정을 편성할 수 있다.
> 마. 학교 교육과정을 편성·운영할 때에는 교원의 조직, 학생의 실태, 학부모의 요구, 지역사회의 실정 및 교육 시설·설비 등 교육 여건과 환경을 충분히 반영하도록 노력한다.

---

[5] 학교 교육과정 편성·운영과 관련하여 기본사항, 교수·학습, 평가 중 주요 내용은 2015 개정 교육과정 총론 해설서(교육부, 2016: 74-106)를 근간으로 하여 일부 재구성하여 제시하였다.

학교는 국가 수준의 기준과 지역 수준의 지침에 근거하여 교원 조직, 학생 실태, 학부모 요구, 지역사회 등 교육 여건과 환경을 충분히 파악하여 학교 교육과정을 편성하고 운영해야 한다. 또한, 가급적이면 학년군별 교육과정이나 교과별 교육과정도 편성해야 한다. 더욱이 교사 수준의 교육과정이 효과적으로 실천되고 학생들로 인하여 실현되도록 하기 위해서는 학년군별뿐만 아니라 교사 수준의 교육과정도 체계적으로 편성하여 운영해야 할 것이다. 특히 소규모 학교에서는 학년군별 통합형이나 무학년제 등 교육과정을 학교 여건에 맞게 신축성 있게 편성·운영해야 한다.

그리고 학년군별 교육과정을 효과적으로 편성·운영을 위해서는 School in School (스몰스쿨)제를 고려해 볼 필요가 있다. 스몰스쿨제는 학교 안의 작은 학교의 개념으로 학년군별로 작은 학교를 만들고 스쿨별로 교육과정 결정권을 부여하여 독립적인 교육과정이 운영되도록 하는 시스템으로 학년군별 교육과정 편성·운영을 하여 구성원들이 다양하게 운영할 수 있다.

■ 창의적 체험 활동의 자율적 편성·운영

> 아. 학교는 학생의 요구, 학교의 실정 및 특색 등을 종합적으로 고려하여 **창의적 체험 활동의 영역, 활동, 시간 등을 자율적으로 편성·운영**할 수 있다.

2015 개정 교육과정은 학교의 자율성을 확대·강화하고자 창의적 체험 활동의 영역, 활동, 시간 등을 자율적으로 편성·운영할 수 있음을 명시하였다. 학교는 학년군별, 학기별로 창의적 체험 활동의 영역과 활동을 선택하여 집중적으로 편성·운영할 수 있게 했다. 즉, 창의적 체험 활동의 4개 하위 영역 모두를 매 학년, 매 학기 반드시 편성·운영해야 하는 것은 아니며, 그중 일부 영역을 선택하여 집중적으로 편성·운영하는 것이 가능하다는 것이다. 교육적 효과를 높이기 위하여 교과와 창의적 체험 활동 또는 창의적 체험 활동의 영역 및 활동들을 연계·통합하여 주제 중심으로 편성·운영할 수 있다.

📖 교수·학습

교수·학습은 교육과정 질문 중에서 교사가 어떻게 가르치고 학생이 무엇을 배울 것인가에 해당하는 수업 활동이다. 교육과정 내용을 수업을 통해 어떻게 가르치고 배우게 해야 하는지에 대한 국가 수준의 지침이 바로 교수·학습에 명시되어 있다. 내용은 크게 두 가지인 성취기준에 따른 교수·학습의 중점과 효과적인 교수·학습 환경 설계에 대한 것이다. 전문성이 있는 교사라면 교육과정에 제시된 교수·학습 관련 내용들을 읽고 해석하여 자신만의 교육과정에 녹여내야 할 것이다.

■ 성취기준에 따른 교수·학습의 중점

> 가. 학교는 **교과목별 성취기준**에 따라 다음과 같은 사항에 중점을 두고 **교수·학습**이 이루어지도록 한다.

교수·학습 총괄적 지침으로 성취기준에 따라 교수·학습이 이루어져야 한다고 명시되어 있다. 성취기준은 교과의 지식과 기능 및 태도를 담고 있으며 학습의 결과로 학생들이 할 수 있어야 하는 것이며, 교과 교육과정의 핵심적 내용에 해당한다. 교육과정을 운영해야 하는 교사에게 있어서 성취기준에 대한 이해는 기본에 해당한다. 교사는 가르치는 내용을 본인 스스로 임의대로 가르쳐서는 안 된다.

즉, 국가 수준에서 제시하는 교과목별 성취기준을 근거로 하여 가르쳐야 하는 것이다. 교사에게 주어지는 책무성은 성취기준에 도달하도록 평가계획을 작성하고 이에 알맞은 교수·학습이 이루어지도록 해야 하는 것을 의미한다. 성취기준은 곧 교육과정이라고 하는 것이다. 성취기준은 교육 내용의 핵심인 것이다.

그런데 이러한 성취기준을 중심으로 교수·학습을 할 경우에 교수·학습의 중점을 근간으로 하여 수업을 펼쳐나가야 하는 것이므로 교수·학습 중점 및 교과별로 제시되는 교수·학습 내용까지 포함하여 충분한 이해를 바탕으로 수업 설계를 하고 추진해야 한다.

■ 교과 학습의 중점 및 학생의 발달단계에 따른 체계적 수업 설계

1) 교과의 학습은 단편적 지식의 암기를 지양하고 **핵심 개념과 일반화된 지식의 심층적 이해에 중점**을 둔다.
2) 각 교과의 핵심 개념과 일반화된 지식 및 기능이 학생의 발달 단계에 따라 그 **폭과 깊이를 심화**할 수 있도록 **수업을 체계적으로 설계**한다.

2015 개정 교육과정에서는 교과의 핵심 개념을 중심으로 학습 내용을 구조화함으로써 단편적인 지식 암기식 교과 학습에서 벗어나 교과 내용의 심층적인 이해와 탐구가 가능하도록 학습 경험의 질을 개선하고자 하였다. 교과 교육과정을 살펴보면 핵심 개념과 일반화 지식을 중심으로 내용 체계가 이루어졌고 이를 통해 성취기준이 도출되었으며 수업을 통해 역량이 함양되는 구조로 되어 있다.

2015개정 교육과정에서 핵심 개념, 즉 빅 아이디어를 도입한 것은 '디자인에 의한 이해(Understanding by Design: UbD)'라는 단원 설계 모형을 통해 전이까지 가능한 '깊은 이해'에 이르게 하는 것이 핵심적인 목적이다(이찬승, 2015: 교육을 바꾸는 사람들). 그러므로 교사는 이해중심 교육과정, 백워드 단원 설계에 대해 충분히 이해하고 있어야 한다. 초등학교 전 학년에 걸쳐 2015 개정 교육과정이 적용되고 있는 이 시점에도 불구하고 아직도 기존의 포워드 설계 방법으로 교육과정에 접근하는 교사라면 반성적 사고가 필요하다. 교육과정의 지침을 제대로 반영하기 위해서는 디자인에 의한 이해 및 관련 책이나 연수를 통해 충분하게 이해하고 교육과정 재구성 및 교수·학습과 평가를 연동하여 전개해 나가야 할 것이다.

■ 체험 활동

4) **실험, 관찰, 조사, 실측, 수집, 노작, 견학** 등의 **직접 체험 활동**이 충분히 이루어지도록 한다.

교육 내용을 학생들에게 일방적으로 제시하는 강의식 위주의 수업을 지양하고, 실제로 참여하고 직접적으로 체험할 수 있는 실험, 관찰, 조사, 실측, 수집, 노작, 견학 등

과 같은 hands-on 방법의 교수·학습이 이루어져야 한다. 또한, 학교 밖 현장체험학습은 교과 교육과정과 창의적 체험 활동을 연계하여 운영하는 것을 권장하고 있다. 그리고 현장체험학습 1일 수업 시간은 학생들의 건강 및 학습효과 등을 고려하여 **현장체험학습 운영 계획서**에 **사전 계획된 학습시간 만큼만 포함**해야 한다고 되어 있다. 사전 계획에 8시간으로 되어 있으면 1일 8시간으로 편성이 가능하다는 것이다. 다만 충분한 식사 시간, 휴식 시간 등을 고려하고, 무리한 시수 산입으로 인한 부작용이 발생하지 않도록 유의해야 할 것이다.

이러한 사항은 최초 총론 해설서에는 현장체험학습은 1일 6시간 이내로 해야 한다고 명시되어 있었기 때문에 수시 개정이 이루어졌다는 상황을 모르는 경우에는 기존의 지침을 그대로 준수할 수밖에 없다. 따라서 교사는 항상 수시 개정되는 사항에 대해 관심을 갖고 생활할 필요가 있다.

📖 평가

> 가. 평가는 학생의 **교육목표 도달도를 확인**하고 **교수·학습**의 질을 개선하는 데 주안점을 둔다.
> 나. 학교와 교사는 **성취기준에 근거**하여 학교에서 중요하게 **지도한 내용과 기능을 평가**하며 **교수·학습과 평가**활동이 일관성 있게 이루어지도록 한다.
>   1) 학생에게 배울 기회를 주지 않은 내용과 기능은 평가하지 않도록 한다.
>   2) **학습의 결과뿐만 아니라 학습의 과정을 평가**하여 모든 학생이 교육목표에 성공적으로 도달할 수 있도록 한다.
>   3) 학교는 학생의 인지적 능력과 정의적 능력에 대한 평가가 균형 있게 이루어질 수 있도록 한다.
> 다. 학교는 교과의 성격과 특성에 적합한 평가 방법을 활용한다.
>   1) **서술형과 논술형 평가 및 수행평가의 비중을 확대**한다.
>   2) 정의적, 기능적, 창의적인 면이 특히 중시되는 교과는 타당한 평정 기준과 척도에 따라 평가를 실시한다.

학교에서 이루어지는 평가의 궁극적인 목적은 학생의 교육목표 도달도를 확인하고 평가 결과를 교육적 의사결정의 자료로 활용하여 교수·학습의 질을 개선하는 데 있다. 2015 개정 교육과정에서의 평가 부분 지침 내용은 평가의 목적, 성취기준에 근거한 평가, 교과의 성격과 특성에 적합한 평가 등과 관련되어 있다.

그러므로 교사는 평가의 진정한 목적이 무엇인지 인지하고, 교과 교육과정의 핵심인 성취기준을 분석하고 성취기준 도달에 필요한 평가를 하며 더 나아가 교과에 따라 다양한 평가 방법을 적용하며 수행평가를 늘리고 정의적, 행동적 영역의 평가까지 확대가 되도록 평가의 패러다임을 확장해 나가야 한다.

또한, 교사는 모든 학생이 교육목표에 성공적으로 도달할 수 있도록 학습의 결과뿐만 아니라 학습의 과정을 평가하도록 해야 한다. 즉, 과정중심의 평가를 실시하여 학생들 스스로 자기평가를 하거나 동료 간 상호평가의 기회를 통해 학습의 참여도를 높이는 등 정의적 영역 평가도 자연스럽게 이루어지도록 해야 한다.

8. 교육과정 전문성의 열쇠!
교과 교육과정의 문해력 높이기

교사가 각론을 읽고 해석하여 적용한다는 것은 교과서대로 수업하는 수동적인 입장에서 벗어나 교사에게 주어진 교수권과 평가권을 행사하여 교육과정의 전문가로 자리매김하게 되었음을 의미한다. 교육과정이 개정되어도 교과서 중심으로 가르치는 교사에게는 교과 교육과정은 투명 인간에 불과할 뿐이다. 총론에서 제시하고 의도하는 기준과 의미를 바탕으로 하여 국가 수준의 교과 교육과정에서 요구하는 교육 내용에 대하여 명확하게 알고 교육과정 재구성을 통해 교사 수준의 교육과정을 작성하고 이를 수업과 평가를 통해 배움으로 완성해야 한다. 그러한 의미에서 교과 교육과정에 대하여 스스로 읽고 이해하거나 전문적 학습공동체를 통해 함께 읽고 토론하며 해석하는 활동으로 각론에 대한 조망도를 갖고 재구성의 방향을 인지하는 것이 필요하다. 교과 교육과정을 읽고 해석하는 데 있어서 유의해야 할 사항이나 주요 관점을 사전에 알고 각론을 접하면 이해하는 깊이가 다를 것이다.

■ 교과 교육과정을 읽고 해석 시 유의해야 할 사항 및 주요 관점

- 교과 각론의 체제와 구조, 사용되는 용어의 개념을 정확히 파악하는가?
- 교과별 성격과 목표, 교과역량을 이해하고 총론에서 제시한 핵심역량과의 연결 지점을 파악하여 구체적 구현 방안을 궁리하는가?
- 교과별로 제시하는 내용 체계에 대한 의미를 이해하는가?
- 교과별로 제시하는 성취기준을 이해하고, 종적·횡적 연계점을 파악하는가?
- 성취기준을 설명하는 학습 요소, 성취기준 해설, 교수·학습과 평가의 유의 사항을 연계하여 이해하는가?
- 교과에서 제시하는 교수·학습의 방향 및 방법, 평가 방향과 방법 등을 이해하고, 자신의 교수·학습 및 평가 방법을 개선하는 데 필요한 내용에 주목하는가?
- 교과 교육과정 편성·운영과 관련하여 교과 각론에서 부여한 자율성과 재량권, 반드시 준수해야 할 사항은 무엇인지 파악하는가?

가. 교과 교육과정 벼리의 Key 포인트! 순서와 그 의미 완전 이해

교과 교육과정 문서를 보면 항상 첫 페이지에 전체 구성의 체제를 줄거리(벼리)를 알 수 있도록 목차가 제시되어 있다. 우선 교사는 교과 교육과정의 목차의 순서와 목차에 담긴 의미를 우측에 제시하는데, 이를 충분하게 이해한 다음 교과 교육과정을 읽고 해석하는 것이 순서이다. 목차에 대한 완전한 이해는 교과 교육과정에 대한 조망도를 갖게 하는 출발점이기 때문이다.

📖 교과 교육과정 벼리 이해하기

[교과 교육과정 문서 체제]

1. 성격

2. 목표

3. 내용 체계 및 성취기준

　가. 내용 체계

　나. 성취기준

　　(1) 영역명

　　　(가) 학습 요소

　　　(나) 성취기준 해설

　　　(다) 교수·학습방법 및 유의 사항

　　　(라) 평가 방법 및 유의 사항

4. 교수·학습 및 평가의 방향

　가. 교수·학습 방향

　나. 평가 방향

교과 교육과정은 크게 성격, 목표, 내용 체계 및 성취기준, 교수·학습, 평가로 되어 있다. 교육과정은 보통 '왜 그것을 가르치고 배우는가?'에 해당하는 교육목표, '무엇을 가르치고 배울 것인가?'인 교육 내용, '어떻게 가르치고 배우게 할 것인가?'에 해당하는 교수·학습, '제대로 가르치고 배우고 있는가?'인 교육평가의 4가지 범주로 제시하고 있

다. 이와 같이 교과 교육과정에도 교과별에 해당하는 목표, 내용, 교수·학습, 평가와 관련된 내용이 제시되고 있다.

또한, 총론의 핵심역량과 연계되는 교과역량은 성격 부분에 제시되어 있다. 교과 교육과정에서는 특히나 내용 체계에 대하여 충분하게 이해해야 한다. 그리고 성취기준이 가장 핵심적 교육 내용에 해당하므로 영역명에 있는 학습 요소, 성취기준 해설 등을 연계하여 이해하지 않으면 성취기준을 해석하는 데 한계가 있어 국가 수준에서 요구하는 부분을 충분하게 담아내지 못하는 상황이 발생할 수 있다는 점에 유의해야 할 것이다.

📖 교과 교육과정 목차에 담긴 의미 이해하기

목차	의미
성격	• 교과가 갖는 고유한 특성에 대한 개괄적인 소개 • 교과 교육의 필요성 및 역할(본질, 의의 등), **교과역량** 제시
2. 목표	• 교과 교육과정이 **지향해야 할 방향**과 학생이 달성해야 할 **학습의 도달점** • 교과의 총괄목표, 세부목표, 학교급 및 학년군별 목표 등을 진술
3. 내용 체계 및 성취기준	
가. 내용 체계	• 내용 체계는 **영역, 핵심 개념, 일반화된 지식, 내용 요소, 기능으로 구성** - 영역: 교과의 성격을 가장 잘 나타내주는 최상위의 교과 내용 범주 - 핵심 개념: 교과의 기초 개념이나 원리 - 일반화된 지식: 학생들이 해당 영역에서 알아야 할 보편적인 지식 - 내용 요소: 학년(군)에서 배워야 할 필수 학습 내용 - 기능: 수업 후 학생들이 할 수 있거나 할 수 있기를 기대하는 능력으로 교과 고유의 탐구과정 및 사고 기능 등을 포함
나. 성취기준	• 학생들이 **교과를 통해 배워야 할 내용**과 이를 통해 **수업 후에 할 수 있거나 할 수 있기를 기대하는 능력**을 결합하여 나타낸 **수업 활동의 기준**
(가) 학습 요소	• 성취기준에서 학생들이 배워야 할 학습 내용을 **핵심어로 제시**
(나) 성취기준 해설	• 제시한 성취기준 중 자세한 해설이 필요한 성취기준에 대한 부연 설명으로, 특별히 강조되어야 할 성취기준을 의미하는 것은 아님
(다) 교수·학습방법 및 유의사항	• 해당 영역의 교수·학습을 위해 제안한 방법과 유의사항 • 학생 참여 중심의 수업 및 유의미한 학습 경험 제공 등을 유도하는 내용 제시
(라) 평가 방법 및 유의사항	• 해당 영역의 평가를 할 수 있도록 제안한 방법과 유의사항 • 해당 영역의 교수·학습방법에 따른 다양한 평가 관련 내용 제시
4. 교수·학습 및 평가의 방향	
가. 교수·학습 방향	• 교과의 성격이나 특성에 비추어 포괄적 측면에서 교수·학습의 철학 및 방향, **교수·학습의 방법 및 유의사항을 제시**
나. 평가 방향	• 교과의 성격이나 특성에 비추어 포괄적 측면에서 교과의 평가 철학 및 방향, 평가 방법, 유의사항을 제시

〈표 16-교과 교육과정 목차〉

나. 교과 교육과정 내용의 구조 이해하기

　교과 교육과정의 전반적인 내용을 이해하기 위해서는 무엇보다 구조적 측면을 파악하여 조망도를 그릴 수 있어야 한다. 2015 개정 교육과정에서 강조하는 핵심역량과 교과역량과의 관계, 교과역량과 성취기준 그리고 내용 체계와의 맥락적 관계를 깊이 있게 이해할 필요가 있다. 이러한 구조를 이해하지 않고서는 교과 교육과정에 대한 재구성을 통해 일관성을 유지하여 수업과 평가로 이어지기가 어렵다. "내용 체계가 어떻게 구성이 되었고 요소별 의미는 무엇인가?", "내용 체계를 통해 성취기준이 어떻게 추출이 되는가?", "성취기준을 통해 교과역량이 어떻게 달성이 되는가?"라는 질문에 답하기 위해서는 교과 교육과정 내용의 구조를 이해하고 조망도를 마음속에 그려낼 수 있어야 한다.

교과역량

교과 **지식, 기능, 가치 및 태도**가 실제 상황에서 **통합적으로 발현되어 나타나는 능력**이므로, 교과 교육과정을 설계할 때는 **지식, 기능, 가치 요소를 밝히는 작업 필요**

⇩

내용 체계

· **지식과 기능은 내용 체계 표에서 구조화**하였고, **가치 및 태도는 성취기준에 반영**
· 영역, 핵심 개념, 일반화된 지식, 내용 요소, 기능으로 구성

⇩

성취기준

· **성취기준은 내용 체계 표를 바탕**으로 학생들이 배운 내용을 적용하고 실천하도록 할 수 있는 **수행 용어로 진술**
· **성취기준은 교수·학습 및 평가에서의 실질적인 근거**로서, 각 교과목에서 **가르치고 배워야 할 내용(지식, 기능, 태도)**과 그러한 내용의 학습을 통해 학생들이 성취해야 할(또는 보여 주어야 할) **능력과 특성을 명료하게 진술한 것**
· **교과역량은 성취기준을 통하여 구체화되고 달성**

⇩

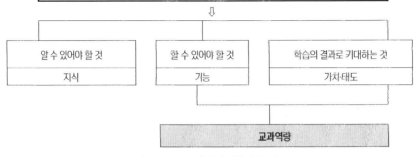

〈표 17-교과 교육과정 내용의 구조〉

<표 17-교과 교육과정 내용의 구조>를 살펴보면 학습의 3요소라고 하는 지식, 기능, 태도와 관련하여 교과역량, 내용 체계, 성취기준과의 맥락적 관계에 대하여 손쉽게 이해할 수 있을 것이다. 교과역량은 교과 수업을 통해 지식, 기능, 태도를 학생들이 배움을 체화하게 되고 이것이 실제 상황에서 전이되어 나타나는 능력이기 때문에 내용 체계 표에 지식과 기능을 구조화하였으며, 태도는 성취기준에 반영하였음을 알 수 있다.

또한, 교과 내용에 해당하는 성취기준을 통해 구체화되고 달성되는 것이 교과역량이라는 것도 확인할 수 있다. 따라서 교사는 내용 체계를 이해하고 성취기준을 잘 분석하여 재구성을 통해 수업을 실시하여 지식이 기반이 되고 기능, 태도가 내면화되도록 하면 교과역량이 함양된다는 사실에 관점을 갖고 교육과정을 운영해야 할 것이다.

다. 교과 교육과정의 뼈대! 내용 체계 달인 되기

2015 개정 교과 교육과정에서 가장 큰 변화는 내용 체계이다. '내용 체계'란 각 교과 혹은 세부 영역에서 그 내용을 조직할 때 작용하는 틀과 같은 것을 말한다. 기존의 내용 체계는 학습주제 목록을 제시하고 있던 형태였지만, 2015 개정 교과 교육과정에서는 교과역량을 함양하는 데 필요한 학습 내용을 핵심 개념, 일반화된 지식, 기능(사고 및 탐구 기능)을 중심으로 구조화하고, 이를 교과별 내용 체계에 제시하였다.

2009 개정에서는 내용 체계 제시 형식이 교과별로 각양각색이었지만 2015 개정에서는 내용 체계의 양식을 통일화하여 모든 교과뿐만 아니라 학교급별로도 동일하게 적용을 하고 있다는 것이 특징이다. 내용 체계는 지식과 기능이 구조화되었고 이를 통해 성취기준이 추출되었다는 점에서 교사들은 보다 깊이 있는 이해가 선행되어야 할 것이다. 그래서 내용 체계는 교과 교육과정 이해의 첫걸음이자 성취기준 이해의 출발점이기도 하다.

또한, 내용 체계를 통해 나선형 교육과정과 같이 핵심 개념 중심으로 학습 내용이 학년별, 학교급별로 보다 심화되어 가는 것도 알 수 있다. 교육과정 재구성을 할 경우 내용 체계를 통해 교과 간 통합을 위한 종적·횡적 연계성도 손쉽게 찾을 수 있다. 그리고 각 영역에서 학생들이 어떤 핵심 개념과 지식을 중심으로 학습하고 그것이 학년이 높아감에 따라 어떻게 심화되는지 알 수 있도록 구성되었다.

　내용 체계는 영역, 핵심 개념, 일반화된 지식, 내용 요소, 기능으로 구성되어 있는데 교과 교육과정을 이해하고 조망도를 그리기 위해서는 내용 체계를 구성하는 항목에 대한 충분한 이해가 선행되어야 한다. 항목에 대하여 쉽게 이해할 수 있도록 자세하게 설명을 통해 안내하고자 한다.

영역	핵심 개념	일반화된 지식	내용 요소			기능
			초등학교		중학교	
			3~4학년	5~6학년	1~3학년	
물질의 성질	물리적 성질과 화학적 성질	물질은 고유의 성질을 가지고 있다.	물체와 물질 물질의 성질 물체의 기능 물질의 변화	용해, 용액 용질의 종류 용질의 녹는 양 용액의 진하기 용액의 성질 용액의 분류 지시약, 산성용액 염기성 용액	• 밀도 • 용해도 • 녹는점 • 어는점 • 끓는점	문제 인식 탐구 설계와 수행 자료의 수집·분석 및 해석 수학적 사고와 컴퓨터 활용 모형의 개발과 사용 결론 도출 및 평가 의사소통

〈표 18-과학과 내용 체계(물질의 성질 영역 예시)〉

■ 내용 체계 요소별 관계 이해하기

　내용 체계를 살펴보면 영역별로 핵심 개념은 학습 후에 사실과 정보를 잊어버려도 항상 남아 있어야 하는 것이다. 알 수 있어야 하는 것은 핵심 개념을 기반으로 제시된 일반화된 지식과 내용 요소를 말한다. 일반화된 지식과 내용 요소는 가르쳐야 하는 지식에 해당한다. 그리고 이러한 지식을 학생이 배운 후 할 수 있거나 할 수 있기를 기대하는 능력을 함양하도록 해야 한다. 이것이 기능에 해당한다.

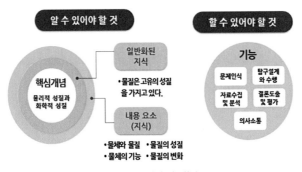

〈그림 5-핵심 개념 및 기능〉

결국, 수업의 목적은 지식을 기반으로 학생들의 기능적 요소가 생활 속에서 활용·전이되도록 하는 것이다. 수업을 실시할 경우에도 교사는 학생들이 기능을 습득하도록 설계하고 이를 수업을 통해 담아내도록 해야 한다. 또한, 내용 체계 표에서 학년군별 내용 요소와 기능을 결합하여 성취기준이 추출되었다는 사실에도 주목해야 할 것이다.

■ 내용 체계 요소 및 용어 설명

영역	핵심 개념	일반화된 지식	내용 요소			기능
			초등학교	중학교	고등학교	
교과의 성격을 가장 잘 나타내는 최상위의 교과 내용 범주	교과의 기초 개념이나 원리	학생들이 해당 영역에서 알아야 할 보편적 지식	학년(군)에서 배워야 할 필수 학습 내용			수업 후 학생들이 할 수 있거나 할 수 있기를 기대하는 능력

〈표 19-내용 체계 요소 및 용어〉

| 영역 |

영역은 교과(목)의 성격을 가장 잘 드러내면서도 교과(목)의 학습 내용을 조직화(범주화)하는 최상위의 틀 혹은 체계로서 명사형으로 제시되었다. 2015 개정 교육과정에서는 지식 분야나 개념에 따라 내용의 세분화가 용이한 사회, 과학 교과는 영역을 2009 개정 교육과정보다 자세하면서도 다양성 있게 나타내었다. 교육과정이 개정되면 이전 교육과정과 영역이 어떻게 변화를 가져왔는지 관심을 갖고 파악을 하는 것은 전문성이 있는 교사의 기본에 해당하는 것이다.

| 핵심 개념 |

교육선진국인 미국, 영국, 캐나다, 싱가포르 등의 국가에서 핵심 개념을 기반으로 교과 교육과정을 구성하는 것이 세계적인 동향이기 때문에 우리나라도 영향을 받아 2015 개정 교육과정에서는 그동안 문제로 제기되었던 단순 지식의 나열과 암기형 위주의 학습방법을 극복하기 위하여 교과의 '핵심 개념'을 고려하는 교육과정을 개발하게 되었다.

핵심 개념을 통해 학생들이 교과를 학습한 후 학습한 구체적인 사실과 정보를 잊어버려도, 교과를 통하여 반드시 알아야 할 핵심적 내용을 제시할 필요성이 부각되었고, 핵심 개념을 중심으로 공부하면 자연스럽게 다른 개념, 그리고 다른 교과와 연계할 수 있기 때문이다.

총론의 교육과정 구성의 중점에 "교과의 핵심 개념을 중심으로 학습 내용을 구조화하고 학습량을 적정화하여 학습의 질을 개선한다."라고 제시되어 있듯이, 2015 개정 교육과정의 경우 핵심 개념은 매우 중요한 위치와 역할을 수행하고 있다. 교과 교육과정의 내용 선정의 원리를 가리키는 '핵심 개념'은 다음과 같은 의미로 규정하고 있다.

- 핵심 개념이란 여러 개념을 아우르는, 교과가 기반하는 학문의 가장 기초적인 개념이나 원리를 말함
- 핵심 개념은 비슷한 개념들은 서로 묶이기도 하고, 하나의 개념이 다른 개념을 불러오기도 하는데, 비슷한 개념들을 묶어 주는 상위 개념임
  ※ 개념은 사실들 간의 관계를 구조화하여, 현상의 의미를 규정짓는 속성에 근거하여 개별 사실들을 묶어서 바라보게 해 줌
- 단순히 '영역'의 하위 영역이 아닌 그 영역 및 학년군별 내용 요소을 구성하고 대표하는 개념임
  - 이 경우, 해당 교과와 영역의 성격 및 특성에 대한 면밀한 분석이 요구됨
  - 역으로 영역에 따른 학년군별 내용(요소)을 대표할 수 있는 것이 무엇인가를 숙의하여 제시할 수도 있을 것임
  - 따라서 '영역'의 하위 영역으로 쪼개는 작업으로는 핵심 개념이 제시되기 어려움
- 빅 아이디어(big idea) 또는 큰 개념(big concept), 핵심 아이디어라고도 칭함
  - 이 경우, 교과(목) 및 영역의 성격 및 특성에 따라 다를 수 있으나, 예컨대 '유지', '발전', '변화', '지속성', '규칙', '변동' 등으로 나타날 수 있음
  - 이를 통해 교과(목) 간 연결·관련성을 볼 수 있고, 궁극적으로는 교과(목) 간 융합·연계 학습 구도를 구축할 수 있음
- 2015 개정 교과 교육과정에서 '핵심 개념'은 빅 아이디어를 기본으로 하되 해당 영역 및 학년군별 내용(요소)의 기저를 이루는 중심(기초, 대표) 개념의 의미도 포괄되는 것으로 함
  - 다만, '영역'으로 하위 영역 및 요소·주제·소재로 오해되어서는 안 됨
- 학생들이 학습한 〈학년군별〉 내용의 세부 사항(사실)을 잊어버린 후에도 지속되어야 하는 큰 개념임
- 따라서 '영역'에 따른 '학년군'별 내용이라는 세부 사항(사실)들을 묶어 줄 수 있으면서, '영역'을 통해 반드시 학습해야 할 개념을 추출해야 함

〈표 20-'핵심 개념' 정의(한국교육과정평가원, 2015: 16. 재인용)〉

이와 같이 2015 개정 교육과정 내용 체계 표에 도입된 '핵심 개념'은 빅 아이디어와 교과 내 기초 개념을 아우르는 것으로 교과가 기반하는 학문의 가장 기초적인 개념이나 원리라고 할 수 있다. 내용 체계 표의 '핵심 개념'은 영역에서 다루는 핵심적인 아이디어로서 명사형으로 제시되었다는 사실을 주지할 필요가 있다.

핵심 개념은 교과별 해당 영역의 기저를 이루는 중심 개념이며, 학생들이 학습한 내

용의 세부 사항을 잃어버린 후에도 영속적으로 남아 있기를 기대하는 아이디어이다. 또한 '왜 이것을 배우는가?', '핵심이 무엇인가?'와 같은 기본적인 질문과 관련된다. 학생들은 핵심 개념을 탐구함으로써 수동적인 정보의 수용자가 아닌 이해를 구성해 간다. 핵심 개념의 습득은 다른 교과에, 더 넓게는 삶 자체에 지식의 전이를 가능하게 한다.

통합된 방식으로 여러 학문에 걸쳐 학생이 사고할 기회도 제공한다. 또한, 핵심 개념은 학생의 타 교과 학습 전이 및 실생활 문제 해결을 위한 참조틀로 활용할 수 있다. 교사의 교수·학습 계획 및 실행 시 구조적 관련성을 나타내줄 수 있다. 특히, 초등학교 교사는 교과 교육과정 전체상의 시각에서 교과 내 영역 간 및 교과 간 개념들을 관련 짓는 연결성을 도모하여 교과통합적 재구성을 할 수 있다. 교과서의 사실적, 분절적 지식 전달과 습득에 제한되지 않고, 교사는 교과 교육과정을 기반으로 가르칠 수 있으며, 학생은 교과 고유의 체계 및 탐구방식을 이해할 수 있다는 것이다(한국교육과정평가원, 2015: 107).

| 일반화된 지식 |

일반화된 지식은 학생들이 해당 영역에서 알아야 할 보편적인 지식을 명제적 지식으로 진술한 것을 말한다. 명제적 지식이란 "~인 것을 안다." 또는 "~라는 것을 안다."로 표현되는 지식(앎)을 말한다. 이 말은 일반화된 지식을 진술할 경우에는 해당 영역에서 필수적으로 알아야 할, 누구나 알아야 할 지식을 "~인 것을 안다." 등으로 진술하였다는 것이다.

다시 말하자면 일반화된 지식은 핵심 개념 습득을 위하여 학습자들이 반드시 알아야 할 지식을 진술문의 형태로 제시한 것이다. 일반화된 지식은 학년급을 관통하는 핵심축에 해당하는 것이기에 핵심 개념들을 구체적으로 표현할 수 있도록 진술한 것이다. 내용 진술은 결국 각 교과가 학년별로 제시된 내용의 일반화 혹은 원리라고 할 수 있다. 이를 표현하기 위해서 명제적 진술문 형태로 제시한 것이다. 예컨대, "유기체는 생존을 위해 물, 먹이, 공기를 필요로 한다." 혹은 "사람들은 계절과 기후에 의해 영향을 받아 독특한 생활 모습 혹은 문화를 형성한다."와 같이 진술하는 것이다(한국교육과정평가원, 2014: 107-108).

| 내용 요소 |

내용 요소는 학년(군)에서 배워야 할 필수적인 학습 내용을 의미하고 있다. 교과별로 학교급별 혹은 학년별에 따라 주요 내용 요소를 명사형으로 제시하고 있다. 또한, 내용 요소는 핵심 개념과 지식을 중심으로 학년군별, 학교급별로 학습해야 할 내용, 즉 주제나 소재 형식으로 제시가 되어있어 내용 요소를 살펴보면 학년이 높아져 감에 따라 가르쳐야 할 내용이 어떻게 심화되고 있는지를 알 수 있는 것이다. 따라서 내용 요소만을 검토해 보면 기존 교육과정과 가르쳐야 할 내용이 얼마나 적정화가 되었는지도 비교하여 손쉽게 파악할 수 있다.

| 기능 |

기능은 학습자가 반드시 '할 수 있어야 할 것'을 제시하였다. 이는 학생들이 내용 요소(지식)를 가지고 할 수 있기를 기대하는 것이다. 기존의 성취기준은 '안다', '이해한다'와 같은 포괄적인 의미의 동사로 목표를 설정한 경우가 많았다. 이러한 진술문은 포괄적인 교육목표를 설정해 주기도 하지만, 교사의 실질적 지침으로서의 목표로 기능하기에는 미흡한 측면이 있어서 2015 개정에서는 탐구하기, 실험하기, 조작하기 등의 구체적 기능을 제시하여 습득한 내용(지식)을 바탕으로 한 수행을 활성화하기 위한 측면에서 제시가 되었다. 이는 교육목표를 명료하게 설정하는 데 도움을 줄 수 있기 때문이다(한국교육과정평가원, 2014: 108). 그래서 교사들은 내용 체계 표의 기능에 있는 요소들을 확인하고 핵심 개념과 일반화된 지식을 바탕으로 내용 요소를 가르치면서 최종적으로 수행할 수 있는 기능 부분에 초점을 맞추어 수업을 전개하고 평가를 통해 확인해야 할 필요가 있는 것이다.

📖 내용 체계와 이해중심 교육과정과의 관계

2015 개정 교육과정에서의 내용 체계는 '핵심 개념'과 '일반화된 지식', '학년군별 내용 요소', '기능'으로 구성되었는데, 이러한 구성이 역량중심 교육과정의 기조를 나타내는 것이라 하는 이유는 '핵심 개념'과 '일반화된 지식'이라는 개념이 역량중심 교육과정의 이론적 기반인 이해중심 교육과정의 특성을 드러내는 것이기 때문이다.

'이해중심 교육과정(Understandingby design)'은 '본질적이고 영속적인 이해'를 목표로 하는 교육과정에 대한 이론으로, 이때의 '이해'는 전이 능력에 가까운 개념으로 사용되고 있다. 즉, 복잡하고 변화의 속도가 빠른 미래 사회에서 어떠한 새로운 문제에 부딪히더라도 그것을 해결할 수 있는, 전이력 높은 지식을 중심으로 교육 내용을 구성해야 한다는 것이 이해 중심 교육과정의 기본적인 관점이고 이를 나타내고 있는 것이 내용 체계 표의 '핵심 개념'과 '일반화된 지식'이다(이지수, 2018: 92).

따라서 교사들은 교과 교육과정을 이해하고 이를 바탕으로 재구성을 통해 수업을 전개하기 위해서는 내용 체계에 담긴 이해중심 교육과정에 대한 올바른 이해가 선행되어야 한다. 그렇게 하기 위해서는 이해중심 교육과정 관련 서적을 탐독하거나 전문적 학습공동체를 통해 서로 토론하는 연구·연수 활동을 통해 이해중심 교육과정에 대하여 전문적 지식을 습득해야 할 것이다.

이해중심 교육과정의 핵심은 핵심 개념을 학생들이 습득한 배움을 생활 속으로 전이를 잘할 수 있도록 하는 백워드 단원 설계 방법에 대해서 이해하고 실천해야 하는 것이다. 교육과정을 재구성하거나 수업을 설계할 경우에도 평가가 수업을 리드할 수 있도록 역량중심 백워드 기반으로 교사 수준의 교육과정을 작성하고 실천하는 것이 매우 중요하다.

라. 교과역량의 이해는 역량중심 교육과정중심 수업의 시작

2015 개정 교육과정에 교육적으로 의미를 담아내기 위하여 새롭게 도입한 것은 크게 두 가지이다. 하나는 핵심 개념(빅 아이디어)이고 또 하나는 역량이다. 그래서 2015 개정 교육과정을 가리켜서 이해중심 교육과정, 역량중심 교육과정이라고도 하는 것이다. 이 중에서 역량은 총론에서부터 교과 교육과정까지, 교육과정 재구성에서 교수·학습 및 평가까지 연계성을 가지고 이루어져야 하는 핵심적 요소로 강조하고 있다. 총론에는 창의융합형 인재상을 실현하기 위해 지식정보 사회가 요구하는 핵심역량을 갖추어야 한다고 제시하였고, 각론인 교과 교육과정에서는 미래 사회가 요구하는 역량 함양이 가능하도록 구성했다.

특히, 교과 교육과정 문서에는 성격에 해당 교과에 맞는 교과역량을 제시하고 구체적으로 역량을 설명하고 있다. 또한, 목표도 구체적으로 성취해야 할 내용이 드러날 수 있는 형태로 진술이 되었으며, 내용 체계에 역량은 기능에 담기도록 하였다. 더 나아가 성취기준을 통해 역량이 달성되도록 하였고, 교수·학습과 평가 방법에도 역량을 함양하기 위한 방법적 측면을 고려하여 제시하였다.

📖 교과역량 도입의 의미와 적용 방법

전통적인 교육과정에서는 투입 측면, 즉 가르치는 부분에 관심을 가졌다면 역량중심 교육과정에서는 산출 측면인 성취해야 하는 부분에 관심을 갖는 것이 특징이다. 또한, 교수 목표 중심의 관점보다는 교과역량을 얼마나 함양하였는가에 관점을 갖고 학생들이 필요로 하는 역량을 어떻게 개발시켜 줄 것인가로부터 출발해야 한다. 다시 말한다면 앎을 기반으로 한 실천 능력의 획득과 지식적 활용과 전이를 수업의 가장 핵심적인 목적으로 생각하는 것이 역량중심 교육과정이라는 것이다.

결국, 교사가 수업을 전개하기 위해서는 교과역량이 교과 학습의 결과로 지식, 기능, 태도 등을 통합적으로 운용하여 문제를 해결할 수 있는 능력이라는 측면에서 역량중심 교육과정은 많은 양의 지식을 축적하는 것보다는 보유한 지식을 상황과 맥락에 적절하게 활용하고 그것을 통하여 새로운 지식을 창출할 수 있는 능력을 신장시키는 데 목적을 두고 있다는 점을 분명하게 인식할 필요가 있다. 앎과 삶이 하나 되는 교육과정 운영에 대한 이야기를 많이 하는 이유도 역량중심의 교육과정 운영을 통해 앎을 삶에 적용하고 창출할 수 있도록 수업을 해야 한다는 것이다.

따라서 교과역량중심의 교육과정 운영의 특징은 분절된 교과 지식을 처방하는 것이 아니라 삶의 맥락에서 실제로 활용될 수 있는 다양한 능력들을 형성하고자 하는 것이다. 이렇게 하기 위해서는 종전처럼 일방적인 강의와 설명이 아닌 상호작용에 기반을 둔 다양한 학생참여형 교수·학습방법과 전략이 요청되는 것이다(한국교육과정평가원, 2014: 45). 또한, 교육적인 평가도 지필 위주의 평가에서 탈피하여 학생의 진정한 역량을 수행평가를 중심으로 하는 과정중심평가 등을 다양하게 적용하는 대안적·질적 평가 방법을 사용할 필요가 있다.

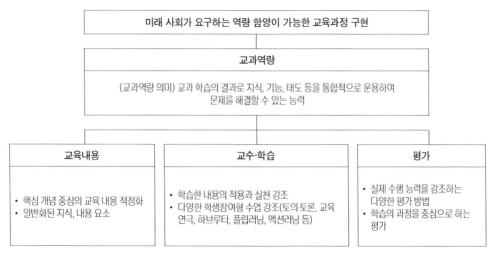

<表 21-교과역량중심 교육과정 운영 방향>

📖 교과역량 진술의 방향 이해하기

　교과 교육과정에서 성격 부분에 교과역량을 제시하고 있다. 국가 수준에서 교과 교육과정 개발 지침을 살펴보면 총론에서 제시한 핵심역량 요소들을 교과의 상황에 맞게 선택 반영하되, 필요한 경우 해당 교과에 적합한 교과 특정 역량으로 대체하거나 추가할 수 있도록 하였다는 것이다. 그러나 교과가 총론의 핵심역량 요소들을 대체하거나 추가하는 경우에도 총론에서 제시한 핵심역량 요소들을 공통의 기반으로 하여 진술하도록 하였다. 그래서 교과별로 교과역량을 반영한 것을 살펴보면 크게 4가지로 나눌 수 있다.

　첫째, 핵심역량의 용어를 그대로 사용하되, 의미를 달리 사용한 경우이다. 대표적인 교과가 바른생활인데 공동체 역량, 자기관리 역량, 의사소통 역량의 3가지를 그대로 반영하였다. 다만 자기관리 역량은 "일상생활을 하는 데 필요한 기본 생활 습관 및 기본 학습 습관을 형성함으로써 변화하는 사회에 유연하게 적응하며 살아갈 수 있는 능력이다."라고 의미를 담아내고 있으나 이는 핵심역량의 자기관리 역량의 의미를 바른생활 교과 속성에 맞게 재구성하여 제시하는 것이다.

　두 번째는 핵심역량 요소를 근간으로 교과 성격을 반영하여 새로운 용어로 사용한 경우이다. 대표적으로 국어과인데 핵심역량의 자기관리 역량에 해당하는 교과역량을 자기 성찰·계발 역량으로 하였는데 의사소통 역량은 그대로 사용하고 의미만 국어 교과에 맞게 제시하였다.

셋째, 핵심역량의 요소를 반영하면서 역량이라는 용어를 사용하지 않고 능력이라고 표현한 경우이다. 능력도 사실 역량에 해당이 되기는 하지만 이러한 교과는 체육, 도덕, 사회, 과학, 실과, 수학, 미술 등 많은 교과가 이에 해당한다. 체육과의 경기수행 능력, 도덕과의 도덕적 대인관계능력, 수학과의 문제해결 정보처리, 미술과 미술문화 이해능력 등이다.

결국, 교과역량은 총론의 핵심역량을 교과에 맞게 재설정하여 의미를 부여하는 것이다. 그렇기 때문에 교과별 수업을 통해 성취기준에 도달하도록 하면 기능 부분의 함양을 통해 교과역량이 길러지게 되는 것이다. 그러면 해당이 되는 총론의 핵심역량이 자연스럽게 연계되어 내면화가 되는 구조라는 것을 이해하고 교사는 항상 다양한 교수·학습방법을 적용하여 교과역량이 잘 길러지도록 노력해야 할 것이다.

총론 / 교과	자기관리 역량	지식정보 처리 역량	창의적 사고 역량	심미적 감성 역량	의사소통 역량	공동체 역량
바른생활	자기관리 역량				의사소통 역량	공동체 역량
슬기로운 생활		지식정보 처리 역량	창의적 사고 역량		의사소통 역량	
즐거운 생활			창의적 사고 역량	심미적 감성 역량	의사소통 역량	
국어	자기 성찰·계발 역량	자료·정보 활용 역량	비판적·창의적 사고 역량	문화 향유 역량	의사소통 역량	공동체·대인 관계 역량
사회		문제 해결력 및 의사 결정력, 정보 활용 능력	창의적 사고력, 비판적 사고력		의사소통 및 협업능력	
도덕	자기 존중 및 관리 능력, 윤리적 성찰 및 실천 성향		도덕적 사고 능력		도덕적 대인 관계 능력	도덕적 공동체 의식
수학	태도 및 실천	문제 해결 정보처리	추론, 창의·융합		의사소통	
과학	과학적 참여와 평생 학습 능력	과학적 탐구 능력, 과학적 문제 해결력	과학적 사고력		과학적 의사소통 능력	
실과	생활자립능력	실천적문제해결능력, 기술적 문제해결능력	기술적시스템 설계능력, 기술적활용능력	.	관계형성능력	
체육	건강 관리 능력, 신체수련능력	경기수행 능력		신체표현능력		
음악	자기관리 역량	음악정보처리 역량	음악적 창의·융합 사고 역량	음악적 감성 역량	음악적 소통 역량	문화적 공동체 역량
미술	자기 주도적 미술 학습능력	미술 문화 이해 능력	창의·융합 능력	미적 감수성	시각적 소통 능력	
영어	자기관리 역량	지식정보 처리 역량			영어 의사소통 역량	공동체 역량
안전	자기관리 역량	지식정보 처리 역량				공동체 역량

〈표 22-핵심역량과 교과별 역량 관계 연결표〉

9. 평가에 대한 전문성은 교육과정중심 수업의 출발점

가. 교사에게 있어서 평가란 무엇인가?

교육과정 설계나 수업방법 등 교육과 관련된 것은 대부분 패러다임의 전환에 따라 강조하는 부분도 변화하기 마련이다. 평가 부분도 마찬가지이다. 그래서인지 요즈음에는 미래 교육을 선도하는 교사의 기본은 수업과 하나 되는 과정중심평가의 이해와 적용이라는 이야기를 많이 한다. 그러면서 서술형·논술형 평가 확대, 지필평가 폐지, 예체능 교과 모두 수행평가 실시 등 평가 부분에 대하여 정책적으로 많은 변화가 이루어지고 있다.

그러나 학교 현장에서 교사들은 혼란스러울 수밖에 없다. 평가가 매우 중요한 부분인 것은 맞지만, 교육과정이 개정되면서 과정중심평가의 중요성이 강조됨과 동시에 정책적인 측면에서 일방적으로 추진하다 보니 정작 교실에서 평가를 수행해야 할 교사들은 과정중심평가가 또 다른 새로운 평가 방법이라는 인식을 갖고 이를 적용하는 데 적잖은 부담을 느끼는 것이다.

평가라는 것은 사실 학생들의 성장과 발달에 도움을 주기 위해 실시하는 것이다. 다시 말하면 성취기준에 잘 도달하도록 확인하고 긍정적인 피드백을 주어 모든 학생이 잘 성취할 수 있도록 도움을 주는 데 목적이 있는 것이다. 교사들이 가르치는 데 중점을 두기보다는 가르친 내용을 학생들이 배움으로 잘 담아내고 있는지에 중점을 두는 것이 중요하다. 즉, 평가와 관련하여 정책적으로 이끌어가는 것도 중요하지만, 더욱 중요한 것은 교사들이 평가의 중요성에 대한 올바른 인식을 바탕으로 자발적으로 평가가 수업 및 교육과정을 리드할 수 있게 하는 주인공 및 실천자로서 자신감을 갖고 실행하도록 행정적으로 관심과 지원이 선행되어야 하는 것이다.

학교 현장에서 지금까지 교과서 중심의 활동 중심 수업에 초점을 맞추다 보니 학생들이 수업에 역동적으로 참여하면 좋은 수업이라는 시각이 정답으로 자리매김을 하여 정작 평가를 통한 학생들의 목표 도달과 적절한 피드백에는 관심이 적었던 것은 사실이다. 그러다 보니 평가는 더욱이 교사들의 관심에서 멀어지게 될 수밖에 없었다. 평가에 관한 철학도 확고하게 형성되지는 못했다. 수업 공개를 하는 경우 대부분 교사가 수업안에 평가계획은 수립되어 있지만, 막상 수업 속에서는 평가를 구현하지 못하고 수업을 이내 종료하는 모습을 심심치 않게 볼 수 있었다. 이러한 모습은 교사들의 평가에 대한 관심과 그 중요성에 대한 인식이 부족하다는 것을 일정 부분 보여주는 것이다.

그렇다면 평가란 교사에게 있어서 무엇인가? 교사들은 평가에 대한 확고한 철학을 가지고 수업을 하며 평가를 통해 피드백을 의도적으로 하는가? 평가가 교육과정을 리드하고, 수업을 이끄는 등 평가의 중요성을 비추어 볼 때 2015 개정 교육과정에서 그 어느 때보다 평가 부분을 강조하는 것은 의미가 있다고 본다. 총론의 교육과정 구성의 중점 라항에는 "학습의 과정을 중시하는 평가를 강화하여 학생이 자신의 학습을 성찰하도록 하고, 평가 결과를 활용하여 교수·학습의 질을 개선한다."와 마항에는 "교과의 교육목표, 교육 내용, 교수·학습 및 평가의 일관성을 강화한다."라고 명시되어 있다.

이는 2015 개정에서는 교육과정-수업-평가의 일체화를 강조하고 있으며 과정중심의 평가를 통해 교수·학습의 질을 개선하고자 하는 의지가 담겨 있음을 확인할 수 있다. 또한, 역량중심 교육과정과 이해중심 교육과정을 적용하는 목적이 평가의 중요성을 부각하고 적용하여 교육의 질을 향상시키고자 하는 의도가 고스란히 담겨 있는 것이다.

따라서 교사는 평가에 대한 철학을 가지고 평가와 관련된 학문적·실제적 내용에 대하여 전문성을 갖고 교육과정과 수업을 리드하는 평가가 되도록 노력해야 하는 것은 자명한 사실이다. 평가에 대한 전문적 식견을 가지기 위해서는 평가에 대한 다양하게 질문하고 스스로 답하는 평가적 자문자답을 일상 생활화해야 한다. 그래서 평가에 대한 예시 질문을 다음과 같이 제시해 보았다.

- 평가를 실시하는 목적은 무엇인가? 평가에 대한 철학 세우기는 어떠한가? 평가에 대한 나의 철학과 가치는? 교사에게 평가는 무엇인가?
- 과정중심평가는 무엇인가? 결과중심평가와 어떻게 다른 평가인가?
- 과정중심평가는 수행평가만 실시하고 지필평가는 하지 말아야 하는 것인가?
- 수행평가란 무엇인가? 모든 것을 수행평가로 실시해야 하는가?
- 지필평가 무엇인가? 지필평가는 나쁜 평가인가? 지필평가는 필요 없는가?
- 교사별 평가는 무엇인가? 교사별 평가에서 지필평가는 제외해야 하는가?
- 과정중심평가는 항상 수업 중에만 해야 하는가? 수업 후에 하는 것은 과정중심평가가 아닌가?
- 형성평가는 과정중심평가인가? 형성평가와 과정중심평가와의 관계는?
- 자기평가와 상호평가는 왜 하고 어떤 목적으로 실시하고 하는가?
- 과정중심 수행평가, 과정중심 지필평가라는 용어는 어떤 의미를 담고 있는가?
- 정의적 영역 평가는 무엇이며 어떻게 평가를 하면 좋은가?
- 평가가 수업을 리드한다는 말은 무엇을 의미하는가? 차시 수업에서 학습목표-학습 내용-평가의 일관성을 유지해야 한다는 것은 무엇을 의미하는가?
- 총괄평가는 사라져야 하는 평가 방법인가? 단원평가는 필요 없는 평가인가?
- 성취기준은 모두 성취평가를 해야 하는가? 성취기준은 통합이 가능한가?
- 평가를 실시하고 피드백은 하지 않고 있는지? 해야 한다면 피드백은 왜 해야 하는가? 피드백이 가지고 있는 교육적 의미는 무엇인가?
- 결과 중심의 평가에서 벗어나 과정중심평가의 패러다임을 수업 현장에 생생하게 구현할 수 있을까? 평가가 수업의 과정 속에서 수업과 하나 되어 실행된다는 것은 교육적으로 어떤 의미가 있는가? 평가 연계 배움중심 수업 계획이 고려된 교사 수준 교육과정 구성은 어떻게 하는 것일까?
- 루브릭은 무엇인가? 평가기준은 무엇인가?
- 총체적 루브릭과 분석적 루브릭은 무엇이고 어떻게 다른가?
- 성취수준과 평가기준의 의미는 어떻게 다른가?
- 평가 결과 통지 시 도달/미도달, 상, 중, 하 등은 어떻게 통지하는 것이 좋은가?
- 수준을 상중하 3단계로 할 경우 미도달은 어느 수준까지 해당이 되는가?

교사는 적어도 이러한 평가에 관한 질문에 대하여 명확하게 이해하고 설명할 수 있어야 한다. 즉, 지필평가와 수행평가의 의미, 지필평가와 수행평가의 관계성, 성취기준 분석을 통한 적절한 평가 방법 선정 및 계획 수립, 과정중심 지필평가, 과정중심 수행평가 등과 같은 개념과 의미에 대한 질문에 대하여 정확하게 이해하고 설명하는 전문성이 무엇보다 중요한 것이다. 그래야 평가와 관련하여 행정적으로 요구가 있어도 흔들리지 않고 교육과정-수업-평가가 일체화가 되도록 하여 진정으로 학생들의 성장과 발달에 초점을 맞춘 평가 중심 수업을 펼쳐 나갈 수 있기 때문이다.

나. 평가의 용어 및 개념 정확하게 이해하기

평가 내용은 크게 3가지 즉, 방법, 시기, 참조 유형에 따라 나누어 살펴볼 수 있다.

평가 방법은 지필평가와 수행평가로 나누어진다. 평가계획을 수립할 경우에는 평가 방법을 제시하도록 되어 있는데 이때 지필평가나 수행평가 중 어떤 방법으로 평가를 할 것인지 기재하면 되는 것이다. 현재에 평가 방법은 이 두 가지 이외에는 없다. 결국, 이슈가 되는 과정중심평가도 평가 방법은 아니고 하나의 평가 방향에 불가한 것이다.

평가 시기에 따라서는 진단평가, 형성평가, 총괄평가로 구분할 수 있다. 진단평가는 기초학력 진단평가를 학기 초에 실시하는 것과 같이 현재 수준을 진단하는 것이 가장 큰 목적이다. 또는 단원이나 차시 수업을 위하여 학생들의 현재 상태를 알아보기 위해 진단평가를 할 수도 있다. 진단평가의 목적은 진단을 통하여 학습 방향을 결정하는 데 도움을 주려고 하는 것이다.

형성평가는 수업 중에 실시하는 것으로 차시 학습의 목표 도달을 확인하고 즉각적인 피드백을 주는 것을 목적으로 하는 평가이다. 형성평가도 평가 방법은 아니고 차시 학습에 이루어지는 시기와 관련된 평가 용어이다. 총괄평가는 교수·학습이 완료된 이후에 하는 평가를 말한다. 또한, 일정 기간이 지난 후 중간고사, 기말고사 형태로 이루어지는 평가이다. 단원평가도 일종의 총괄평가인 셈이다.

마지막으로 평가의 지향점에 따라 상대평가와 절대평가로 구분된다. 상대평가는 준거지향평가로 비교집단 내에서 상대적인 서열을 나타내는 평가이다. 이에 반하여 절대평가는 규준지향평가로 일정한 기준에 도달 정도를 확인하는 평가를 말한다.

평가 방법, 평가 시기, 평가의 지향에 따라 구분되는 평가와 내용을 정리한 〈표 23-평가의 용어 및 분류의 개념〉 표를 참고하여 평가에 대한 조망도를 분명하게 갖는 것은 매우 중요한 부분이라고 할 수 있다.

분류		내용	
평가 방법	지필평가	결과 중심의 평가 선택형(진위형, 배합형, 선다형) 서답형(단답형, 완성형, 논술형)	
	수행평가	결과(산출물)와 함께 학습의 과정을 평가 대상으로 삼는 평가(구술, 관찰, 포트폴리오, 상호평가, 보고서 등)	
평가 시기 (목적)	진단평가	학기 초	현재 수준 진단하여 학습 방향 결정에 도움 주는 것
	형성평가	수업 중	학습과정 중에 평가 및 즉각 피드백 위해 실시
	총괄평가	중간, 기말	교수·학습 완료 후, 일정한 기간에 실시
평가 지향 (참조유형)	준거지향평가	(상대평가) 비교집단 내 상대적인 서열 비교	
	규준지향평가	(절대평가) 성취기준에 도달한 정도를 확인하는 평가	

〈표 23-평가의 용어 및 분류의 개념〉

다. 지필평가와 수행평가

📖 지필평가의 의미와 종류

지필평가(紙筆評價)는 말 그대로 종이에 적힌 문항에 응답하는 평가를 의미한다. 지필평가는 행동주의 학습이론에 근거한 평가 방법으로 선택형과 서답형으로 나누어진다. 피험자가 답지에 선택하여 표기하면 선택형이라고 하고, 답을 구성하여 작성하는 방식이면 서답형이라고 하는 것이다. 또한, 문항을 채점하는 과정에서 채점하는 사람의 주관이 개입할 가능성이 크면 주관식이라고 하고, 가능성이 작으면 객관식이라고 한다. 그래서 선택형은 객관식이라 하고, 서답형을 주관식이라고 하는 것이다.

선택형은 많은 양의 지식을 한 번에 측정할 수 있고 정답 여부에 따라 맞고, 틀리고를 기계적으로 채점할 수 있어서 효율적이라 객관성을 확보할 수 있다는 장점이 있다. 주로 선다형, 진위형, 배합형(연결형)이 선택형 문항에 해당한다. 그러나 선택형은 지식을 다루어서 문제를 해결하는 등 지식의 활용능력이나 사고력, 문제를 해결하기 위해 전략을 세워 절차적인 사고를 하는 과정과 같은 지식을 다루는 능력을 측정할 수는 없다. 사고의 과정을 고정된 선택지에서 고르는 형태로 측정하는 것은 매우 제한된 상황에서나 가능하기 때문이다(김경희, 2016: 54). 이러한 문제점에 대한 대안으로 제시된 것은 피험자가 응답을 구성해 내는 형태의 평가 유형인 구성형 내지 서답형이다. 서답형은 피험자가 만들어 내야 하는 응답을 제한하는 조건에 따라 단답형, 완성형, 논술형(서술형)으로 구분할 수 있다.

📖 수행평가의 의미와 종류

수행평가(遂行評價)는 교육부 훈령 제280호 교과발달학습상황에서 "교과 담당교사가 학습자들의 학습과제 수행 과정 및 결과를 직접 관찰하고, 그 관찰 결과를 전문적으로 판단하는 평가 방법이다."라고 용어를 설명하고 있다. 여기서 학습과제란, 학습자들에게서 성취되기를 기대하는 교육목표와 관련되는 것으로, 가능한 한 실제 생활에서 보다 의미가 있고 중요하며 유용한 과제들을 의미하는 것이다.

또한, 수행이란, 학생이 단순히 답을 선택하는 것이 아니라, 학생 스스로 답을 구성하는 것, 산출물이나 작품을 만들어 내는 것, 태도나 가치관을 행동으로 드러내는 것 등을 모두 포함하는 의미이다. 관찰이란, 학습자가 수행하는 과정이나 그 결과를 평가자가 읽거나, 듣거나, 보거나, 느끼거나 하는 활동을 모두 포함하는 의미라는 것이다 (교육부, 1998: 2).

지필평가와 수행평가를 한눈에 살펴볼 수 있도록 지필평가와 수행평가의 종류를 표로 다음과 같이 제시하였다. 지필평가 방식 이외에도 어떤 방식들이 수행평가 범주 안에 포함될 수 있는지를 나타낸 것이다.

지필평가		수행평가		
선택형 반응요구	서답형(구성형) 반응 요구	특정 산출물 요구	특정 활동 요구	과정을 밝힘
• 선다형 문항 • 진위형 문항 • 배합형 문항 (연결형)	• 단답형 문항 • 완성형 문항 (빈칸 채우기) • 서술형 • 논술형	• 수필 • 연구보고서 • 과제일지 • 실험보고서 • 이야기/극본 • 시(poem) • 포트폴리오 • 미술작품 전시 • 과학 프로젝트 • 모형(model) 구성 • 비디오 구성/오디오 구성	• 구두발표 • 무용/동작발표 • 과학실험 시연 • 체육 경기 • 연극 • 토론 • 음악 발표 • 실기	• 구두질문 • 관찰 • 면담 • 회의 • 과정(process)에 대한 기술 • 생각하는 과정을 말로 표현(think aloud) • 학습일지

<표 24-지필평가와 수행평가 종류(교육부, 1998: 3, 일부 수정)>

여기에서 서술형과 논술형의 경우에는 응답을 구성하도록 요구하는 형태라는 점과 문항을 단순 기계적으로 채점을 하는 데 어려움이 있어서 평가자의 전문적인 판단을 요구하는 경우가 많아 수행평가와 동일한 범주로 생각하는 학자들도 있다. 그러나 김경희(2016: 54)는 수행평가(performance assessment)는 문항 대신 과제(task)라는 용어를 사용하며 과제(task)와 채점 기준(rubrics)으로 구성되기 때문에 구성형 문항이라고 해서 수행평가로 할 수 없다고 설명했다. 대다수의 학자는 서술형과 논술형은 지필평가로 여기고 있다.

📖 **수행평가의 일반적 특징**(교육부, 1998: 7-8)

- 수행평가는 학생이 문제의 정답을 선택하는 것이 아니라, 자기 스스로 답을 작성(서술 혹은 구성)하거나 행동으로 나타내도록 하는 평가 방식이다.
- 수행평가는 추구하고자 하는 교육목표의 달성 여부를 가능한 한 실제 상황하에서 파악하고자 하는 평가 방식이다.
- 수행평가는 교수·학습의 결과뿐만 아니라 교수·학습의 과정도 함께 중시하는 평가 방식이다.
- 수행평가는 단편적인 영역에 대해 일회적으로 평가하기보다는, 학생 개개인의 변화·발달과정을 종합적으로 평가하기 위해 전체적이면서도 지속해서 이루어지는 것을 강조하는 방식이다.
- 수행평가는 개개인을 단위로 해서 평가하기도 하지만, 집단에 대한 평가도 중시하는 평가 방식이다.
- 수행평가는 학생의 학습 과정을 진단하고 개별 학습을 촉진하려는 노력을 중시하는 평가 방식이다.
- 수행평가는 학생의 인지적인 영역(창의성이나 문제 해결력 등 고등 사고 기능을 포함)뿐만 아니라, 학생 개개인의 행동발달 상황이나 흥미·태도 등 정의적인 영역, 그리고 운동기능 영역에 대한 종합적이고 전인적인 평가를 중시하는 평가 방식이다.
- 수행평가는 기억, 이해와 같은 단순 사고능력보다는 창의, 비판, 종합과 같은 고등 사고 능력의 측정을 중히 여기는 평가 방식이다.

📖 지필평가와 수행평가의 체제 비교하기

지필평가는 일반적으로 결과 중심적이며 지식의 양을 평가 대상으로 삼고 있고, 반면에 수행평가는 지식을 다룰 줄 알고 지식을 활용할 줄 아는 능력, 지식을 구성할 수 있는 능력을 평가하는 것이며 과정을 중시하는 평가로 말할 수 있다. 다음의 표는 전통적인 지필평가와 새로운 평가 체제인 수행평가와의 차이점을 손쉽게 이해할 수 있도록 비교하여 제시하였다.

구분	전통적 평가 체제 (선택형 중심 지필평가)	새로운 평가 체제 (수행평가)
진리관	절대주의적인 진리관	상대주의적인 진리관
철학적인 근거	행동주의 합리론 경험론 등	구성주의 현상학 해석학, 인류학 등
시대적 상황	산업화 시대 소품종 대량 생산	정보화 시대 다품종 소량 생산
학습관	직선적·위계적·연속적 과정 추상적·객관적 상황 중시 학습자의 **기억·재생산 중시**	인지구조의 계속적 변화 구체적·주관적 상황 중시 학습자의 **이해·성장 중시**
평가 체제	규준지향평가(상대평가) 양적평가	준거지향평가(절대평가) 질적평가
평가 목적	**선발·분류·배치** 한 줄 세우기	**지도·조언·개선** 여러 줄 세우기
평가 내용	**명제적 지식(내용적 지식)** 학습의 **결과 중시** 학문적 지능의 구성 요소	**절차적 지식(방법적 지식)** 학습의 **과정 중시** 실천적 지능의 구성 요소
평가 방법	**선택형 평가 위주** **표준화 검사 중시** **대규모 평가 중시** **일회적·부분적인 평가** 객관성·일관성·공정성 강조	**관찰자 판단 위주** **개별 교사에 의한 평가 중시** **소규모 평가 중시** **지속적·종합적인 평가** 전문성·타당도·적합성 강조
평가 시기	**학습 활동이 종료되는 시점** **교수·학습과 평가활동 분리**	**학습 활동의 모든 과정** **교수·학습과 평가활동 통합**
교사의 역할	지식의 전달자	학습의 안내자·촉진자
학생의 역할	**수동적인 학습자** 지식의 재생산자	**능동적인 학습자** 지식의 창조자
교과서의 역할	교수·학습·평가의 핵심 내용	교수·학습·평가의 보조 자료
교수·학습 활동	**교사 중심** 인지적 영역 중심 **암기 위주** **기본 학습 능력 강조**	**학생 중심** 지·정·체 모두 강조 **탐구 위주** **창의성 등 고등 사고 기능 강조**

〈표 25-지필평가와 수행평가 비교하기(교육부, 1998: 13)〉

〈표 25-지필평가와 수행평가 비교하기〉를 제시한 목적은 우리나라의 경우 수행평가가 2000년에 7차 교육과정과 함께 도입되었기 때문에 그 당시 교육부의 수행평가 관련 홍보 자료인 '수행평가의 이해' 내용을 살펴보면 수행평가를 새롭게 도입한 이유

를 보다 분명하게 알 수 있을 것이라 생각하였기 때문이다.

지필평가와 수행평가를 비교해 보면 지필평가는 학습자가 무엇을 얼마나 알고 있느냐를 평가하는 것이고, 수행평가는 학습자가 실제로 무엇을 어떻게 할 수 있느냐를 평가하는 것이다. 또한 지필평가는 수업의 결과를 확인하는 방식으로 수업과 연계되지만, 수행평가는 수업의 과정에서 이루어지는 교수·학습 활동과 접목됨으로써 보다 긴밀하고 직접적인 방식으로 수업과 연계된다는 것을 확인할 수 있다. 그래서 지필평가는 간접평가라고 하고 수행평가는 직접평가라고 하는 것이다.

라. 지필평가는 나쁜 평가이고 수행평가는 좋은 평가인가?

📖 지필평가는 정말 나쁜 평가인가?

수행평가가 도입되면서부터 상대적으로 지필평가는 좋지 않은 평가로 취급되고, 반면에 수행평가는 새로운 평가이고 대안적인 측면이 강하여 좋은 평가라는 인식을 심어 주었다. 지필평가는 인지적인 영역을 대상으로 하는 지식 위주의 평가 방법이다. 교과별로 성취기준을 분석해 보면 지필평가 방법으로 평가해야 할 내용이 상당히 많이 있다는 것을 발견할 수 있다. 특히나 수학 교과는 지필평가 비중이 클 수밖에 없다. 물론 지필평가가 얼마나 많이 알고 있는지, 정확하게 알고 있는지 등의 양적인 개념으로 성취도를 측정하기 때문에 학습의 결과 중심 측정, 단순 지식 위주 평가, 일회성 평가 등으로 비판받는 것도 사실이다.

그러나 근래에 들어서 교육계에서 지필평가를 폐지하거나 축소하고자 하는 움직임에는 지필평가가 일제고사의 주범이라는 인식과 함께 학생들을 점수화와 서열화를 조장하는 측면이 강하다는 것이 주된 이유라고 보고 있다. 또한, 미래 사회에서 잘 살아가기 위해서는 역량이 필요한데 지식을 활용할 수 있는 능력, 즉 고등사고능력, 문제해결능력, 의사소통능력 등 역량중심의 평가를 하기에는 알맞지 않다는 것이다.

지필평가가 수업 중이나 수업 후에 학생들의 성장과 발달에 도움을 주기 위한 평가의 한 방법으로 적용하여 평가 결과를 가지고 학생들에게 긍정적인 피드백을 제공하여 모두가 성취하도록 한다면 지필평가가 폐지 대상의 평가인지 고려해 볼 필요가 있다. 적어도 초등학교 현장에서는 지필평가는 점수화와 서열화의 도구로 사용되고 있지 않은 지 오래되었다. 현재는 지필평가는 단지 하나의 평가의 방법으로 수업 속에서 다양하게 적용하는 실정이란 사실에 주목해야 한다. 지필평가도 수업의 과정 속에서 사용할 수 있는 평가의 방법적인 측면으로 바라보는 관점이 필요한 것이다.

📖 수행평가는 만병통치약인가?

학교에서 모든 교육 내용을 수행평가 형태로 실시하면 역량을 길러줄 수 있는지 생각해 볼 필요가 있다. 또한, 현재 학교 현장에서 실시하는 수행평가 방법이 본질적으로 수행평가의 의미를 고스란히 담아내는 평가를 하는지에 대해서도 의문을 가져 보아야 한다. 수행평가는 과제를 수행하면서 학생 스스로 답을 작성(서술 혹은 구성)하거나 행동으로 나타내도록 하는 평가 방식이며 사고 및 활용의 과정도 중시하는 평가 방법이다. 이 말은 수행평가란 학생이 과제를 수행하는 과정에 초점을 맞추고 구성한 결과물을 종합적으로 평가하는 방법이라는 셈이다.

그런데 학교에서 수행평가라는 이름으로 평가를 하고 있지만, 실제로는 결과물 중심으로 단순하게 평가하는 경우가 많다. 예를 들어, 음악에서 악기 연주하기, 미술에서 만들기나 그림, 체육에서 뜀틀 넘기에 대한 평가가 대표적인 예이다. 이런 평가를 할 경우 단순히 연주하거나 만들기 등 최종 작품만을 가지고 평가한다. 뜀틀 넘기의 경우도 넘느냐, 넘지 않았냐 만을 대상으로 평가를 하는 경우가 있다. 이런 평가에서는 수행 과정까지 평가하는 것이 아니라 학생이 산출하거나 수행한 최종 결과물만을 대상으로 평가를 하게 된다.

이런 경우에는 수행평가가 학습과제 수행 과정 및 결과를 직접 관찰하는 평가라는 본래 의미가 퇴색하는 평가가 이루어진 것이 된다. 결과중심의 수행평가를 한 결과가 되어 버린 셈이다. 그렇다면 지필평가가 단순히 결과중심의 평가이기 때문에 좋지 않은 평가라는 논리적 접근은 타당하지 않게 된다.

지필평가에 대한 맹목적 편견은 활동 중심의 Hands-on 수업이 출연하면서 기존의 일제식·강의식 수업을 하면 전문성이 없는 교사로 간주하는 것과 다를 바가 없다. 강의식 수업방법은 실력이 없는 교사만 사용하는 학습방법이 아니기 때문이다. 성취기준에서 지식이나 개념에 해당하는 내용을 가르칠 경우에는 활동 중심으로 수업을 진행하는 것보다 오히려 강의식으로 가르치는 것이 더 효과적일 수 있기 때문이다.

학습 내용에 따라 필요한 방법을 적용하여 목표 도달을 효과적으로 달성하면 되는 것이지, 유행가처럼 새로운 형태의 방법만을 따라가는 것은 바람직하지 않다. 오히려 활동 중심으로 수업을 계획하여 정말로 학생들이 활발하게 참여하는 수업을 진행했는데도 평가를 해 보면 대부분의 학생이 목표 도달을 하지 못하는 경우가 발생했다고 하면, 활동 중심이라고 해도 좋은 수업을 하지 못하게 되는 결과가 초래되는 것이기 때문이다.

전문성이 있고 수업에 대한 철학이 있는 교사라면 유행에 굴하지 않고 성취기준을 분석하여 내용 요소들을 어떻게 가르치는 것이 효과적일까 고민하여 적합한 수업방법을 선정하는 것이야말로 융통성 있게 수업 전략을 펼치는 전문성이 있는 교사가 보여주는 모습일 것이다.

마찬가지로 평가를 할 경우에도 과정이나 결과를 평가할 때 평가 내용이 지필평가 방법이 보다 적합하면 지필평가를 적용하면 되는 것이고, 수행평가가 적합하면 수행평가 방법을 적용하면 되는 것이다. 지필평가 방법이 보다 효과적인데도 불구하고 수행평가가 새로운 평가이며, 과정중심의 평가라고 억지로 적용한다면 맞지 않는 옷을 입히는 것과 다를 바가 없다.

📖 지필평가와 수행평가는 상호보완적 관계

지필평가를 가리켜 항상 결과중심의 평가라는 고정관념적 접근도 문제라고 생각한다. 지필평가는 항상 수업이 끝난 후 단원평가나 기말고사를 볼 경우에만 활용하는 평가 방법이 아니기 때문이다. 지필평가도 수업하는 과정에서 개념이나 일반적 지식의 이해 정도를 확인하기 위해서 단답형이나 서술형의 방법을 활용하여 평가를 하는 평가 방법 중 하나이다. 다만 이러한 평가가 수행평가 방법과 같이 고등 사고능력을 측정하지 못하는 한계점은 있다.

결국, 지필평가나 수행평가는 어느 것이 좋고, 나쁘고의 문제가 아니라 단지 하나의 평가 방법이라는 측면에서 접근하는 것이 바람직하다. 그러므로 지필평가나 수행평가는 상호 보완적인 관계일 수밖에 없다. 사실 성취기준을 분석해 보면 모든 내용을 수행평가로 할 수는 없다는 것을 손쉽게 알 수 있다. 또한, 역량으로 나타나는 기능이라는 것도 대부분 기본적인 지식에 대한 이해를 바탕으로 발현되는 것이다. 지식이 바탕이 되지 않은 기능은 발현될 수 없다.

창의성도 기본적인 지식이 형성되어 있지 않으면 발현되기 어려운 구조를 가지고 있다. 다만 교사 입장에서 평가에 대한 철학을 가지고, 평가의 패러다임이 결과중심에서 과정중심으로 전환되고 있는 것과 같이 가급적 학생들이 과제를 구성하고, 사고하고, 활용하는 과정과 결과를 관찰하고 전문적으로 판단하는 평가를 하도록 과정중심 수행평가의 활용도를 보다 높일 수 있는 방안을 모색하고 실천하는 것이 바람직할 것이다.

마. 진정한 과정중심평가! 과정중심 지필평가, 과정중심 수행평가

평가는 학생이 성취기준에 결과적으로 어느 정도 도달하였는지 파악한 다음 도달 상황에 대한 정보를 구체적이고 정확하게 피드백을 제공하여 학생들의 성장과 발달에 실질적인 도움을 주어야 한다. 기존의 평가는 결과 중심으로 점수를 부여하여 서열화를 하거나 도달 여부만을 판단하는 기계적인 평가 형태로 진행되어 학생들의 성장에 실질적인 도움을 주지 못하는 부분이 많았다.

그러나 최근의 평가는 학생에게 피드백을 제공하기 위해서 교사가 다각적으로 정보를 수집하는 행위로서의 역할이 강조되고, 학생에게 적절한 피드백을 적시에 제공함으로써 궁극적으로는 학생의 능력을 향상시키는 것에 초점을 두고 있으며, 이러한 측면은 최근에 강조되고 있는 과정중심평가의 주요한 특성이기도 하다(박종임, 2017: 49).

📖 과정중심평가는 새로운 용어가 아니다

2015 개정 교육과정에서 '학습의 과정을 중시하는 평가를 강화한다는 것을 교육과정의 구성 중점에 명시하면서 과정중심평가가 새로운 유행가처럼 교육 현장에 안착하기에 이르렀다. 그러면서 교사들은 새로운 평가 방법이 출현한 것처럼 부담을 느끼고 실천하는 데도 적잖은 어려움을 겪는 것이 사실이다.

그러나 학습의 과정을 중시한다는 의미를 생각해 보면 과정을 중요하게 여기는 평가라는 것이지, 새로운 평가 방법은 아니다. 평가에서 과정을 중시하는 것은 2000년에 수행평가가 도입될 때도 과정중심평가도 함께 대두되었다는 점에서도 확인할 수 있다.

그 당시 교육부의 '수행평가의 이해'라는 홍보 자료에도 수행평가는 교수·학습 과정까지 함께 중시하는 평가이며 수행하는 실제 상황하에서 도달도를 파악하려는 평가라고 명시하고 있다.

또한, 이 자료에는 수행평가와 유사한 용어로 제시하는 것이 '과정중심평가'라며 이는 '학습의 결과가 아니라 학습의 과정을 평가의 주요 대상으로 설정하는 평가'라고 했다. 과정중심평가는 수행평가의 중요한 측면의 하나라고 진술하고 있다.

특히 과정을 중시하는 평가는 5차 교육과정부터 찾아볼 수 있다. 5차 교육과정 총론의 평가 부분에는 "평가는 모든 학생들이 교육목표를 성공적으로 달성하기 위한 교육의 과정으로 실시한다."라고 제시되어 있다. 또한, "학생의 학습을 촉진할 수 있도록 적절한 시기에 학습 정도를 확인하고, 그 결과에 따라 알맞은 지도가 이루어지도록 한다(교육부, 1987: 8)."라고 피드백에 대한 중요성도 함께 제시되어 있다.

이는 학습 과정을 중시하며 피드백을 주어 완성도 있는 학습 결과가 학생들에게 이루어지기를 강조하는 것이다. 무려 30여 년이 지난 지금에서야 다시 과정중심평가를 강조하고 있다는 것은 그만큼 현장에서 평가에 대한 중요성에 대한 인식이 부족하여 평가 부분이 정체되어 왔다는 것을 반증하는 것이라 볼 수 있다.

결국, 과정중심평가는 "결과중심으로 평가하지 말고 학생들이 과제를 해결하는 수업의 과정을 중시하는 평가를 하라."라는 것이다. 지금까지 과정을 중시하는 평가의 방향을 제시하였음에도 불구하고 지필평가는 물론이고 수행평가도 결과지향적 평가로 이어지고 있기에 다시금 새로운 교육과정에서 강조하고 있다고 보면 될 것이다. 왜냐하면, 과정중심의 평가가 학생에 대해서 보다 많은 정보를 얻을 수 있고 나아가 보다 유용한 피드백을 제공할 수 있는 것이기 때문이다(박종임, 2017: 51).

📖 과정중심 지필평가와 과정중심 수행평가의 의미

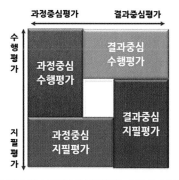

〈그림 6-지필 및 수행평가 개념(임종헌, 최원석, 1948: 55)〉

과정중심 지필평가와 과정중심 수행평가란 무엇을 의미하는가? 과정중심평가와 결과중심 평가는 '시기와 기능'에 따라 구분되는 개념이라고 볼 수 있기 때문에, 평가의 '방식' 측면에서는 수행과 지필 방식 모두 가능한 것이다(임종헌, 최원석, 2018: 54). 이 말은 지필평가나 수행평가 모두 과정이나 결과에 적용이 가능한 방법이라는 것을 의미한다.

그러므로 <그림 6-지필 및 수행평가 개념>과 같이 지필평가와 수행평가 방법을 수업의 과정 속에서 적용하고 평가를 실시하면 과정중심 지필평가이며, 과정중심 수행평가가 되는 것이다. 또한 수업 후 단순 지식이나 산출 결과물 등을 평가할 경우 지필평가를 선택하여 적용하면 결과중심 지필평가, 수행평가 방법을 선택하여 적용한다면 결과중심 수행평가라고 할 수 있는 것이다.

따라서 초등학교의 경우에는 지금처럼 총괄고사 형태로 지필평가 위주의 시험을 보지도 않고 있고, 더군다나 점수화·서열화를 하고 있지도 않는 시점에서는 지필평가를 평가의 방법으로 접근하여 학생들의 성장을 돕는 측면으로 활용되도록 해야 한다.

교사들 입장에서는 평가를 학문적으로 접근하기보다는 성취기준에 잘 도달하도록 과정과 결과까지 함께 평가의 범주로 삼아 학생의 성장과 발달을 돕는 차원에서 적용하고 실천하는 것이 바람직하다고 생각한다. 과정이 있어야 좋은 결과도 있기 마련이다.

바. 성취기준 분석을 통한 과정중심 지필 및 수행평가 맛보기

평가는 국가 수준 교육과정 총론이나 교육부 훈령(교과학습발달상황)에서는 학생의 교육목표 도달도를 확인하고 교수·학습의 질을 개선하는 데 주안점을 두고 실시하도록 명시하고 있다. 그리고 성취기준에 근거하여 지도한 내용과 기능을 결과뿐만 아니라 과정까지 포함하여 평가하도록 제시하고 있다. 또한, 평가 운영은 "성취기준·평가기준에 따른 성취도와 학생의 성장 및 발달 정도에 중점을 두고 평가가 이루어지도록 한다."라고 지침에 명시하고 있다. 국가 수준에서 요구하는 평가의 방향대로 평가를 하기 위한 절차를 안내하면 다음의 표와 같다.

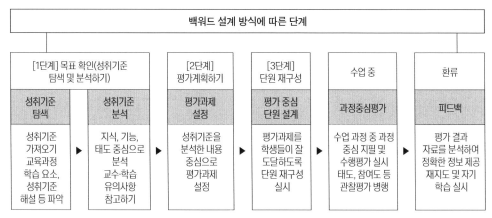

백워드 설계 방식에 따른 단계

[1단계] 목표 확인(성취기준 탐색 및 분석하기)		[2단계] 평가계획하기	[3단계] 단원 재구성	수업 중	환류
성취기준 탐색	성취기준 분석	평가과제 설정	평가 중심 단원 설계	과정중심평가	피드백
성취기준 가져오기 교육과정 학습 요소, 성취기준 해설 등 파악	지식, 기능, 태도 중심으로 분석 교수·학습 유의사항 참고하기	성취기준을 분석한 내용 중심으로 평가과제 설정	평가과제를 학생들이 잘 도달하도록 단원 재구성 실시	수업 과정 중 과정 중심 지필 및 수행평가 실시 태도, 참여도 등 관찰평가 병행	평가 결과 자료를 분석하여 정확한 정보 제공 재지도 및 자기 학습 실시

〈표 26-성취기준 도달 과정중심평가 절차〉

📖 성취기준 탐색 및 분석하기

평가를 하기 위해서는 먼저 교육과정의 핵심적 내용에 해당되는 성취기준을 가져온 다음 교과 교육과정에 있는 학습 요소, 성취기준 해설 내용을 읽어 보면서 전반적으로 성취기준이 담고 있는 의미를 파악해야 한다. 그다음에는 [1단계] 성취기준 분석의 내용과 같이 성취기준 내용에 해당이 되는 지식, 기능, 태도를 매칭시키는 방법으로 분석하는 것이 좋다. 성취기준에는 대부분 지식과 기능이 담겨 있고 태도는 드러나게 제시한 경우도 있지만, 없는 경우도 많다.

성취기준에 태도가 담겨 있지 않으면 성취기준 내용을 통해 가치·태도·인성 등 정의적인 측면을 고려하여 추출하면 된다. 이 단계가 중요한 이유는 성취기준을 분석한 내용을 가지고 지식, 기능 여부에 따라 평가과제를 설정하고 평가 방법을 결정하기 때문이다.

[1단계] 성취기준 분석					
학년	4-1	교과	사회	단원	4. 시대마다 다른 삶의 모습
성취기준 (수업 후 학생에게 바라는 결과)		**옛사람들의 생활 도구나 주거 형태를 알아보고**(지식), **오늘날의 생활 모습**(지식)과 **비교하여 그 변화상을 탐색한다**(기능).			
내용 요소 (What)	지식	• 옛날과 오늘날 사람들의 생활 모습 알아보기(생활 도구와 주거 형태 중심) - 생활 도구(농경, 조리, 의복 만드는 도구), 주거 형태(동굴, 움집, 초가집, 단독주택, 아파트)			
행동 요소(How)	기능	• 옛날과 오늘날 생활 모습 비교하기, 시대에 따라 변화한다는 점 파악하기			
	태도	• 옛날 사람들의 생활 모습 존중하는 마음 갖기, 학습태도 바르게 하기			

〈표 27-1단계 성취기준 분석〉

📖 평가과제 설정

성취기준 도달을 위하여 평가과제를 설정할 경우에는 우선적으로 분석적 루브릭으로 접근할 것인지, 총체적 루브릭으로 접근할 것인지를 고려해야 한다. 분석적 루브릭으로 접근하는 경우는 성취기준을 세분화하여 평가과제를 작성하는 것이고, 총체적 루브릭으로 접근하는 경우는 성취기준을 하나로 통합하여 평가과제를 작성하여 평가를 실시하는 것이다.

총체적 루브릭으로 접근하여 평가과제를 설정하는 경우에는 평가를 한 번에 할 수 있다는 장점은 있지만, 수행 과정을 정확하게 알 수 없는 단점도 있다. 이런 경우 과정에 해당하는 차시에서 형성평가를 통해 적절한 피드백을 제공해 주는 등 충실한 학습이 이루어지도록 하는 것이 중요하다. 총체적으로 접근하는 경우를 예를 든다면 '옛날과 오늘날의 생활 모습을 비교하고 변화하는 이유 찾기'가 평가과제가 될 수 있다. 이런 경우 대부분 마지막 차시에 단원평가 형식으로 평가가 이루어지게 된다.

여기에서는 분석적 루브릭 방법으로 접근하여 백워드 단원 설계를 위한 [2단계]에 해당하는 평가계획을 수립하는 경우를 예시로 설명하고자 한다.

[2단계] 평가계획 수립			
	평가과제	영역	평가 방법
①	옛날의 생활 도구와 주거 형태 생활 모습 조사하고 정리하기	지식	지필(서술형)
②	옛날과 오늘날 생활 모습 공통점과 차이점 보고서 작성하기	기능(분석)	수행(보고서)
③	생활 모습이 시대에 따라 변화상 안내하는 방송 리포터 하기	기능(이해)	수행(구술)
④	학습 참여 태도, 모둠 토의 참여 정도	태도	자기, 상호평가

〈표 28-2단계 평가계획 수립〉

성취기준을 분석해 보면 지식에 해당하는 내용은 옛날과 오늘날 생활 모습이므로 평가과제를 어떻게 설정할지 고려해야 한다. 이는 단원 설계와도 연계가 되는 부분이다. 조사학습으로 할 것인지, 현장학습과 연계하여 진행할 것인지, 사이버 박물관을 활용할 것인지에 따라 평가할 과제 내용과 평가 방법도 달라지기 때문이다. 그리고 기능에 해당이 되는 '비교하기' 역량을 평가하기 위해서는 어떻게 접근할 것인지 고민한 다음 평가과제와 방법을 결정해야 한다.

또한, '탐색하기'라는 기능 부분을 어떻게 평가할 것인지도 다각적으로 생각하여 평가과제를 설정하고 평가 방법은 지필로 할 것인지, 수행으로 할 것인지 선택해야 한다. 마지막으로 태도의 경우는 교사가 관찰을 할 수도 있지만, 학생 스스로 자기 평가를 통해 다짐하게 하거나 동료 평가를 통해 학습 참여 태도 등에 대하여 긍정적 피드백을 받도록 계획할 수 있을 것이다.

📖 평가 연계 단원 설계하기 및 과정중심평가 적용하기

성취 기준	교과서			성취기준 중심 재구성			평가 계획
	주제	차시	주요 학습 내용	주제	차시	주요 학습 내용	
[4사 02-03] 옛사람들의 생활 도구나 주거 형태를 알아보고, 오늘날의 생활 모습과 비교하여 그 변화상을 탐색한다.	단원 도입	1	단원 학습 내용 예상하기	단원 만남	1	• 단원 성취기준 안내 및 학습계획 세우기 • 현장학습 장소 및 방법 안내하기	
	① 옛날과 오늘날의 생활 모습	2	자연에서 얻은 도구를 사용하던 옛날의 생활 모습 알아보기	① 시대마다 다른 생활 모습	2-3	• 민속박물관 현장학습하면서 조사하기 - 박물관 예절 및 안전 안내하기 - 옛날 생활 도구 조사하기 - 옛날 주거 형태 조사하기 - 모둠별로 함께 이동하면서 조사학습	형성 평가
		3	새로운 도구를 만들어 사용하던 옛날의 생활 모습 알아보기		4	• 옛날 생활 모습 조사한 내용 정리·발표 생활 모습 조사하기: 지필(서술형) • 오늘날 생활 모습 조사 내용 공유하기	성취 평가 ①
		4	농사 도구의 변화로 달라진 사람들의 생활 모습 알아보기				
		5	음식과 옷을 만드는 도구의 변화로 달라진 사람들의 생활 모습 알아보기		5-6	• 개인별로 옛날과 오늘날 생활 모습 비교(공통점, 차이점)하기 - 생활 도구: 조리, 의복, 농경 도구 - 주거 형태: 동굴, 움집, 초가집 등 - 비교의 관점을 정하고 생활 모습 공통점과 차이점 찾아보기 공통점과 차이점 작성: 수행(보고서) - 보고서 발표 및 전시하기	성취 평가 ②
		6	사람들이 사는 집의 모습 변화 알아보기				
		7	집의 변화로 달라진 사람들의 변화 모습 알아보기		7-8	• 오늘날 생활 모습과 비교한 보고서를 중심으로 시대에 따라 변화 모습 알아보기 • 변화 모습 방송하는 리포터 되기 변화 모습 리포터하기: 수행(구술)	성취 평가 ③

위 표 최상단: **[3단계] 교과서 활용 평가 연계 단원 설계(재구성)**

〈표 29-3단계 교과서 활용 평가 연계 단원 설계(재구성)〉

[3단계] 평가 연계 단원 설계하기에 대한 예시 자료인 <표 29-3단계 교과서 활용 평가 연계 단원 설계(재구성)>의 내용을 살펴보면 평가는 교육과정과 교수·학습이 일관성을 유지할 수밖에 없다는 것을 확인할 수 있다. 성취기준을 근거로 하여 평가를 계획하고 이를 잘 도달하도록 단원을 설계하여 수업을 진행해야 하기 때문이다.

예시로 제시한 단원 설계 내용을 살펴보면 학생들에게 [4사02-03] 성취기준에 도달하도록 8차시를 배정하였다. 단원 도입을 제외하면 7차시이다. 성취기준과 관련된 평가를 성취평가로 표현하였고 해당 차시 우측 비고란에 평가 방법을 기재하였다. 성취기준 도달에 간접적으로 작용하는 2~3차시의 경우는 형성평가에 해당한다. 물론 성취평가 ①은 형성평가이기도 하지만, 성취기준과 직접적으로 관련성이 있는 평가 차시이기 때문에 성취평가로 제시한 것이다. 형성평가는 차시 목표 도달 여부를 확인하는 해당 차시에 이루어지는 평가를 말한다.

2~3차시의 경우 조사하기가 중심이 되는 학습에서 학생들이 충실하지 않으면 4차시에서 성취평가 ①과 연관되는 조사한 학습 내용을 정리하는 형태로 담아내기를 잘할 수 없다. 그래서 2~3차시에 해당하는 형성평가도 매우 중요한 의미를 지니고 있다. 형성평가이기는 하지만 이 차시도 과정중심으로 차시 평가를 하지 않으면 다음 단계로 전이하기 어렵게 된다. 형성평가이지만 피드백도 매우 중요하다. 교사는 학생들이 안내한 대로 조사를 잘하는지 조사하는 모습을 관찰하고 확인하여 적절한 피드백을 제공해 주어야 한다.

그리고 성취기준에 최종적으로 잘 도달하기 위해서는 성취평가 ①, ②의 내용에 대하여 평가 결과를 확인하고 학생들이 부족한 부분에 대하여 정보를 제공하는 피드백을 해주어야 시대에 따라 변화 모습을 파악할 수 있는 내용까지 잘 도달할 수 있다. 이상과 같이 수업의 과정에서 성취기준 도달에 충실하게 할 수 있도록 하는 것이 과정을 중시하는 평가의 전형적인 모습이라고 할 수 있다. 이러한 과정중심의 평가를 실시하면서 평가 방법은 지필평가나 수행평가 방법을 적용하여 평가의 목적을 달성하면 되는 것이다.

따라서 성취평가 ①은 과정중심 지필평가, 성취평가 ②, ③은 과정중심 수행평가에 해당한다. 만약 단원이 끝나고 성취평가를 실시하면 결과중심 지필평가와 수행평가에 해당할 것이다. 평가 결과를 점수화를 하지 않고 수업의 과정 속에서 지필이나 수행 방법을 활용하여 평가를 진행하면 과정을 중시하는 평가를 전개하게 된다. 또한, 성취기준을 중심으로 수업을 진행하게 되면 차시라는 것은 단원 목표에 해당이 되는 성취기준에 도달하기 위한 하나의 일부분인 것이라는 사실을 이해할 수 있다. 차시는 성취기준을 여러 개로 쪼개어 놓은 것 중 일부분인 셈이다.

차시 수업을 하는 경우 단원의 목표 즉 성취기준의 어느 부분과 관련성이 있는지 연계성을 갖고 차시 목표를 설정하고 도달하도록 수업을 진행해야 한다는 점이 매우 중요하다는 것을 새삼 느끼게 될 것이다. 숲을 보면서 나무에 해당하는 차시 수업을 전개하면 교육과정중심의 수업이 완성되며 교육과정-수업-평가의 일체화는 자연스럽게 이루어질 수 있다.

📖 피드백은 성장과 발달의 촉진제

과거에 평가는 학생이 가진 능력을 객관적으로 측정하고자 하는 결과론적인 접근이 주를 이루었다. 이러한 접근을 '학습 결과에 대한 평가'라고 한다. 그러나 최근에 평가는 '학습을 위한 평가', 나아가 '학습 과정으로서의 평가'로 그 패러다임이 변화하고 있다. 이러한 학습 지향적 평가에서는 학생의 능력이나 상태를 정확하게 진단한 다음, 학생의 능력을 보다 개선하기 위하여 피드백을 제공하는 것이 강조된다. 피드백은 평가를 통해서 드러난 학생의 현재 수준과 학생이 도달해야 할 수행 수준 간의 차이를 자세하게 알려줌으로써 학생의 학습과 성장을 지원하고자 하는 전체적인 과정에 해당한다.

피드백의 일차적인 목표는 평가 결과에 대한 정보를 상세하게 제공하는 것에 있으므로, 교사가 학생에게 이해하기 쉬운 용어로 피드백을 제공함으로써 학생이 자신의 수행 능력에 대한 정보를 충분히 이해하도록 해야 한다. 이를 통해서 학생이 자신의 수행 능력을 향상시키기 위해서 어떠한 노력을 기울여야 하는지를 파악하고 추후 학습을 계획할 수 있도록 해야 한다. 과정중심평가에서 피드백을 제공할 때에는 수행 결과에 대한 피드백 외에도 수행 과정에 대한 피드백을 함께 제공하는 것이 중요하다(부산시교육청, 2017: 24).

피드백은 수행 과정은 물론이고 결과에 대하여 직간접적인 피드백을 통해 부족한 부분을 학생 스스로 인지하고 채워나갈 수 있도록 하는 데 목적이 있다. 따라서 결과중심이나 과정중심으로 평가하고 피드백을 제공하지 않는 평가는 의미가 없는 평가인 것이다. 다음의 내용은 5~6차시 성취평가에 해당하는 옛날과 오늘날의 생활 모습을 비교하는 보고서 작성과 관련하여 피드백을 과정과 결과에 따라 어떻게 제공하는 것이 좋은지 예를 들어 제시한 것이다.

성취기준		[4사02-03] 옛사람들의 생활 도구나 주거 형태를 알아보고, 오늘날의 생활 모습과 비교하여 그 변화상을 탐색한다.
평가요소		옛날과 오늘날의 생활 모습 비교하는 보고서 작성하기
과정 피드백	도달	• 생활 도구를 조리, 농경, 의복 만드는 도구로 구분하는지 확인하기 • 옛날 주거 형태 대상을 정확하게 구분하는지 확인하기 • 수행평가 과정에 따라 교사의 적절한 피드백 제공하기 • 정의적 영역에 대해서도 교사의 피드백 제공하기
	미도달	• 생활 도구(조리, 농경, 의복)와 주거 형태의 종류가 누락되어 있는지 점검하고 자세하게 안내하기 • 보고서 작성 방법에 대하여 부족한 부분 안내하기 • 궤간 순시로 정의적 영역에 대해서도 교사의 피드백 제공하기
결과 피드백	도달	• 평가 결과에 따라 피드백 내용을 교사가 보고서에 직접 기록하기 • 학생들에게 자신의 글을 스스로 점검해 보도록 하기 • 우수하게 작성한 보고서를 보고 스스로 부족한 부분을 확인하고 보충하도록 안내하기
	미도달	• 평가 결과에 따라 피드백 내용을 교사가 보고서에 직접 기록해 주어 부족한 점이 무엇인지 알도록 보완하여 안내 • 생활 모습을 서로 비교를 잘하지 못하는 부족한 학생들에게 옛날과 오늘날 생활 모습 비교 자료를 제시하고 확인하도록 하기 • '자기평가지'를 제시하여 자신의 보고서에서 부족한 점이 무엇인지를 스스로 평가하도록 하기

〈표 30-성취기준 도달 과정 및 결과 중심 피드백 제시 방향〉

📖 총체적 루브릭과 분석적 루브릭

교육과정에서 제시하는 성취기준의 평가 기능을 강화하기 위해서는 평가과제에 대하여 학생들이 수행한 내용과 이에 맞는 점수를 부여하는 방법을 지니고 있어야 한다. 이에 따라 등장하게 된 평가준거가 루브릭(Rubric)이다. 루브릭은 학습자가 수행과제에서 드러낸 학습자의 학습 결과물이나 성취 정도를 평가하기 위하여 사용하는 채점 기준 및 평가척도를 말한다.

루브릭의 유형에는 크게 총체적 루브릭(holistic rubric)과 분석적 루브릭(analytic rubric)이 포함된다. 총체적 루브릭은 과제의 전반적인 내용에 기초하여 총점을 산출하는 데 활용이 되며, 분석적 루브릭은 과제의 여러 가지 수행항목들 각각의 점수를 합산하여 최종점수를 결정하는 데 사용된다.

총체적 루브릭은 수행의 차원을 분리하지 않고 수행의 전반적인 질을 판단하는 방법인 반면에, 분석적 루브릭은 수행의 준거와 차원을 여러 가지로 분리하여 다차원적으로 평가하는 방식이다. 총제적 루브릭의 장점은 채점자의 노력과 시간을 적게 들여 평가할 수 있다는 것이다. 그러나 학생들의 구체적인 수행 수준의 장단점을 파악하여 개선시키는 것을 목적으로 한다면 분석적 루브릭을 활용하는 것이 바람직하다(신민희, 2012: 110-111).

■ 성취기준 평가에서 루브릭 적용 방법

| 총체적 루브릭 |

총체적 루브릭은 국가 수준 교육과정에서 성취기준에 대한 평가기준의 제시처럼 성취기준 전체를 평가하는 형태로 학교에서 많이 쓰는 형태이지만, 평가에 대한 명확한 근거를 확보하기 어렵다는 한계를 가지고 있다. 총체적 루브릭으로 평가계획을 수립하면 평가도 단원 마지막 차시에서 결과 지향적으로 평가를 실시하게 되는 부분이 있어서 진정한 과정중심의 평가를 하기 위해서는 분석적 루브릭 방법으로 실시하는 것이 바람직하다고 볼 수 있다.

교사들이 분석적이든, 총체적이든 기본적으로 평가과제를 설정할 경우에는 교육부에서 제공하는 '2015 개정 교육과정에 따른 평가기준'이라는 자료를 적극적으로 활용하면 편리성과 효과성을 얻게 될 것이다. 이 자료는 국가 교육과정정보센터(http://www.ncic.go.kr) 누리집에서 다운로드하여 활용할 수 있다.

다음의 표는 성취기준 [4사02-03]에 대한 총체적 루브릭을 나타낸 것이다. 보는 바와 같이 성취기준에 대한 전반적인 내용을 종합적으로 하나의 과제로 설정하여 평가를 실시하는 것이다.

평가 문항은 평가기준에 적합한 내용을 포함하여 평가하도록 구성해야 한다. 물론 수준은 상중하의 3단계가 아니라 4단계 내지 5단계로 세분화 할 수도 있다.

교육과정 성취기준		평가기준
[4사02-03] 옛날 사람들의 생활 도구나 주거 형태를 알아보고, 오늘날의 생활 모습과 비교하여 그 변화상을 탐색한다.	상	옛사람들의 생활 도구나 주거 형태를 알아보고, 오늘날의 생활 모습과 비교하여 그 변화상을 설명할 수 있다.
	중	옛사람들의 생활 도구나 주거 형태를 알아보고, 오늘날의 생활 모습과 비교할 수 있다.
	하	옛사람들의 생활 도구나 주거 형태를 알아보고, 그 특징을 나열할 수 있다.

〈표 31-총합적 루브릭 작성(예시)〉

| 분석적 루브릭 |

분석적 루브릭은 성취기준을 요소별로 분리하여 평가기준을 마련한 후에 평가 결과를 합산하여 전체를 평가하는 방법이다. 이 방법은 몇 가지 중요한 차원을 포함하는 복잡한 수행을 판단하는 데 적합하고, 학생들이 과업 특성의 본질을 더 잘 이해하도록 돕는다. 또한, 객관적인 근거 확보에도 유리하다. 다만 요소별 평가는 가능하나 자칫 나무만 보고 숲을 보지 못하는 평가가 될 수 있다. 게다가 총체적 루브릭보다 적용하는 데 많은 시간이 소비되는 문제가 발생한다(강현석·이지은, 2018: 151).

분석적 루브릭은 다음과 같이 성취기준을 분석하여 3가지 세부 평가요소를 정하여 평가를 실시하고 적절하게 배점을 부여한 뒤 하단에 제시된 것과 같이 3가지 요소별 점수를 더해 '상, 중, 하' 배점에 해당하는 성취 수준을 성취도로 평가하는 방법이다.

평가요소 중에서 '생활 모습을 비교하는 보고서'를 작성하는 것이 다른 요소보다 비중도가 있다고 생각하여 배점을 더 부여하였다는 것을 확인할 수 있다.

분석적 루브릭은 성취기준을 요소별로 분리하여 평가하는 방법도 있지만, 하나의 성취 요소를 세분화하여 평가기준을 정해 평가하는 방법도 포함된다. 예를 들어, '옛날과 오늘날 생활 모습의 공통점과 차이점을 비교하는 보고서'를 작성하는 것을 분석적 루브릭으로 접근하여 평가기준을 작성한다고 하면, 보고서 내용, 보고서 체제, 참신성, 참여도 등을 세부 평가요소로 하고 배점을 부여해서 전체 요소별 합산 점수를 상, 중, 하로 하여 성취 수준을 결정하는 방법을 말하는 것이다.

성취기준	[4사02-03] 옛날 사람들의 생활 도구나 주거 형태를 알아보고, 오늘날의 생활 모습과 비교하여 그 변화상을 탐색한다.		
평가요소	평가기준(점수)		
옛날과 오늘날 생활 모습 조사	3	2	1
	생활 도구와 주거 형태 기본 요소를 포함하여 조사를 체계적으로 실시	생활 도구와 주거 형태 일부 내용을 포함하여 조사를 실시	생활 도구와 주거 형태의 내용이 부족하고 완성도가 다소 낮음
비교하는 보고서 작성	4	3	1
	옛날과 오늘날의 공통점과 차이점을 잘 드러나게 보고서 작성이 우수	옛날과 오늘날의 공통점과 차이점이 드러나게 보고서를 일반적으로 작성	옛날과 오늘날 공통점과 차이점을 잘 찾지 못하며, 보고서 작성이 부족
변화 모습 홍보 리포터 되기	3	2	1
	시대에 따라 어떻게 변화하는지 리포터가 되어 설명하기	생활 모습이 달라지는 원인 일반적으로 설명하기	생활 모습이 달라지는 원인을 이해하지 못함

평가요소·평가기준		
점수 〱 평가요소		옛날 사람들의 생활 도구나 주거 형태를 알아보고, 보고서로 공통점과 차이점을 작성하고 변화하는 모습 홍보하기
10점 이상	상	옛날과 오늘날 사람들의 생활 모습 조사를 통해 공통점과 차이점에 대한 보고서를 작성하고 변화하는 모습을 잘 설명하기
5~9점	중	옛날과 오늘날 사람들의 생활 모습 조사를 하고, 공통점과 차이점에 어느 정도 알고, 이에 대한 보고서를 작성하고 변화하는 모습 설명하기
4점 이하	하	옛날과 오늘날 사람들의 일부 생활 모습을 조사하고, 보고서를 작성하기

〈표 32-분석적 루브릭 작성(예시)〉

📖 평가계획 수립하기

평가계획을 수립하는 방법은 분석적으로 접근하였는지, 총체적으로 접근하였는지에 따라 평가 내용과 접근 방법이 달라진다. 분석적으로 접근을 하면 다음의 1안과 같이 3가지 평가요소 내용을 모두 표시하여 작성하는 것이 바람직하다. 물론 평가 결과를 통지할 경우 요소별로 상중하로 또는 도달, 미도달로 성취도를 알려주어도 되고, 3가지 요소를 합산하여 나타난 성취 정도를 안내해도 무방하다. 평가 방법은 항상 지필인지, 수행인지를 먼저 제시하고 세부적으로 평가 방법에 따른 세부 기법을 기재하는 것이 바람직하다.

구분	단원	평가 영역	성취기준	평가요소	평가 방법	평가 시기
(1안) 분석적 접근	4. 시대마다 다른 생활 모습	정치·문화사	[4사02-03] 옛날 사람들의 생활 도구나 주거 형태를 알아보고, 오늘날의 생활 모습과 비교하여 그 변화상을 탐색한다.	옛날의 생활 도구와 주거 형태 생활 모습 조사하기	지필 (서술형)	4월 2주
				옛날과 오늘날 생활 모습 공통점과 차이점 보고서 작성하기	수행 (보고서)	
				생활 모습이 시대에 따라 변화상 안내하는 방송 리포터 하기	수행 (구술)	
(2안) 총체적 접근	〃	〃	〃	옛날과 오늘날 사람들의 생활 모습 비교하고 변화하는 이유 말하기	수행 (보고서)	4월 2주

〈표 33-연간 평가계획 작성(예시)〉

📖 평가 결과 통지 방법

일반적으로 학교 현장에서는 평가계획을 수립한 내용을 기반으로 하여 수업 중이나 후에 평가를 실시하고 그 결과를 학부모에게 통지하게 된다. 분석적 루브릭 평가결과를 통지하는 것을 예시로 안내하면 다음의 표와 같다.

교과	단원	평가 영역	성취기준	평가요소	평가 방법	평가 결과
사회 (1안) 분석적 루브릭	4. 시대마다 다른 생활 모습	정치·문화사	[4사02-03] 옛날 사람들의 생활 도구나 주거 형태를 알아보고, 오늘날의 생활 모습과 비교하여 그 변화상을 탐색한다.	옛날의 생활 도구와 주거 형태 생활 모습 조사하기	지필 (서술형)	도달
				옛날과 오늘날 생활 모습 공통점과 차이점 보고서 작성하기	수행 (보고서)	도달 ⇨ 도달
				생활 모습이 시대에 따라 변화상 안내하는 방송 리포터 하기	수행 (구술)	상
사회 (2안) 총체적 루브릭	4. 시대마다 다른 생활 모습	정치·문화사	[4사02-03] 옛날 사람들의 생활 도구나 주거 형태를 알아보고, 오늘날의 생활 모습과 비교하여 그 변화상을 탐색한다.	옛날과 오늘날 사람들의 생활 모습 비교하고 변화하는 이유 알기	지필 (서술형)	도달 & 미도달 ⇨ 도달 상, 중, 하

〈표 34-분석적 루브릭 평가결과 학부모 통지 방법(예시)〉

분석적 루브릭으로 평가한 결과를 통지할 경우에는 세분화하여 요소별로 평가하여 통합한 결과의 수준을 통지해야 한다. 왜냐하면, 성취기준에 대하여 학생의 수준을 정확하게 통지해야 하기 때문이다. 통지 방법은 일반적으로 도달과 미도달로 통지하게 된다.

평가계획은 학부모에게 학기 초에 안내하였기 때문에 결과에 대한 통지는 수업을 통해 성취기준을 평가해 보니 학생의 도달 수준의 정도, 즉 도달, 미도달로 안내하는 것이 바람직하다. 아니면 상중하 수준을 안내해도 무방하다. 여기서 미도달 → 도달로 통지하는 것은 처음에 평가했을 때는 미도달이었는데, 피드백을 해 주고 재지도를 한 다음, 재평가 실시 결과로 도달했다는 것을 학부모에게 알려주기 위함이다. 진보 정도를 나타내 준 것으로 이해하면 된다.

일부 교사들은 서술형으로 통지를 하게 되는데 주로 성취기준 내용의 일부를 어느 정도 하고 있다는 의미로 제시하여 성취기준 내용을 반복하여 안내해 주는 수준에서 벗어나지 못하는 경우가 있다. 서술형으로 통지를 하면 학부모 입장에서는 자녀가 어느 정도 수준인지를 잘 알지 못하는 경우가 많다. 그렇기 때문에 보다 자세하게 성취기준에 어느 정도 도달했는지 도달 수준을 정확하게 안내하는 것이 학부모에게 피드백을 제공하는 차원에서도 바람직하다고 본다.

그리고 서술형의 경우, "~를 알 수 있다."로 제시하는 경우가 있는데 알맞지 않은 표현이다. 그 이유는 성취기준 도달 수준을 서술형으로 진술한다면 "~를 어느 정도 안다." 등으로 진술해야 하는데, "~를 알 수 있다."라는 것은 아직도 목표형으로 머물러 있는 수업 초기의 목표 지향적 상황을 알려주는 것밖에 안 되기 때문이다.

예를 들어, 성취기준이 "세 수의 덧셈과 뺄셈을 할 수 있다."라고 한다면 이는 수업을 통해 학생들이 도달해야 하는 목표가 되는 것이다. 그런데 서술형으로 통지를 "세 수의 덧셈을 할 수 있으며~"라고 했다고 하면 이 진술 자체가 잘못이다. 결과는 "~를 한다.", "~를 하지 못한다." 등으로 진술이 이루어져야 하기 때문이다. 정확하게 표현한다면 "세 수의 덧셈을 정확하게 잘한다." 등으로 통지가 되어야 한다.

2부

전문성의 척도!
성취기준의 이해와
적용 역량 키우기

I.

성취기준의 비밀! 하나둘씩
풀어가는 재미가 쏠쏠

1. 성취기준은 어떻게 도입되었을까?

교육과정 내용에 해당하는 성취기준이 우리나라에 언제부터 적용되었고, 성취기준이 왜 도입되었는지, 성취기준에 담긴 의미가 무엇인지를 이해하고, 성취기준을 수업의 주재료로 사용하여 목표한 바를 달성하도록 하는 것은 교육적으로 매우 중요한 부분이다. 항상 교사에게 중요한 것은 왜 그것을 하느냐에 대한 철학적 접근이기 때문이다. 성취기준이 무엇인지 모르는 채로 성취기준을 분석하여 수업에 적용하는 것은 교육적 영양 칼로리를 충분하게 섭취하지 못하게 되고, 결국 수업의 성장 둔화로 전문성 신장이 이루어지기 어렵게 된다. 그러면 성취기준의 도입부터 성취기준에 대한 이해의 첫 발걸음을 떼 보도록 하자.

성취기준이라는 용어는 제7차 교육과정이 개정되는 시기에 해당하는 1996년 한국교육개발원에서 발간된 '국가 공통 평가기준 일반모형 개발 연구'에 등장하였고, 영문으로는 Standard로 표기되었다(김국현, 2009: 121). 그리고 1997년에 고시된 7차 교육과정 문서에 내용을 성취기준 형식으로 제시하였고, 2001년 '제7차 교육과정에 따른 교과별 성취기준·평가기준'이 학교급별로 개발 보급되면서 성취기준이라는 용어는 공식 용어로 통용되었다.

성취기준이 우리나라에 도입된 배경에는 미국에서 시작된 교육과정 개혁인 기준(Standards) 교육 개혁 운동과 무관하지 않다. 미국은 1983년에 교육 수월성에 대한 국가 위원회(NCEE)가 작성한 「위기에 처한 국가」라는 보고서를 통해 국제 학업성취도 평가에서 좋지 않은 성적을 거두고 있어 학업성취도를 국가경쟁력의 지표로 삼아 교육 개혁을 통한 수월성과 책무성을 강조하게 되었다. 이러한 측면에서 미국의 전 지역에 적용할 수 있는 공통된 교육 내용의 기준을 개발할 필요가 있다는 움직임이 이론으로 정립되기 시작하였는데 이를 'Standards 운동'이라고 한다.

기준(Standards) 운동 도입의 당위성에 대한 근거는 학생들에게 얼마나 잘 가르치는가, 많이 가르치는가 하는 '투입'의 관점이 아니라, 투입으로 학생들이 얼마나 많은 지식과 기능을 갖게 되었는가 하는 '산출'의 관점에서 학교 교육을 평가해야 한다는 것이었다. 학교는 국가와 사회가 투자한 만큼 학생 성취로 구체적인 성과물을 보여야 하는 책무성을 갖고 있다고 본 것이다. 또한, 학교는 학생들의 성취 수준을 높여야 하며, 이를 달성하는지를 확인하기 위해서는 국가 수준의 평가가 이루어져야 알 수 있으므로 이를 위해 표준화된 공통 기준을 마련할 필요가 있다는 것이었다(정혜승, 2007: 188).

이러한 기준(Standards) 운동은 구미권으로 영향을 끼치게 되었다. 영국은 학생들의 낮은 학업성취도의 원인을 국가 수준의 교육과정 질 관리 체제의 부재로 진단하고, 1988년 「교육개혁법」에 근거하여 국가 교육과정에 교과별, 핵심단계별로 성취하도록 기대되는 성취목표(attainment targets)를 제시하였다. 이러한 기준(Standards)은 캐나다는 Standards, 호주의 경우에는 성과&기준 근거(outcomes&standards framework)로 표기하였고, 뉴질랜드는 성취목표(achievement objectives)로 표기하여 교육과정의 표준화를 담아내고자 하였다.

기준(Standards) 운동으로 시작된 세계적인 교육과정 개혁 동향은 교육 활동의 관점을 '교사가 무엇을 가르치는가?'와 같은 교수 활동 중심에서 '학생이 무엇을 배웠는가?'와 같은 학습 활동 중심으로 전환하는 것이었다. 이러한 세계적 추세에 발맞추어 우리나라도 제7차 교육과정부터는 국가 수준 교육과정에서 교육 내용을 성취기준(attainment standards) 형식으로 제시하게 된 것이다. 성취기준은 학생들이 일정한 교육 기간이 끝났을 때 학습의 결과로서 나타내 보일 수 있는 사항을 중심으로 교육 내용을 진술하는 방식이다. 교사가 가르쳐야 할 주제 또는 제재가 나열식으로 제시된 기존 교육과정의 교육 내용은 어디까지 가르쳐야 하는지 그 기준이 불분명하여 국가 교육과정의 질 관리 지침으로 활용하기 곤란하였기 때문에 성과를 확인할 수 있는 기준이 필요했던 것이다(교육과학기술부, 2012.: 3).

제7차 교과 교육과정/(영역) 듣기[6]							
내용	(1) 듣기에는 여러 가지 방법이 있음을 안다. (2) 낱말의 의미를 알아보며 듣는다. (3) 대화의 흐름에서 벗어나지 않게 말한다. (4) 알맞은 낱말이나 문장으로 사용하여 말한다. (5) 분명하게 말하는 태도를 지닌다. (6) 예절 바르게 듣는 태도를 지닌다.						

	교육과정			성취기준	평가기준		
성취기준·평가기준	중영역	소영역	내용		상	중	하
	11. 본질	111. 방법	듣기에는 여러 가지 방법이 있음을 안다.	111-1. 상황과 목적에 따라 다양한 듣기 방법이 있음을 안다.	상황과 목적에 따라 다양한 듣기 방법이 있음을 알고, 예를 들어 설명할 수 있다.	상황과 목적에 따라 적절한 방법으로 들어야 함을 말할 수 있다.	상황과 목적에 따른 듣기 방법의 차이를 제대로 이해하지 못한다.

〈표 35-제7차 교과 교육과정 내용 진술(예시, 4학년 국어과)〉

결국, 제7차 교육과정에서 성취기준을 도입하게 된 주된 목적은 학생들이 각 교과 교육과정에서 학습해야 하는 내용의 기준을 명확히 제시하여 교과 내용을 통해 무엇을, 어떻게, 어느 수준까지 학습해야 하는지를 명료하게 하려는 의도도 담겨 있다(허경철 외, 2005: 260)는 것이다. 또한, 지식 위주, 암기 중심의 교육적 한계를 극복하고, 집단 속에서 개인의 위치를 판단하는 서열 중심으로 일관해 온 기존 평가의 문제점을 개선하기 위해 학생 개개인의 성취도를 파악하는 데 집중하는 성취도 평가를 실시하는 등 교육의 질을 관리하고자 하는 차원에서 성취기준이 도입된 것이다.

---

6 제7차 교과 교육과정에서 내용 진술 방식은 기존의 주제 및 제제 나열식 제시 방식을 지양하고 학생의 발달 단계에서 성취해야 하는 성취기준을 제시하였다. 내용은 가르칠 내용(지식, 기능, 태도·가치)과 해당 내용의 학습을 통해서 학습자에게 기대하는 행동으로 진술한 것이 특징이다. 내용 제시는 성취기준의 형식을 취하고 있기는 하지만 이를 그대로 교수·학습 활동에 적용하기에는 어려운 점이 있어 차시별, 단원별 교수·학습 지도 시 기준으로 활용할 수 있도록 교육과정을 보다 상세화, 구체화, 통합화한 **성취기준**을 개발하고, 이에 따른 **평가기준**을 제시하게 되었다. 다만 돌이켜보면 2001년부터 제7차 교육과정이 적용되었는데 이때부터 성취기준이 도입되었다는 사실을 대부분 모르고 교과서 중심의 수업으로 일관해 왔다는 점은 교육에 종사하는 사람들이 함께 고민해 볼 필요가 있다고 여겨진다.

2. 교과 교육과정의 핵심! 성취기준, 너는 누구니!

가. 성취기준이란 무엇인가?

성취기준은 교육과정을 분석하여 평가가 가능하도록 만든 진술문, 즉 학생들이 도달해야 할 기준(도달)으로 이해되어 사용하고 있다. 2015 개정 교육과정 문서에 성취기준은 "학생들이 교과를 통해 배워야 할 내용과 이를 통해 수업 후 할 수 있거나 할 수 있기를 기대하는 능력을 결합하여 나타낸 수업 활동의 기준."이라고 정의하고 있다.

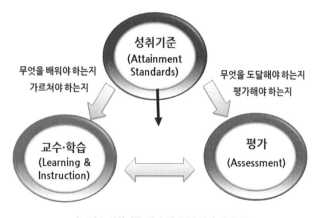

〈그림 7-성취기준 개념 및 수업·평가 관계도〉

결국, 성취기준이란 "교수·학습 및 평가에서의 실질적인 근거로서 각 교과목에서 학생들이 학습을 통해 성취해야 할 지식, 기능, 태도의 능력과 특성을 진술한 것."을 말한다. 즉, 성취기준은 교육과정의 학교 현장 적합성과 활용도를 제고하는 차원에서 학생 입장에서는 무엇을 배우고 성취해야 하는지, 교사 입장에서는 무엇을 가르치고 평가해야 하는지에 관한 좀 더 실질적인 지침을 제공하기 위해 교과 교육과정을 재구성한 것이다(교육과학기술부, 2012: 3). 그러므로 성취기준은 학생들이 일정한 교육 기간이 끝났을 때 학습의 결과로서 나타내 보일 수 있는 사항을 중심으로 교육 내용을 진술하는 것이어서 교사는 교과 교육과정을 운영할 경우 국가 수준에서 제시한 성취기준을 중심으로 가르치고 평가를 해야 한다는 의미가 내포되어 있다. 따라서 성취기준을 중심으로 수업한다는 것은 교육과정-수업-평가의 일체화를 구현해야 한다는 것을 의미하는 것이기도 하다.

또한, 성취기준이란 국가 수준에서 교과별 목표를 달성하기 위하여 전국적으로 통일되고 표준화된 내용을 기준으로 제시함으로써 학업성취도 평가를 통해 전국적인 학력의 정도를 파악할 수 있는 기반이 되는 측면도 있다. 평가 결과를 통해 국가 수준에서 피드백을 어떻게 할 것인지 거시적으로 행·재정적으로 지원책을 수립하기 위한 하나의 자료로 활용할 수 있는 기제가 된다는 것이다. 우리나라의 경우 근래에는 국가 주도의 학업성취도 평가를 실시하고 있지는 않지만, 미국이나 영국의 경우에는 아직도 학업성취도를 평가하는데 이것이 가능한 것도 모든 학교에서 공통으로 적용하도록 하는 성취기준이 있기 때문이다.

나. 교육과정 개정과 성취기준 제시 방법의 변화

우리나라에서 국가 수준 교육과정에 성취기준이 처음으로 반영된 것은 2001년에 적용되기 시작한 제7차 교육과정부터이다. 제7차 교육과정에서 교과별로 가르쳐야 할 내용을 성취기준 형식으로 진술하는 것이 성취기준의 첫출발이었다.

2007 개정 교육과정은 제7차 교육과정에 비하여 교육과정 총론 측면에서는 부분 수시 개정의 특성을 가지고 개발되었다. 교과 교육과정의 측면에서는 제7차 교육과정이 1997년에 개발된 이후로 10년이 지난 시기였기에 교과서 개발 및 최신 교과 교육 내용 반영을 위하여 전면 개정의 형식을 취하게 되었다(김종윤, 2018: 11). 다만 교과 교육과정의 경우 제7차 교육과정과 같이 성취기준의 형식으로 제시되어 달라진 부분은 없었다. 그러나 최초로 성취기준이란 용어가 국어과 교육과정 문서에 사용이 되었다는 것은 의미가 있다고 본다.

2009 개정 교육과정부터 성취기준의 변화는 본격적으로 이루어지기 시작했다. 무엇보다 성취기준이란 용어가 국가 수준 교육과정 문서에 공식적으로 사용되었다. 그

래서 2009 개정 교육과정이 성취기준 중심 교육과정이라는 별칭을 갖게 된 것이다. 2007 개정 교육과정보다 성취기준 수도 줄였으며 기존에는 교육 내용이 성취기준 형식으로 제시되었지만, 2009 개정 교육과정부터는 교육 내용을 학년군별 성취기준, 영역별 성취기준, 학습 내용별 성취기준으로 세분화하여 제시하였다.

국가에서는 2012년에 개발·보급한 성취기준이 너무 많다는 현장의 의견과 각 성취기준의 중요도에 대한 정보가 제대로 제공되지 못하여 교사가 교육과정을 재구성할 때 어려운 점이 지적되었다. 그래서 2013년에 성취기준 중에서 보다 중요하고 핵심적인 것을 선정하여 '핵심성취기준'이라고 하고 나머지 성취기준을 '일반성취기준'으로 분류하면서 핵심성취기준 중심으로 재구성하여 수업을 전개하도록 하였다. 그 이유는 해당 교과 학습에서 무엇보다 '핵심'이 되는 성취기준들을 정선하고, 그것들을 중심으로 교수·학습 활동을 적용할 경우, 교사들에게는 수업 활동에서의 여유를 제공하고, 학생들에게는 학습 부담을 감축, 적정화함으로써 학생들이 보다 적극적인 참여를 바탕으로 하는 교수·학습 활동을 추구할 수 있다고 생각하였기 때문이었다. 핵심성취기준 자료를 제작·보급한 교과는 국어, 수학, 사회, 과학, 영어, 실과, 도덕이고 음악, 미술, 체육, 통합교과는 기존에 제시한 성취기준을 그대로 활용하도록 하였다.

여기에서 주목할 점은 2009 개정 교육과정 초기의 성취기준은 교과 교육과정의 내용 성취기준을 재구성하여 보다 세분화하여 제시한 것이고, 2013년도에 보급한 핵심성취기준은 세분화한 성취기준 중 핵심적인 것을 정선한 것이다 보니 일부이기는 하지만 교육과정상에서 제시된 성취기준도 일반성취기준으로 취급되어 결국은 법적으로 효력이 있는 교육과정 성취기준을 등한시하는 결과를 초래하였다는 점이다. 이러한 문제점이 노출되어 2015 개정 교육과정의 경우에는 핵심성취기준이 사라지고 교육과정 성취기준을 중심으로 가르치도록 문서에 보다 강화하여 제시하기에 이르렀다. 교과 교육과정 문서에 성취기준이 보다 명료하고 교육목표에 도달하기 위한 중심적인 기준으로 자리 잡게 된 것이다.

2015 개정 교육과정에서 성취기준의 개발 방향을 살펴보면 교과의 핵심 개념과 핵심 역량을 기반으로 하여 개발하였다는 점과 교과의 핵심 원리를 중심으로 실생활에 활용 가능하고 삶을 성찰할 수 있어야 하며 교육 내용 적정화를 통한 학습 부담 경감 및 교과별 수업과 평가 방법을 개선할 수 있도록 하였다는 것이다(김종윤 외, 2018: 26). 다시 말하면 교과별 핵심 개념 중심으로 학습을 통해 영속적 이해를 할 수 있도록 성취

기준에 가르치고 배워야 할 지식, 기능, 태도와 수행을 통해 나타나는 역량을 명료화하도록 능력과 특성을 진술하였다. 또한, 성취기준 해설을 별도로 문서에 제시하여 교사들이 성취기준을 분석하고 구조화하여 가르쳐야 할 내용의 범위를 설정하는 데 나침반 역할을 하도록 제시하였는데, 이는 의미가 있는 것이다.

교육과정	교육내용 구성	비고
제7차	• 내용 체계+**학년별 내용**	• 성취기준 형식으로 제시
2007 개정	• 내용 체계+**학년별 내용**	• 성취기준 형식으로 제시 • 국어과 성취기준 제시
2009 개정	• 내용 체계+**학년군별 세부내용** - 학년군 성취기준, 영역 성취기준, 내용 성취기준 제시	• 모든 교과 대상 - 학년군별, 영역별, 내용별 성취기준 제시
2015 개정	• 내용 체계+**성취기준** - 영역명(학습 요소, 성취기준 해설, 교수·학습 및 평가 방법 유의사항)	• 교육과정 성취기준 제시

〈표 36-교육과정 개정에 따른 성취기준 제시 방법〉

다. 성취기준 정의의 변화

교육과정이 개정되면서 성취기준의 제시 방법도 변화가 있었지만, 성취기준에 담겨 있는 의미, 즉 정의도 조금씩 변화를 가져왔다. 제7차 교육과정 문서에는 학습성취기준을 "교과별로 설정된 교육과정상의 교육목표와 교육 내용을 분석하여 학생들이 달성해야 할 능력 또는 특성의 형태로 진술한 것으로 학생 입장에서 진술되는 것(이돈회 외, 1997; 허경철 외, 2005: 272 재인용)."이라고 하였다. 그리고 2001년 보급된 제7차 교육과정에 따른 성취기준·평가기준에서는 성취기준을 "교과 교육과정을 상세화하여 학생이 성취해야 할 능력 또는 특성을 구체적으로 진술한 것으로서, 해당 학교급과 학년에서 가르치고 배워야 할 교육 내용의 폭과 깊이를 알아보는 기준이 된다."라고 하였다. 제7차 교육과정에서 성취기준은 성취해야 할 능력에 해당이 되는 지식, 기능, 태도를 별도로 언급하지는 않았다.

2007 개정 교육과정에서 성취기준의 정의는 "성취기준이란 교수·학습의 실질적인 기준으로서 각 교과목에서 가르치고 배워야 할 내용(지식, 기능, 태도)과 그러한 내용 학

습을 통해 학생들이 성취해야 할(또는 보여주어야 할) 능력과 특성을 명료하게 진술한 것(서지영, 2009: 10)."이라고 하였다. 이는 교육과정상의 내용을 어느 정도의 범위와 깊이로 다루어야 할지를 분명히 한 것이다. 또한, 제7차 교육과정의 성취기준과는 달리 내용을 지식, 기능, 태도로 구분하여 제시한 것이 특징이다.

2009 개정 교육과정에서는 성취기준을 "교수·학습 및 평가에서의 실질적인 근거로서, 각 교과목에서 학생들이 학습을 통해 성취해야 할 지식, 기능, 태도의 능력과 특성을 진술한 것(교육과학기술부, 2012: 3)."으로 명시하였다. 특히 주목할 사항은 성취기준에 평가를 처음으로 강조했다는 점이다.

2015 개정 교육과정에서 성취기준은 "학생들이 교과를 통해 배워야 할 내용과 이를 통해 수업 후에 할 수 있거나 할 수 있기를 기대하는 능력을 결합하여 나타낸 수업 활동의 기준."으로 정의하고 있다(교육부, 2015: 5). 이러한 정의를 분석해 보면 성취기준은 지식을 기반으로 하여 기능과 태도가 함양되고 이를 삶 속에서 전이가 가능하도록 요구하는 역량적인 부분을 매우 강조하고 있다는 것을 확인할 수 있다. 즉, 역량이 반영된 기능을 교과의 내용 요소와 결합해 성취기준을 진술함으로써 핵심역량을 반영한 수행기준을 보다 강화하고 있다는 것이 특징이다.

그런데 여기서 성취기준은 교육과정 성취기준의 의미를 가지고 있어, 2015 개정 교육과정에서는 평가기준을 개발하기 위해 기존 교육과정(2009 개정 이하)의 성취기준의 의미와 혼동을 피하기 위하여 평가준거 성취기준이라는 용어를 새롭게 만들어 제시하였다. 평가준거 성취기준은 "학생들이 학습을 통해 성취해야 할 지식, 기능, 태도의 능력과 특성을 진술한 것으로서 평가활동에서 판단의 기준이 될 수 있도록 교육과정 성취기준을 재구성한 것(이미경 외, 2016: 24)."이라고 정의하였다. 그래서 평가준거 성취기준은 필요한 경우에만 사용하도록 권장하는 것이다.

라. 성취기준 정의에 나타난 평가요소

성취기준이란 용어는 제7차 교육과정부터 적용되기 시작하면서 2015 개정 교육과정까지 지속해서 사용되고 있다. 교육과정 개정에 따라 성취기준의 용어에 담긴 정의도 점진적으로 변화를 가져왔다. 성취기준의 도입 자체가 평가를 통해 성취도를 확인하는 것에 초점이 있는 만큼, 성취기준과 평가와는 불가분의 관계이다. 성취기준 정의에 평가적 요소가 강조되기 시작한 것은 2009 개정 교육과정부터이다. 물론 이전 교육과정의 성취기준에도 평가가 담겨 있지 않았다는 것은 아니다. 다만 교육과정 성취기준을 정의하는 진술에 평가라는 용어가 제시되지 않았을 뿐이다. 2009 개정에서는 성취기준이 '교수·학습과 평가'의 실질적인 근거라고 하면서 평가의 중요성을 강조하여 제시하였다. 성취기준에 평가를 명시하여 학생 입장에서는 무엇에 도달해야 하는지, 교사 입장에서는 무엇을 평가해야 하는지에 해당하는 실질적인 평가기준을 명확하게 한 것은 의미가 크다.

2015 개정 교육과정에서 성취기준의 평가적 의미는 보다 강화되었다. 성취기준에 담긴 평가적 관점은 평가가 교육과정 및 수업 활동과 일체화를 구현하는 중요한 기준으로 그 역할을 보다 강조하고 있다. 2015 개정 교육과정에서는 핵심 및 교과역량을 구현하기 위한 중요한 통로로 '기능'을 제시하고 있다. 이 기능은 바로 성취기준에 내용 요소와 결합하여 진술되어 핵심역량이 반영되는 수행기준으로 제시되었다. 그래서 성취기준을 분석할 경우 '기능' 부분을 탐색하여 수행기준을 설정하는 것이 매우 중요한 부분이다. 이 말은 기능이 담겨 있는 성취기준에 도달하도록 수업 활동을 전개하면 자연스럽게 교과역량이 함양되고 이를 통해 관련된 핵심역량도 구현되기 때문이다.

2015 개정 교육과정에서 핵심 및 교과역량에 따른 교수·학습과 직접적인 관련을 맺는 것은 '기능'과 '활동'이다. 그러므로 '기능'을 기르고 '활동'을 도모할 수 있는 교수·학습과 평가가 설계되고 전개되어야 한다. 결국, 핵심 및 교과역량을 반영하는 교수·학습방법 및 평가는 교과의 성취기준에 부합하는 적절하고 타당한 '기능'을 찾고 이 기능을 체득시킬 수 있는 '수업(교수·학습 활동)'이 무엇인지를 탐색한 후, 다시 이들 '기능'과 '활동'이 작동될 수 있는 최상의 '교수·학습방법'을 찾아 나가는 방식으로 이루어져야 한다는 것이다(이미경 외, 2016: 17).

그러므로 2015 개정 교육과정을 적용하는 교사들은 교육과정을 재구성하거나, 수업을 전개하고 평가할 경우에도 기능이 발현될 수 있도록 수업 활동이 이루어지고 이를 바탕으로 평가가 수행되도록 하는 것이 성취기준에 잘 도달할 수 있고 역량을 반영하는 지름길이 되는 것이라는 사실을 잊지 말아야 한다. 이러한 측면에서 2015 개정 교육과정에서는 참여형 수업방법을 다양하게 적용하면서 성취기준에 따른 평가가 일관성 있게 이루어지도록 전개하여 핵심역량이 구현되도록 해야 한다.

교육과정	성취기준 정의	평가 관련
제7차 교육과정	**교과 교육과정을 상세화**하여 학생이 성취해야 할 능력 또는 특성을 구체적으로 진술한 것	
2007 개정 교육과정	**교수·학습의 실질적인 기준**으로서 각 교과목에서 가르치고 배워야 할 내용(지식, 기능, 태도)과 그러한 내용 학습을 통해 학생들이 성취해야 할(또는 보여주어야 할) 능력과 특성을 명료하게 진술한 것	교수·학습
2009 개정 교육과정	**교수·학습 및 평가에서의 실질적인 근거**로서, 각 교과목에서 학생들이 학습을 통해 성취해야 할 지식, 기능, 태도의 능력과 특성을 진술한 것	교수·학습 및 평가
2015 개정 교육과정	학생들이 교과를 통해 배워야 할 내용과 이를 통해 수업 후에 할 수 있거나 할 수 있기를 **기대하는 능력을 결합**하여 나타낸 **수업 활동의 기준**	수업 활동(교육과정-수업-평가 일관성)

〈표 37-교육과정 개정에 따른 성취기준 정의에 나타난 평가요소〉

마. 성취기준의 동반자! 평가기준

　성취기준은 학생들이 배움을 통해 성취해야 할 능력과 특성이므로 성취, 즉 잘 도달했는지 확인하기 위해서 반드시 평가가 이루어져야 한다. 평가를 하기 위해서는 평가 문항이 있어야 하고, 어느 정도 수준인지를 알 수 있도록 평가기준이 명확해야 한다.

　그래서 성취기준의 동반자는 평가기준이다. 그런데 교육과정이 개정되면서 성취기준의 동반자인 평가기준은 제7차와 2007 개정에서는 평가기준으로 출발해서 지속해서 이어져 오다가 2009 개정에서는 성취수준으로 바뀌었고, 2015 개정에서는 다시 평가기준으로 돌아오게 되었다. 또한, 평가를 통해 상, 중, 하 수준을 판단하는 내용 수준도 교육과정 개정에 따라서 조금씩 변화가 있는 것을 확인할 수 있다.

　우리나라에서는 국가 수준에서의 교육과정 질 관리와 학교에서의 평가활동을 돕기 위한 목적으로 제7차 교육과정 시기부터 교육과정이 개정될 때마다 교과별로 성취기준·평가기준을 개발하여 보급해 왔다. 특히, 2015 개정 교육과정 총론의 「Ⅳ. 학교 교육과정 지원」에서 "교과별로 성취기준에 따른 평가기준을 개발 보급하여 학교가 교과 교육과정의 목표에 부합되는 평가를 실시할 수 있도록 한다."라고 명시함으로써 평가기준 개발 보급의 근거를 보다 명확하게 해 주었다.

　그러므로 학교 현장에서 성취기준 도달을 위하여 평가계획을 수립할 경우 평가기준을 교사가 직접 작성하는 것은 어려움이 많아 현장을 지원하는 측면에서 전문적인 평가가 가능하도록 국가 수준에서 제작·보급해 온 것이라는 사실을 확인할 수 있다. 그런데 이렇게 현장에서 활용을 통해 평가적인 측면에서 효과를 높일 수 있는 성취기준·평가기준 자료를 활용하는 빈도가 그리 높지 않다고 하니 아쉬울 따름이다. 앞으로 이 자료에 대한 홍보도 필요하겠지만, 학교 현장에서는 무엇보다 교육과정 다음으로 평가기준 도움 자료를 적극적으로 활용할 필요가 있다고 생각한다.

〈표 38-교육과정 개정에 따른 성취기준·평가기준 보급 책자 표지〉

바. 성취기준과 평가기준 용어 사용의 변화

평가기준 관련 용어에 대한 변화를 살펴보면 그동안 교육과정 개정에 따라 성취기준에 따른 평가기준의 용어가 어떻게 변화해 왔는지를 한눈에 파악할 수 있다. 이러한 '성취기준·평가기준' 도움 자료는 교육과정이 개정되고 난 이후에 전문가에게 용역을 주어 '평가기준 개발 연구'를 통해 평가기준을 제작하여 보급하게 하였다.

다음의 표에서 '국가 교육과정'이라는 용어는 교육과정이 개정되어 평가기준 개발 연구를 할 경우에 해당 국가 교육과정 문서에 제시된 내용을 일컫는 것을 말한다. 제7차 교육과정에 근거한 평가기준 개발 연구에서는 '내용'을, 2007 개정 교육과정에 근거한 평가기준 개발 연구에서는 '중영역'을, 2009 개정 교육과정에 근거한 평가기준 개발 연구에서는 '교육과정 내용'을 사용해 왔다. 그런데 2015 개정 교육과정에서는 교육과정 문서에서 이를 이미 '성취기준'이라는 용어로 표현하였으므로, 2015 개정 교육과정에 근거한 평가기준을 개발하는 차원에서 '교육과정 성취기준'이라는 용어를 사용하게 되었다(이미경 외, 2016: 20).

'국가 교육과정에 따른 성취기준'은 교육과정 내용이나 성취기준을 재해석한 성취기준을 부르는 용어로 지속해서 성취기준 용어를 사용하다가 2015 개정 교육과정에서는 평가준거 성취기준이라는 새로운 용어를 사용하게 되었다. 또한, 성취기준 달성 정도를 나타내는 평가기준은 2009 개정 교육과정에서는 성취수준으로 사용하였다. 그런데 2015 개정 교육과정에서는 다시 평가기준이라는 용어를 사용하게 되었다.

평가기준 개발연구	국가 교육과정	국가 교육과정에 따른 성취기준	개별 성취기준 달성 정도	단원별/영역별 성취기준 달성 정도
제7차 교육과정	내용	성취기준	평가기준	
2007 개정 교육과정	중영역	성취기준	평가기준	
2009 개정 교육과정	교육과정 내용	성취기준	성취수준	성취수준
2015 개정 교육과정	교육과정 성취기준	평가준거 성취기준	평가기준	성취기준

〈표 39-평가기준 관련 용어의 변화(이미경 외, 2016: 20)〉

사. 성취기준·평가기준 제시 방법의 변화

제7차 교육과정부터 2015 개정 교육과정까지 개발·보급된 '성취기준·평가기준' 제시 방법을 살펴보면 다소 변화가 있음을 알 수 있다. 제7차 및 2007 개정 교육과정에서는 국가 교육과정 내용을 기반으로 성취기준을 진술하였고, 평가기준을 세로 형식으로 상, 중, 하의 3단계로 제시하였다.

그런데 2007 개정 및 2009 개정 교육과정에서는 '국가 교육과정 내용'을 기반으로 성취기준을 2~3가지로 세분화하여 제시하고 이에 알맞은 평가기준을 제시하였다. 이때 성취기준을 자세하게 제시하다 보니 현장에서 가르쳐야 할 기준이 너무 많다는 의견이 개진되어 2009 개정에서는 기 개발된 성취기준 중에서 교육목표 도달에 가장 적합한 성취기준을 선정하고, 핵심성취기준을 개발하여 학교 현장에 보급하게 된 것이다.

2015 개정 교육과정의 경우 2009 개정 교육과정까지 교육과정 내용을 그대로 교수·학습 활동에 적용하기에 적합하지 않아 교육과정을 보다 상세화, 구체화한 성취기준을 개발하고 평가기준을 제시하여 학교 현장에 혼란을 주었던 문제점을 개선하기 위해 완성도 있는 성취기준이 교육과정 문서에 진술되어 작성되었다. 그래서 2015 개정 교육과정에서는 교육과정 문서에 정선된 성취기준이 제시되어 원문 내용 그대로 평가기준을 상, 중, 하로 개발하여 제시하게 되었다. 평가기준의 제시는 가로 형식으로 하였다. 다음의 내용은 제7차 교육과정부터 2015 개정 교육과정까지 개발·보급된 '성취기준·평가기준' 정의가 어떻게 제시되었는지 알 수 있도록 국어과의 경우를 예시로 제시한 것이다.

교육과정(내용)			성취기준	평가기준		
중영역	소영역	내용		상	중	하
21. 본질	211. 상황	말할 때에는 상황을 고려해야 함을 안다.	211-1. 말할 때에는 말하기 상황(목적, 듣는 이, 맥락, 매체, 소음 등)을 고려해야 함을 안다.	• 말할 때 고려해야 할 여러 가지 말하기 상황(목적, 듣는 이, 맥락, 매체, 소음 등)의 중요성에 대하여 구체적인 예를 들어 설명할 수 있다.	• 말할 때 고려해야 할 여러 가지 말하기 상황(목적, 듣는 이, 맥락, 매체, 소음 등)의 중요성을 말할 수 있다.	• 말할 때 고려해야 할 여러 가지 말하기 상황(목적, 듣는 이, 맥락, 매체, 소음 등)의 중요성을 이해하는 데 다소 미흡하다.

〈표 40-제7차 교육과정에 따른 성취기준·평가기준〉

교육과정 (중영역)	성취기준	평가기준		
		상	중	하
321. 정확하고 알기 쉽게 안내하는 말을 한다.	321-1. 안내하는 말의 특징과 안내하는 말을 할 때 주의할 점을 설명할 수 있다.	안내하는 말의 특징과 안내하는 말을 할 때 주의할 점을 구체적인 예를 들어 설명할 수 있다.	안내하는 말의 특징과 안내하는 말을 할 때 주의할 점을 전반적으로 설명할 수 있다.	안내하는 말의 특징이나 안내하는 말을 할 때 주의할 점의 일부를 설명할 수 있다.
	321-2. 안내할 내용을 정확하게 말로 표현할 수 있다.	안내할 내용을 매우 정확하게 표현할 수 있다.	안내할 내용을 비교적 정확하게 표현할 수 있다.	안내할 내용의 일부를 표현할 수 있다.
	321-3. 안내할 내용을 듣는 이가 알기 쉽게 말로 표현할 수 있다.	안내할 내용을 듣는 이가 매우 알기 쉽게 표현할 수 있다.	안내할 내용을 듣는 이가 대체로 알기 쉽게 표현할 수 있다.	안내할 내용을 알기 쉽게 표현하는 데 어려움을 보인다.

〈표 41-2007 개정 교육과정에 따른 성취기준·평가기준〉

교육과정 내용	성취기준		성취수준
1411. 중요하거나 인상 깊은 내용을 메모하며 듣는다.	1411-1. 들은 내용을 메모하는 방법을 설명할 수 있다.	상	들은 내용을 메모하는 방법을 세 가지 이상 명확하게 설명할 수 있다.
		중	들은 내용을 메모하는 방법을 한두 가지 명확하게 설명할 수 있다.
		하	들은 내용을 메모하는 방법을 부분적으로 설명할 수 있다.
	1411-2. 말을 듣고 중요하거나 인상 깊은 내용을 파악할 수 있다.	상	말을 듣고 중요하거나 인상 깊은 내용을 구별하여 파악할 수 있다.
		중	말을 듣고 중요하거나 인상 깊은 내용을 파악할 수 있다.
		하	말을 듣고 중요하거나 인상 깊은 내용을 파악하는 데에 어려움이 있다.
	1411-3. 듣는 목적에 맞게 중요하거나 인상 깊은 내용을 메모할 수 있다.	상	듣는 목적에 맞게 중요하거나 인상 깊은 내용을 정확하게 메모할 수 있다.
		중	듣는 목적에 맞게 중요하거나 인상 깊은 내용을 메모할 수 있다.
		하	듣는 목적에 맞게 중요하거나 인상 깊은 내용을 부분적으로 메모할 수 있다.

〈표 42-2009 개정 교육과정에 따른 성취기준·평가기준〉

교육과정 내용	성취기준	핵심 성취기준	핵심 성취기준 선정 근거
1411. 중요하거나 인상 깊은 내용을 메모하며 듣는다.	1411-1. 들은 내용을 메모하는 방법을 설명할 수 있다.	일반 성취기준	1411은 중요하거나 인상 깊은 내용을 들을 때 메모하며 들을 수 있는 능력을 갖추는 것을 추구하는 것으로 세 개의 하위 성취기준으로 나뉜다. 이 중 1411-1은 1411을 성취하는 데 필요한 지식을 다룬 내용으로서 1411-3을 수행하기 위해 전제되며 1411-3에 포괄될 수 있다. 1411-2는 1411-3을 수행하는 데 요구되는 하위 기능으로 1411-3에 포함된다. 따라서 교육과정의 내용에 가장 부합하며 교육과정의 목표를 가장 효과적으로 달성할 수 있도록 하는 1411-3을 핵심 성취기준으로 선정한다.
	1411-2. 말을 듣고 중요하거나 인상 깊은 내용을 파악할 수 있다.	일반 성취기준	
	1411-3. 듣는 목적에 맞게 중요하거나 인상 깊은 내용을 메모할 수 있다.	√	

〈표 43-2009 개정 교육과정에 따른 핵심성취기준〉

교육과정 성취기준		평가기준
[4국01-01] 대화의 즐거움을 알고 대화를 나눈다.	상	서로의 감정과 경험을 공유하는 대화의 즐거움을 알고 다양한 상황에서 능동적으로 대화를 나눌 수 있다.
	중	서로의 감정과 경험을 공유하는 대화의 즐거움을 알고 대화를 나눌 수 있다.
	하	자신의 감정과 경험을 말하며 대화에 참여할 수 있다.

〈표 44-2015 개정 교육과정에 따른 성취기준·평가기준〉

아. 평가기준이란 무엇인가?

일반적으로 성취기준이 교수·학습 활동의 기준이라고 한다면, 평가기준은 평가활동의 기준이 되는 것이라고 할 수 있다. 평가기준은 "학교 현장에서 '무엇을, 어떤 관점에서, 어떤 방식으로, 어떤 점을 강조하여 평가할 것인가?'와 '그에 따른 평가에서 상, 중, 하에 해당하는 학생들이 보여 줄 수 있는 수행 수준은 어느 정도인가?'를 명료하게 제시한 것이라 할 수 있다(류재택 외, 2000: 18)." 즉, 교사가 특정 영역에서 학생이 어느 수준에 도달해 있는가를 평가하고자 할 때, 어떤 관점에서, 어떤 방식으로, 무엇을 중시하여 평가할 것인가와 학생들의 능력 수준은 무엇에 근거하여 판정할 것인가를 안내해 줄 수 있는 평가기준이어야 한다는 것이다.

이러한 평가기준을 전문가가 개발하여 보급한다면 학교 현장에서 평가를 수행하는데 매우 유용하게 활용할 수 있다. 그래서 평가기준은 제7차 교육과정부터 지금까지 학교를 지원하는 차원에서 국가 수준에서 개발하여 보급하는 것이다.

그렇다면 평가기준의 정의가 교육과정 개정에 따라 어떻게 변화해 왔는지 잠시 살펴보는 것도 평가기준에 대한 철학을 세우는 데 도움이 될 수 있을 것이라 생각한다. 제7차 교육과정부터 2015 개정 교육과정까지 평가기준에 대한 의미를 제시한 내용을 살펴보면 기본적으로 동일한 것은 평가기준이란 '성취기준에 도달한 정도를 상, 중, 하로 나누어 진술한 것'이라고 볼 수 있다.

교육과정	평가기준 의미	비고
제7차 교육과정	과목별 평가활동에서 실질적인 기준 역할을 할 수 있도록 각 평가 영역에 대하여 학생들이 성취한 정도를 **몇 개의 수준(예: 상, 중, 하)으로 나누어**, 각 수준에서 기대되는 성취 정도를 구체적으로 진술한 것	평가영역에 대한 성취 정도
2007 개정 교육과정	학생들이 성취하기를 기대하는 학업성취 정도를 **상, 중, 하의 수준으로 나누어**, 이를 기초로 과목별 평가 영역에서 실질적인 기준 역할을 할 수 있도록 구체적으로 진술한 것	평가 영역의 실질적 기준 역할 수행
2009 개정 교육과정	학생들이 교과별 성취기준에 도달한 정도를 **몇 개의 수준으로 구분**하고, 각 성취 수준에 속한 학생들이 무엇을 알고 할 수 있는지를 기술한 것	성취기준 도달 여부
2015 개정 교육과정	평가활동에서 학생들이 어느 정도의 수준에 도달했는지를 판단하기 위한 실질적인 기준 역할을 할 수 있도록 각 **성취기준에 도달한 정도를 상, 중, 하로 구분**하고 각 도달 정도에 속한 학생들이 무엇을 알고 있고, 할 수 있는지를 기술한 것	성취기준 도달 여부

〈표 45-교육과정 개정에 따른 평가기준 의미의 변화〉

자. 평가기준의 상, 중, 하 수준의 변화

평가기준은 성취기준에 도달한 정도를 상, 중, 하로 구분하는 것이다. 상, 중, 하 3단계로 수준을 나누게 되는데 일반적으로 학생들이 교육과정 성취기준에 따라 충실히 학교 교육을 받은 경우, 평가기준의 '중' 수준 이상을 획득할 것으로 가정한다.

그러므로 성취기준 도달/미도달의 여부는 '중' 수준 이상이면 도달이고, '하' 수준이면 미도달로 보는 것이다. 왜냐하면, '하' 수준은 최소 필수 수준만을 성취한 정도로 보고 있기 때문이다. 그리고 평가기준은 보통 3단계로 되어 있지만, 교사들이 4단계나 5단계 또는 그 이상의 단계로 수준을 구분하여 제시해도 무방하다.

교육과정 개정에 따라 평가기준을 작성하면서 상, 중, 하 수준의 일반적인 특성을 어떻게 기준을 정하는지를 한눈에 살펴볼 수 있도록 표로 정리하여 다음과 같이 제시하였다.

교육과정	평가기준	기준 범위 설정
제7차 교육과정	상	'중' 수준에 해당하는 것을 성취함과 동시에 추가적으로 '중' 수준보다 심화·발전된 내용을 성취한 수준
	중	해당 학년의 충실한 교수·학습 과정을 통해서 교육과정이 성취해야 할 것이라고 기대하는 수준
	하	'중' 수준에 해당하는 것을 성취하지 못한 수준
2007 개정 교육과정	상	성취하기를 기대하는 내용과 활동을 우수한 수준으로 성취한 것
	중	성취하기를 기대하는 내용과 활동을 보통 수준으로 성취한 것
	하	성취하기를 기대하는 내용과 활동을 미흡한 수준으로 성취한 것
2009 개정 교육과정	상	성취기준에 제시된 지식, 기능, 태도에 대한 이해와 수행이 우수한 수준
	중	성취기준에 제시된 지식, 기능, 태도에 대한 이해와 수행이 보통 수준
	하	성취기준에 제시된 지식, 기능, 태도에 대한 이해와 수행이 미흡한 수준
2015 개정 교육과정	유의사항	• '상' 수준이 교육과정 성취기준이나 평가준거 성취기준의 수준과 범위를 넘어서지 않도록 진술 • 성취기준에 제시된 지식, 기능, 태도를 바탕으로 학생들이 도달하기를 기대하는 정도를 구분하여 '상, 중, 하' 수준 간 차이가 명료하게 드러나도록 유의

〈표 46-교육과정 개정에 따른 평가기준 범위 설정의 변화〉

3. 성취기준이 교사에게 주는 메시지는 무엇인가?

성취기준은 국가 수준에서 학생들이 학습을 통해 반드시 성취하기를 기대하는 기준을 설정하여 교육과정 문서에 담아 교실에서 교사들로 하여금 수업을 통해 도달하도록 요구하는 의미를 내포하고 있다. 교육과정에 성취기준을 제시하였다는 것은 교육적으로 여러 가지 의미를 내포하고 있다. 이 말은 성취기준을 제시함으로써 학교 현장의 교사들에게 무엇인가 교육적인 메시지를 주는 것이라고 볼 수 있다. 성취기준이 수업하는 교사들에게 어떤 메시지를 주는지를 살펴보면 다음과 같다.

첫째, 성취기준은 교육과정 자율화를 가능하게 한다. 교육과정을 성취기준 중심으로 운영하는 것을 가리켜 우리는 '성취기준 중심 교육과정'이라고 별칭을 붙여주고 있다. 이는 곧 교육과정 자율화를 의미한다. 교육과정 자율화라는 것은 국가에서 통제하기 위하여 내용을 제시하고 교과서를 보급하여 교과서 중심으로 수업하도록 하는 방식이 아니다. 교사들에게 성취기준과 시수만을 제시하고 수업에 필요한 교재 선정이나 편성 방법을 자율적으로 재구성하여 적용하도록 융통성을 부여해 주는 것을 말한다. 즉, 성취기준을 제시한 것은 학교 현장에서 교사들에게 교재권과 교육과정 편성권을 부여해 준 것이다. 성취기준에 도달할 수 있는 교재라면 무엇이든지 교사가 선택하여 가르칠 수 있는 것이다. 또한, 성취기준을 분석하여 교과별로 제시된 시수 범위 내에서 교사가 다양하게 접근하여 교육과정을 편성·운영이 가능한 것이다.

둘째, 성취기준은 교사들에게 평가권을 부여해 주었다. 성취기준에 도달하였는지 여부를 확인할 수 있도록 성취기준·평가기준의 재구성과 평가 방법을 다양하게 선택하여 수행하는 것이 가능하다. 교사는 평가권을 가지고 학생들의 성취기준 도달 수준을 정확하게 파악하고 피드백 제공을 통하여 모든 학생이 도달하도록 교육과정을 운영하는 것이 책무인 것이다.

셋째, 성취기준의 조정으로 학습량의 적정화를 시도하고 있다. 현행 교육과정에서는 교사들에게 교과별 성취기준과 시수만을 제시하고 있다. 일부 교사들은 학습량이 적정하도록 내용을 감축하였다고 하는데 교과서를 보면 가르칠 내용이 여전히 많아 학습량은 절대 감축하지 않았다고 불만을 표출하는 경우를 볼 수 있다. 이러한 현상은 학습량에 대한 의미를 곡해하는 현상 때문에 나타나는 모습이다.

결국, 학습량 감축 여부는 교육과정의 교육내용, 즉 성취기준이 많고 적으냐에 초점을 맞추어야 한다. 교과서는 성취기준에 도달하는 데 필요한 하나의 자료에 불과하므로 교과서의 양이 많은 것은 큰 의미가 없다. 실질적으로 2009 개정 교육과정보다 2015 개정 교육과정에서 성취기준의 수가 많이 감축되었다. 반면에 교과별 시수는 동일하다. 이 말은 무엇인가? 시수는 동일한데, 가르쳐야 할 성취기준은 줄었으므로 보다 여유 있고 깊이 있게 유연성을 가지고 교육과정을 운영할 수 있다는 결론을 얻게 된다.

또한, 2015 개정 교육과정에서는 성취기준의 내용이 전체 시수의 80% 정도 수준으로 제시되었다는 사실에 주목해야 한다. 교사는 나머지 20%에 해당하는 여유 시간에 심화 학습이나 교과별로 필요한 학습 내용을 추가하여 가르칠 수 있도록 교사에게 편성의 폭을 확장해 주었다는 것을 인지하고 교육과정을 융통성 있게 편성해야 할 것이다.

넷째, 성취기준의 제시는 교육과정 재구성의 근거로 제시된 것이다. 성취기준은 전국적으로 동일한 기준으로 기능하지만, 성취기준을 해당 학급의 학생들이 도달하도록 가르칠 경우 내용의 범위 설정, 학습방법의 적용, 교재, 학습자료 선정 등의 재구성은 교사가 가지고 있는 교육철학과 가치에 따라 상이할 수 있다. 그러므로 성취기준은 교사들로 하여금 다양하게 재구성하여 접근할 수 있도록 강한 메시지를 부여하는 것이다.

📖 성취기준이 교사에게 주는 시사점은?

성취기준의 도입으로 교사들에게 주는 메시지를 요약해 보면 교육과정 편성권, 교재권, 평가권의 부여, 학습량의 적정화, 교육과정 재구성의 근거로 작용하는 것이다. 사실 제7차 교육과정부터 성취기준이 도입되어 지금까지 적용되고 활용되면서 교육적 차원에서 학교 현장의 교사들에게 주는 시사점은 분명히 여러 가지가 있다. 이러한 시사점을 기반으로 앞으로 학교 현장에서 성취기준, 즉 교육과정중심으로 수업이 이루어지도록 전문성을 신장하고 실천해야 할 것이다. 성취기준이 교사들에게 주고 있는 시사점을 살펴보면 다음과 같다.

첫째, 교사들에게 높은 교육과정 문해력을 요구하고 있다. 성취기준을 가르치기 위해서는 성취기준에 대한 전반적인 이해는 물론이거니와 교과별 성취기준을 분석하고 이를 바탕으로 단원 설계를 하는 능력과 수업을 전개하는 전문성이 기반이 되어야 한다. 이러한 교육과정 이해 및 상용 능력을 교육과정 문해력이라고 한다. 교사가 성취기준 중심으로 교육과정을 운영하기 위해서는 교육과정에 대한 문해력은 필수적으로 필요하다.

둘째, 교과별 교과 교육과정 해설서가 보급되지 않는 이유를 알고 있어야 한다. 제5차 교육과정부터 2007 개정 교육과정까지는 교육과정 총론 및 각론(교과 교육과정)에 대한 해설서를 개발하여 보급해 왔다. 그런데 2009 개정 교육과정 시기부터는 총론과 창의적 체험 활동에 대한 해설서만 제작·보급하게 되었고, 모든 교과 교육과정에 대한 해설서는 제공하지 않았다. 그 이유는 교사들의 교육과정 문해력이 높다고 판단하였기 때문에 해설서가 굳이 필요가 없다고 생각했기 때문이다.

그러나 2009 개정 교육과정이 고시되는 시점에서 본다면 우리나라 교사들의 문해력은 그다지 높이 않다는 점에서 해설서 보급의 중단은 아쉬움이 남는 부분이다. 왜냐하면, 2009년도 PISA 비공식 국가별 교사들의 교육과정 문해력 관련 지수는 핀란드가 9.87점인 데 반하여 우리나라는 0.13점으로 상대적으로 매우 낮은 수준이었기 때문이다. 이 시기는 성취기준이 도입된 지 10년이 된 상황이었다. 그렇다면 그 이후로 또 10년이 지난 이 시기에 교사들의 문해력은 얼마나 달라졌을까?

셋째, 성취기준 중심 수업은 학생참여형 수업으로 이루어져야 한다. 성취기준에는 지식과 기능이 결합하여 진술되어 있다. 할 수 있고, 할 수 있기를 기대하는 능력, 즉 역량이 함양되는 수업을 하기 위해서는 학생들이 수업 활동에 능동적이고 역동적으로 참여할 수 있게 전개해야 한다. 또한, 학생참여형 수업은 지식을 활용할 수 있는 역량을 길러내는 데 최적의 학습방법이다. 소위 배움의 피라미드에서는 수동적인 학습은 기억의 보존력이 낮고, 참여형 학습은 보존력이 높다고 한다. 기억 보존력을 살펴보면 강의는 5%, 읽기는 10%이나 체험, 실천, 노작은 75%, 또래 가르치기는 기억 보존력이 90% 정도라고 한다. 따라서 배움 지속 효과가 높은 다양한 참여형 수업을 전개할 때 성취기준에서 의도하는 바를 잘 담아낼 수 있는 것이다.

4. 성취기준은 어떻게 추출되었는지 궁금한걸

2015 개정 교과 교육과정에서 성취기준은 수업 후 학생이 할 수 있어야 할 능력을 나타내는 결과 중심의 도달점을 의미하며, 교과를 통해 학생이 배워야 할 지식과 기능을 나타낸다. 또한, 수업에 대한 안내자 역할을 하여 수업의 방향을 제시하고 평가활동의 기반이 되기도 한다. 이러한 성취기준은 내용 체계 표를 바탕으로 학생들이 배운 내용을 적용하고 실천하도록 추출하여 수업 후에 할 수 있거나 할 수 있기를 기대하는 수행 용어로 진술하였다. 즉, 내용 요소와 기능이 결합하도록 진술된 것이다.

초등학교 3~4학년 과학과 내용 체계 일부를 예시로 제시한 다음의 〈표 47-내용 체계와 성취기준 추출 관계도〉를 중심으로 설명하고자 한다. 내용 체계를 살펴보면 내용 요소는 '물체와 물질', '물질의 성질', '물체의 기능', '물질의 변화'로 크게 4가지이다. 성취기준은 이러한 내용 요소와 기능이 결합하여 추출되고 진술되었다. 보통 내용 요소 개수 정도만큼 성취기준이 추출되어 진술된다고 생각하면 된다.

이렇게 하여 최종적으로 추출된 성취기준은 4가지이다. 예를 들어, '물체와 물질' 내용 요소에 따른 성취기준의 경우에는 '관련지을 수 있는' 기능과 결합하여 성취기준이 진술되었음을 확인할 수 있다. 표에서 진하기와 밑줄로 표시한 것은 기능에 해당한다.

영역	핵심 개념	일반화된 지식	내용 요소			기능
			초등학교		중학교	
			3~4학년	5~6학년	1~3학년	
물질의 성질	물리적 성질과 화학적 성질	물질은 고유의 성질을 가지고 있다.	물체와 물질 물질의 성질 물체의 기능 물질의 변화	용해, 용액 용질의 종류 용질의 녹는 양 용액의 진하기 용액의 성질 용액의 분류 지시약, 산성용액 염기성 용액	밀도 용해도 녹는점 어는점 끓는점	문제 인식 탐구 설계와 수행 자료의 수집·분석 및 해석 수학적 사고와 컴퓨터 활용 모형의 개발과 사용 증거에 기초한 토론과 논증 결론 도출 및 평가 의사소통

내용 요소	코드 번호	성취기준
물체와 물질	4과01-01	서로 다른 물질로 만들어진 물체들을 비교하여 물체의 기능과 물질의 성질을 **관련지을 수 있다.**
물질의 성질	4과01-02	크기와 모양은 같지만 서로 다른 물질로 이루어진 물체들을 관찰하여 물질의 여러 가지 성질을 **비교할 수 있다.**
물체의 기능	4과01-03	서로 다른 물질을 섞었을 때 물질을 섞기 전과 후의 변화를 관찰하여 어떤 성질이 달라졌는지 **설명할 수 있다.**
물질의 변화	4과01-04	여러 가지 물질을 선택하여 다양한 물체를 설계하고 장단점을 **토의할 수 있다.**

〈표 47-내용 체계와 성취기준 추출 관계도〉

　　2015 개정 교육과정에서 교과별로 성취기준을 진술할 경우, 일반적으로 교육부에서 제시하는 성취기준 진술 지침을 반영하게 된다. 2015 개정 교육과정에서는 역량을 강조하면서 교과를 통해 길러주어야 할 역량에 해당하는 기능을 핵심적으로 성취기준에 담아내고자 하였다. 학생이 지식을 아는 것에 그치지 않고 이를 활용하는 능력을 길러주고자 하는 차원에서 교과의 기능을 밝히고 이를 교과 교육과정의 성취기준에 반영하였다는 것이다.

　　다시 말하면 2015 개정에서 성취기준은 성격상 '수행기준'이라고 할 수 있다. 수행기준은 단순히 아는 것을 나열하거나 수업의 활동을 제시하는 것이 아니라, 아는 것을 적용하는 능력을 제시하는 것에 초점을 둔 것이다. 그러므로 성취기준 중심으로 교수·학습 및 평가 방법 등을 결정하고 수업을 계획할 때 교사는 항상 학생의 능력 성취에 해당이 되는 '기능'을 중심에 두어야 한다.

　　따라서 2015 개정 교과 교육과정에서 성취기준을 작성하는 진술 지침을 살펴보는 것은 의미가 있다. 성취기준 진술 지침을 이해하면 가르쳐야 하는 성취기준을 정확하게 분석 가능하여 교육과정을 재구성하고 수업 디자인을 하는 데 많은 도움을 받을 수 있기 때문이다.

순번	성취기준 진술 지침	지침 내용 해설
1	성취기준을 진술하기 위해 교과의 핵심 개념을 설정하고 이를 내용(지식)으로 구체화한다.	• 지식 측면 구체화 : 교과의 핵심 개념을 선정하고 이를 내용(지식)과 학년별 내용으로 표현
2	성취기준을 진술하기 위해 교과의 기능(탐구 과정 및 전략)을 설정한다.	• 기능 측면 구체화 : 교과의 탐구 과정과 전략을 의미하며, 알고 있는 것을 다양한 상황에 적용할 수 있는 능력
3	교과의 내용(지식)을 구체화한 학년군별 내용과 기능을 의미 있게 정합하여 진술한다.	• 내용과 기능의 정합 : 내용과 기능을 한 문장에서 의미 있게 정합하여 학생의 수행을 나타내야 함
4	지식의 적용 및 지식에 대한 이해를 나타내는 수행 능력을 진술한다.	• 고등 사고 기능에 초점 : 지식을 고등 사고 기능을 통해 적용하고 문제 해결을 하는 수행 능력에 초점을 두고, '활동'이나 '행동'이 아닌 '수행'으로 진술
5	지식과 기능 이외의 관련 영역(예를 들어, 가치 및 태도, 타 교과와의 연결개념 등)을 설정하고 구체화한다.	• 지식과 기능 이외의 영역 연계 진술 가치 및 태도 영역, 타 교과와의 연결 개념 등을 의미

〈표 48-2015 개정 교과 교육과정 성취기준 진술 지침(이광우 외, 2014: 79-90)〉

Ⅱ.
성취기준 중심 교육과정
재구성을 위한 꿀 Tip

1. 성취기준이란 요술 상자! KDB 모형을 적용하니 신비로워

교사가 교육과정을 운영하기 위해서는 성취기준에 대한 문해력이 선행되어야 한다. 교육과정의 핵심이 성취기준이기 때문이다. 성취기준에 대한 문해력을 갖기 위해서는 무엇보다 성취기준이 어떻게 추출되고 진술되었는지, 성취기준에 담겨 있는 지식(알아야 하는 것)과 기능(할 수 있어야 하는 것)이 무엇이고, 성취기준에서 어떻게 구분하는지, 성취기준을 통해서 가르쳐야 하는 내용과 범위는 어디까지 설정해야 하는지 등에 대하여 전문적인 시야를 갖고 있어야 한다.

또한, 교사들은 성취기준에 대한 문해력을 바탕으로 교과별로 성취기준을 분석하여 내용 중심의 횡적·종적 관계를 파악하는 등 교육과정중심 수업을 하기 위해 교육과정에 대한 조망도를 가지고 있어야 한다.

교육과정에 대한 교사의 문해력과 조망도를 가질 수 있도록 돕는 모형이 KDB 모형이다. 이러한 KDB 모형을 적용하면 성취기준에 담겨 있는 지식과 기능 그리고 태도를 분석하고 이를 바탕으로 필수적으로 가르쳐야 할 요소들을 빠뜨리지 않도록 견지할 수 있다. 따라서 본서에서는 성취기준을 KDB 모형에 입각하여 분석하고 단원을 설계하며 수업을 전개하는 기준으로 삼고 있다는 것을 밝혀두고자 한다.

가. KDB(Know, Do, Be) 모형이란 무엇인가?

KDB 모형은 Drake와 Burns(2004)가 그들의 저서 『Meeting Standards through Integrated Curriculum』에서 제시한 것이다. KDB 모형은 백워드 설계 모형에 기초하여 국가 수준 교육과정을 기초로 하는 간학문적 통합 교육과정 설계 모형이다. KDB 모형은 우리나라의 경우 2009 개정 교육과정에서 통합교과의 주제 학습 단원의 설계 모형 차원에서 포괄적으로 준용하여 적용한 바 있다.

KDB 모형의 KDB는 KNOW/DO/BE의 약자로, 교육과정의 각 성취기준에 따라 학생들이 알아야 하는 것(to Know), 할 수 있어야 하는 것(to Do), 되어야 하는 것(to Be)을 의미한다. 이는 KDB 모형에서 교육과정을 설계하거나 수업할 때 고려해야 할 3가지 사항을 포함한다.

국가 수준의 교육과정을 기초로 볼 때, '알아야 하는 것(to Know)'은 교과 교육과정에서 제시하는 내용(Contents)이자, 학생들이 배워야 할 교과 관련 지식(knowledge)이며 명제적 앎(know that)에 해당하는 것이다. '할 수 있어야 하는 것(to Do)'은 학생들이 익혀야 할 교과의 기능(skills), 절차 및 방법(how-to), 능력(ability)이다. '되어야 하는 것(to Be)'은 교육을 받은 사람이 되어야 하는 상태로 인성적인 측면의 학생들이 보여주기를 기대하는 태도나 가치, 신념, 행동 등이 갖추어진 교육이 추구하는 인간상이라 볼 수 있다(김소연, 2011: 16-18). KDB 모형을 적용하여 수업을 설계할 때 '알아야 하는 것(to Know)'은 '무엇을 가르칠 것인가(What)?'에 해당하고, '할 수 있어야 하는 것(to Do)'과 '되어야 하는 것(to Be)'은 '어떻게 가르칠 것인가(How)?'에 해당하므로 성취기준을 KDB 모형에 입각하여 구분하고 분석하는 것은 의미가 있다.

나. 2009 개정 교육과정의 통합교과와 KDB 모형

2009 개정 교육과정에서 통합교과 교육과정은 주제 중심의 탈학문적 통합 학습을 지향하며, 주제 학습 단원의 설계 모형은 KDB 모형을 포괄적으로 따르도록 하였다. 즉, 통합교과에서는 학생이 학습주제에 대한 알기(K)와 하기(D)를 하면서 자연스럽게 되기(B)의 상태에 이르도록 했다. 이는 교수·학습의 경우 학생이 알아야 할 것, 할 수 있어야 할 것을 명시화하였다는 것이다(교육과학기술부, 2012b: 8). 이와 같은 KDB 모형을 적용하여 교수·학습 활동을 전개하면 성취기준에 담겨 있는 알기(K), 하기(D), 되기(B)를 분석하여 수업 속에서 이러한 요소가 반영되고 학습력으로 이어져 결국 성취기준에 도달하고 역량을 함양할 수 있는 선순환적 접근이 이루어질 수 있다.

2009 개정 통합교과 지도서에서 제시하는 '즐거운 생활'과 학습을 통해서 습득해야 하는 것을 나타내는 'KDB 모형 적용 즐거운 생활 학습 과정' 도표는 사실 Drake와 Burns(2004)가 알기(K)와 하기(D)를 연결하여 이루어지는 되어야 하는 상태(B)의 관계도

에서 모티브를 얻어서 제시한 것이다. 2009 개정 통합교과 지도서를 살펴보면 단원 학습을 위하여 앎, 함, 됨을 제시하여 학습의 방향성을 제시해 준 것을 확인할 수 있다.

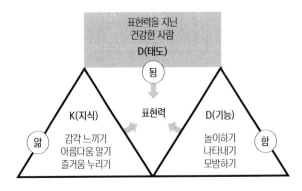

〈그림 8-KDB 모형 적용 즐거운 생활 학습 과정〉

따라서 성취기준을 내용적으로 접근하여 가르치는 것보다는 KDB 모형을 적용하여 성취기준에 담겨 있는 지식, 기능, 태도를 분석하여 그 의미를 최대한 살려 단원 계획을 수립하고 수업을 통해 목표 도달이 이루어지도록 실천하는 것이 의미가 크다 하겠다. 또한, 성취기준을 KDB 모형으로 접근해야 하는 이유는 성취기준 지침에도 지식과 기능이 정합하여 진술이 되도록 제시하여 모든 성취기준에는 알아야 하는 것과 할 수 있어야 하는 내용으로 진술이 되어 있기 때문이기도 하다.

다. KDB 모형을 근거로 한 교육과정 분석[7]

Drake와 Burns(2004)는 단순한 수준에서 교육과정을 분석할 수 있는 틀을 제시하면서 첫째, '지식'=명사, 둘째, '기능'=동사, 셋째, '인성'=태도·신념·가치 지향적 행위라고 하였다. 이러한 틀을 사용하여 2007년 개정 교육과정에서 제시하는 각 교과 수준의 내용을 분석하면 다음과 같다.

---

7   KDB 모형을 근거로 통합교과 교육과정 분석 내용은 강현석(2014: 4)의 『교육과정 재구성 및 특성화 방안: KDB 중심의 간학문적 통합 단원 구성』 4쪽 내용을 요약 정리하여 제시하였다.

교육과정에서 제시하는 내용	지식(K)	기능(D)	인성(B)
논설문을 읽고 주장과 근거의 타당성과 적절성을 평가한다(6-읽기).	논설문/주장, 근거/타당성, 적절성	평가한다.	평가라는 것은 가치 지향적
우리나라 국토의 위치와 영역을 지도와 지구본을 활용하여 확인한다(6-사회).	국토의 위치와 영역/지도와 지구본	활용한다. 확인한다.	포함되지 않음
비율 그래프에서 자료의 특성을 찾아보고, 이를 설명할 수 있다(6-수학).	비율 그래프/자료	자료의 특성을 찾는다. 설명할 수 있다.	포함되지 않음
태양 고도에 따른 그림자의 길이 및 기온과의 관계를 이해한다(6-과학).	태양 고도/그림자 길이/기온	관계를 이해한다. 측정한다.	포함되지 않음

〈표 49-KDB 모형 틀 적용 2007 개정 교육과정 분석(예시)〉

라. KDB 모형 적용 교육과정 성취기준 분석하기

2015 개정 교육과정의 성취기준은 내용 요소와 기능이 결합하는 형태로 진술되었다. 그러므로 모든 성취기준에는 내용(지식)과 기능이 담겨 있다. 그러나 태도는 성취기준에 항상 포함하여 제시되지는 않는다. 태도가 성취기준에 제시되어 있지 않는 경우에는 해당 성취기준으로 교수·학습 활동을 전개할 경우 가치·태도 등이 구현될 수 있는 부분을 예상하여 제시할 수 있다. KDB 모형에 근거하여 성취기준 문장에 담겨 있는 K(지식), D(기능), B(태도)를 추출하여 성취기준을 통해 무엇을 어떻게 가르칠 것인지 방향성을 찾는 것은 매우 중요한 의미가 있다. 다시 말하자면 성취기준을 분석한다는 것은 가르쳐야 할 내용과 범위를 정하고 교수·학습방법을 어떻게 선정하고 전개할 것인지에 대한 수업의 밑그림을 완성하는 것이기 때문에 매우 중요한 의미를 내포하는 것이다.

📖 성취기준에 KDB 모형 분석틀 적용

[2바04-02]		
여름 생활을 건강하고 안전하게 할 수 있도록	**계획을 세워**	**실천한다.**
K(지식)	D(기능)	B(태도)

KDB 모형 적용 성취기준 분석	내용 요소	행동 요소	정의적 요소
	K(Know) 지식	**D**(to Do) 기능	**B**(to Be) 태도
	무엇을 가르칠 것인가(What)?	어떻게 가르칠 것인가(How)?	
• [2바04-02] 여름 생활을 건강 하고 안전하게 할 수 있도록 계획 을 세워 실천한다	명사형	동사형	태도 지향형
	• 여름 생활 건강 • 여름 생활 안전	• 계획한다.	• 지속적 실천

〈표 50-성취기준 [2바04-02] KDB 모형 분석(예시)〉

앞의 표는 통합교과 중 바른생활에 해당하는 성취기준 [2바04-02]를 KDB 모형에 맞게 분석한 것이다. 우선 단순하게 접근하여 분석하면, '여름 생활을 건강하고 안전하게 할 수 있도록'은 K(지식)에 해당하고, '계획을 세워'는 D(기능)이며, '실천한다.'는 B(태도)에 해당한다. 즉, [2바04-02] 성취기준은 학생들에게 여름철에 건강하고 안전하게 생활하는 방법을 알고, 계획을 세우는 능력을 갖추도록 하며 지속해서 실천하는 태도를 습관화하도록 가르쳐야 한다는 교육적 의미를 담고 있다.

성취기준 문장에 KDB 모형을 적용하여 단순하게 지식, 기능, 태도로 구분해 보는 것은 지식은 '(What) 무엇을 가르칠 것인가?'이고, 기능과 태도는 '(How) 어떻게 가르쳐야 하는가?'에 해당하기 때문에 성취기준에서 이러한 지식, 기능, 태도에 해당하는 문장을 추출하는 것은 단원 재구성의 방향성을 갖게 되므로 의미가 있는 것이다.

그러나 교사는 성취기준을 분석하여 단원 계획을 세우고 수업과 평가까지 연계하기 위해서는 KDB 모형을 통해 단순하게 분석하는 것으로 그쳐서는 안 된다. 무엇을 가르칠 것인가에 해당하는 '지식', 즉 '내용과 그 범위를 설정'하거나, 기능과 태도에 해당하는 '계획을 세워보고 실천을 하는 것'을 어떻게 가르칠 것인지, 교수·학습 및 평가적 접근을 어떻게 할 것인지를 위해서는 교과 교육과정 문서에 있는 학습 요소, 성취기준 해설, 교수·학습 및 평가 유의사항의 내용을 반드시 살펴보아야 한다.

다음의 표는 이러한 교육과정 문서에 대한 탐색 과정을 통해 지식, 기능, 태도에 대하여 보다 세부적으로 분석하여 나타낸 것이다.

KDB 모형 적용 성취기준 분석		내용 요소	행동 요소	정의적 요소
		K(Know) 지식	**D**(to Do) 기능	**B**(to Be) 태도
		무엇을 가르칠 것인가(What)?	어떻게 가르칠 것인가(How)?	
성취 기준	•[2바04-02] 여름 생활을 건강하고 안전하게 할 수 있도록 계획을 세워 실천한다.	•여름 생활을 하면서 건강 관리 중요성 및 방법 알기 •여름철에 지켜야 할 개인위생 방법 알기 •여름철에 안전하게 생활하는 방법 알기	•여름방학 생활 계획 세우기(계획 포함 내용) : 건강 및 위생관리, 안전 생활	•실천하기 (체크리스트)
교육 과정 탐색	학습 요소	•여름철 건강 관리, 개인위생, 여름방학 계획		
	교수·학습 방법	• 생활 계획 작성 시 여름방학 동안 지켜야 할 일에 무엇이 있는지를 협력학습을 통하여 찾아보게 하고, 학생이 스스로 지킬 일을 자율적으로 결정할 수 있게 도움 주기 •영상 매체나 사진 자료 등을 활용하여 여름철 건강 관리의 중요성을 알고 실천 •여름철에 지켜야 할 손 씻기, 손발톱 깎기, 목욕하기 등의 개인위생을 지속해서 실천하여 깨끗한 위생 상태를 유지하도록 지도		
	평가 방법	•여름철 위생 관리나 건강 관리 등을 관찰 평가를 통해 지속해서 지도하고 그 내용을 누가 기록하여 포트폴리오 평가 •여름철 생활을 건강하게 보낼 수 있는 생활 습관 형성 평가 유의		

〈표 51-성취기준 [2바04-02] KDB 모형 심화 분석(예시)〉

　교과 교육과정을 탐색하면 성취기준에 담긴 보다 깊은 의미를 알 수 있다. 교육과정 탐색 과정을 거치면 학생들에게 무엇을 가르칠 것인가에 해당하는 여름철 건강과 안전한 생활에 대한 내용, 그리고 가르쳐야 하는 범위가 설정된다. 이를 바탕으로 실천 계획을 수립하는 활동도 계획으로만 그치는 것이 아니라 교육적으로 여름방학 기간 동안 학생들이 건강 및 안전한 생활을 할 수 있는 여름방학 계획을 견고하게 세울 수 있는 내용도 포함하게 됨을 알 수 있다. 또한, 이를 지속해서 실천하여 습관이 형성되도록 평가와 연계하여 수행할 수 있게 되는 것이다. 이러한 절차대로 하면 교과서가 없어도 교사 스스로 성취기준을 기반으로 교육과정 탐색과 연계하여 분석하면 교육과정중심 단원지도계획을 무리 없이 수립할 수 있게 된다.

　그리고 성취기준을 분석해 보면 자연스럽게 평가는 어떤 것을 어떻게 해야 하는지 명확하게 방향성을 갖게 된다. 평가는 주로 기능과 태도에 해당하는 여름방학 계획을 수립하는 것과 이를 지속해서 실천하는 것을 평가하게 된다. 성취기준을 중심으로 단원 계획을 수립하거나 수업을 전개하는 것도 사실 기능과 태도에 해당하는 '계획 세우기와 실천하기'를 모든 학생이 도달하도록 하기 위한 것이다.

　결국, 수업의 목적은 여름방학 계획을 체계적으로 세우고 실천을 잘 하도록 하는 것이고 이러한 부분이 잘 이루어졌는지 도달 여부를 확인하여 피드백을 제공하는 일련의 과정을 통해 모든 학생이 성취기준을 달성하도록 하는 것이다.

2. 성취기준당 평균 수업 시수 이해는 교사의 에티켓

교육과정이 개정되면 성취기준당 평균 수업 시수를 확인해 보는 것은 기존 교육과정보다 교과별 학습의 양이 얼마나 경감되었는지와 성취기준에 따른 시수를 어느 정도 확보를 할 수 있는지를 알 수 있기 때문에 필요하다. 학교 현장에서 교과서 중심으로 수업을 전개하는 교사의 경우 교육과정이 개정되어도 항상 가르칠 내용이 많다고 하소연하는 것을 자주 보곤 한다. 왜 이러한 하소연을 하게 되는 걸까? 답은 간단하다. 교과서만 바라보았기 때문이다.

교과서는 교육과정을 운영하기 위해 성취기준에 도달하도록 전문가들이 정교하게 만든 하나의 자료이다. 하지만 교과서만을 바라보면 항상 교육과정이 개정되어도 가르칠 내용은 많아 보일 수밖에 없다. 왜냐하면, 교과서는 교사들이 성취기준 도달을 위하여 참고할 수 있도록 학습 내용을 항상 풍부하게 구성하다 보니 교육과정이 개정되어도 교과서의 양은 줄어들지 않기 때문이다. 이러한 이유로 교과서만 바라보면 교육과정이 개정되어도 가르칠 내용은 많아 보인다.

가. '학습의 양' 경감 여부 확인은 교과별 성취기준 수 비교에서 출발!

학습의 양이 줄어들었다는 것을 확인하는 기준이 되는 대상은 교과서가 아니라 교육과정이다. 교육과정의 학습의 양이 줄었는지, 아닌지, 즉 경감 여부의 기준은 교육과정의 내용인 성취기준의 개수와 관계가 있다. 더욱 자세하게 말하면 성취기준당 평균 수업 시수가 어떻게 되느냐에 달려 있다. 2015 개정 교육과정에서 학습의 양이 경감되었다는 것은 이전의 2009 개정 교육과정과 성취기준 개수나 성취기준당 평균 수업 시수를 비교하여 확인할 수 있다. 우선 교과별로 영역별 성취기준 개수의 차이를 통해 단순하게 비교해 볼 수 있다.

예를 들어, 국어과의 경우 1~2학년군은 2009 개정 교육과정보다 2015 개정 교육과정의 성취기준이 4개나 줄어 13.8% 감축되었고, 전 학년을 대상으로는 15개나 줄어 15.4% 정도 경감되었다. 그러므로 2015 개정 교육과정의 경우 이전의 교육과정과 비교하여 학습의 양이 경감되었다고 이야기할 수 있다. 이와 같이 학습량의 경감 여부는 교육과정 내용에 해당하는 성취기준의 변화를 살펴보는 것에서 출발해야 한다.

따라서 교육과정중심 수업을 하는 교사의 경우에는 교육과정이 개정되면 먼저 성취기준의 수와 내용이 어떻게 변경되었는지에 관심을 가져야 한다. 또한, 교육과정중심으로 접근하기 위해서는 성취기준당 평균 수업 시수에도 반드시 관심을 가져야 한다. 성취기준에 따른 수업 시수가 어느 정도 배정되어 있는지를 정확하게 알아야 단원 설계를 체계적으로 할 수 있기 때문이다.

교육과정을 재구성할 경우 교과별 전체 시수 대비 성취기준당 배정 시수 여부에 따라 학습 내용을 단원 전체 시수와 대비하여 다양하게 계획을 수립하는 데 도움을 받을 수 있다. 단원의 성취기준은 2개이고 시수는 16차시가 배정되었다고 하면 평균적으로 성취기준 1개당 8차시 정도 배정하게 될 것이고, 8차시 정도를 기준으로 성취기준을 잘 도달하도록 학습 내용을 알맞게 쪼개어 단원 계획을 수립하게 될 것이다. 이는 성취기준에 따라 교과서를 활용하여 교육과정을 재구성할 경우에도 매우 중요한 관점이 된다.

나. 성취기준 수 변화 및 성취기준당 평균 수업 시수 확인하기

교육과정 개정에 따라 학년군별 성취기준 수 변화 및 성취기준당 평균 수업 시수를 이해할 수 있도록 표로 작성하여 다음과 같이 제시하였다.

구분	학년군별 성취기준 수						계		증감
	1~2		3~4		5~6				
	2009 개정	2015 개정	2009 개정	2015 개정	2009 개정	2015 개정	2009 개정	2015 개정	
듣기·말하기	8	6	8	7	9	7	25	20	-5
읽기	6	5	6	5	7	6	19	16	-3
쓰기	5	5	6	5	7	6	18	16	-2
문법	4	4	6	5	6	5	16	14	-2
문학	6	5	6	5	7	6	19	16	-3
계	29	25	32	27	36	30	97	82	-15
증감	-4		-5		-6		-15		(-15.4%)
기준 시간 배당	448		408		408		1,264		
80% 시수	358		326		326		1,473		
성취기준당 평균 수업 시수	14.32		12.07		10.87		12.42		

〈표 52-학년군별 성취기준 수 변화 및 성취기준당 평균 수업 시수 분석표〉

2015 개정 교육과정에서 국어과의 경우 학년군별로 2009 개정 교육과정과 비교하면 성취기준의 수가 대폭 감축되었음을 알 수 있다. 특히 듣기·말하기 영역이 가장 많이 감축되었고 성취기준당 평균 수업 시수는 1~2학년군의 경우 2009 개정은 성취기준 1개당 12차시인 데 반하여 2015 개정은 14차시 정도 학습해야 하는 것으로 나타나, 2015 개정 교육과정에서 학습의 양이 많이 줄어들었음을 확인할 수 있다. 국어의 경우에는 성취기준의 개수만을 비교해 보면 15.4% 정도 경감되었는데, 이러한 방법으로 다른 교과의 경우에도 어느 정도 경감이 되었는지 살펴볼 수 있는 것이다.

또한, 성취기준당 평균 수업 시수를 산출하는 경우 성취기준 수를 기준 시간 배당을 대상으로 하지 않고 기준 시수 배당의 80%에 해당하는 시수를 대상으로 하여 산출하였다는 점에 주목해야 한다. 이 말은 성취기준을 통해 학습해야 할 분량을 기준 시간 배당의 80% 정도 수준으로 개발하여 교육과정 문서에 제시했다는 것을 의미한다.

그러므로 교사들은 성취기준의 양은 전체 시수의 80% 정도 수준이라는 것을 인식하고 교육과정을 재구성할 경우 이 부분을 필수적으로 참고해야 할 것이다. 80% 수준으로 성취기준을 개발한 것은 나머지 20% 정도의 여유 시수를 교사에게 교과별로 자율적으로 활용하도록 재량권을 부여한 것이기 때문이다. 핀란드의 경우에는 교사에게 시수 재량권을 40% 정도로 주고 있다고 한다. 우리나라의 경우에도 교사들의 교육과정 문해력과 전문성의 향상을 도모하기 위해 재량 시수를 보다 확대할 필요가 있다.

3. 교과서 연계 단원 및 성취기준 분석과 시수 관리

교육 선진국의 경우 교과서를 활용하지 않고 국가 수준의 교육과정 내용과 시수만을 가지고 연간 지도계획을 수립하고 학습자료를 구입 및 제작하여 수업을 진행하고 있다. 이렇게 하다 보니 교육과정을 완전하게 분석하고 시수 배분 등을 반드시 해야 하므로 교육과정 문해력이 높을 수밖에 없는 구조를 가지고 있다.

우리나라와 같이 아직 국정교과서가 보급되고 교과서를 주된 학습자료로 활용하는 상황이라 교육 선진국과 같이 교과서를 미리 버릴 필요는 없다. 다만 교과서를 활용하면서 서서히 멀리하여 교육 선진국형으로 점차 변화를 가져갈 필요는 있다.

가. 교과별 교육과정 성취기준 수 및 배정 시수와의 관계

교과서를 활용하여 교육과정 재구성을 하기 위해서는 교과별 학년군별로 성취기준 수와 배정된 시수를 우선적으로 고려해야 한다. 물론 교과서 단원과 연결하여 단원별 성취기준을 연결하는 것도 중요하다. 성취기준 수와 배정 시수와의 관계를 알아보기 위해 과학과 3~4학년(군)을 예시로 들어 설명하기 위하여 다음과 같이 표로 작성하여 제시하였다.

■ 교과: 과학(3-4학년)		■ 학년(군) 기준시수: 204시간		■ 성취기준 수: 57개
■ 학년별 기준 시수: 102시간		■ 학기당 시수: 51시간		■ 성취기준 1개당 배당 시수(3.6)
교과서 단원	2. 물질의 성질 3. 동물의 한 살이 4. 자석의 이용 5. 지구의 모습	2. 동물의 생활 3. 지표의 변화 4. 물질의 상태 5. 소리의 성질	2. 지층과 화석 3. 식물의 한 살이 4. 물체와 무게 5. 혼합물의 분리	1. 식물의 생활 2. 물의 상태 변화 3. 그림자와 거울 4. 화산과 지진 5. 물의 여행
학년	3학년 1학기	3학년 2학기	4학년 1학기	4학년 2학기
교육 과정 영역 주제	(1) 물질의 성질 (5) 식물의 생활 (9) 물체와 무게 (13) 식물의 한 살이 (16) 지구의 모습	(2) 자석의 이용 (6) 지층과 화석 (10) 동물의 한 살이 (14) 물의 상태 변화 (17) 물의 여행	(3) 동물의 생활 (7) 물질의 상태 (11) 화산과 지진 (15) 그림자와 거울	(4) 지표의 변화 (8) 소리의 성질 (12) 혼합물의 분리

〈표 53-성취기준 수와 배정 시수와의 관계〉

우선 과학과 3~4학년(군)의 경우에는 전체 성취기준은 57개이고, 배정 시수는 204시간이다. 성취기준 1개당 시수는 3.6시간 정도 배정되어 있다는 것을 확인할 수 있다. 또한, 평균적으로 학년별로는 102시간, 학기별로는 51시간 배정되는 것을 산출할 수 있다. 결국, 과학과 3~4학년(군)의 경우 교육과정에서 17개의 대주제에 따라 성취기준이 3~4개가 제시되어 있고, 주제가 곧 교과서의 단원으로 구성된다는 사실을 알 수 있다.

2009 개정 교육과정의 경우 16개의 주제에 성취기준이 72개가 제시되어 있었으므로 성취기준의 양적 비교로는 20% 정도 경감된 셈이다. 또한, 과학과의 경우에는 교육과정 원문에 17개의 주제가 학년·학기에 따라 학습 수준을 고려하여 구성되면서 교육과정 주제가 바로 교과서의 단원의 명칭이 되었다는 것이 특징이다.

교사는 교과별로 연간 지도계획을 수립하거나 교과서를 활용하여 재구성하기 전에 교과별 성취기준과 배정 시수와의 관계, 성취기준당 배당 시수 등의 관계를 미리 파악하는 것이 중요하다. 그런 다음 교과서를 활용하여 성취기준과 연결하여 성취기준에 최대한 도달하도록 단원 계획을 수립하고 수업으로 담아내기 위한 재구성 작업이 이루어지도록 해야 하는 것이다.

나. 성취기준 개수 및 기준 시간 배당과 교과서 배당 시수와의 관계

교과서를 활용하여 재구성할 경우에 교과서에 제시된 단원별 시수를 그대로 따를 필요는 없다. 교사 입장에서 성취기준을 분석하여 성취기준당 배정 시수를 교과서 배당 시수보다 적거나 많게 시수 증·감축을 할 수 있기 때문이다. 예를 들어 교육과정의 '(1) 물질의 성질' 주제의 경우 교과서에는 3학년 1학기 2단원에 11시간을 배정하였으나 10시간이나 13시간으로 배당해도 무방하다는 것이다.

물론 이는 성취기준 도달에 지장이 없다는 전제하에 가능하다. 교육과정의 평균 시수와 교과서 시수의 차이가 발생하는 것은 앞서도 이야기했듯이 성취기준이 학년군별 교육과정 배당 기준시수 대비 약 80% 정도 수준에서 제시되고 있기 때문이다.

그러므로 실제로는 모든 교과에서 교과서를 제작할 경우 학기당 해당 교과의 주당 수업 시수의 2주 분량 정도를 남겨두고 단원을 구성하게 된다. 과학과의 경우에도 학기당 교과서 시수와 교육과정 평균 시수와는 대략 6시간 정도의 차이가 발생한다. 성취기준이 교육과정 시수의 80% 정도 개발되었다면 사실은 10시간 정도 여유 있게 교과서를 구성할 수 있다는 것이다.

이러한 차이로 발생하는 시수는 교사에게 재량으로 주어지는 보너스 시간이 된다. 이러한 재량 시간은 교사가 별도의 성취기준을 만들어 이수하거나, 단원별 보충 및 심화 시간으로 활용해도 무방하다. 아니면 행사나 범교과 내용과 연계하여 활용해도 되는 시간으로 융통성이 있는 매우 소중한 시간이다.

이렇게 성취기준과 시수를 적절하게 교사 입장에서 배정하고 재구성하는 것이야말로 교사에게 주어진 교육과정 편성권을 최대한 활용하는 것이라고 볼 수 있다. 이와 같이 성취기준과 시수를 자유롭게 활용하는 능력이 생기면 점진적으로 교과서를 탈피하여 교육과정중심으로 설계 능력이 신장하고 창의적인 수업을 전개해 나갈 수 있는 것이다.

따라서 교사는 교과별로 학년군별로 주제와 성취기준 개수에 따른 평균 시간 배당 기준과 교과서 배당 시수 등을 조망하는 표를 다음과 같이 작성하여 활용하는 것이 필요하다. 그렇게 하면 교사 스스로 어느 성취기준이나 단원에 시수를 더 배정할 것인가 등을 고려할 수 있기 때문이다.

그러나 〈표 54-성취기준 개수에 따른 평균 시간 배당 기준과 교과서 배당 시수〉에서 볼 수 있듯이 3~4학년의 경우 교과서대로 가르치면 교사에게 주어지는 여유 시간이 거의 없다는 것을 확인을 할 수 있다. 3학년 1학기만 1시간 정도 여유가 있을 뿐이고 나머지 3개 학기는 재량 시수가 하나도 없도록 구성된다. 교사가 이러한 상황을 모르는 채로 교과서 배당 시간대로 차시 재구성을 하지 않고 계획하고 가르치면 교사의 재량권을 하나도 사용하지 못하게 된다. 3-1, 3-2, 4-1학기에 재량 시간이 없는 것은 여유 있는 6시간 정도를 교과서 개발자가 1단원에 모두 배정하였기 때문이다.

따라서 재구성에 전문성이 있는 교사라면 1단원을 생략하고 남은 6시간을 보충·심화 학습을 하거나 재미있는 실험·실습을 하는 것에 사용할 수 있을 것이다. 이와 같이 교사는 재구성을 하기 전에 교육과정 평균 시수와 교과서 시수와의 차이 시수를 확인하고 성취기준이 교과서에 어떻게 구성되었는지를 분명하게 인식하며 재구성의 시동을 걸어서 출발해야 한다. 결국, 재구성의 출발은 성취기준 도달에 적합한 시수를 파악하고 교과서를 분석하여 단원별 시수 증·감축을 통해 교사가 시수를 재량으로 조정하는 것이 매우 중요한 요소인 것이다.

대상 학년	단원명	성취기준 개수	교육과정 배당 시수	교과서 배당 시수	시수 차이	80% 시수
3-1	1. 과학자는 어떻게 탐구할까요?	0	0	6	-6	41 (10)
	2. 물질의 성질	4	13	11	2	
	3. 동물의 한살이	3	13	11	2	
	4. 자석의 이용	3	13	11	2	
	5. 지구의 모습	4	12	11	1	
	소계	7	51	50	1	
3-2	1. 재미있는 나의 탐구	0	0	6	-6	41 (10)
	2. 동물의 생활	3	13	12	1	
	3. 지표의 변화	3	12	11	1	
	4. 물질의 상태	4	13	11	2	
	5. 소리의 성질	3	13	11	2	
	소계	7	51	51	0	
4-1	1. 과학자처럼 탐구해 볼까요?	0	0	6	-6	41 (10)
	2. 지층과 화석	3	12	11	1	
	3. 식물의 한살이	3	13	12	1	
	4. 물체와 무게	4	13	11	2	
	5. 혼합물의 분리	4	13	11	2	
	소계	7	51	51	0	
4-2	1. 식물의 생활	3	10	10	0	41 (10)
	2. 물의 상태 변화	3	10	11	-1	
	3. 그림자와 거울	4	11	11	0	
	4. 화산과 지진	4	11	11	0	
	5. 물의 여행	2	9	8	1	
	소계	7	51	51	0	

〈표 54-성취기준 개수에 따른 평균 시간 배당 기준과 교과서 배당 시수〉

4. 교과서 단원지도계획과 성취기준과의 만남

　교과서는 성취기준에 도달하도록 제작한 자료이기는 하나 교과서의 단원지도계획을 살펴보면 어떤 성취기준에 도달하는 것인지를 알 수 없다. 그래서 교과서를 중심으로 수업하면 지식 중심의 수업으로 흘러가기가 쉽다. 즉, 성취기준에 담긴 기능과 태도를 함양하거나 이를 통해 길러지는 역량을 연결하기가 어렵게 된다. 그러므로 교과서를 활용하여 가르친다고 해도 교과서의 단원지도계획의 내용과 성취기준을 연결해 보면 교과서의 단원지도계획이 성취기준을 잘 도달하도록 최적으로 구성되어 있는지 파악할 수 있다.

　따라서 교과서를 가르치더라도 해당 단원과 관련되는 성취기준을 연결하여 교과서 내용이 성취기준 도달에 적합한지를 판단해 보는 것은 매우 중요한 일이다. 교과서를 활용하여 재구성하는 경우에도 재구성의 시작은 바로 성취기준과 교과서를 연결하는 것에서 출발한다. 이를 달리 표현한다면 교과서에 성취기준을 연결(매핑)하는 것이라고도 한다.

주제	차시	교과서 학습 내용	성취기준 연결
단원 도입	1	단원 학습 내용 예상하기	
① 우리 지역의 문화유산	2-3	공공기관이 무엇인지 알아보기	[4사03-05] 우리 지역에 있는 공공기관의 종류와 역할을 조사해보고, 공공기관이 지역 주민들의 생활에 주는 도움을 탐색한다.
	4-5	공공기관의 종류와 역할 알아보기	
	6-7	우리 지역의 공공기관 견학해 보기	
② 우리 지역의 역사적 인물	8	우리 지역의 문제 알아보기	[4사03-06] 주민 참여를 통해 지역 주민 문제를 해결하는 방법을 살펴보고, 지역 문제의 해결에 참여하는 태도를 기른다.
	9-10	지역 문제 해결해 보기	
	11-12	주민 참여의 중요성과 방법을 사례를 통해 알아보기	
	13	주민 참여의 바람직한 태도 알아보기	
단원 정리	14-15	단원 학습 내용 정리 및 사고력 학습	

〈표 55-교과서 단원지도계획과 성취기준과 연결하기(사회, 4-1, 지역의 공공기관과 주민 참여)〉

5. 카멜레온 같은 성취기준의 속성!
교과에 따라 들쑥날쑥

성취기준 도달을 위한 목적으로 교과서 자료를 활용하여 재구성을 실시하기 위해서는 기본적으로 성취기준을 교과서에 어떻게 담아내고 있는지를 정확하게 알 필요가 있다. 그리고 교육과정 원문에서 교과별로 성취기준을 어떻게 제시하는지를 아는 것도 중요한 부분이다. 보편적으로 교과서는 교육과정 성취기준을 단원 혹은 소단원에 배치하고 성취기준을 달성할 수 있도록 여러 개로 쪼개어 차시로 만든 것이다.

그런데 이 성취기준을 가지고 교과서에서 단원을 설계하는 방식이 모든 교과에 동일하게 적용되고 있지는 않다. 교과별로 어떤 차이점과 특징이 있는지, 교과별로 성취기준을 어떻게 담아내고 있는지를 이해하는 것이 교육과정 재구성을 잘하는 전문가의 잣대가 될 수 있다. 또한, 성취기준에 도달하도록 하기 위해 교과서가 어떻게 구성되었는지를 명확하게 알면 교과서 없이 성취기준과 시수만을 가지고 다양한 재구성을 통하여 교육과정을 가르칠 수 있는 전문성도 자연스럽게 형성될 수 있다.

교과서를 활용하여 재구성을 통해 단원을 설계하고 수업을 전개할 경우, 교사가 교과별로 교과서에 교육과정 성취기준이 어떻게 연결되고 구현이 되고 있는지를 파악하는 것은 매우 중요한 의미가 있다. 우리나라의 경우 아직도 주지 교과는 국정교과서가 보급되고 있고, 다른 교과도 검인정 교과가 보급되고 있는 상황이라 교과서를 최대한 활용해서 교육과정 성취기준 중심으로 목표에 도달하도록 운영해야 하기 때문이다. 그렇게 하기 위해서는 교육과정이 교과서로 개발되고 편성하는 방식을 이해하는 것이 선행되어야 한다. 이러한 방식을 잘 모르면 교과서를 활용하여 재구성하는 데 어려움을 많이 겪게 되고 완성도가 떨어진다.

가. 교과의 성격에 따라 달라지는 성취기준 ⇒ 교과서 구현 방식 유형

교과를 구분하는 방식은 Pigdon과 Woolley(1993: 7)에 따르면 내용교과와 표현교과로 나누어진다. 내용교과(content subjects)는 생각(내용)을 제시하는 교과이고, 표현교과(process subjects)는 생각(내용)을 다양한 방식으로 표현할 수 있는 교과를 말한다. 또한, 내용교과는 교사인 나에게 가르칠 내용을 주는 것, 표현교과는 내용교과를 표현할 때 쓸 수 있는 것으로 인식하였다(김세영, 2015: 143). 내용교과는 사회, 과학, 도덕 교과이고 표현교과는 국어, 수학, 영어, 미술, 체육, 음악 교과가 해당한다.

일반적으로 교육과정 성취기준을 교과서에 구현하는 방식은 내용교과의 경우에는 교육과정 영역이 교과서에서 하나의 단원으로 구현되고 있다. 영역의 성취기준이 하나의 단원으로 구성되는 방식이라 일회성 성취기준 성격을 보여주고 있다. 단원을 구성할 경우에도 영역 간 통합이 불필요하다. 표현교과의 경우에는 교육과정의 영역으로 단원이 구성되지 않고, 영역의 성취기준이 여러 개가 모여 단원을 구성하는 방식으로 구성되고 있다. 교과서 개발자가 성취기준을 조합하여 단원을 생성하는 방식이다.

또한, 하나의 성취기준이 여러 단원에 포함이 되기도 하고, 하나의 성취기준이 학기 및 학년에 반복적으로 사용되기도 하는 특징이 있다. 그러나 표현교과인 체육, 실과, 수학 교과의 경우에는 교과서에 구현되는 방식은 내용교과와 동일하게 일회성으로 반영되고 있다는 것을 각 교사가 유의해야 할 것이다.

구분	교육과정 성취기준이 교과서에 구현되는 방식8	
	교육과정 영역 독립형	교육과정 영역 조합형
교과서 구현 방식 특징	• 성취기준 한 번 사용(일회성) - 성취기준 단원 내 평가 가능 • 영역의 성취기준 하나하나가 교과서 단원으로 구성 • 영역의 내용이 곧 교과서 단원명 - 단원생성 불가능 • 영역 간 통합 불필요 • 주제 중심 교과통합 시 일체형	• 성취기준 반복 사용 가능(다회성) - 지속성취기준 평가 시가·방법 고려 • 서로 다른 영역의 성취기준 몇 개가 조합되어 하나의 단원 구성 • 영역의 내용과 단원명이 다름 - 단원생성 가능 • 영역 간 통합 가능 • 주제 중심 교과통합 시 분리형
내용교과	사회, 과학, 도덕	
표현교과	수학, 체육, 실과	국어, 영어, 미술, 음악

〈표 56-교과별 성취기준이 교과서에 구현되는 방식〉

나. 교육과정 사용자의 선행조건! 교과서 구현 방식 분석하기

국가 주도로 교육과정을 통제하고 학업성취도를 관리해야 하는 것을 중요하게 여기던 시기에서 교과서는 매우 유용한 매체였다. 지역적 특성을 담기보다는 전국에서 공통으로 표준화된 내용을 중심으로 국정 교과서를 제작해서 보급하고 교사에게는 교과서 내용을 가르치도록 함으로써 결국 교육과정은 곧 교과서가 되는 공식이 고착화되었다.

그러나 2015 개정 교육과정 이후로 교육과정에 대한 관점의 변화 요구에 따라 현장의 교사들이 자발적으로 교과서 중심 수업에서 교육과정중심 수업으로 전환하고자 교육과정에 대한 문해력을 높이고 교육과정 재구성을 위한 노력을 통해 교육과정 사용자로서의 위치를 찾기 시작하였다.

교사가 교육과정 사용자가 되기 위해 교육과정중심 수업 문화로의 패러다임을 전환하기 위해서 교사에게 가장 중요한 것은 교육과정 문해력이다. 교육과정에 대한 문해력을 높이기 위해서는 교육과정 성취기준과 시수만을 가지고 교사 스스로 연간수업지도계획을 수립할 수 있는 능력이 필요하다. 그러한 능력을 갖추기 위해서는 우선 교육과정이 교과서에 어떻게 구현되고 있는지를 명확하게 알아야 하는 전문성이 선결조건이 된다.

이러한 전문성은 교육과정이 교과서로 구현되는 방식을 이해하면 자연스럽게 형성되는 것이다. 교과서는 국가 수준에서 제시하는 교육과정 성취기준의 성격을 이해하고 교과서 편찬 방향에 따라 교육과정을 교과서에 구현하는 방식을 취하고 있기 때문이다.

성취기준은 교과 교육과정마다 제시되는 방식도 다양하다. 내용교과는 영역보다 대주제와 중주제에 따라 성취기준이 제시되는 반면, 표현교과는 대부분 내용 체계에 있는 영역별로 성취기준을 제시하고 있다. 또한, 이를 교과서에 구현하는 방식도 내용교과는 성취기준이 일회성으로 하나의 단원에만 사용되고 있다. 반면 표현교과는 성취기준이 반복적으로 사용되고 영역 간 성취기준을 조합하여 하나의 단원을 구성하고

---

8   교육과정 성취기준이 교과서에 구현되는 방식은 김세영(2015: 141)과 교과별 성취기준 읽기(이한나) 블로그(http://blog.naver.com/PostView.nhn?blogId=nocomgam2&logNo=220827793028)를 참고하였다. 저자가 교육과정 문서가 교과서에 구현되는 방식을 분석한 내용도 포함하여 작성 및 제시하였다.

있다. 이렇게 교육과정이 교과서에 구현되는 방식에 대하여 교사가 전문성을 갖고 있다면 교과서를 활용한 교육과정 재구성도 잘할 수 있게 된다.

교육 선진국의 경우에는 교과서를 멀리하고 국가에서 제시하는 교육과정과 교과별 시수만을 가지고 1년 동안 가르쳐야 할 내용을 선정하고 연간 계획을 수립하며 수업 자료 등을 스스로 준비하여 교육과정 목표에 도달하도록 전문성을 갖고 수업을 진행하고 있다. 교육과정 사용자로서 전문성을 갖추고 있기 때문에 가능한 것이다.

마찬가지로 우리나라의 경우에도 교사가 교육과정 사용자로서 전문가가 되기 위해서는 스스로 교과서를 멀리하고 교육과정을 분석하여 시수에 맞게 지도계획을 수립하고 이를 바탕으로 수업을 전개하는 능력을 신장하도록 해야 할 것이다. 그렇게 하기 위해서는 우선 교과서를 최대한 활용하면서 교육과정 성취기준에 잘 도달하도록 재구성을 통한 생활화를 지속해서 실천해야 한다고 본다.

교과별로 교육과정 성취기준이 교과서에 어떻게 연결되고 있는지 보다 자세하게 이해할 수 있도록 교과서 구현 특징과 교과 교육과정 문서의 내용을 자세하게 알 필요가 있다. 다음 페이지에 제시된 <표 57-교과별 교육과정 성취기준이 교과서에 구현되는 특징 이해하기>를 살펴보면 교과별로 성취기준이 어떻게 제시되어 있고, 이를 교과서 각 단원에 어떻게 연결하고 있는지 분명하게 이해할 수 있을 것이다.

다. 교과별 교육과정 성취기준이 교과서에 구현되는 특징 이해하기

📖 사회

교과서 구현 특징	• 대주제가 학년·학기로 교과서에 구현(3~4학년군의 경우 4개의 대주제 제시) • **교육과정 주제가 하나의 단원으로 구성(학기별로 3개 단원으로 편성)** **- 교육과정 영역(주제)가 그대로 단원명으로 구현(일회성 성취기준)** • 단원은 항상 성취기준 2개로 구성, 성취기준별 내용을 소주제로 구성 • 하나의 단원은 15차시로 구성, 성취기준 1개당 보통 6차시로 배당 • 지도서 단원지도계획에 성취기준 미연결, 지도서에 교육과정 내용 제시

⇩

<table>
<tr><td rowspan="6">교육
과정
문서</td><td>

[초등학교 3~4학년]
(1) 우리가 살아가는 곳 ⋯▸ **대주제가 3학년 1학기에 해당**
    <우리 고장의 모습> ⋯▸ **교육과정 주제가 교과서 하나의 단원으로 구현**

[4사01-01] 우리 마을 또는 고장의 모습을 자유롭게 그려보고, 서로 비교하여 공통점과 차이점을 찾아 고장에 대한 서로 다른 장소감을 탐색한다.
[4사01-02] 디지털 영상 지도 등을 활용하여 주요 지형지물들의 위치를 파악하고, 백지도에 다시 배치하는 활동을 통하여 마을 또는 고장의 실제 모습을 익힌다.

<우리가 알아보는 고장 이야기>

[4사01-03] 고장과 관련된 옛이야기를 통하여 고장의 역사적인 유래와 특징을 설명한다.
[4사01-04] 고장에 전해 내려오는 대표적인 문화유산을 살펴보고 고장에 대한 자긍심을 기른다.

<교통과 통신수단의 변화>

[4사01-05] 옛날과 오늘날의 교통수단에 관한 자료를 바탕으로 하여 교통수단의 발달에 따른 생활 모습의 변화를 설명한다.
[4사01-06] 옛날과 오늘날의 통신수단에 관한 자료를 바탕으로 하여 통신수단의 발달에 따른 생활 모습의 변화를 설명한다.

</td></tr>
</table>

⇩

단원	주제	주제별 주요 내용	차시	성취기준 연결
1. 우리 고장 의 모습	단원 도입	단원 학습 내용 개관	1	
	① 우리가 생각하는 고장의 모습	고장에 대한 심상 지도를 그리고 서로 다른 장소감 나누기	2-7	[4사01-01]
	② 하늘에서 내려다본 고장의 모습	고장 내 주요 지형지물의 위치를 파악하고 고장의 실제 모습을 익히기	8-13	[4사01-02]
	단원 정리	단원 학습 내용 정리	14-15	

단원	주제	주제별 주요 내용	차시	성취기준
2. 우리가 알아보는 고장 이야기	단원 도입	단원 학습 내용 개관	1	
	① 우리 고장의 옛이야기	고장의 역사적인 유래와 특징을 바탕으로 고장에 대한 친밀감 갖기	2-7	[4사01-03]
	② 우리 고장의 문화유산	고장의 문화유산의 특징과 가치를 파악, 고 장에 대한 자긍심 함양하기	8-13	[4사01-04]
	단원 정리	단원 학습 내용 정리	14-15	

교과서 구현

📖 과학

교과서 구현 특징	• 3~4학년군 총 17개 주제 중, 학년·학기별로 4~5개 주제를 선정하여 구성 • **교육과정 주제가 그대로 하나의 단원으로 구성(학기별로 4~5단원으로 편성)** • 교과서 단원은 교육과정의 주제별 모든 성취기준으로 구성(2~4개 성취기준) • 하나의 단원은 11~12차시로 구성, 모든 1차시는 재미있는 과학으로 구성 • 지도서 단원지도계획에 성취기준 연결, 성취기준·평가기준 지도서 제시

⇩

교육 과정 문서	[초등학교 3~4학년] **(1) 물질의 성질** [4과01-01] 서로 다른 물질로 만들어진 물체들을 비교하여 물체의 기능과 물질의 성질을 관련지을 수 있다. [4과01-02] 크기와 모양은 같지만 서로 다른 물질로 이루어진 물체들을 관찰하여 물질의 여러 가지 성질을 비교할 수 있다. [4과01-03] 서로 다른 물질을 섞었을 때 물질을 섞기 전과 후의 변화를 관찰하여 어떤 성질이 달라졌는지 설명할 수 있다. [4과01-04] 여러 가지 물질을 선택하여 다양한 물체를 설계하고 장단점을 토의할 수 있다. **(8) 동물의 한살이** [4과10-01] 동물의 암·수에 따른 특징을 동물별로 비교해 보고, 번식 과정에서 암·수의 역할이 다양함을 설명할 수 있다. [4과10-02] 동물의 한살이 관찰 계획을 세우고, 동물을 기르면서 한살이를 관찰하며, 관찰한 내용을 글과 그림으로 표현할 수 있다. [4과10-03] 여러 가지 동물의 한살이 과정을 조사하여 동물에 따라 한살이의 유형이 다양함을 설명할 수 있다.

⇩

교과서 구현

단원	단계	차시	차시명	성취기준
3-1 2. 물질의 성질	재미있는 과학	1	비밀 상자 속 물체 알아맞히기	
	과학탐구	2-4	물체 구성 및 물질의 성질	[4과01-01]
		5-6	물질의 성질은 우리 생활에 이용되는가?	[4과01-02]
		7-8	서로 다른 물질을 섞으면 물질의 성질은?	[4과01-03]
	과학과 생활	9-10	물질의 성질을 이용해 연필 꽂이 설계하기	[4과01-04]
	과학 이야기		야구용품 속에 숨겨진 과학(생활 속 과학)	
	단원 마무리	11	물질의 성질을 정리하기	

학년	교과서 단원	교육과정 영역(주제)	
3-1	2. 물질의 성질　　3. 동물의 한 살이 4. 자석의 이용　　5. 지구의 모습	(1) 물질의 성질 (3) 동물의 생활	(2) 자석의 이용 (4) 지표의 변화
3-2	2. 동물의 생활　　3. 지표의 변화 4. 물질의 상태　　5. 소리의 성질	(5) 식물의 생활 (7) 물질의 상태	(6) 지층과 화석 (8) 소리의 성질
4-1	2. 지층과 화석　　3. 식물의 한 살이 4. 물체와 무게　　5. 혼합물의 분리	(9) 물체와 무게 (11) 화산과 지진	(10) 동물의 한 살이 (12) 혼합물의 분리
4-2	1. 식물의 생활　　2. 물의 상태 변화 3. 그림자와 거울　4. 화산과 지진 5. 물의 여행	(13) 식물의 한 살이 (15) 그림자와 거울 (17) 물의 여행	(14) 물의 상태 변화 (16) 지구의 모습
※ 3-1, 3-2, 4-1의 경우 1단원은 교육과정 성취기준과 무관한 내용으로 구성			

도덕

| 교과서
구현
특징 | • 3~4학년군 4개 영역을 포함하여 학년별로 8개 단원으로 구성
• **교육과정 영역별 성취기준 하나가 교과서 하나의 단원으로 구성**
  - 단원명은 성취기준 내용을 분석하여 교과서 개발자가 새롭게 생성
• 성취기준 1개당 1단원으로 구성(단원은 모두 4차시로 편성)
• 지도서 단원 도입에 관련 성취기준과 핵심 가치 제시
• **1~3단원 후 3개 단원 성취기준 통합하여 심화 단원 구성 제시** |

⇩

| 교육
과정
문서 | [초등학교 3~4학년]

(1) 자신과의 관계

[4도01-01] 도덕 시간에 무엇을 배우며 도덕 공부가 왜 필요한지를 알고 공부하는 사람으로서 지켜야 할 규칙을 모범 사례를 통해 습관화한다.
[4도01-02] 시간과 물건의 소중함을 알고 자신이 시간과 물건을 아껴 쓰고 있는지 반성해 보며 그 모범 사례를 따라 습관화한다.
[4도01-03] 최선을 다하는 삶을 위해 정성과 인내가 필요한 이유를 탐구한다.

(2) 타인과의 관계(4도02-01, 4도02-02, 4도02-03, 4도02-04)
(3) 사회·공동체와의 관계(4도03-01, 4도03-02, 4도03-03)
(4) 자연·초월과의 관계(4도04-01, 4도04-02) |

⇩

교과서 구현

• 교과서 단원 구성 예시(3학년 2단원)/(교육과정, 자신과의 관계)

단원	주제	차시	학습 내용	성취기준
3-1 2. 인내하며 최선을 다하는 생활	1. 최선을 다하는 삶은 아름다워요	1	인내하며 최선을 다하는 삶의 의미와 중요성 인식	[4도01-03]
	2. 인내하며 최선을 다하는 삶을 실천해요	2	인내하며 최선을 다하는 삶을 위해 필요한 행위 기능 익히기	
	3. 올바른 마음가짐으로 최선을 다해요	3	최선을 다하는 삶과 관련된 상황에서 어떻게 해야 하는지 판단하기	
	4. 인내하며 최선을 다하기 위해 꾸준히 노력해요	4	자신을 되돌아보며 인내하며 최선을 다하는 삶 실천 노력하기	

• 3~4학년군 도덕 교과서 단원의 교육과정상 영역별 분포

	교과과정 영역	성취기준	단원명
3학년	자신과의 관계	4도01-03	2. 인내하며 최선을 다하는 생활
		4도01-02	4. 아껴 쓰는 우리
	타인과의 관계	4도02-02	나와 너, 우리 함께
		4도02-01	3. 사랑이 가득한 우리 집
	사회·공동체와의 관계 자연·초월과의 관계	4도03-01	5. 함께 지키는 행복한 세상
		4도04-01	6. 생명을 존중하는 우리
	역량중심 자율형 통합심화	통합	우리가 만드는 도덕 수업
4학년	자신과의 관계	4도01-01	도덕 공부, 행복한 우리
	타인과의 관계	4도02-03	2. 공손하고 다정하게
		4도02-04	4. 힘과 마음을 모아서
	사회·공동체와의 관계	4도03-03	5. 하나 되는 우리
		4도03-04	6. 함께 꿈꾸는 무지개 세상
	자연·초월과의 관계	4도04-02	3. 아름다운 사람이 되는 길
	역량중심 자율형 통합심화	통합	우리가 만드는 도덕 수업

📖 **국어**

| 교과서
구현
특징 | • **영역별 성취기준 2~3개를 조합하여 하나의 단원으로 구성**
　- 단원명은 성취기준을 통합하여 교과서 개발자가 새롭게 생성하여 작성
• 학년·학기별로 단원은 10개 정도로 구성, 단원당 8~10차시로 편성
• 주제 중심으로 여러 개의 성취기준을 통합하여 단원 구성
• **하나의 성취기준이 학기별로 여러 단원에 걸쳐 반복 사용**
　- **하나의 성취기준이 학년 간, 학기별, 학기 내 여러 번 반복 사용**
• (중점 성취기준) 해당 학년에서만 중점적으로 학습하는 성취기준
• (지속 성취기준) 두 개 학년에 걸쳐서 지속해서 사용하는 성취기준
• 지도서에 단원별 성취기준과 단원학습목표 제시
• 단원 구성이 주제 중심 교과 내 영역 간 통합형으로 작성 |

⇩

**교육
과정
문서**

[초등학교 3~4학년]/성취기준: 21개

영역	성취기준	3학년	4학년
말하기, 듣기	[4국01-01] 대화의 즐거움을 알고 대화를 나눈다.(중점성취기준)	●	
	[4국01-02] 회의에서 의견을 적극적으로 교환한다.		●
	[4국01-03] 원인과 결과의 관계를 고려하며 듣고 말한다.	●	
	[4국01-04] 적절한 표정, 몸짓, 말투로 말한다.	●	●
	[4국01-05] 내용을 요약하며 듣는다. (지속성취기준)	●	●
	[4국01-06] 예의를 지키며 듣고 말하는 태도를 지닌다.		●
읽기	[4국02-01] 문단과 글의 중심 생각을 파악한다.	●	
	[4국02-02] 글의 유형을 고려하여 대강의 내용을 간추린다.	●	●
	[4국02-03] 글에서 낱말의 의미나 생략된 내용을 짐작한다.	●	●
	[4국02-04] 글을 읽고 사실과 의견을 구별한다.		●
	[4국02-05] 읽기 경험과 느낌을 다른 사람과 나누는 태도를 기른다.	●	
쓰기	[4국03-01] 중심 문장과 뒷받침 문장을 갖추어 문단을 쓴다.	●	
	[4국03-02] 사건이나 행동이 드러나게 글을 쓴다.	●	
	[4국03-03] 주제에 대해 자신의 의견이 드러나게 글을 쓴다.		●
	[4국03-04] 자신의 마음을 표현하는 글을 쓴다.	●	●
	[4국03-05] 자신의 글을 적극적으로 나누는 태도를 지닌다.		●

※ 문법, 문학 생략

⇩

**교과서
구현**

단원	단원목표	차시	학습목표	성취기준
3-1 2. 재미가 톡톡톡	감각적 표현의 재 미를 느끼며 작품 을 읽을 수 있다.	1-2	느낌을 살려 사물을 표현할 수 있다.	[4국05-01] [4국02-05]
		3-4	시에 나타난 감각적 표현을 안다.	
		5-6	이야기에 나타난 감각적 표현을 안다.	
		7-8	이야기를 읽고 생각이나 느낌을 나눌 수 있다.	
		9-10	느낌을 살려 시를 낭송할 수 있다.	

📖 수학

교과서 구현 특징	• 교육과정 5개 영역별 주제에 따른 성취기준을 위계성을 갖도록 학년·학기 배정 • 교육과정 영역별 주제가 교과서에 비슷하게 단원명으로 사용 　- 한 영역 내 2~3개의 주제를 통합하여 하나의 단원을 구성 • **주제별 성취기준은 하나의 단원에만 적용(일회성으로 다른 단원에 사용 불가)** • 지도서 단원 계획에 교육과정 성취기준 제시로 교과서 연계성 명료화 • **영역 간 통합하여 단원을 구성하지 않음(영역 간 통합 불가)**

⇩

교육 과정 문서	[초등학교 3~4학년] (1) 수와 연산 　① 다섯 자리 이상의 수 [4수01-01] [4수01-02] 　② 세 자리 수의 덧셈과 뺄셈 [4수01-03][4수01-04] 　③ 곱셈 [4수01-05] [4수01-06] ④ 나눗셈 [4수01-07][4수01-08][4수01-09] 　⑤ 분수 [4수01-10][4수01-11][4수01-12] 　⑥ 소수 [4수01-13][4수01-14][4수01-15] 　⑦ 분수와 소수의 덧셈과 뺄셈 [4수01-16] [4수01-17] (2) 도형 　① 도형의 기초 [4수02-01][4수02-02][4수02-03] 　② 평면도형의 이동 [4수02-04][4수02-05] 　③ 원의 구성 요소 [4수02-06][4수02-07] 　④ 여러 가지 삼각형 [4수02-08] [4수02-09] 　⑤ 여러 가지 사각형 [4수02-10] 　⑥ 다각형 [4수02-11][4수02-12] (3) 측정 　① 시각과 시간　② 길이 들이 무게　③ 각도 (4) 규칙성 　① 규칙 찾기 (5) 자료와 가능성 　① 자료의 정리

⇩

교과서 구현	• 성취기준 연계 교과서 단원 구성 예시(3-1, 5단원)

단원	단원목표	차시	학습목표
3-1 5. 길이와 시간	① 시각과 시간 [4수03-01] [4수03-02] ② 길이 [4수03-03] [4수03-04]	1	단원 도입
		2	1㎝보다 작은 단위는 무엇일까요
		3	1m보다 큰 단위는 무엇일까요
		4	길이와 거리를 어림하고 재어 볼까요
		5	길이와 거리를 어림하고 재어 볼까요
		6	시간은 어떻게 더하고 뺄까요(1)
		7	시간은 어떻게 더하고 뺄까요(2)
		8	생각수학(길이와 시간을 비교해 볼까요)
		9	얼마나 알고 있나요
		10-11	탐구수학(가족나들이 계획 수립해 보기)

📖 체육(동아출판)

교과서 구현 특징	• **교육과정 영역명이 대단원명과 동일하게 구성** 　- 교육과정 5대 영역별 주제는 교과서 3, 4학년에 동일하게 구성 　- (1) 건강의 경우 [건강과 체력] 3학년, [여가와 운동방법] 4학년 • 영역별 주제의 모든 성취기준이 하나의 단원으로 연결 작성 • **하나의 성취기준은 다른 단원에 반복 사용 불가(내용교과와 동일)** • 교과서 구성 내용 분석에 따른 성취기준 중심 재구성 필요

⇩

교육 과정 문서	[초등학교 3~4학년] (1) 건강 　(건강과 체력) [4체01-01] [4체01-02] [4체01-03] 　(여가와 운동 방법) [4체01-04] [4체01-05] [4체01-06] (2) 도전 　(속도 도전) [4체02-01] [4체02-02] [4체02-03] [4체02-04] 　(여가와 운동 방법) [4체02-05] [4체02-06] [4체02-07] [4체02-08] (3) 경쟁 　(경쟁의 기초) [4체03-01] [4체03-02] [4체03-03] [4체03-04] 　(영역형 경쟁) [4체03-05] [4체03-06] [4체03-07] [4체03-08] (4) 표현 　(움직임 표현) [4체04-01] [4체04-02] [4체04-03] [4체04-04] 　(리듬 표현) [4체04-05] [4체04-06] [4체04-07] [4체04-08] (5) 표현 　(신체활동과 수상 활동 안전) [4체05-01] [4체05-02] [4체05-03] [4체05-04] 　(리듬 표현) [4체05-05] [4체05-06] [4체05-07] [4체05-08]

⇩

<table>
<tr><td rowspan="9">교과서
구현</td><td colspan="5">• 교과서 단원 구성 예시(3-1, 1단원)</td></tr>
<tr><th>단원</th><th>중단원</th><th>차시</th><th>학습목표</th><th>성취기준</th></tr>
<tr><td rowspan="8">1. 건강</td><td rowspan="5">①
튼튼한 체력으로
건강 쑥쑥</td><td>1</td><td>단원 내용을 살펴봐요</td><td rowspan="5">[4체01-02]
[4체01-03]</td></tr>
<tr><td>2</td><td>건강한 생활을 알아봐요</td></tr>
<tr><td>3-4</td><td>맨손 체조로 체력을 다져요</td></tr>
<tr><td>5-6</td><td>줄넘기로 체력을 길러요</td></tr>
<tr><td>7-8</td><td>놀이하면 체력을 길러요</td></tr>
<tr><td rowspan="4">②
바른 생활 습관
으로 건강 쑥쑥</td><td>9-10</td><td>깨끗한 생활 습관을 길러요</td><td rowspan="4">[4체01-01]</td></tr>
<tr><td>11-12</td><td>바른 자세로 생활해요</td></tr>
<tr><td>13-14</td><td>비만을 예방해요</td></tr>
<tr><td>15-16</td><td>생활속에서 실천해요.</td></tr>
</table>

📖 음악(동아출판)

교과서 구현 특징	• 교육과정 성취기준은 3개 영역(표현, 감상, 생활화)에 11개로 제시되어 있고, 성취기준 1개가 여러 제재와 학기, 학년 에 반복하여 연결되어 구성 　- 동아출판의 경우 4개 단원으로 구분하고 단원별 7~8개 제재로 구성 • 음악 교과는 제재 별로 주제 중심 영역별 성취기준 통합형으로 구성 • 성취기준이 여러 제재에 반복적으로 사용되어 성취평가 시기 적절성 확보 필요 　- 성취평가 시 학년·학기별로 반복 사용되는 성취기준의 경우 평가 적용 방법 다각화 • 교육과정 성취기준과 교과서를 연결하는 표를 작성하여 조망해 보는 절차 필요

⇩

교육 과정 문서	[초등학교 3~4학년] (1) 표현 [4음01-01] 악곡의 특징을 이해하며 노래 부르거나 악기로 연주한다. [4음01-02] 악곡에 어울리는 신체표현을 한다. [4음01-03] 제재곡의 노랫말을 바꾸거나 노랫말에 맞는 말붙임새로 만든다. [4음01-04] 제재곡의 리듬꼴이나 장단꼴을 바꾸어 표현한다. [4음01-05] 주변의 소리를 탐색하여 다양한 방법으로 표현한다. [4음01-06] 바른 자세로 노래 부르거나 바른 자세와 주법으로 악기를 연주한다. (2) 감상 [4음02-01], [4음02-02] 성취기준 제시 생략 (3) 생활화 [4음03-01], [4음03-02], [4음03-03] 성취기준 제시 생략

⇩

<table>
<tr><td rowspan="2" style="writing-mode:vertical">교과서
구현</td><td colspan="5">• 성취기준이 교과서 단원 구성 예시(3-1, 1단원)</td></tr>
</table>

단원	제재	차시	성취기준
	노래로 인사해요-안녕	1-2	4음01-01, 4음01-02, 4음01-03
	꼭꼭 숨어라	3-4	4음01-01, 4음01-02, 4음03-02
	구슬비-놀람교향곡	5-6	4음01-01, 4음01-06, 4음02-01
1. 음악과 놀아요	리코더 세상-봄, 희망의노래	7-9	4음01-01, 4음01-06, 4음02-01
	아기 콩	10-11	4음01-01, 4음01-03
	동물의 사육제	12-13	4음01-01, 4음01-02
	흥겨운 우리 놀이노래	14-16	4음01-01, 4음01-02, 4음01-03, 4음02-02
	소리의 높낮이를 표현해요	17	

• 지속 성취기준이 교과서 제재에 반복 사용 현황 추출

지속 성취기준	단원	[4음01-01] 성취기준 사용 제재명	제재 수
4음01-01 하나의 성취기준이 1학기에 21개 제재에 사용	1. 음악과 놀아요	노래로 인사해요, 꼭꼭 숨어라, 구슬비 리코더 세상, 아기 콩, 동물의 사육제, 놀이노래	6
	2. 음악을 만들어요	친구와 함께해요, 고기잡이, 리듬악기친구들, 리 자로 끝나는 말은	4
	3. 음악을 만나요	옥수수 하모니카, 소풍, 개고리 개골청, 솜사탕, 자연과 함께해요, 헨젤과 그레텔	6
	4. 음악을 함께해요	아리랑과 함께 세계로, 동지팥죽, 눈꽃송이, 호두까기 인형, 함께하는 음악회	5

📖 **미술(비상교육)**

교과서
구현
특징
	• 교육과정 성취기준은 3개 영역(체험, 표현, 감상)에 14개로 제시되어 있고, **성취기준 1개가 여러 단원과 학기, 학년에 반복하여 연결되어 구성(음악과 동일)**
	  - 학년별로 13개 단원으로 구성하고 여러 개 성취기준 조합 구성
	• 미술 교과는 단원별로 주제 중심 영역별 성취기준 통합형으로 구성되어 있음
	• 성취기준이 여러 단원에 반복적으로 사용되어 성취평가 시기 적절성 확보 필요
	  - 성취평가 시 학년·학기별로 반복 사용되는 성취기준의 경우 평가 적용 방법 다각화
	• **하나의 소단원에 세 영역의 성취기준이 포함되는 형태로 교과서 구성**

⇩

교육 과정 문서	[초등학교 3~4학년] **(1) 체험** [4미01-01] 자연물과 인공물을 탐색하는 데 다양한 감각을 활용할 수 있다. [4미01-02] 주변 대상을 탐색하여 자신의 느낌과 생각을 다양한 방법으로 나타낼 수 있다. [4미01-03] 생활 속에서 다양하게 활용되고 있는 미술을 발견할 수 있다. [4미01-04] 미술을 자신의 생활과 관련지을 수 있다. **(2) 표현** [4미02-01] 미술의 다양한 표현 주제에 관심을 가질 수 있다. [4미02-02] 주제를 자유롭게 떠올릴 수 있다. [4미02-03] 연상, 상상하거나 대상을 관찰하여 주제를 탐색할 수 있다. [4미02-04] 표현 방법과 과정에 관심을 가지고 계획할 수 있다. [4미02-05] 조형 요소의 특징을 탐색하고, 표현 의도에 적합하게 적용할 수 있다. [4미02-06] 기본적인 표현 재료와 용구의 사용법을 익혀 안전하게 사용할 수 있다. **(3) 감상** [4미03-01], [4미03-02], [4미03-03], [4미03-04] 성취기준 제시 생략

⇩

교과서 구현

• 교과서 단원 구성 예시(3-1, 1단원)

	단원명	차시	반영된 성취기준
1	표현하고 싶은 경험	4	4미01-04, 4미02-02, 4미03-03
2	나는 캐릭터 디자이너	6	4미01-03, 4미02-04, 4미03-03
3	새롭게 연상하기	6	4미02-03, 4미03-03
4	우리가 찾은 색, 선, 형	4	4미01-04, 4미02-05, 4미03-03
5	오감으로 느끼는 세상	4	4미01-01, 4미01-02, 4미03-03
6	즐기며 배우는 미술관	6	4미03-03, 4미03-04
7	붓과 먹으로 표현하기	6	4미02-06, 4미03-03
8	찰칵! 순간을 담아	6	4미02-01, 4미02-06, 4미03-03
9	생활 속 미술	6	4미01-03, 4미01-04
10	관찰하며 표현하기	4	4미01-04, 4미02-02, 4미03-03
11	찍어서 나타내기	6	4미01-04, 4미02-02, 4미03-03
12	꽃이 있는 생활	6	4미01-04, 4미02-02, 4미03-03
13	미술가의 작품 세계	4	4미01-04, 4미02-02, 4미03-03

📖 실과(동아출판)

교과서
구현
특징
	• 교육과정 성취기준은 5개 영역 40개로 제시되어 있고, 성취기준 몇 개가 조합하여 대단원을 구성하고, **성취기준 하나
	하나가 중단원으로 구성**
	  - 성취기준 하나가 중단원으로 구성되고 이를 도달하도록 여러 차시로 편성
	• 대단원명은 교과서 개발자가 관련 성취기준을 통합하여 알맞은 주제를 생성
	• 기능(표현) 교과이지만 성취기준 제시 방식은 내용교과와 같이 독립형으로 구성
	  - **내용교과와 같이 하나의 성취기준은 하나의 단원에만 연결되어 있음**
	• **하나의 성취기준이 하나의 단원으로 구성되어 성취기준 평가 용이**

⇩

교육
과정
문서
	[초등학교 5~6학년]
	(1) 인간 발달과 가족
	  [6실01-01] [6실01-02] [6실01-03] [6실01-04]
	
	(2) 가정 생활과 안전
	  [6실02-01] [6실02-02] [6실02-03] [6실02-04] [6실02-05]
	  [6실02-06] [6실02-07] [6실02-08] [6실02-09] [6실02-10]
	
	(3) 자원 관리와 자립
	  [6실03-01] [6실03-02] [6실03-03] [6실03-04] [6실03-05] [6실03-06]
	
	(4) 기술 시스템
	  [6실04-01] [6실04-02] [6실04-03] [6실04-04] [6실04-05] [6실04-06]
	  [6실04-07] [6실04-08] [6실04-09] [6실04-10] [6실04-11]
	
	(5) 기술활용
	  [6실05-01] [6실05-02] [6실05-03] [6실05-04] [6실05-05]
	  [6실05-06] [6실05-07] [6실05-08] [6실05-09]

⇩

• 성취기준 연계 교과서 단원 구성 예시(5학년)

	단원명	중단원	차시	반영된 성취기준
1	나의 성장과 발달	아동기 발달의 특징	3	6실01-01
		아동기 성의 발달	3	6실01-02
2	식물과 동물	생활 속 식물과 동물	2	6실04-01
		식물 가꾸기	6	6실04-02
		동물 돌보고 기르기	5	6실04-03
3	가정생활과 안전	건강한 식사	4	6실02-01
		음식의 맛과 식습관	3	6실02-04
		맛있는 간식	7	6실02-02
		옷 입기와 의생활	4	6실02-03
		안전한 생활	5	6실02-08
4	생활속 자원 관리	올바른 시간 관리	3	6실03-02
		용돈 관리와 소비	3	6실03-03
		옷 정리와 보관	2	6실03-01
		쾌적한 생활공간 관리	2	6실03-04
5	수송과 생활	수송과 수송 수단	4	6실04-04
		수송 수단 만들기	5	6실04-05
6	나의 발견과 탐색	일과 직업의 세계	2	6실05-01
		나의 발견과 직업	6	6실05-02

(첫 열 좌측 라벨: 교과서 구현)

라. 교육과정 성취기준은 모두 평가계획에 포함해야 하는가?

학교 현장에서는 교과별 연간평가계획을 수립하여 학부모에게 안내하거나 정보공시에 탑재하게 되어 있다. 『초·중등학교 정보공시 입력 지침서』(한국교육정보학술원, 2020: 179)에 의하면 학년별·학기별·교과별 평가영역·요소·방법·횟수·기준을 포함하여 학년별·학기별·교과 (목)별 평가계획을 탑재하여야 한다고 명시하고 있다.

또한, 학교생활기록 작성 및 관리지침(교육부훈령 제321호) 제15조(교과학습발달상황) 및 별표9(교과학습발달상황 평가 및 관리)에서는 "교과학습의 평가는 성취기준에 기반하여 수업 시간 중에 실시한다."라는 내용을 제시하고 있고, 2015 개정 교육과정 총론의 평가 부분에서도 "교사는 성취기준에 근거하여 학교에서 중요하게 지도한 내용과 기능을 평가한다."라고 하였다. 이와 같이 평가를 실시해야 하는 근거를 살펴보면 성취기준을 기반으로 평가영역·요소·방법·횟수·기준 등을 포함하여 평가계획을 수립하고 추진하도록 요구하고 있다.

그렇다면 교육과정 성취기준은 모두 평가를 해야 하는가? 교육부 훈령 제321호에 의거하여 해석하면 원칙적으로 모든 성취기준이 평가의 대상이 되는 것으로 판단된다. 그 이유는 교과별 성취기준에 기반하여 평가계획을 수립하도록 진술되어 있기 때문이다. 실제로 국민신문고에 성취기준 관련 질의에 대해서도 성취기준을 기반으로 평가를 해야 하므로 원칙적으로는 모두 평가를 해야 하는 것으로 답변하고 있다. 다만 성취기준이 너무나도 많은 초등학교의 경우 교사 혼자서 모든 교과를 가르치는 특성 때문에 성취기준 모두를 평가 대상으로 해서 계획을 수립하고 수업 속에서 과정중심평가를 수행하기에는 너무나도 어려움이 클 수밖에 없다.

그래서 지필평가나 수행평가를 알맞게 계획하여 평가를 실시하는 것이 필요하다. 또한, 성취기준이 제시되는 유형에 따라 성취기준을 통합형 단원/영역별 성취수준[9]을 제시하거나 일부 내용을 압축하는 등 성취기준 재구조화[10]를 통해 평가계획을 수립하

---

9 단원/영역별 성취수준은 각 단원 또는 영역에 해당하는 교수·학습이 끝났을 때 학생이 성취하기를 기대하는 지식, 기능, 태도에 도달한 정도를 수준별로 '종합적'이고 '포괄적'으로 기술한 것이다. 이 성취수준은 단원/영역별 교수·학습의 계획 수립을 비롯하여 학생의 성취 정도 평가, 학생 및 학부모와의 의사소통 등에 도움이 될 수 있다(교육부, 2018: 9).

10 '성취기준의 재구조화'는 교육과정 성취기준을 실제 평가의 상황에서 준거로 사용하기에 적합하도록 보다 구체적이고 명료하게 하는 것을 의미한다. 다만, 성취기준을 통합하거나 일부 내용을 압축하여 재구조화할 경우, 성취기준의 내용 요소 일부가 임의로 삭제되지 않도록 유의해야 하며, 일부 내용 요소를 추가해야 하는 경우에는 학생의 학습 및 평가 부담이 가중되지 않도록 학년(군), 학교급 및 교과(군) 간의 연계성을 충분히 고려해야 한다(교육부, 2020: 84).

는 방법도 고려할 수 있다. 결국은 평가계획 수립 및 적용에 있어 곤란함이 많아도 평가의 기본은 성취기준을 중심으로 가르치고 과정중심평가를 해야 하는 것이 본질이고 기본이라는 사실을 잊지 말아야 한다.

마. 평가계획 작성의 지름길! 성취기준이 교과서에 연결되는 방식 알기

성취기준 기반으로 평가계획을 수립하기 위해서는 교사 입장에서 성취기준이 교과서에 어떻게 연결되고 있는지를 정확하게 알면 평가계획을 수립하기가 매우 용이해진다. 내용교과의 경우에는 성취기준이 일회성으로 단원 속에 포함되어 있어서 평가계획을 수립하기가 수월하지만, 표현교과 중에서 국어, 영어, 미술, 음악 교과의 경우에는 성취기준이 반복적으로 사용되어 해당 성취기준을 언제, 어떻게 평가할 것인지 방법적 접근 전략이 필요하다. 더욱이 지속적인 성취기준의 경우 학기별, 학년별로 반복 사용되기에 교과서 단원과 성취기준이 어떻게 연결되어 있는지를 충분하게 이해해야 평가계획을 손쉽게 수립할 수 있다.

음악 교과 성취기준의 경우 하나의 성취기준이 여러 제재에 반복적으로 사용되고, 학년 제재에도 동일하게 반복 사용이 되고 있다. 미술 교과도 음악 교과와 같이 하나의 성취기준이 단원별, 학년별로 무한 반복적으로 사용이 되는 성취기준이 많이 존재한다. 이러한 경우 성취기준을 제재별, 단원별로 평가를 누가적으로 하여 종합적으로 학기 말에 평가할 것인지, 제재별로 하여 통합할 것인지 등을 사전에 파악하여 체계적으로 평가계획을 수립해야 완성도가 높아진다.

일선 현장에서 실질적으로 교과별로 성취기준 중심으로 평가계획을 어떻게 수립하는지 상황을 파악하기 위해 학교 알리미 서비스에서 평가계획을 정보공시에 탑재한 자료를 살펴보니 성취기준 모두를 평가 대상으로 하는 학교도 있었다. 하지만 아직까지도 많은 학교에서는 영역별로 대표가 되는 성취기준을 선정하여 평가계획을 수립하고 있었다. 그러나 미술, 음악 교과와 같이 성취기준이 반복적으로 사용되는 표현교과의 경우에는 대부분의 학교에서 영역별로 대표가 되는 성취기준만을 대상으로 평가계획을 수립하고 있었다.

사실 2009 개정 교육과정의 경우 성취기준·성취수준을 개발 보급하면서 성취기준이 너무 많아 핵심성취기준을 선정하여 제시하였기 때문에 핵심성취기준 중심으로 평가하여 결국은 중요한 성취기준 중심으로 평가를 실시해도 무방했던 적이 있었다. 하지만 2015 개정 교육과정에서는 교육과정 문서에 성취기준이란 용어가 명확하게 제시되어 교육과정 성취기준의 성격이 보다 강화되었기 때문에 더욱이 영역별로 대표가 되는 것을 임의로 선정하여 평가하는 것은 교육과정 일부를 삭제하는 것과 다를 바가 없는 것이다. 그러므로 영역별로 대표가 되는 성취기준을 하나 정도 선정하여 평가계획을 수립하는 것은 편의 위주의 평가계획이라고 볼 수밖에 없다.

이러한 현상은 아마도 교과서를 활용하여 수업을 실시하는 상황에서 교과서 단원이나 제재에 성취기준이 어떻게 연결되고 있는지 정확하게 파악하지 못하였기 때문에 발생하는 현상이 아닐까 하는 생각이 든다. 따라서 일부 교과의 평가계획에 따른 오류 사례를 통해 보다 성취기준 기반 평가가 어떤 방향으로 이루어져야 하는지 시사점을 제시하고자 한다.

📖 영역별로 성취기준 하나만 선정하여 평가하는 방법 지양하기

국어과 3-1학기의 경우 <표 57-국어과 교육과정 성취기준이 교과서 단원과 연결되어 있는 모습(3-1학기)>과 같이 성취기준 17개가 조합되어 11개 단원에 101시간 분량으로 구성되어 있다. 단원별로 2~3개 영역의 성취기준이 조합하여 하나의 단원으로 연결되어 있는 것이다. 또한, 6개 성취기준은 2개 이상의 단원에 반복적으로 사용되고, 7개의 성취기준은 지속성취기준으로 4학년에도 사용되고 있다는 것을 파악할 수 있다.

그러므로 만약 1학기에 영역별로 평가계획을 수립할 경우 성취기준 모두를 평가 대상으로 한다면 17개가 된다. 영역별 성취기준을 분석하면 대표가 되는 성취기준을 선정한다는 것이 거의 불가능하다는 것을 발견할 수 있다. 국어과의 영역별 성취기준은 각각 내용이 상이하기 때문이다. 결국, 교과서에 연결된 영역별 성취기준 중 하나를 대표로 선정하여 평가계획을 수립하는 것은 다른 성취기준을 누락시키는 것과 다름없는 결과를 초래하게 된다.

물론 정보공시에 올리고 학부모에게 통지하는 성취기준을 대표로 하나 정해서 계획을 세우고 나머지 성취기준은 교사가 평상시에 평가를 실시하여 피드백해 줄 수는 있을 것이다. 그러나 그렇게 되면 결국 학부모에게 학생들이 배우는 모든 성취기준에 대한 정확한 정보를 제공하지 못하는 것이 되는 셈이다.

영역	성취기준	연결 단원	영역	성취기준	연결 단원
듣가· 말하기	4국01-01 4국01-03 4국01-05	3단원 6단원 5단원	문법	4국04-01 4국04-02 4국04-04	7단원 4단원, 5단원 3단원
읽기	4국02-01 4국02-02 4국02-03 4국02-05	2단원, 8단원 5단원, 8단원 4단원, 7단원, 9단원 독서단원, 1단원, 10단원	문학	4국05-01 4국05-04 4국05-05	1단원 9단원 10단원
쓰기	4국03-01 4국03-02 4국03-04 4국03-05	2단원, 8단원 6단원 4단원 독서단원	• 3-1학기의 경우 5대 영역에 17개 성취기준이 국어 교과서 　11단원에 연결 구성 • 6개 성취기준은 2개 단원 반복 사용		

〈표 57-국어과 교육과정 성취기준이 교과서 단원과 연결되어 있는 모습(3-1학기)〉

　알리미 사이트에 탑재된 어느 초등학교의 3-1학기 국어과 평가계획 내용을 〈표 58-○○초 3-1학기 국어과 평가계획 작성 사례〉와 같이 제시하였다. 앞에서 논의한 내용을 토대로 살펴보면 우선 영역별로 하나의 성취기준을 선정하여 평가계획을 수립하였음을 알 수 있다. 특히 쓰기 [4국03-01]은 8단원에도 반복 사용이 되었는데 2단원에서 평가를 하였다. 반복 성취기준의 경우 가급적 학기 말에 있는 단원에서 평가하는 것이 바람직한데 말이다.

　읽기 영역의 경우 [4국02-03]을 대표 성취기준으로 선정하여 계획을 수립하였다. [4국02-01], [4국02-02], [4국02-05] 성취기준도 중요한 내용인데도 생략하여 성취기준 기반으로 평가가 이루어지지 않았음을 보여주고 있다. 그래서 보다 완성도가 있는 평가계획이 이루어지기 위해서는 반복되거나 지속적인 성취기준을 고려하여 단원/영역별로 해당되도록 통합하여 성취기준을 평가하도록 계획을 수립하는 것이 바람직하다. 그렇게 하기 위해서는 교과서에 성취기준이 연결되는 도식을 그려보고 반복 성취기준의 경우 어느 단원에서 어떻게 평가할 것인지를 판단해서 최종 계획을 수립하는 것이 바람직하다.

단원명	대영역	성취기준	방법	시기
1. 재미가 톡톡톡	문학	[4국05-01] 시각이나 청각 등 감각적 표현에 주목하며 작품을 감상한다.	수행	3월
2. 문단의 짜임	쓰기	[4국03-01] 중심 문장과 뒷받침 문장을 갖추어 문단을 쓴다.	지필	4월
3. 알맞은 높임표현	문법	[4국04-04] 높임법을 알고 언어 예절에 맞게 사용한다.	지필	4월
5. 중요한 내용을 적어요	듣기·말하기	[4국01-05] 내용을 요약하며 듣는다.	지필	5월
9. 어떤 내용일까?	읽기	[4국02-03] 글에서 낱말의 의미나 생략된 내용을 짐작한다.	지필	7월

〈표 58-○○초 3-1학기 국어과 평가계획 작성 사례〉

또한, 학기에 사용되는 영역별 성취기준을 모두 통합하여 단원/영역별 성취수준으로 나타내어 평가계획을 수립한다면 생략되는 성취기준 없이 모든 성취기준을 평가할 수 있을 것이다. 마찬가지로 사회, 과학 등과 같이 주제 중심으로 성취기준이 제시되는 교과의 경우에도 대표적인 성취기준만 평가 대상으로 선정하지 말고 단원 내 성취기준을 통합하여 평가를 실시하면 성취기준을 생략하는 일이 없어질 것이다. 물론 모든 성취기준을 평가 대상으로 포함하여 평가계획을 수립하는 것이 원칙이지만 말이다.

무한 반복 성취기준이 포함된 교과의 평가 전문성 갖기

음악이나 미술 교과의 경우 하나의 성취기준이 단원 내, 학기 내, 학년 간, 학년 군 간에 걸쳐서 무한 반복되는 성취기준 많아 성취기준의 내용이 누락되지 않게 포함하여 평가계획을 수립하는 방법으로 접근해야 한다. 학교 알리미 사이트에서 살펴보니 음악이나 미술과의 경우 영역별로 해당 학기에 있는 성취기준을 모두 평가계획에 포함하는 경우는 극소수였다. 대부분은 영역별로 대표가 되는 성취기준 하나만 평가 대상으로 선정하여 계획을 수립하고 있었다. 예시로 음악과를 살펴보도록 하자.

단원	제재	차시	성취기준
1. 음악과 놀아요	노래로 인사해요 - 안녕	2	4음01-01, 4음01-02, 4음01-03
	꼭꼭 숨어라	2	4음01-01, 4음01-02, 4음03-02
	구슬비-놀람교향곡	2	4음01-01, 4음01-06, 4음02-01
	리코더 세상-봄, 희망의노래	3	4음01-01, 4음01-06, 4음02-01
	아기 콩	2	4음01-01, 4음01-03
	동물의 사육제	2	4음01-01, 4음01-02
	흥겨운 우리 놀이노래	3	4음01-01, 4음01-02, 4음01-03 4음02-02
	소리의 높낮이를 표현해요	1	
2. 음악을 만나요	장구와 함께해요	2	4음01-01, 4음01-06, 4음02-01
	고기잡이	2	4음01-01, 4음01-02, 4음01-04
	리듬악기 친구들	3	4음01-01, 4음01-03, 4음01-06
	리 자로 끝나는 말은	2	4음01-01, 4음01-02, 4음01-03
	위엄 있게 씩씩하게	3	4음02-01, 4음02-02
	즐기는 음악 나누는 기쁨	3	4음03-01, 4음03-03
	사랑 쑥쑥 음악 약국	1	4음03-02
	정리하기	1	

	영역	성취기준	교과서 제재(연결제재 수)	영역	성취기준	교과서 제재(연결제재 수)
성취기준과 단원 연결	표현	4음01-01	1단원(7), 2단원(6)	감상	4음02-01	1단원(2), 2단원(1)
		4음01-02	1단원(4), 2단원(3)		4음02-02	1단원(1), 2단원(1)
		4음01-03	1단원(3), 2단원(2)	생활화	4음03-01	2단원(1)
		4음01-04	2단원(1)		4음03-02	1단원(1), 2단원(1)
		4음01-06	1단원(1), 2단원(1)		4음03-03	2단원(1)

〈표 59-음악과 단원 및 제재별로 사용되는 성취기준 현황(3-1, 동아출판)〉

3학년 1학기 음악과 단원 및 제재별 사용되는 성취기준 현황을 살펴보면 [4음01-01]의 경우 1단원에서 7번, 2단원에서 6번 반복 사용되고 있고, [4음01-01]도 여러 번 반복 사용이 되고 있다는 것을 파악할 수 있다. 물론 [4음01-01] 성취기준을 비롯한 일부 성취기준은 2학기에도, 4학년에도 무한 반복적으로 사용되고 있다.

또한, 3학년 1학기 음악과의 경우, 영역별로 성취기준이 표현 5개, 감상 2개, 생활화 3개가 연결되어 있는 것을 볼 수 있다. 그런데 대부분의 학교에서 교사들은 3개 영역별로 하나의 성취기준만을 평가계획에 포함하는 상황이다. 성취기준 중심이 아니라 교과서 중심의 관점에서 평가를 계획하였기 때문이 아닌가 하는 생각이 든다.

이러한 경우 평가를 영역별로 어떻게 하는 것이 바람직할 것인가?

알리미 사이트에 탑재된 어느 초등학교의 3-1학기 음악과 평가계획 내용은 다음과 같다.

단원명	대영역	성취기준	평가 내용	방법	시기
1. 음악과 놀아요 : 구슬비-놀람교향곡	표현	[4음01-06] 바른 자세로 노래 부르거나 바른 자세와 주법으로 악기를 연주한다.	• 노래하는 바른 자세를 알고 바른 자세로 노래 부르기	실기평가 관찰평가 상호평가	4월
2. 음악을 만나요 : 위엄 있게 씩씩하게(대취타)	감상	[4음02-01] 3~4학년 수준의 음악 요소와 개념을 구별하여 표현한다.	• '대취타'에 쓰이는 악기의 종류와 음색 설명하기	관찰평가	6월
2. 음악을 만나요 : 즐기는 음악 나누는 기쁨	생활화	[4음03-03] 생활 속에서 활용되고 있는 국악을 찾아 발표한다.	• 생활 속에서 활용되는 국악을 조사하여 발표하기	보고서 관찰평가	5월

〈표 60-○○초 3-1학기 음악과 평가계획 작성 사례〉

이 초등학교 음악과의 성취기준 특성을 토대로 살펴보면 우선 영역별로 하나의 대표적인 성취기준을 대상으로 평가계획을 수립하고 있음을 파악할 수 있다. 1학기 동안 영역별로 포함되어 있는 성취기준이 많은데 그중에서 하나만을 선택하여 평가하고 있다는 사실을 발견할 수 있다.

특히, 표현 영역의 경우 [4음01-01], [4음01-02] 성취기준은 1~2단원에 가장 많이 반복적으로 사용되는 성취기준임에도 불구하고 제외하였다. 이러한 측면에서 [4음 01-06] 성취기준만을 표현 영역의 평가 대상으로 포함한 것을 볼 때 완전한 평가계획이 이루어지지 않았다는 것을 확인하게 된다.

또한, 평가에 포함된 [4음01-06] 성취기준은 노래 부르기와 악기연주인데, 평가 내용을 보면 노래 부르기로 한정되어 있다. 악기를 연주하는 요소는 누락된 것이다. 학기별로 가르치는 성취기준이 중심이 되어야 하는데 제재 내용을 우선적으로 고려하여 평가계획을 수립하지 않았나 하는 생각도 갖게 한다.

음악과를 평가할 경우 교과서에 영역별로 연결된 성취기준 모두를 평가하거나 이것이 부담스러우면 영역별 관련 성취기준 모두를 포함하여 통합형으로 영역별 성취

수준11을 만들어 평가하는 방법을 활용하는 것이 바람직하다. 교과서 제재를 그대로 가르치기보다 성취기준 중심으로 통합하여 교과서를 재구성하여 가르치면 오히려 음악과의 경우 성취기준 평가를 용이하게 할 수 있기 때문이다.

교과서는 하나의 자료이다. 성취기준 도달 측면을 고려하여 교과서 일부 제재는 생략해도 무방하다. 오히려 성취기준을 중심으로 다른 제재를 새롭게 가져와서 재구성해도 상관이 없는 것이다. 교과서 내용은 삭제하거나 생략해도 되지만, 성취기준은 의도적으로 생략하거나 삭제해서는 안 되기 때문이다. 교과별로 특성을 파악하여 국가수준에서 개발·보급하는 영역별 성취수준을 최대한 참고하여 활용한다면 성취기준 중심의 평가가 잘 이루어질 수 있을 것이다.

다음 쪽부터 제시되는 도표는 교육과정 성취기준이 교과서에 연결되는 모습을 한눈에 살펴볼 수 있도록 작성한 것이다. 교과별, 학년별로 학기 초에 성취기준이 교과서에 어떻게 구현되는지 미리 파악하여 그 특징을 이해하고 교과서를 활용하여 성취기준 중심의 재구성이 이루어지도록 해야 할 것이다. 또한, 가르치고자 하는 성취기준을 대상으로 적절한 평가계획을 수립하여 추진함으로써 평가가 학생들의 배움과 성장에 도움을 줄 수 있도록 해야 한다.

---

11 영역별 성취수준은 학생의 성취 정도를 판단하는 근거로 사용되기도 하지만, 학생 및 학부모와 의사소통을 할 때에도 유용하게 활용할 수 있다. 학생들의 성취 정도를 평가하여 이에 대해 학생 및 학부모에게 통지하는 일은 개별 평가기준별로 이루어지기보다는 보다 상위 수준의 종합적인 관점에서 이루어지는 경우가 많다. 따라서 특정 영역 및 단원 내의 평가기준들을 포괄하여 종합적으로 진술한 성취수준을 참고한다면, 개별 학생 및 학부모에게 구체적이면서도 일관성 있게 평가 결과를 안내해 줄 수 있다. 또한, 영역별 성취수준은 개별 학생 및 학부모에게 '일반적인' 기준을 '종합적인' 수준에서 안내할 수 있다는 점에서 장점을 가진다(교육부, 2016: 11)

바. 교과 교육과정 영역 및 성취기준과 교과서 연결 한눈에 살펴보기

○ 국어과 성취기준과 교과서 단원 연결(2학년 1학기) / 하나의 성취기준이 반복 사용 / 영역 성취수준 가능

○ 수학과 성취기준과 교과서 단원 연결(2학년 1학기) / 성취기준 및 개가 하나의 단원으로 구성 / 단원 성취수준 가능

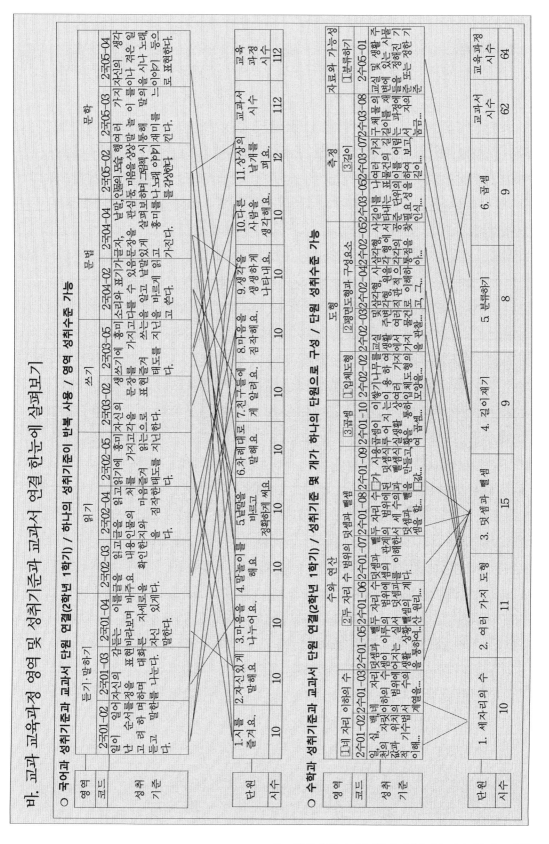

○ 도덕과 성취기준과 교과서 단원 구성도 (4학년) / 단원이 성취기준 1개와 연결하여 구성 / 성취기준별 평가 계획 수립 용이

영역	자신과의 관계	타인과의 관계		사회·공동체와의 관계		자연·초월과의 관계
코드	4도01-01	4도02-03	4도02-04	4도03-02	4도03-03	4도04-02
성취기준	도덕 시간에 무엇을 배우며 도덕적인 공부가 왜 필요한지를 알고, 바람직한 사람으로서 지켜야 할 규칙을 모범 사례를 통해 습관화한다.	중요성을 이해하고 협동하는 것의 의미와 중요성을 알고, 일상생활에서 협동할 수 있는 능력을 기른다.	참된 아름다움을 살펴보고, 내면적 가치와 도덕적 아름다움을 추구하는 사람이 되는 방법을 탐구하여 심성을 기른다.	공정함의 의미와 공정한 사회를 위해 무엇을 해야 하는지를 알고, 일상생활에서 공정하게 생활하려는 실천 의지를 기른다.	다문화 사회에서 다양성을 수용해야 하는 이유를 탐구하고, 올바른 역지사지와 필요성을 알고 다른 사람과 문화에 대한 관심과 통일 의지를 지닌다.	통일의 필요성을 이해하고, 통일에 대한 관심과 통일 의지를 기르며, 바람직한 통일의 모습을 탐구하는 태도를 지닌다.	올바르게 이름다움을 느끼고 생활 속에서 이를 실천한다.
단원	1. 도덕 공부, 행복한 우리	2. 공손하고 다정하게	3. 아름다운 사람이 되는 길	4. 함께 마음을 모아서	5. 하나 되는 우리	6. 함께 꿈꾸는 무지개 세상	우리가 만드는 도덕 수업 1. 작은 실천, 아름다운 세상 / 2. 나는 우리 동네의 영웅
시수	4	4	4	4	4	4	4

		교과서 시수	32
		교육과정 시수	34

○ 체육과 성취기준과 교과서 단원 연결(4학년-전체교육) / 성취기준 3~4개가 1개의 단원으로 구성 / 영역별 성취수준 가능

영역	건강	도전	경쟁	표현	안전
코드	4체01-04 4체01-05 4체01-06	4체02-05 4체02-06 4체02-07 4체02-0	4체03-05 4체03-07 4체03-0	4체04-06 4체04-0	4체05-04 4체05-06
성취기준					
단원	1. 건강 여가와 체력 운동방법	2. 도전 동작 도전	3. 경쟁 영역형 경쟁	4. 표현 리듬표현	5. 안전 운동장비와 게임활동 안전
단원중단 시수	20	24	26	19	12

	교과서 시수	101
	교육과정 시수	102

○ 사회과 성취기준과 교과서 단원 연결 (4-1) / 성취기준 2개가 1개 단원을 구성, 성취기준과 소주제와 1:1 연결 / 개별 성취기준 평가 필요

영역	지리 인식					
주제	지역의 위치와 특성		우리가 알아보는 지역의 역사		장소와 지역	
			역사 일반		지역의 역사	공공 기관과 주민 참여
코드	4사03-01	4사03-02	4사03-03	4사03-04	4사03-05	4사03-06
성취기준	지도의 기본 요소에 대한 이해를 바탕으로 하여 우리 지역 지도에 나타난 지리 정보를 실제 생활에 활용한다.	고장 사람들의 생활과 밀접하게 관련이 있는 지역의 다양한 중심지(행정, 교통, 상업, 산업, 관광 등)를 조사하고, 각 중심지의 위치, 기능, 경관의 특성을 탐색한다.	우리 지역을 대표하는 유무형의 문화유산을 알아보고, 지역의 문화유산을 소중히 여기는 태도를 갖는다.	우리 지역과 관련된 역사적 인물의 삶을 알아보고, 지역의 역사에 대해 자부심을 갖는다.	우리 지역에 있는 공공 기관의 종류와 역할을 조사하고, 공공 기관이 지역 주민들의 생활에 주는 도움을 탐색한다.	주민 참여를 통해 지역 문제를 해결하는 방안을 살펴보고, 지역 문제의 해결에 참여하는 태도를 기른다.

주제	① 지도로 본 우리 지역 ② 우리 지역의 중심지	① 우리 지역의 문화유산 ② 우리 지역의 역사적 인물	① 우리 지역의 공공 기관 ② 지역 문제와 주민 참여	교과서 시수	교육과정 시수
단원	1. 지역의 위치와 특성	2. 우리가 알아보는 지역의 역사	3. 지역의 공공 기관과 주민 참여	45	51
시수	15	15	15		

○ 과학과 성취기준과 교과서 단원 연결 (3-1) / 성취기준 3-4개가 1개의 단원으로 구성 / 단원별 성취수준 가능

영역														
주제	물질의 성질				자석의 이용			동물의 한살이			지구의 모습			
	(1) 물질의 성질				(2) 자석의 이용			(10) 동물의 한살이			(16) 지구의 모습			
					전기와 자기			생명의 연속성			고체지구			
코드	4과01-01	4과01-02	4과01-03	4과01-04	4과02-01	4과02-02	4과02-03	4과10-01	4과10-02	4과10-03	4과16-01	4과16-02	4과16-03	4과16-04
성취기준	서로 다른 물질로 만들어진 물체들을 관찰하고 물체를 이루는 물질을 찾아 설명할 수 있다.	크기와 모양은 같지만 서로 다른 물질로 이루어진 물체들을 관찰하여 물질의 여러 가지 성질을 비교할 수 있다.	서로 다른 물질을 섞었을 때 물질을 섞기 전과 성질이 달라짐을 관찰을 통해 구별할 수 있다.	물질의 여러 가지 성질을 이용하여 다양한 물체를 설계하고 그 과정을 설명할 수 있다.	자석 사이에 밀거나 당기는 힘이 작용하는 현상을 관찰하고 두 종류의 극을 구별할 수 있다.	일상생활에서 자석이 사용되는 예를 조사하고 자석의 성질과 관련지어 그 기능을 설명할 수 있다.	나침반의 바늘이 일정한 방향을 가리키는 성질이 있음을 관찰을 통해 설명할 수 있다.	동물의 암수에 따른 특징을 동물별로 비교하고, 번식 과정에서 암수의 역할이 다양함을 설명할 수 있다.	동물의 한살이 관찰 계획을 세우고, 동물을 기르면서 한살이를 관찰하며, 관찰한 내용을 글과 그림으로 표현할 수 있다.	여러 가지 동물의 한살이 과정을 조사하여 동물에 따라 한살이의 유형이 다양함을 설명할 수 있다.	여러 가지 물체와 재료를 이용하여 지구의 모습을 표현하고, 지구가 둥글다는 것을 설명할 수 있다.	지구 표면의 다양한 모습을 살펴보고, 육지와 바다의 특징을 비교하여 설명할 수 있다.	지구 주위를 둘러싸고 있는 공기의 역할을 자료를 바탕으로 설명할 수 있다.	달을 조사하여 모양, 표면, 환경을 이해하고 지구와 달을 비교할 수 있다.

단원	1. 과학자는 어떻게 탐구할까요?	2. 물질의 성질	3. 동물의 한살이	4. 자석의 이용	5. 지구의 모습	교과서 시수	교육과정 시수
시수	6	11	11	12	11	51	51

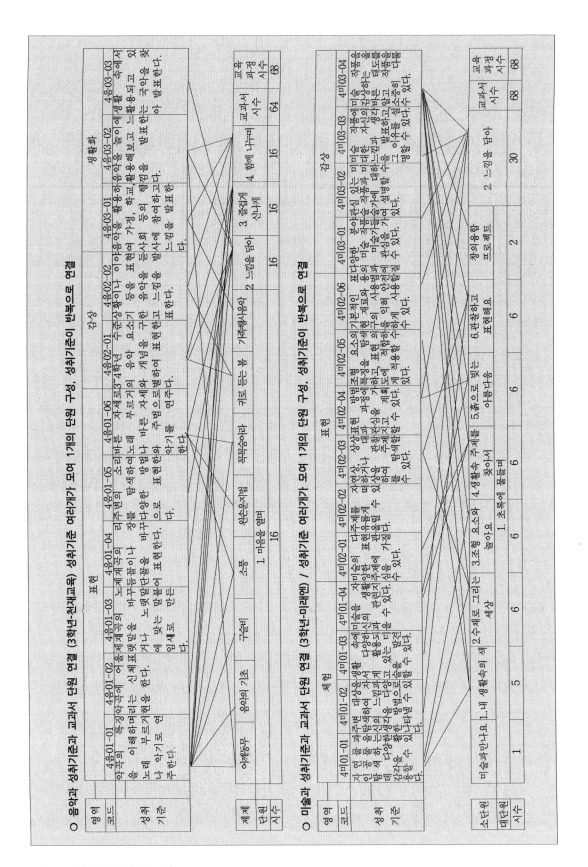

○ 음악과 성취기준과 교과서 단원 연결 (3학년-천재교육) / 성취기준 여러개가 모여 1개의 단원 구성, 성취기준이 반복으로 연결

○ 미술과 성취기준과 교과서 단원 연결 (3학년-미래엔) / 성취기준 여러개가 모여 1개의 단원 구성, 성취기준이 반복으로 연결

3부

백워드 기반 KDB 모형 적용
교육과정 재구성 Story

I.

설레는 만남! 교육과정
재구성의 세계

1. 교과서로 수업을 하면 얼마나 편한데, 재구성이라니?

교사가 아이들을 대상으로 수업하기 위해서는 가르쳐야 할 내용이 있어야 한다. 이러한 내용에 해당하는 것이 교육과정이다. 대부분의 국가에서는 여러 가지 목적을 두고 학교급별로 교육과정을 문서로 제시하고 있으며, 교사는 이를 바탕으로 학생을 대상으로 수업을 통해 교육과정을 가르치도록 하고 있다.

우리나라의 경우 개발도상국 시절에 학력을 높이기 위해 국가가 통제하기 위한 수단으로 친절한 교과서를 만들어 보급하게 되었다. 그러다 보니 학교에서는 교과서를 금과옥조로 여기며 교과서 중심으로 가르치는 것이 하나의 문화로 자리 잡았다. 교과서는 학교에서 교사가 수업할 때 사용하는 중요한 매체가 되어 교사나 학부모 모두에게 교과서가 성전이 되어 버렸다. 좀 더 심하게 표현하자면 교과서에 종속되기에 이른 것이다. 이는 교육과정중심 수업이 아닌 교과서 중심의 수업 문화가 자리 잡게 된 배경이기도 하다. 그러면서 교사가 교과서에 의지하다 보니 교육과정을 바라볼 필요가 없게 된 것이다.

사실 교사가 교과서를 멀리하지 못하는 이유는 교과서대로 수업하면 너무나도 편안하고 별다른 고민을 하지 않아도 되기 때문이다. 그러나 근래에 들어서 교과서의 달콤함에 젖어 있던 교사들을 당혹하고 곤란하게 만들게 한 장본인이 나타났다. 바로 2015 개정 교육과정이다. 2015 개정 교육과정은 역량중심 교육과정, 이해중심 교육과정을 표방하면서 "백워드 단원 재구성을 해야 한다.", "교육과정-수업-평가 일체화를 해야 한다." 등 교육과정중심으로 재구성을 통해 성취기준에 도달하는 수업을 요구하게 되었다.

그래서 많은 교사가 이러한 변화를 인식하고 전문적 학습공동체나 교과연구회 등을 통해 자발적으로 연구하고 적용하고 있다. 이러한 모습은 교사들을 교육과정의 전문 사용자로 만들었고, 학교 현장이 교육과정중심의 문화로 전환하는 계기가 되었다는 점에서 의미가 크다 하겠다.

그렇다면 교육과정 재구성의 필요와 요구는 2015 개정 교육과정에서부터 강조한 것이었을까? 아니다. 재구성은 6차 교육과정부터 학교에 교육과정 자율권을 부여하면서 교육과정중심으로 변화를 요구하였고, 7차 교육과정부터는 성취기준 중심으로 내용적 변화를 가져오게 되면서 교사에게 교과서 중심에서 교육과정중심으로의 전환을 요구하고 있었다. 다만 학교 현장의 변화를 가져오는 기폭제가 없었을 뿐이다.

사실 교과서는 교육과정 목표에 잘 도달하도록 전문가가 만들어 놓은 수업 자료이지, 공식적인 문서가 아니다. 교사로서 보다 전문성을 갖고 교육과정중심으로 수업을 전개하기 위해서는 당연히 교과서는 자료로 활용하되 교육과정을 이해하고 이를 바탕으로 성취기준에 잘 도달하도록 설계하고 수업을 전개하는 것이 본질이다.

그러므로 전통적으로 내려오는 교과서 중심의 문화는 본질에 충실하지 못하게 되는 악순환을 반복해 왔으므로 그 연결고리를 끊기 위해서 교사들은 교육과정 재구성을 통해 교육과정 문해력을 높이고 전문성을 신장하기 위한 지속적인 노력이 무엇보다 중요한 기제가 된다.

2. 진도를 너무 나가지 못했어.
어떡하지!

> 질문: 여름방학이 2주 정도 남았는데 아직 국어 교과서 진도가 3개 단원이나 남아 있어요. 주당 국어 수업이 6시간 정도라 시간이 부족하네요. 큰일 났어요. 교과서 진도를 마치지 못하면 학부모들의 항의가 있을 것 같은데요.
> 저는 신규 교사인데 진도 계획을 체계적으로 세우지 못한 것 같아요. 이러한 경우에는 어떻게 해야 하는지요.
> 2단원이 24시간 정도니 1차시에 2~3차시를 해서 진도 빼기 수업을 해야 하는지요, 아니면 진도를 끝까지 나가지 않아도 되는지 궁금하네요.

여러분이라면 신규 교사로부터 위와 같은 질문을 받았다면 어떻게 답변을 해 줄 수 있을까. 학교 현장에서는 학기 초에 교과별 연간 지도계획을 수립하고 정보공시에 탑재하게 되는데 신규 교사의 이야기를 들어보면 교과서 중심으로 연간 지도계획을 작성한 것이지, 교육과정중심으로 작성한 것이 아니라는 것을 확인할 수 있다. 혹시 교육과정 작성 전문 프로그램의 도움을 받아 연간 지도계획을 작성해서 제출하지는 않았을까 하는 생각도 든다. 또한, 신규 교사의 이야기를 통해 교과서에 있는 내용은 모두 가르쳐야 하는 것으로 인식하고 있음을 엿볼 수 있다.

여기에서 더욱 주목할 부분은 신규 교사는 연간 지도계획은 하나의 형식에 불과하고 이를 무시하고 교과서 순서대로만 가르쳐 왔다는 것이다. 사실 현장에서도 아직도 이 신규 교사와 같이 계획은 연구계에 내야 하니까 프로그램의 도움을 받아 형식적으로 작성하고, 교과서 순서대로 가르치는 것이 일상화된 일부 교사의 모습을 적잖이 찾아볼 수가 있다.

이러한 측면은 교육과정에 대한 교사들의 진정한 이해가 왜 필요한지 인식하게 해 주는 대목이다. 교육과정 재구성에 대한 의미도 마찬가지이다. 교과서만 가르치는 경우 그 누가 전문성이 있는지 확인할 방법이 별로 없다. 교육과정 재구성을 할 때 비로소 전문성의 차별화가 생기게 되는 것이다.

신규 교사의 질문에 대한 답변을 다음과 같이 A, B, C 교사가 하였다고 가정하고 답변한 교사들의 이야기를 각자 교육과정 문해력 차원에서 분석해 보는 것도 의미가 있을 것이다.

답변 A : 남은 단원에 수행평가계획이 없다면 적절하게 하고 진도는 다 나가지 않아도 됩니다.

답변 B : 교과서의 모든 내용을 다 가르치는 것이 아니라 <u>성취기준에 잘 도달하면 됩니다. 그러니 지금이라도 교과서를 활용하여 남은 기간을 파악한 다음 성취기준에 도달하도록 핵심 내용 중심으로 가르치기 바랍니다.</u>

답변 C : 그러면 한 단원을 3~4시간을 축약하여 가르치면 될 것입니다. 선생님이 재구성하기 나름이라고 생각합니다.

A교사는 "수행평가 없는 단원이면 문제가 없다."라고 답변하는 것을 볼 때 교육과정과 평가에 대한 이해가 부족함을 보여주고 있고, C교사의 경우는 한 단원을 3~4차시 정도로 재구성해서 가르칠 수는 있지만, 답변에 성취기준과 관련한 내용이 없어 한편으로는 신규 교사에게 재구성은 어떤 기준도 없이 대충 축약해도 된다는 느낌을 받게 할 수 있다.

B교사의 답변은 성취기준과 교육과정중심으로 재구성을 해야 하는 본질적인 측면에 대해 이야기하고 있어서 가장 좋은 답변을 해 주었다고 볼 수 있다. 다만 신규 교사가 성취기준이 무엇인지, 재구성을 어떻게 해야 하는지에 대한 문해력이 없다 보니 B교사의 답변이 질문한 신규 교사에게 얼마나 도움이 되었을지는 모른다.

신규 교사의 질문과 답변을 보면서 다시 한번 교사들의 교육과정 문해력이 얼마나 중요한지를 일깨워 주는 우문현답이 아닌가 생각해 본다. 교사들에게 있어서 진도를 다 나가지 못했다거나, 너무나 진도를 빨리 나갔다는 말은 스스로 전문성이 있는 교사가 아니라는 것을 밝히는 결과가 되어 버린다. 성취기준 중심으로 재구성하고 연간 지도계획을 수립하여 계획한 대로 수업한다면 진도가 빠르거나 느리다고 이야기할 수 없다.

교사에게 교육과정의 핵심인 성취기준의 의미와 문해력을 가지고 학생의 특성, 학교 및 지역적 특수성 등을 고려하여 교과별 시수에 맞게 교육과정을 재구성하여 역량을 키워주는 수업을 진행하도록 선진형 교육과정 운영의 문화가 보다 현장에 착근되어야 한다. 이러한 모습이 정착되기 위해서는 지속적인 행정 지원과 학교 구성원들의 노력이 무엇보다 중요하다고 여겨진다. 진도라는 의미가 교과서의 내용을 순차적으로 모두 가르치는 순서라는 의식에서 벗어나 교육과정을 재구성하여 연간 지도계획을 수립한 내용대로 가르치는 것이라는 인식으로의 전환이 필요한 것이다.

따라서 학교에서는 학기 초에 범교과와 관련하여 외부 강사 초청 수업, 각종 예방교육, 학교 행사, 외부 초청 공연 관람 프로그램 등의 내용과 시수를 종합하여 안내하여 교과나 창의적체험 활동과 연계하여 체계적으로 연간 지도계획이 수립되도록 해야 한다. 계획을 수립하여 진행하는 과정에 소위 중간 치기로 끼워 넣기를 강요하는 행사 등의 프로그램이 없도록 하는 것도 교사들이 수립한 계획을 안정적으로 진행하는 데 많은 도움을 준다. 만약 실행 중간에 학교에서 새롭게 반영 요구가 있는 경우 기존 시수 계획에서 일부 내용을 대체하여 수정해야 학기 말에 진도를 못 나갔다거나 진도를 빨리 나가 시간이 많이 남았다고 이야기할 수 없게 된다.

다시 말하자면 전문성 있는 교사라면 해당 학교의 학사 일정에 따라 수업일수와 교과별 수업 시수에 맞게 교육과정 성취기준 내용을 지도할 수 있도록 교육과정 재구성을 통해 연간 지도계획을 건고하게 수립해야 한다. 그렇게 되면 진도가 빠르거나 느린 상황은 사라지게 된다. 교육과정 재구성을 통한 연간 지도계획을 정교하게 수립하고 계획대로 수업을 전개하면 학교 현장에서 진도라는 용어는 쓰일 필요가 없어질 것이다.

3. 교육과정 재구성, 너는 누구니!- 교육과정 재구성에 관한 고민들

가. 교육과정 재구성, 꼭 필요한 것인가?

교육과정 재구성을 생각하면 떠오르는 용어가 기성복과 맞춤복이다. 기성복은 교과서를 연상시키고, 맞춤복은 교육과정 재구성을 연상시키기 때문이다. 교과서는 국가 수준에서 제시하는 내용, 즉 교육과정인 성취기준에 잘 도달하도록 전문가들이 표준화하여 제시한 자료이므로 흡사 기성복과 비슷하다. 반면에 맞춤복은 허리, 키, 어깨 등 개인의 신체적 특성, 개성 등을 고려하여 최적으로 만든 옷이다. 재구성한 것과 다를 바가 없으므로 맞춤복과 흡사하다.

그러므로 교과서 내용을 순서대로 가르친다는 것은 기성복을 사주는 것과 같이 학교의 특수성, 학습자의 발달수준, 흥미, 능력 등을 고려하지 않고 학생들을 교육하게 되는 것을 의미한다. 물론 교과서를 중심으로 가르친다고 해도 재구성을 전혀 하지 않는 것은 아니다. 계절이나 학교 행사 등을 고려하여 교과서 지도 시기를 조정하여 단원의 순서를 바꾸는 단순한 간접 재구성은 쉽게 이루어지고 있다.

하지만 기성복과 같이 교과서 중심으로 가르치면 교사가 교육과정의 의미, 즉 성취기준을 이해하지 못하고 교과서의 내용 중심, 지식 중심으로 지도하게 되어 학생 중심, 교육과정중심의 운영이 이루어지지 못하게 됨으로써 결국 교사로서의 전문성을 상실하는 결과를 초래하게 된다. 그러므로 학생들에게 맞춤복을 입혀주는 것과 같이 교육과정 재구성을 통한 맞춤형 교육과정 운영은 꼭 필요한 부분이다.

맞춤복과 같은 교육을 하기 위해서는 교사는 성취기준을 해석하여 이를 잘 도달하도록 맞춤형으로 교육과정 재구성을 해야 한다. 교육과정 재구성을 할 경우, 현재와 같은 시스템에서는 교과서가 성취기준에 도달하도록 구현된 양질의 자료 중 하나이므로 교과서를 최대한 활용하는 것이 필요하다. 다만 교과서를 활용하여 재구성에 대한 전문성이 깊어지면 서서히 교과서를 멀리하는 것도 자연스럽게 이루어져야 할 것이다.

사실 검인정 도서 제도를 도입하는 이유는 교과서가 하나의 자료이므로 다양한 교과서를 활용하여 교육과정중심으로 재구성을 통해 수업에 녹여서 역량을 기르도록 가르치는 것이 교사에게 있어서 매우 중요한 요소가 되며 교육 전문가의 지표가 될 수 있다는 것을 시사하는 것이다. 그러나 일부이지만 아직도 검인정 교과서 중 하나를 선택하여 기존 국정 교과서와 같이 처음부터 끝까지 순서대로 교과서에 의지하여 가르치는 모습을 현장에서 찾아볼 수 있다는 것은 다소 아쉬움을 갖게 한다.

시대적 흐름에 따라 교육과정 재구성은 선택이 아니라 필수이다. 교육과정 재구성은 교사의 전문성 신장 측면만이 아니라 교육과정중심으로 성취기준을 학생들에게 잘 도달하도록, 배움이 이루어지도록 가르치기 위해서는 절대적으로 필요한 것이기 때문이다. 앞으로는 교사의 전문성 여부의 기준은 교육과정 재구성의 능력 자체가 될 것이다.

또한, 우리나라도 교육 선진국과 같이 국정교과서 제도가 폐지된다면 더욱이 교사는 교육과정 사용자가 되어 교육과정 재구성의 달인이 되어야 할 것이다. 왜냐하면, 교사가 교과서에 의존하지 않고 단지 자료로 활용하고 학생들에게 최적의 맞춤형 교육과정을 설계하여 지도하는 것이 교육의 효과성 제고뿐만 아니라 교사의 전문성을 지속해서 신장하는 데 바람직한 방향으로 작용하기 때문이다.

나. 교육과정 재구성의 용어에 대한 담론

재구성이라는 용어에 대한 사전적 의미는 "한 번 구성되었던 것을 여러 부분이나 요소들을 얽어 짜서 다시 새롭게 구성함."이라고 되어 있다. 한마디로 기존에 구성되어 있던 것을 다시 구성한다는 의미를 담고 있다. 이러한 측면에서 교육과정 재구성이란 용어의 적절성에 대한 의문을 갖게 된다. 교육과정 재구성이란 용어를 그대로 읽어보면 "교육과정을 재구성한다."라는 것이다. 이 말은 교육과정으로 구성되어 있는 부분을 교사 수준에서 필요한 부분은 살리고 불필요한 부분은 생략하는 등 가감할 수 있는 것으로 해석할 수 있다.

그러나 국가 수준의 교육과정은 교육부 장관이 고시한 문서로서 법적 효력이 있는 것이므로 현장에서 교사 임의대로 수정하거나 삭제하는 것은 법을 위반하는 것이 되어 새롭게 구성할 수는 없다. 교육과정을 재구성하는 것은 교육과정 성취기준을 통합하거나 일부 필요한 내용을 추가하는 정도로의 재구성은 가능하지만, 수정·축소·삭제는 원칙적으로 불가능하다는 것이다. 교과서는 교육과정을 잘 구현하도록 만든 자료이므로 교과서를 완전하게 재구성하는 것은 가능하지만 말이다. 그러므로 교과서 재구성이라고 할 수 있겠지만, 무언가 전문적인 느낌을 주는 용어와는 거리가 멀다.

따라서 요즈음에는 '교육과정 재구성'이라는 용어보다는 '교사 수준의 교육과정 개발', '성취기준 재구성', '성취기준으로 수업 만들기', '교사 수준 교육과정 구성' 등의 용어가 주목받고 있다(경상남도교육청, 2017: 14). 그중에서 교사 수준 교육과정 구성이 가장 전문적이며 의미 있게 다가온다.

물론 교육과정 재구성이라는 용어를 사용하지 말자고 하는 것은 아니다. 학교 현장에 교육과정 재구성이라는 용어가 폭넓게 사용되고 있으므로 용어에 대한 의미를 깊게 이해하고 보다 전문성을 갖고 교사 수준에서 교육과정을 바라보는 자세가 필요하다는 의미를 이야기하고 싶은 것이다.

다시 말하자면 교사 수준 교육과정 재구성이든, 구성이든, 아니면 다른 용어를 사용하든 국가·지역 수준의 일관성과 학교·교사 수준의 다양성 차원의 조화와 균형을 위한 노력이 더 필요한 것이다(경상남도교육청, 2017: 15).

4. 교육과정 재구성의 종류에는 어떠한 방법들이 있을까?

"교육과정을 상용화할 수 있다."라는 것은 교사가 수업할 교과와 단원에 대한 성취기준을 분석하여 국가 수준에서 제시하는 교육적 기본 방향을 어떻게 반영하고 학생들의 특성을 고려하여 맞춤형으로 배움이 잘 일어나도록 단원 재구성을 할 줄 알고, 이를 통해 참여형 학습방법을 적용하여 수업을 전개하고 과정중심평가를 실시하는 일련의 교육과정-수업-평가의 일체화를 이루어 낼 수 있는 힘을 갖게 되었다는 것을 의미한다. 교육과정 상용화 능력이 높아지면 교과서를 서서히 멀리하게 되고 성취기준에 도달하기 위한 내용 선정 등 교육과정 재구성의 전문성을 갖추게 될 것이다.

국정교과서가 보급되는 우리나라의 경우, 성취기준 중심의 교육과정 재구성은 우선적으로 교과서를 활용하는 것을 전제로 하여 접근하는 것이 바람직하다. 성취기준 중심의 교육과정 재구성 방법은 다양하다. 교육과정 재구성을 시작할 때 대부분 주제 중심 교과통합 위주로 하지 않으면 재구성이 아닌 것처럼 인식이 되던 시기도 있었다.

주제 중심 교과통합은 주제 중심으로 성취기준을 가져와 내용을 구성하는 것인데 자칫 주제 중심 프로젝트 운영이 우선이고 성취기준은 구색 맞추기로 전락하여 성취기준에 담긴 의미와 역량에 제대로 도달하지 못하게 되는 경우도 자주 연출되곤 하였다. 사실 교육과정 재구성은 어떤 방법으로 하느냐가 중요한 것이 아니라 본질적으로 교육과정 성취기준의 의미를 이해하고 이를 잘 도달하도록 내용을 재구성하느냐에 달려 있는 것이다.

따라서 재구성 방법은 교사의 의도와 방향에 따라 다각적으로 접근하여 구성할 수 있다. 교사의 교육과정 문해력과 상용 능력 정도에 따라 다르기는 하지만, 초보적인 경우에는 성취기준 도달을 위해 교과서 자료를 최대한 활용하여 단원 내 및 단원 간에 재구성하는 방법이 매우 효과적이다. 이 단계가 정착되면 월별이나 계절별로 대주제, 소주제 중심으로 간학문적 주제 중심 교과통합 방법으로 성취기준을 통합하여 재구성을 통해 수업을 전개할 수 있다.

그리고 학교 행사나 특정 프로젝트와 연계하여 시기, 내용 등을 통합하는 적극적인 재구성을 할 수도 있다. 또한, 백워드 단원 설계 방식으로 재구성을 할 수도 있다. 2015 개정 교육과정이 이해중심교육과정이고 이의 핵심이 평가가 수업을 리드하는 백워드 단원 설계 방식으로 접근하는 재구성도 전략적으로 활용할 필요가 있다.

교육과정 재구성 방법은 여러 가지가 있지만, 본서에서는 교과서를 활용하는 것을 기본으로 하면서 성취기준을 KDB 모형을 기본적으로 적용하는 재구성 방법을 근간으로 하여 안내하고자 한다. 그래서 첫째는 성취기준 중심으로 교과서 차시와 내용을 재구성하는 'KDB 모형 적용 단원 재구성', 둘째는 '백워드 기반 KDB 모형 적용 단원 재구성', 세 번째는 '백워드 기반 KDB 모형 적용 주제 중심 교과통합 재구성' 방법을 설명하고 실제로 재구성한 사례를 예를 들어 안내하고자 한다.

교과서 활용 교육과정 재구성 방법		
관점 1	**KDB 모형 적용 성취기준 중심 단원 재구성** 단원 내(간) 차시 증·감축 및 내용 대체 등 통한 방법	교과서를 활용하고 KDB 모형을 적용하여 성취기준 중심으로 교과별로 단원 내(간)에서 차시 증·감축과 내용 대체, 행사 등과 통합하여 토의·토론 및 문제해결 학습, 프로젝트 학습 등 학생 참여·협력 중심의 수업 적용을 위한 재구성
관점 2	**백워드 기반 KDB 모형 적용 성취기준 중심 단원 재구성** 단원 내(간) 차시 증·감축 및 내용 대체 등 통한 백워드 단원 설계 방법	교과서를 활용하고 KDB 모형을 적용하며 백워드 기반 성취기준 중심으로 교육과정 확인-평가과제 설정-학습 내용 계획에 따른 단원 설계를 하여 학생 참여·협력 중심의 수업 적용을 위한 재구성
관점 3	**백워드 기반 KDB 모형 적용 주제 중심 교과통합 재구성** 교과 내, 타 교과, 창제와의 연계를 통한 방법	KDB 모형을 적용하고, 주제 중심으로 교과 간, 창체와 연계하여 교과통합 설계를 통해 성취기준 중심의 수업이 될 수 있도록 하고, 학생 참여·협력 중심의 프로젝트 수업 적용을 통한 재구성

〈표 61-교과서 활용 교육과정 재구성 방법〉

가. [관점 1] KDB 모형 적용 성취기준 중심 단원 재구성

성취기준 중심 재구성 방법 중에서 가장 기초적인 재구성 방법이다. 교과서는 전문가들이 성취기준에 도달하도록 연구하여 작성한 자료이다. 그러나 교과서만 가르치면 국가 수준의 성취기준을 어느 정도 도달하는 데는 무리가 없기는 하지만, 교육과정 운영의 주체인 교사가 국가 수준 교과 교육과정의 본질을 모르고 가르치는 악순환이 되풀이되고 전문성은 신장되기 어렵다. 따라서 교사는 교과 교육과정의 핵심인 성취기준에 도달하는 데 있어서 교과서를 활용하기 위하여 재구성하는 과정을 거쳐야 한다. 이를 통해 전문성은 자연스럽게 신장된다.

교사 수준에서 지역적 및 학생 특성 등을 감안하여 교과서에서 구성된 단원이 성취기준에 도달하는 데 적합한지 성취기준에 따른 시수배정, 학습 내용 측면을 검토하는 것이 매우 중요하다. 그다음에는 효과적인 방향으로 차시 및 내용 증·감축과 내용 대체를 하는 방법으로 접근하여 재구성을 하게 되면 교육과정중심의 수업이 이루어지게 된다.

그리고 교과별로 상이하기는 하지만 성취기준별로 평가를 실시하여 도달 여부를 파악한 후 적절한 피드백을 제공하면 교육과정-수업-평가의 일체화가 자연스럽게 이루어질 수 있다. 물론 성취기준을 분석할 경우에는 KDB 모형을 적용한다. 또한 [관점 1] 재구성 방법에 대하여 안목이 쌓이면 교과서를 서서히 멀리하게 되고 어느 정도 시간이 지나면 교과서 없이도 단원 구성과 차시 및 내용·평가 등을 교사가 마음대로 재구성할 수 있는 전문성이 높은 단계로 도약할 수 있으며, 주제 중심 교과통합도 손쉽게 사용할 수 있는 기반이 된다.

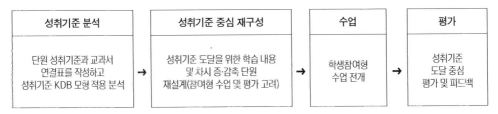

〈표 62-KDB 모형 적용 교과서 활용 성취기준 중심 단원 재구성 절차〉

※ 재구성 방법 요소: 내용 순서 재배열, 시간 증감, 내용추가, 내용삭제, 내용 축약, 내용 대체, 이수 시간 재조정, 지도 시기 조절 등

나. [관점 2] 백워드 기반 KDB 모형 적용 성취기준 중심 단원 재구성

일부 학자나 교사들은 주제 중심 교과통합의 경우 단순히 주제 중심으로 성취기준을 가져와 통합하여 주제 중심 위주의 활동 수업을 전개하다 보면 성취기준 도달이 제대로 이루어지지 않을 경우가 많아 교육과정-수업-평가의 일체화가 이루어지기 어려울 수도 있다는 문제점을 제기하고 있다. 아무리 좋은 활동을 했다고 하더라도 학습후 평가를 실시하여 배움이 제대로 이루어지지 않았다면 그 과정에 따른 방법에 대하여 고민할 필요가 있는 것이다.

2015 개정 교과 교육과정의 내용 체계를 살펴보면 핵심 개념과 일반화된 지식 등으로 구성되어 있으면서 핵심 개념을 나선형으로 심화하여 가르치도록 체계화되어 있다. 이러한 측면에서 2015 개정 교육과정이 이해중심 교육과정이라는 별칭이 달리면서 평가를 중요시하는 백워드 단원 설계 방법에 대한 교사들의 이해와 적용이 요구되었다.

[관점 1] 성취기준 중심 단원 재구성의 방식이 평면적인 재구성이었다면, [관점 2] 백워드 기반 KDB 모형 적용 재구성 방법은 입체적인 방법이라고 볼 수 있다. 이해중심 교육과정은 영속적 이해[12]를 위하여 각 교과의 핵심 개념, 일반화를 중심으로 교육과정을 설계하되 평가를 먼저 구성하여 수업을 진행해 나가는 방법이다. 그 평가는 영속적 이해(개념, 빅 아이디어, 일반화)를 실제 맥락에서 적용할 수 있는가를 평가하는 과정중심의 평가를 지향한다. 즉 수행을 통해 학생들이 무엇을 알고 있고, 무엇을 할 수 있는가를 평가하고 수업하며, 이를 통해 역량을 길러나가는 방식으로 전개된다. 평가를 먼저 개발하고 이 평가를 토대로 수업이라는 살을 붙여나가는 방법으로 진행된다.

평가가 수업을 이끌어가는 이해중심 교육과정에서 중요한 부분은 가르쳐야 할 중요한 내용을 학생들이 제대로 이해했다면 그것은 어떤 모습이어야 할 것인가를 수업 전에 떠올림으로써 수업 활동에 구심점을 주고 내용에 대한 이해를 드러내는 방식으로 가르치게 된다는 것이다. 즉, 평가는 이해의 청사진을 제공하여 핵심내용과 수업 활동의 연결고리 역할을 하는 것이다(이경선, 2016).

---

[12] 영속적 이해는 이해중심교육과정, 일명 백워드 설계에서 말하는 '이해'의 개념으로 다른 내용, 영역에까지 강한 전이력을 가지는 것을 말한다. 즉, 학생들이 사실들을 모두 잊어버려도 남아 있는 일반화된 지식 혹은 원리나 원칙을 의미하는 것이다.

백워드 설계의 특징은 목표 성취를 위해 평가가 강조되었고, 전이 가능성이 높은 주요 아이디어에 초점을 둔 모형이며, 학습자의 진정한 이해를 강조한 모형이라는 것이다. 백워드 설계의 단계는 1단계, 바라는 결과 확인하기, 2단계, 수용 가능한 증거 결정하기(평가하기), 3단계, 학습 경험 계획하기로 되어 있고, 이에 따른 템플릿은 처음 적용하는 교사의 경우 매우 어려움을 느끼게 될 정도로 복잡한 부분이 있는데 [관점 2] 재구성에서는 백워드 설계 템플릿을 모두 동일하게 따르지는 않고 기본적인 3단계를 기반으로 하여 재구성을 하는 데 초점을 두고자 하였다.

따라서 백워드 기반 KDB 모형 적용 성취기준 중심 단원 재구성 방법은 백워드 단원 설계의 기본적인 방식을 따르면서 성취기준을 KDB 모형에 맞게 분석하여 재구성을 실시하였다. 이러한 재구성 방법을 통해 설계된 내용을 참여형 수업을 통해 전개하면 자연스럽게 학생들의 역량이 길러지게 된다. 그러므로 [관점 2] 재구성 방법은 결국 역량 함양을 위하여 백워드 설계를 기반으로 KDB 모형을 적용하여 성취기준 중심으로 단원을 재구성하는 것을 의미한다.

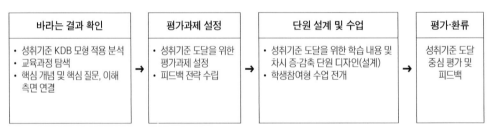

〈표 63-백워드 기반 KDB 모형 적용 성취기준 중심 단원 재구성 절차〉

다. [관점 3] 백워드 기반 KDB 모형 적용 주제 중심 교과통합 재구성

교육의 목적은 성취기준 중심 교육과정 운영을 통해 학생들에게 실제적인 변화가 이루어지도록 하는 것이다. 지식으로 끝나지 않고 이를 실제 삶에서 활용할 수 있는 능력, 즉 역량을 길러주는 방향으로 이루어져야 한다. 그러한 측면에서 주제 중심 교과통합 재구성은 개인적·사회적 실재에서 배운 지식을 삶에서 잘 활용할 수 있다는 장점을 가지고 있다. 그러나 단순하게 주제 중심이라고 해서 병렬적인 성취기준 중심 교과

통합은 한계가 있기 마련이다. 성취기준을 분석하고 거기에서 개념적 주제를 끌어낼 수 있는 안목을 가지고 주제를 정하며 이에 알맞은 성취기준을 구성하고 수업으로 담아내야 한다. 단지 주제만을 위해 성취기준을 여기저기서 끌어와 조합하여 주제 중심 교과통합을 하면 오히려 역효과를 가져올 수 있다. 이러한 측면을 고려하여 실제로 효과성을 제고하는 차원에서 교과통합 재구성을 전개하는 것이 바람직하다.

주제 중심 교과통합은 학습자가 속해 있는 공동체에서 사회적 관심의 대상이 되는 문제나 주제를 중심으로 교과 교육과정을 재구성하는 경우에 필요한 방법이다. 유치원이 주제 중심으로 이루어져 있고, 유·초 연계 교육 차원이나 초등학교 저학년의 경우 분리 교과보다 주제 중심 교과통합으로 가르쳤을 경우 이해를 더욱더 잘할 수 있다는 측면에서 성취기준도 교과통합 형식으로 제시하고 있다.

다만 발달단계에 따라 3학년 이상에서는 항상 주제 중심으로 통합한다고 해서 효과를 갖게 된다는 보장은 크지 않다고 주장하는 학자들도 있다. 필요한 경우에 따라 대주제나 소주제 중심으로 밀도 있는 교과통합 재구성이 이루어져야 한다. 주제 중심을 위해 성취기준을 가져오는 경우 교과별 특성을 최대한 고려해야 하고, 가져온 성취기준에 따른 교과별 시수 관리도 정확하게 이루어져야 한다.

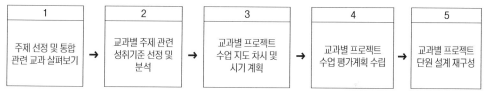

〈표 64-주제 중심 교과통합 재구성 절차〉

II.
교과서 활용 KDB 모형 적용
성취기준 중심 단원 재구성

1. 교과서 활용 KDB 모형 적용 성취기준 중심 단원 재구성 절차

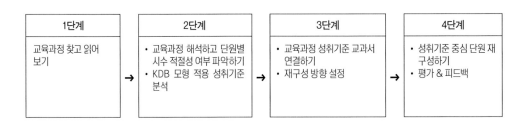

1단계	2단계	3단계	4단계
교육과정 찾고 읽어보기	• 교육과정 해석하고 단원별 시수 적절성 여부 파악하기 • KDB 모형 적용 성취기준 분석	• 교육과정 성취기준 교과서 연결하기 • 재구성 방향 설정	• 성취기준 중심 단원 재구성하기 • 평가 & 피드백

　교과서 활용 KDB 모형을 적용하여 성취기준 중심으로 단원을 재구성하는 절차는 크게 4단계로 이루어진다. [1단계]는 가르치고자 하는 교과서 단원과 연결되는 성취기준을 교육과정 원문에서 찾아서 읽어보는 활동을 한다. 단지 성취기준만을 살펴보는 것이 아니라 학습 요소, 성취기준 해설, 교수·학습 및 평가 유의사항까지 함께 읽어보아야 한다.

　[2단계]에서는 성취기준에 따른 교육과정 시수와 교과서 시수 배정과의 차이를 조망해 보고 단원별 시수 적절성을 파악하며, KDB 모형을 적용하여 성취기준을 분석하는 활동을 통해 단원 목표를 명확하게 하는 작업이 이루어진다. 다시 말한다면 성취기준과 총론과의 연계성을 확인하고 해당 교과의 내용 체계에 따라 교과서 단원이 어떻게 구성이 되었는지를 분석하며, 단원별 차시 배당 관계를 파악하여 재구성 시 참고가 되도록 하는 것이다. 또한, 성취기준을 KDB 모형을 적용하여 알아야 하는 것과 할 수 있는 것을 확인하고 단원 목표를 설정하게 된다.

　[3단계]는 KDB 모형을 적용하여 성취기준을 분석한 것을 토대로 교육과정 성취기준을 교과서와 연결하고 교과서가 어떻게 성취기준에 도달할 수 있게 구성되었는지를 분석하여 재구성 방향을 설정하게 된다. 학교 행사와 연계하여 수업을 어떤 방향으로 재구성할 것인지도 생각한다. 독서나 현장체험학습과 연계할 것인지, 차시 증·감축은 필요한지, 내용 대체는 어느 정도 해야 하는지 재구성 관점에 따라 다양하게 재구성 방향을 구상하는 것이다.

마지막으로 [4단계]는 3단계에서 기본적으로 구상한 방향을 기반으로 하여 실제로 교과서를 활용하여 성취기준 중심으로 단원을 재구성하는 단계이다. 성취기준 도달을 어떻게 할 것인가에 초점을 두고 내용을 재구성하고 평가 내용과 방법도 결정한 후 피드백까지 고려해서 재구성이 이루어지도록 해야 한다.

특히, 교사가 교육과정을 재구성할 경우 성취기준에 제시되는 지식, 기능, 태도에 대한 정보를 확보하였다면, 학습 내용과 방법, 자료 활용 등에서는 학교·교사 수준의 다양성이 반드시 반영되어야 한다. 그렇게 하기 위해서는 성취기준을 중심으로 도달할 수 있도록 교과서 자료를 활용하면서, 학생, 환경, 교사 측면 등 7가지의 관점으로 고려하여 재구성하면 완성도가 있는 단원 디자인이 이루어질 것이다.

대상	관점	고려 사항
학생	발달 단계	• 학생 발달단계에 대한 이해를 통해 학습자에게 적절한 성장 유도 • 개인차에 대한 이해를 통해 맞춤형 지도 가능 • 주로 가치 및 태도와 관련하여 부족한 부분을 채워줄 수 있도록 고려(배려, 나눔 등)
	능력과 수준	• 학급 전체 수준이나 학생 개인별 능력 수준에 맞는 내용, 수준, 방법 적용 가능 • 학생들의 수준을 정확하게 파악하여 알맞은 학습 내용 등 선정 구성
	흥미와 태도	• 학생들의 학습적 흥미 등을 고려하여 학습 내용 및 활동 조직 반영 • 학생들이 선호하고 집중할 수 있는 내용 중심의 내용으로 재구성
환경	지역적 특성	• 교육과정 내용에 따라 대체할 수 있는 학교 주변 환경에 대한 정보 파악하기 　- 학교 주변 아파트, 공장, 법원, 대학, 병원, 은행, 시장, 전시장 등 적극 활용
	학교 환경	• 교육과정 내용에 따라 대체할 수 있는 학교 내 환경에 대한 정보 파악하기 　- 연못, 텃밭, 식물, 생태숲, 운동장, 놀이터, 화단 등
교사	철학과 가치	• 교사가 추구하는 교육 가치 반영 및 수업방법 등 적용, 교육과정-수업-평가 일체화 　- 온 작품 읽기, 하브루타, 범교과 연계 학습, 학교 행사 통합적 접근 등 　- 학교 및 학급 단위 교육활동 및 체험학습 프로젝트 학습 전개(사전-전개-사후학습) • 배움중심 수업이 지향하는 가치를 수업에 어떻게 적용할지 고려 • 백워드 설계방식 적용, 다양한 수업모형 적용 고려
	역량	• 교사가 가지고 있는 역량을 수업에 어떻게 반영할지 고려(음악적 기능 등) • 교과역량 등을 어떻게 수업에 녹여서 효과적으로 적용할지 적절성 고려

〈표 65-교육과정 재구성에 따른 대상 및 관점(경상남도교육청, 2017: 21-22)〉

2. 교과서 활용 KDB 모형 적용 성취기준 중심 단원 재구성의 실제

- 교과: 사회(3학년 2학기)
- 단원: 2. 시대마다 다른 삶의 모습
- 시간 배당 기준: 204시간(3~4학년군)
- 성취기준
  [4사02-03] 옛사람들의 생활 도구나 주거 형태를 알아보고, 오늘날의 생활 모습과 비교하여 그 변화상을 탐색한다.
  [4사02-04] 옛날의 세시 풍속을 알아보고, 오늘날의 변화상을 탐색하여 공통점과 차이점을 분석한다.

가. [1단계] 교육과정 찾아 읽어보기

📖 교육과정 원문 찾아 읽어보기

- 수업 단원 성취기준 관련 교과 교육과정 원문 찾아 읽기

수업 단원과 관련된 내용과 관련된 교육과정 원문을 찾아 전체적으로 읽어보고, 대략적인 내용을 살펴보도록 한다.

[교육과정 원문]

(2) 우리가 살아가는 모습
이 단원은 환경 및 시대에 따라 달라지는 고장의 생활 모습, 가족의 구성 및 역할 변화에 대한 탐구를 통해 고장 사람들의 생활 모습이 서로 다르고 변화하고 있음을 이해하기 위해 설정되었다. 이를 위해 고장 간 의식주 생활 모습을 비교하여 환경의 차이에 따른 생활 모습의 다양성을 탐구하고, **옛사람들이 사용한 생활 도구와 세시 풍속을 조사하여 시대에 따라 다른 생활 모습과 변화상을 파악하며**, 옛날과 오늘날의 혼인 풍습과 가족 형태를 비교하여 가족의 변화 모습과 가족 구성원의 역할 변화를 탐구한다.

<시대마다 다른 삶의 모습>
[4사02-03] 옛사람들의 생활 도구나 주거 형태를 알아보고, 오늘날의 생활 모습과 비교하여 그 변화상을 탐색한다.
[4사02-04] 옛날의 세시 풍속을 알아보고, 오늘날의 변화상을 탐색하여 공통점과 차이점을 분석한다.

(가) 학습 요소
• 옛사람들의 생활 도구와 주거 형태, 생활 모습의 변화, 옛날과 오늘날의 세시 풍속

(나) 성취기준 해설
• 이 단원은 생활 도구와 주거 형태 및 세시 풍속을 중심으로 옛날과 오늘날의 고장 사람들의 생활 모습을 탐색하여 고장 사람들의 생활 모습이 시대에 따라 변화한다는 점을 파악하는 데에 주안점을 둔다.
• [4사02-03]에서는 생활 도구(농경 도구, 조리 도구, 의복을 만드는 도구 등)나 주거 형태(동굴, 움집, 초가집, 기와집, 아파트 등)가 어떻게 변화하였는지를 파악하도록 한다.
• [4사02-04]에서는 옛날의 세시 풍속을 조사하고 오늘날의 세시 풍속과 비교하여 공통점과 차이점을 찾고 그 변화상을 파악하도록 한다.

■ 단원 성취기준 관련 내용 체계 살펴보기

영역	핵심 개념	일반화된 지식	내용 요소	기능
정치·문화사	선사 시대와 고조선의 등장	• 한반도에는 구석기시대부터 사람이 살기 시작하였으며, 신석기 시대와 청동기 시대를 거친 후 최초의 고조선이 등장하였다.	• 시대마다 다른 생활 모습 (옛사람들의 생활 도구와 주거 형태)	• 역사적 상황 파악하기 • 시대적 배경 이해하기 • 역사적 사실 탐구하기
			• 관련성취기준 [4사02-03]	
사회·경제사	전통문화	• 우리나라의 전통문화는 시대 변화에 따라 변화 발전했다.	• 세시 풍속의 변화상	
			• 관련성취기준 [4사02-04]	

나. [2단계] 단원별 시수 적절성 및 KDB 모형 적용 성취기준 분석

📖 사회과 3~4학년군 교과 교육과정 분석

학년군	학년	대주제	중주제
3-4	3-1	(1) 우리가 살아가는 곳	• 우리 고장의 모습 • 우리가 알아보는 고장 이야기 • 교통과 통신 수단의 변화
	3-2	(2) 우리가 살아가는 모습	• 환경에 따라 다른 삶의 모습 • **시대마다 다른 삶의 모습(재구성)** • 가족의 모습과 역할 변화
	4-1	(3) 우리 지역의 어제와 오늘	• 지역의 위치와 특성 • 우리가 알아보는 지역의 역사 • 지역의 공공기관과 주민참여
	4-2	(4) 다양한 삶의 모습과 변화	• 촌락과 도시의 생활 모습 • 필요한 것의 생산과 교환 • 사회 변화와 문화 다양성
분석 결과 시사점		• 교육과정 문서 대주제와 중주제로 제시된 순서대로 교과서에 3학년 1학기부터 4학년 2학기까지 단원으로 구성 • 중주제를 보면 환경 확대법이 적용되어 교육 내용의 범위가 고장 → 지역 사회 → 국가 → 지구촌과 같은 순서와 수준으로 확장하는 내용 구성의 원리 적용 • 사회 교과는 내용 체계의 영역 중심보다는 원문에 있는 대주제 및 중주제 중심으로 구성이 되었고, 주제 중심으로 교과 내 통합이 자연스럽게 이루어져 있으며, 대부분 하나의 단원은 내용 체계 2개의 영역과 관련된 성취기준을 조합하여 구성	

📖 교과서 구성 체제와 차시 배당 분석

대상 학년	대주제	중주제	성취기준 개수	기준 시간 배당	교과서 배당 시수	시수 차이	80% 시수
3-1	우리가 살아가는 곳	① 우리 고장의 모습	2	17	15	2	14
		② 우리가 알아보는 고장 이야기	2	17	15	2	13
		③ 교통과 통신수단의 변화	2	17	15	2	14
		소계	6	51	45	6	41
3-2	우리가 살아가는 모습	① 환경에 따라 다른 삶의 모습	2	17	15	2	14
		② 시대마다 다른 삶의 모습	2	17	15	2	13
		③ 가족의 모습과 역할 변화	2	17	15	2	14
		소계	6	51	45	6	41
	학년 합계		12	102	90	12	82
4-1	우리 지역의 어제와 오늘	① 지역의 위치와 특성	2	17	15	2	14
		② 우리가 알아보는 지역의 역사	2	17	15	2	13
		③ 지역의 공공기관과 주민 참여	2	17	15	2	14
		소계	6	51	45	6	41
4-2	다양한 삶의 모습과 변화	① 촌락과 도시의 생활 모습	2	17	15	2	14
		② 필요한 것의 생산과 교환	2	17	15	2	13
		③ 사회 변화와 문화 다양성	2	17	15	2	14
		소계	6	51	45	6	41
	학년 합계		12	102	90	12	82
	학년(군) 합계		24	204	180	24	164
분석 결과 시사점							

분석 결과 시사점

- 교과서 단원명은 교육과정 원문의 중 주제와 동일한 명칭을 사용하여 제시
- 학기별로 3개의 단원으로 구성되었고, 하나의 단원은 단원 주제에 맞게 2개의 성취기준과 연결 구성
- 단원별로 시수를 살펴보면 교육과정 평균 배당 시수와 교과서 배당 시수와는 2시간 정도 차이가 있고, 3학년 2학기 전체는 6시간 정도 차이 발생
- 성취기준은 교과 시수의 80%에 해당하는 내용을 개발 제시하였으므로 실제 성취기준 도달 필요 시수는 41시간으로 10시간 정도 교사에게 재량권이 주어졌다는 측면도 고려하여 전반적으로 시수 운용 계획 수립 필요
- 교과서에 제시된 단원별 15차시를 그대로 준수할 필요는 없으므로 성취기준을 분석하고 이를 교과서에 구현한 내용과 실제 성취기준을 분석하여 성취기준 도달에 필요한 적정 시수를 파악하여 단원별 시수 배정을 하는 재구성 절차 필요
  - 예를 들어, 3학년 2학기 1단원은 14시간, 2단원은 16시간, 3단원은 14시간으로 재구성이 가능하다면 나머지 7시간은 교사가 재구성을 통해 마련한 융통성 있는 시수이므로 교사가 필요한 성취기준을 만들어 재량으로 수업을 할 수도 있고 단원별로 보충·심화학습을 하거나 범교과 및 행사와 연계하여 시수를 배정하여 운영 가능
- ※ 타 교과의 경우에도 학년군별 성취기준과 개수에 따른 시간 배당 기준과 교과서 배당 시수 등을 조망하는 표를 위와 같이 작성하여 활용하면 매우 유용할 것임

📖 KDB 모형 적용 성취기준 분석하기

KDB 모형 적용 성취기준 분석		내용 요소(What)	행동 요소(How)	
		K (Know): 지식	D (to Do): 기능	B (to Be): 태도
성취기준	[4사02-03] 옛사람들의 생활 도구나 주거 형태를 알아보고, 오늘날의 생활 모습과 비교하여 그 변화상을 탐색한다.	• 옛날과 오늘날의 생활 모습 알기(생활 도구, 주거 형태 중심)	• 생활 모습 **비교하고 변화상 탐색하기 (파악하여 설명하기)**	• 옛날 사람들의 생활 모습 존중하는 마음 갖기 • 공중도덕 지키기
	[4사02-04] 옛날의 세시 풍속을 알아보고, 오늘날의 변화상을 **탐색하여 공통점과 차이점을 분석**한다.	• 세시 풍속 의미 알기 • 우리나라 세시 풍속 알기	• 세시 풍속의 변화 **탐색하기(추론하기)** • 공통점과 차이점 분석하기	• 우리나라 전통문화에 대한 자부심 갖기 • 세시 풍속 생활화 하기
교육 과정 탐색	학습 요소	• 옛사람들의 생활 도구(농경, 조리, 의복 만드는 도구)나 주거 형태(동굴, 움집, 초가집, 기와집, 아파트 등) 및 생활 모습의 변화, 옛날과 오늘날의 세시 풍속		
	교수· 학습	• 박물관, 민속촌 견학 현장학습을 통해 옛사람들의 생활 모습 파악, 인터넷 활용 사진, 동영상 자료 활용 • 옛사람들 생활 모습 담긴 그림 활용 파악, 학생들 경험한 세시 풍속 중심으로 흥미와 관심 유도하기		
	평가 방법	• 옛날과 오늘날 생활 도구, 주거 형태 공통점과 차이점 설명하는 능력을 평가하는 서술형 • 서술형은 단순한 지식을 확인하는 평가에서 벗어나 생활 모습 변화를 파악 등 사고 촉진하는 질문 구성		

※ 교육과정 탐색은 원문의 내용을 핵심 부분만 요약 제시

다. [3단계] 교과서 단원에 성취기준 연결하고 조망하기

교육 선진국과 같이 교과서 없이 교육과정 목표, 성취기준 및 시수만을 제시하는 경우에는 교사가 성취기준에 따른 시수배정을 하고 가르쳐야 할 학습 내용 계획도 교사가 단원을 설계하여 교수·학습방법과 자료를 선정하고 수업을 진행해야 한다. 교과서를 버리고 처음부터 교육 선진국과 같이 재구성을 요구하면 준비되지 않은 교사 입장에서는 곤란함을 많이 느끼기 때문에 우리나라의 경우에는 재구성할 경우 교과서가 제공되고 있으므로 교육과정중심 수업으로 접근하는 초기 단계에서는 교과서 자료를 최대한 활용하는 것이 효과적인 방법이다.

다만 교과서 내용을 그대로 가르치지 말고 성취기준 도달을 위해 교과서가 어떻게 시수와 내용 구성을 하는지 파악하는 조망도를 그려보는 작업이 필요하다. 즉, 교과서와 성취기준 연결표를 작성하면 교과서가 성취기준에 도달하는 데 적합하게 되어 있

는지, 지역 및 학급의 학생 특성을 고려하여 살펴볼 때 적절한지 등을 확인할 수 있다. 특히, 교사 수준에서 단원 재구성을 할 경우 매우 의미 있는 시사점을 갖게 된다.

교과서와 성취기준 연결 및 시사점 도출			
교과서 구성 내용			성취기준 연결
주제	차시	주요 학습 내용	
단원 도입	1	단원 학습 내용 예상하기	
① 옛날과 오늘날의 생활 모습	2	자연에서 얻은 도구를 사용하던 옛날의 생활 모습 알아보기	[4사02-03] 옛사람들의 생활 도구나 주거 형태를 알아보고, 오늘날의 생활 모습과 비교하여 그 변화상을 탐색한다.
	3	새로운 도구를 만들어 사용하던 옛날의 생활 모습 알아보기	
	4	농사 도구의 변화로 달라진 사람들의 생활 모습 알아보기	
	5	음식과 옷을 만드는 도구의 변화로 달라진 사람들의 생활 모습 알아보기	
	6	사람들이 사는 집의 모습 변화 알아보기	
	7	집의 변화로 달라진 사람들의 변화 모습 알아보기	
② 옛날과 오늘날의 세시 풍속 알아보기	8	세시 풍속 알아보기	[4사02-04] 옛날의 세시 풍속을 알아보고, 오늘날의 변화상을 탐색하여 공통점과 차이점을 분석한다.
	9	옛날의 세시 풍속 알아보기	
	10-11	옛날과 오늘날의 세시 풍속 비교하기	
	12-13	옛날부터 전해 내려오는 세시 풍속 체험하기	
단원 정리	14-15	단원 학습 내용 정리 및 사고력 학습	
분석 결과 시사점	• 교과서 위주로 가르치다 보면 대부분 지식 중심의 수업이 이루어지는 경우가 많고, 단순 활동 위주로 진행이 되어 기능과 태도가 학생들에게 배움으로 이어지기가 어렵게 됨 • 수업은 지식을 기반으로 하여 기능과 태도가 길러지도록 해야 교육과정에 요구하는 역량이 함양되어 4대 인간상이 내면화될 수 있는 것임 • 성취기준에는 지식, 기능, 태도가 담겨있어 이를 분석하여 잘 도달하도록 하기 위해서는 지식은 '무엇을 가르칠 것인가?' 기능과 태도는 '어떻게 가르칠 것인가?'에 해당하기 때문에 단원을 설계할 경우 재구성의 등대 역할을 지식과 기능·태도가 수행 • 교과서 단원 계획 내용을 성취기준과 연결을 하면 교과서 구성이 성취기준에 도달하는데 최적으로 구성되어 있는지를 확인 가능하기 때문에 교사 입장에서 재구성 방향을 다양하게 접근 할 수 있음 • 단원에 성취기준 [4사02-03]과 [4사02-04] 모두 각 6차시로 구성되어 있고, 단원 정리는 2차시로 시수 배당이 되어 과연 성취기준에 따라 차시 배당이 적절한지 살펴보고 단원 정리에 2차시를 배정할 필요가 있는지 분석 필요		

라. [4단계] 성취기준 중심 단원 설계 재구성하기

성취기준 중심 단원 재구성을 하기 위해서 교사가 주체가 되어 교육과정 자료(교과서, 지도서 등)를 활용하여 교육과정을 개발하는 단계야말로 가장 핵심적이고 중요한 단계이며, 교사의 전문성이 발현되고 성장하는 단계이기도 하다. 이 단계에서는 교육과정 재구성을 어떤 방법으로 할 것인지를 정해야 한다. 단편적으로 단원 재구성이 아니라 학생들의 특성에 맞는 학습 내용의 수준 결정, 참여형 학습방법의 적용, 평가 내용과 방법 선정 등을 고려하여 단원 재구성이 이루어져야 하므로 교사의 배경적 지식과 전문성이 보다 요구된다.

수업 구상하기(재구성 방향 설정)
• 현장학습 연계하여 민속박물관 견학(도구와 주거 형태 파악하기-보고서 작성)
• 온 작품 읽기, 독서연계 학습 가능(조은수 저, 『옛날 사람들은 어떻게 살았을까?』/창작과 비평)
• 풍속화를 중심으로 세시 풍속 이해하기(미술-감상하기와 연계하여 통합학습 가능)
• 민속의 날 행사 연계하여 세시 풍속 놀이 체험하기
• 학생참여형 수업 적용(토의토론학습, 탐구학습, 협동 학습, 교육연극 등)
• 기능 중심의 평가와 역량이 길러지도록 수업 내용 구성 　- 조사하기, 비교하기, 보고서 작성, 협력하기, 탐색하기, 공통점과 차이점 분석하기
• 학습 요소의 내용을 중심으로 옛날과 오늘날 생활 도구와 주거 형태의 범위 설정 　- 생활 도구(농경, 조리, 의복 만드는 도구) 　- 주거 형태(동굴, 움집, 초가집, 기와집, 아파트 등)
• 내용 체계를 분석해 보면 [4사02-03]의 핵심 개념이 '선사 시대와 고조선의 등장'이고, [4사02-03]은 '전통문화'이며, 기능은 역사적 상황 파악하기, 사실 탐구하기이므로 생활 도구와 주거 형태 관련해서는 선사 시대 생활 모습 내용 담기(동굴, 움집, 석기 등)
• 과정중심평가를 위하여 수업 중 평가 실시 　- [4사02-03]은 분석적 루브릭(기준), [4사02-04]는 총합적 루브릭(기준) 방법 사용

교과서 활용 성취기준 중심 단원 설계 재구성							
성취기준	교과서			성취기준 중심 재구성			평가 계획
	주제	차시	주요 학습 내용	주제	차시	주요 학습 내용	
[4사02-03] 옛사람들의 생활 도구나 주거 형태를 알아보고, 오늘날의 생활 모습과 비교하여 그 변화상을 탐색한다.	단원 도입	1	단원 학습 내용 예상하기	단원 만남	1	성취기준 안내 및 단원 학습계획 세우기 <u>＜액션러닝 학습＞</u>	
	① 옛날과 오늘날 의 생활 모습	2	자연에서 얻은 도구를 사용하던 옛날의 생활 모습 알아보기	① 시대마다 다른 생활 모습 (분석적 분석 평가)	2	옛사람들의 도구와 주거 생활 모습 알아보기 (책 활용, 스마트 기기 등) 민속박물관 견학 사전 학습하기	
		3	새로운 도구를 만들어 사용하던 옛날의 생활 모습 알아보기		3-5	민속박물관 견학하고 조사하기 - 옛날 도구 3가지 종류별로 조사	(수행) 관찰 평가

	① 옛날과 오늘날 의 생활 모습	3	새로운 도구를 만들어 사용하던 옛날의 생활 모습 알아보기	① 시대마다 다른 생활 모습 (분석적 분석 평가)	3-5	- 옛날 주거 형태 3가지 이상 조사 - 오늘날과 비교해 보기 <현장조사학습> (성취평가①)조사 모습(참여)	자기 평가
		4	농사 도구의 변화로 달라진 사람들의 생활 모습 알아보기		6-7	박물관 보고서 작성하고 발표하기 - 옛날 도구와 주거 형태 이해하기 <보고서 학습> (성취평가②) 보고서 작성	(수행) 보고 서법
		5	음식과 옷을 만드는 도구의 변화로 달라진 사람들의 생활 모습 알아보기				
		6	사람들이 사는 집의 모습 변화 알아보기		8-9	오늘날 생활 모습과 비교하여 변화 추론하여 설명하기 <토의토론학습> (성취평가③) 생활 모습 변화 비교하여 설명하기	(지필) 서술
		7	집의 변화로 달라진 사람들의 변화 모습 알아보기				
[4사02-04] 옛날의 세시 풍속을 알아보고, 오늘날의 변화상을 탐색하여 공통점과 차이점을 분석한다.	② 옛날과 오늘날의 세시 풍속 알아 보기	8	세시 풍속 알아보기	② 옛날과 오늘날의 세시 풍속 알아보기 (총체적 분석 평가)	10	세시 풍속 의미 알기 옛날 풍속화 관찰하고 이야기하기	
		9	옛날의 세시 풍속 알아보기		11	세시 풍속 종류 및 내용 조사하기(조부모 대상 인터뷰, 재능기부 등) <협동 학습>	
		10- 11	옛날과 오늘날의 세시 풍속 비교하기		12- 13	옛날과 오늘날 세시 풍속 공통점과 차이점 설명하기 <토론학습> (성취평가) 공통점과 차이점 비교하고 설명하기	(지필) 서술
		12- 13	옛날부터 전해 내려오는 세시 풍속 체험하기		14	옛날 세시 풍속 놀이 체험놀이 하기 <놀이학습>	
		14- 15	단원 학습 내용 정리 및 사고력 학습	단원 다지기	15	단원 학습 내용 정리 및 심화학습 안내	상호 자기 평가

성취기준 중심 단원 내 재구성 Tip

성취기준 중심 교과 단원 내 재구성의 경우 성취기준을 통합하지 않고 재구성하는 방법과 단원 내 성취기준을 통합하거나 아니면 조합하여 단원 설계를 하여 재구성하는 방법이 있다. 교사가 성취기준 내용 분석과 학생들의 특성 등을 종합하여 어떻게 재구성할 것인지 선택하면 될 것이다. 가장 중요한 요소는 성취기준을 잘 도달하도록 하면 된다는 점에 초점을 맞추면 되기 때문이다. 그리고 학교 행사 중 현장체험과 연계하거나 세시 풍속 체험하기의 경우는 민속놀이 행사와 연계할 수 있다.

또한, 기능을 위한 학습방법을 선택할 경우 어떤 학생참여형 수업방법이 적정할지 생각하여 선정하는 것도 매우 중요하다. 성취기준에 잘 도달하도록 과정중심의 평가를 실시하고, 자기 및 상호평가의 기회도 제공하여 학생 스스로 자기 자신의 성취 정도를 평가하도록 하여 자기 목표를 이루고 자기 주도적 학습능력이 신장되도록 재구성하는 것도 바람직하다.

📖 성취기준 중심 연간 지도계획 작성하기

지도시기	단원	성취기준	주제	차시	학습 내용	교과역량	참여형학습	과정중심평가	재구성관점
6월 2주 ~ 7월 3주	4. 시대마다 다른 삶의 모습	[4사02-03] 옛사람들의 생활 도구나 주거 형태를 알아보고, 오늘날의 생활 모습과 비교하여 그 변화상을 탐색한다.	단원만남	1	단원 학습 내용 안내 및 계획하기	의사소통 및 협업 능력	탐구학습	[4사02-03] 옛사람들의 의식주 알아보고 오늘날 생활 모습과 비교하고 설명하기	현장학습연계 교통안전 (3/51) 성취평가 ①-1
			① 시대마다 다른 생활모습	2-5	박물관 견학하고 조사 - 5가지 이상 옛날 도구와 용도 조사 - 옛날 주거 형태 3가지 이상 조사 - 오늘날과 비교해보기 - 생활 모습의 변화 탐색하기	정보활용 능력	현장 체험 조사 학습		
				6-7	박물관 보고서 작성하고 발표하기 - 오늘날 생활 모습과 비교하기		보고서학습	수행평가 (조사학습 보고서작성 비교하기)	성취평가 ①-2
				8-9	시대마다 생활 모습이 변화하는 이유 설명하기	의사소통	토의학습		성취평가 ①-3
		[4사02-04] 옛날의 세시 풍속을 알아보고, 오늘날의 변화상을 탐색하여 공통점과 차이점을 분석한다.	② 옛날과 오늘날의 세시 풍속 알아보기	10-11	세시 풍속 의미 알기 옛날 풍속화 관찰하고 이야기하기	의사소통 및 협업 능력	탐구학습	[4사02-02] 옛날과 오늘날 세시 풍속의 공통점과 차이점 비교하고 설명하기 지필평가 (서술형)	
				12-13	옛날의 세시 풍속 조사 발표하기 오늘날과의 공통점 및 차이점 설명하기	문제해결력 및 의사결정력	협동학습 발표학습		성취평가 ②
				14	옛날 세시 풍속 체험놀이 하기	협업능력	놀이학습		민속마당
			단원다지기	15	단원 학습 내용 단단히 하기	문제해결력			

연간 지도계획 수립 Tip

연간 지도계획은 성취기준 중심으로 재구성한 내용을 반영하여 작성해야 한다. 교과역량이나 참여형 수업방법 등은 선택사항이다. 가급적 과정중심평가도 어느 시기에 하는지를 제시하면 활용하는 데 도움을 받을 수 있다. 가급적 과정중심평가 방법도 함께 제시하면 평가계획을 별도로 작성할 필요가 없을 것이다.

마지막으로 재구성 관점에는 범교과 및 학교 행사와 연계한 부분이나 성취평가 등을 기재하여 재구성한 부분을 제시해 주면 좋다. 또한, 안전교육, 진로교육, 인성교육 등에 일련의 번호를 부여하면 더욱 효과적일 것이다.

📖 성취기준 중심 연간 평가계획 작성하기

영역	성취 코드	관련 단원	성취 기준	평가 준거	평가기준			평가 시기	평가 방법
					상	중	하		
정치· 문화사	4사 02-03	4. 시대마다 다른 삶의 모습	옛사람들의 생활 도구나 주거 형 태를 알아보고, 오늘날의 생활 모습과 비교하여 그 변화상을 탐 색한다.	옛날과 오늘 날의 생활 모 습 비교하기 시대별로 변 화하는 이유 설명하기	옛날과 오늘날의 생활 모습을 비교하고 변화상을 설명할 수 있다.	옛날과 오늘날의 생활 모습을 비교할 수 있다.	옛사람들의 생활 도구나 주거 형태를 알아보고, 그 특징을 나열 할 수 있다.	11월 3주	수행 (관찰) (보고 서) 지필 (서술 형) 자기 평가
사회· 경제사	4사 02- 04		옛날의 세시 풍 속을 알아보고, 오늘날의 변화상 을 탐색하여 공 통점과 차이점을 분석한다.	옛날과 오늘 날의 세시 풍 속 공통점 과 차이점 비 교하고 분석 하기	옛날의 세시 풍 속을 알아보고 오늘날의 변화 된 모습과 비교하 고 공통점과 차 이점을 분석할 수 있다.	옛날의 세시 풍속을 알아 보고, 오늘날 의 변화된 모 습과 비교할 수 있다.	옛날의 세시 풍속을 알아 보고, 그 특 징을 나열할 수 있다.	12월 1주	지필 (서술) 상호 평가

연간 평가계획 작성 Tip

평가계획을 작성할 경우 영역별로 하나 정도 평가계획을 세우는 경우가 있는데 원칙적으로는 알맞지 않다. 평가는 배운 내용을 평가해야 하며 교육과정에서 가르치도록 되어 있는 성취기준에 도달하였는지를 확인해야 하므로 모든 성취기준을 평가하는 것이 바람직하다. 물론 초등학교의 경우 모든 과목을 다 가르쳐야 하기 때문에 평가 대상 성취기준이 많은 것은 사실이다. 성취기준을 통합하거나 조합하여 재구성하였을 경우에는 평가해야 하는 성취기준이 조금 줄어들 수는 있다.

평가 통지의 부담을 줄이기 위하여 영역별로 대표적인 성취기준만 평가하지 말고 교육부에서 보급한 단원/영역별 성취수준을 참고하여 성취기준을 영역별로 통합하는 것도 하나의 방법이 될 것이다. 현장에서 교사들은 국가 수준에서 제시한 교육과정 성취기준을 가르쳐야 하며 이를 잘 도달하도록 하는 것이 하나의 책무이기 때문에 평가에 보다 전문성을 갖고 임해야 한다. 또한, 평가는 지필평가와 수행평가로 나누어지므로 두 가지 영역의 평가 중에서 선택하고 그 하위 평가 방법을 제시해야 한다.

📖 성취기준 중심 평가는 도달, 미도달 여부로 안내(통지 예시)

과목	영역	성취기준	평가 결과	
			1차	2차
사회	정치· 문화사	옛사람들의 생활 도구나 주거 형태를 알아보고, 오늘날의 생활 모습과 비교하여 그 변화상을 탐색한다.	도달	
	사회· 경제사	옛날의 세시 풍속을 알아보고, 오늘날의 변화상을 탐색하여 공통점과 차이점을 분석한다.	미도달	도달

평가 결과 통지 작성 Tip

과정중심평가를 통하여 성취기준에 잘 도달하였는지를 학부모에게 안내하는 것이 통지하는 것의 의의다. 학기 초에 평가계획을 안내하였으므로 평가 결과는 그 기준을 어느 정도 수행했는지 여부를 안내해 주어야 학부모 입장에서 자녀의 도달 수준을 손쉽게 파악할 수 있기 때문이다. 성취기준 내용을 서술형으로 제시하면 정확한 수준을 파악하는 데 어려움이 있기 때문에 통지 방식의 원칙은 없지만 가급적 가정학습이 이루어질 수 있도록 성취도를 파악하는 데 도움을 주어야 한다. 또한, 서술형으로 통지할 경우 목표형인 "~할 수 있다."로 통지해서는 안 된다. "~한다."로 수행 수준을 알려주어야 한다.

📖 KDB 모형 적용 성취기준 중심 단원 재구성 한눈에 살펴보기

학년	3-2	교과	사회	단원	2. 시대마다 다른 삶의 모습

KDB 모형 적용 성취기준 분석		내용 요소(What)	행동 요소(How)	
		K (Know): 지식	D (to Do): 기능	B (to Be): 태도
성취기준	[4사02-03] 옛사람들의 생활 도구나 주거 형태를 알아보고, 오늘날의 생활 모습과 **비교하여 그 변화상을 탐색한다.**	• 옛날과 오늘날의 생활 모습 알기(생활 도구, 주거 형태 중심)	• 생활 모습 비교하고 **변화상 탐색하기 (파악하여 설명하기)**	• 옛날 사람들의 생활 모습 존중하는 마음 갖기 • 공중도덕 지키기
	[4사02-04] 옛날의 세시 풍속을 알아보고, 오늘날의 변화상을 **탐색하여 공통점과 차이점을 분석한다.**	• 세시 풍속 의미 알기 • 우리나라 세시 풍속 알기	• 세시 풍속의 변화 **탐색하기(추론하기)** • 공통점과 차이점 **분석하기**	• 우리나라 전통문화에 대한 자부심 갖기 • 세시 풍속 생활화 하기
교육 과정 탐색	학습 요소	• 옛사람들의 생활 도구(농경, 조리, 의복 만드는 도구)나 주거 형태(동굴, 움집, 초가집, 기와집, 아파트 등) 및 생활 모습의 변화, 옛날과 오늘날의 세시 풍속		
	교수·학습	• 박물관, 민속촌 견학 현장학습을 통해 옛사람들의 생활 모습 파악, 인터넷 활용 사진, 동영상 자료 활용 • 옛사람들 생활 모습 담긴 그림 활용 파악, 학생들 경험한 세시 풍속 중심으로 흥미와 관심 유도하기		
	평가 방법	• 옛날과 오늘날 생활 도구, 주거 형태 공통점과 차이점 설명하는 능력을 평가하는 서술형 • 서술형은 단순한 지식을 확인하는 평가에서 벗어나 생활 모습 변화를 파악 등 사고 촉진하는 질문 구성		

수업 구상하기(재구성 방향 설정)

• 현장학습 연계하여 민속박물관 견학(도구와 주거 형태 파악하기-보고서 작성)
• 온 작품 읽기, 독서연계 학습 가능(조은수 저, 『옛날 사람들은 어떻게 살았을까?』/창작과 비평)
• 풍속화를 중심으로 세시 풍속 이해하기(미술-감상하기와 연계하여 통합학습 가능)
• 민속의 날 행사 연계하여 세시 풍속 놀이 체험하기
• 학생참여형 수업 적용(토의토론학습, 탐구학습, 협동 학습, 교육연극 등)
• 기능 중심의 평가와 역량이 길러지도록 수업 내용 구성
  - 조사하기, 비교하기, 보고서 작성, 협력하기, 탐색하기, 공통점과 차이점 분석하기
• 학습 요소의 내용을 중심으로 옛날과 오늘날 생활 도구와 주거 형태의 범위 설정
  - 생활 도구(농경, 조리, 의복 만드는 도구)
  - 주거 형태(동굴, 움집, 초가집, 기와집, 아파트 등)
• 내용 체계를 분석해 보면 [4사02-03]의 핵심 개념이 '선사 시대와 고조선의 등장'이고, [4사02-03]은 '전통문화'이며, 기능은 역사적 상황 파악하기, 사실 탐구하기이므로 생활 도구와 주거 형태 관련해서는 선사 시대 생활 모습 내용 담기(동굴, 움집, 석기 등)
• 과정중심평가를 위하여 수업 중 평가 실시
  - [4사02-03]은 분석적 루브릭(기준), [4사02-04]는 총합적 루브릭(기준) 방법 사용

교과서 활용 성취기준 중심 단원 설계 재구성

성취기준	교과서			성취기준 중심 재구성			평가 계획
	주제	차시	주요 학습 내용	주제	차시	주요 학습 내용	
[4사02-03] 옛사람들의 생활 도구나 주거 형태를 알아보고, 오늘날의 생활 모습과 비교하여 그 변화상을 탐색한다.	단원 도입	1	단원 학습 내용 예상하기	단원 만남	1	성취기준 안내 및 단원 학습계획 세우기 **<액션러닝 학습>**	
	① 옛날과 오늘날의 생활 모습	2	자연에서 얻은 도구를 사용하던 옛날의 생활 모습 알아보기	① 시대마다 다른 생활 모습 (분석적 분석 평가)	2	옛사람들의 도구와 주거 생활 모습 알아보기 (책 활용, 스마트 기기 등) 민속박물관 견학 사전 학습하기	

[4사02-03] 옛사람들의 생활 도구나 주거 형태를 알아보고, 오늘날의 생활 모습과 비교하여 그 변화상을 탐색한다.	① 옛날과 오늘날의 생활 모습	3	새로운 도구를 만들어 사용하던 옛날의 생활 모습 알아보기	① 시대마다 다른 생활 모습 (분석적 분석 평가)	3-5	민속박물관 견학하고 조사하기 - 옛날 도구 3가지 종류별로 조사 - 옛날 주거형태 3가지 이상 조사 - 오늘날과 비교해 보기 **<현장조사학습>** (성취평가①) 조사 모습(참여)	(수행) 관찰 평가 자기 평가
		4	농사 도구의 변화로 달라진 사람들의 생활모습 알아보기		6-7	박물관 보고서 작성하고 발표하기 - 옛날 도구와 주거형태 이해하기 **<보고서 학습>** (성취평가②) 보고서 작성	(수행) 보고서
		5	음식과 옷을 만드는 도구의 변화로 달라진 사람들의 생활모습 알아보기				
		6	사람들이 사는 집의 모습 변화 알아보기		8-9	오늘날 생활모습과 비교하여 변화 추론하여 설명하기 **<토의토론학습>** (성취평가③) 생활모습 변화 비교하여 설명하기	(지필) 서술
		7	집의 변화로 달라진 사람들의 변화모습 알아보기				
[4사02-04] 옛날의 세시풍속을 알아보고, 오늘날의 변화상을 탐색하여 공통점과 차이점을 분석한다.	② 옛날과 오늘날의 세시 풍속 알아 보기	8	세시풍속 알아보기	② 옛날과 오늘날의 세시 풍속 알아보기 (총체적 분석 평가)	10	세시풍속 의미 알기 옛날 풍속화 관찰하고 이야기하기	
		9	옛날의 세시 풍속 알아보기		11	세시풍속 종류 및 내용 조사하기 (조부모 대상 인터뷰, 재능기부 등) **<협동학습>**	
		10-11	옛날과 오늘날의 세시풍속 비교하기		12-13	옛날과 오늘날 세시풍속 공통점과 차이점 설명하기 **<토론학습>** (성취평가) 공통점과 차이점 비교하고 설명하기	(지필) 서술
		12-13	옛날부터 전해 내려오는 세시풍속 체험하기		14	옛날 세시풍속 놀이 체험놀이 하기 **<놀이학습>**	
		14-15	단원학습 내용 정리 및 사고력 학습	단원 다지기	15	단원학습 내용 정리 및 심화학습 안내	상호 자기 평가

성취기준 중심 단원 평가 계획

영역	성취 코드	관련 단원	성취 기준	평가 준거	평가기준			평가 시기	평가 방법
					상	중	하		
정치·문화사	4사02-03	4. 시대마다 다른 삶의 모습	옛사람들의 생활 도구나 주거 형태를 알아보고, 오늘날의 생활 모습과 비교하여 그 변화상을 탐색한다	옛날과 오늘날의 생활 모습 비교하기 시대별로 변화되는 이유 설명하기	옛날과 오늘날의 생활모습을 비교하고 변화상을 설명할 수 있다.	옛날과 오늘날의 생활모습을 비교할 수 있다.	옛사람들의 생활도구나 주거형태를 알아보고, 그 특징을 나열할 수 있다.	11월 3주	수행 (관찰) (보고서) 지필 (서술형) 자기 평가
사회·경제사	4사02-04		옛날의 세시풍속을 알아보고, 오늘날의 변화상을 탐색하여 공통점과 차이점을 분석한다.	옛날과 오늘날의 세시 풍속 공통점과 차이점 비교하고 분석하기	옛날의 세시풍속을 알아보고 오늘날의 변화된 모습과 공통점과 차이점을 분석할 수 있다.	옛날의 세시풍속을 알아보고, 오늘날의 변화된 모습과 비교할 수 있다.	옛날의 세시풍속을 알아보고, 그 특징을 나열할 수 있다.	12월 1주	지필 (서술) 상호 평가

교과서 내용				교육과정 문해력				
						성취기준 KDB 모형 적용 분석		
교과	단원	차시	기존 학습내용	영역	성취기준 연결	내용요소 K(지식)	행동요소 D(기능)·B(태도)	평가요소
국어 3-1	책을 읽고 생각을 나누어요.	1-2	읽을 책을 정하고 내용을 예상할 수 있다.	쓰기	[4국03-05] 쓰기에 자신감을 갖고 자신의 글을 적극적으로 나누는 태도를 지닌다.	자신이 쓴 글	공유하기 (짝, 모둠원과 돌려읽기, 비평 등)	글을 쓰고 다른 사람과 공유하기
		3-7	자신의 경험과 관련지어 책을 읽을 수 있다.					
		8-9	책 내용을 간추리고 생각을 나눌 수 있다.	읽기	[4국02-05] 1단원 중복			
	1.재미가 톡톡톡	1-2	느낌을 살려 사물을 표현할 수 있다. (동시: 본의 길목에서)	문학	[4국05-01] 시각이나 청각 등 감각적 표현에 주목하며 작품을 감상한다. (중복)	감각적 표현 찾기	감상하기 (오감자극)	오감 느낌 표현하기
		3-4	시에 나타난 감각적 표현을 안다. (동시: 소나기, 콩 튀는 소리)					
		5-6	이야기에 나타난 감각적 표현을 안다.(줄글: 바삭바삭 갈매기)					
		7-8	이야기를 읽고 생각이나 느낌을 나눌 수 있다. (줄글:으악, 도깨비다.)	읽기	[4국02-05] 읽기 경험과 느낌을 다른 사람과 나누는 태도를 지닌다.(중복)	읽기 경험과 느낌	공유하기 (서로 이야기하기, 감상 나누기 등)	경험과 느낌 공유하기
		9-10	느낌을 살려 시를 낭송할 수 있다 (동시: 강아지풀.)					
	10.문학의 향기	1-2	재미있게 읽었거나 감동 받은 책을 소개할 수 있다.	문학	[4국05-05]재미나 감동을 느끼며 작품을 즐겨 감상하는 태도를 지닌다.	작품 읽기	소통하기 (감상 이야기, 책 소개하기 등)	작품 감상을 함께 소통하기
		3-4	재미나 감동을 느낀 부분을 생각하며 시를 읽을 수 있다.(동시:빗길)					
		5-6	이야기를 읽고 재미나 감동을 느낀 부분을 찾을 수 있다.(줄글:만복이네 떡집)					
		7-8	만화 영화를 보고 재미와 감동을 표현할 수 있다.	읽기	[4국02-05] 1단원 중복			
		9-10	우리 반 독서 잔치를 열 수 있다.	문학	[4국05-01] 1단원 중복			

---

13 재구성 템플릿은 이진영의 '봄빠와 함께하는 교육과정 재구성(https://blog.naver.com/kocu)' 양식을 일부 수정하여 작성하였다.

재구성(수업 디자인) 및 학생 참여형 수업				과정중심평가		
수업 생각하기	단원	차시	재구성한 학습내용	평가요소	평가시기	평가방법
• 성취기준이 3개 단원에 7개였는데 단원간 통합을 하니 성취기준이 4개이며, [4국05-05]는 1학기 동안 독서 감상 소통하는 모습을 지속적 관찰로 평가해야 하는 것이므로 실제로는 3개의 성취기준을 중심으로 수업 내용 선정 및 평가 실시 • [4국05-05]는 성취기준 도달을 위해서는 동시가 적합함으로 동시 내용 선정 필요 • (책 읽고 생각을 나누어요) 단원은 온작품 읽기이므로 첫 도입으로 기본적 학습적 배려 접근 필요 • 온 작품 읽기는 소인수 학급이므로 짝 읽기나 교사가 읽어주기 활동으로 전개 • 가급적 범교과 교육과 연계된 도서 선정	책을 읽고 서로 나누어요	1	• 단원 마주하기 및 계획 함께 나누기 (비주얼 씽킹 학습)	[4국03-05] 글을 쓰고 다른 사람과 공유하기 (12-15차시)	4월 1주	수행평가 (작품) 자기 및 상호평가
		2-3	• 오감을 통해 느끼는 감각 이야기하기 • 봄과 관련된 그림이나 실물 보고 감각적 느낌 표현하고 이야기 나누기 • (교과서) 소나기 시를 읽고 감각적 표현 찾아 이야기하기 • (교과서) 빗길 시를 감동을 느끼며 듣고 읽어보고 감동 받은 내용을 주고받기			
		4-5	• 도서관에 있는 동시집에서 감각적 표현이 있는 시를 찾아 서로 소개하고 나누기			
		6	• 동시 강아지풀을 읽고 느낌을 살려 동시를 낭송해 보기	[4국05-01] 동시를 읽고 오감으로 감각적 느낌 표현찾고 이야기하기 (4-6차시)	3월 3주	수행평가 (서술형, 관찰)
		7	• 함께 읽을 책 의견 나누고 선정하기 • 선정된 책 표지와 그림, 제목을 가지고 자신의 경험과 관련지어 이야기하기 • 개인적으로 읽을 책 고르고 이유와 책 제목과 그림 살펴보고 이야기 나누기			
		8-9	• 함께 읽을 책 교사가 읽어 주기 - 중간 중간에 몰입할 수 있는 질문하기 • 짝과 함께 읽는 활동 하기 • 개인별로 고른 책 틈틈히 학교와 가정에서 생각이나 느낌 살려 지속적으로 읽기			
		10-11	• 책의 전체 내용 간추리고 이야기하기 • 재미나 감동을 느낀 부분을 찾아보고 그 이유를 설명해 보기	[4국02-05] 책을 읽고 느낌을 공유하기 (14-17차시)	4월 3주	수행평가 (관찰) 상호평가
		12-13	• 감동받은 내용을 중심으로 자신의 생각과 느낌을 살려 다양한 글 쓰기 - 편지쓰기, 동시쓰기, 기사문 쓰기 등			
		14-15	• 쓴 작품을 게시판에 전시하여 작품을 돌려 읽기를 하고 서로 의견 주고 받기			
		16-17	• 애니메이션을 보고 줄거리 내용 간추리고 경험과 느낌을 중심으로 이야기 나누기			
		18	• 자신이 읽은 책을 재미나 감동 받은 내용을 중심으로 친구들에게 소개하기	[4국05-05] 책을 읽고 감동받은 점 소개하기	학기중	수행평가 (관찰) 자기 및 상호평가
		19-20	• 자신이 읽은 책을 소개하는 작품을 만들어 전시하고 학급 독서축제 하기			
		21-22	• 감동받은 내용 중심 동시와 그림으로 나타내는 시화 만들고 전시하기			

📖 KDB 모형 적용 성취기준 중심 단원 재구성 템플릿

학년		교과		단원	

KDB 모형 적용 교육과정 분석

KDB 모형 적용 성취기준 분석		내용 요소(What)	행동 요소(How)	
		무엇을 가르칠 것인가?	어떻게 가르칠 것인가?	
		K(Know): 지식	**D**(to Do): 기능	**B**(to Be): 태도
성취기준	[성취코드]	· · ·	· ·	· ·
	[성취코드]	· · ·	· ·	· ·
교육 과정 탐색	학습요소	· ·		
	교수학습	· ·		
	평가방법	· ·		

수업 구상하기(재구성 방향 설정)

·
·

성취기준 중심 단원 재구성

성취기준	교과서(Before)			성취기준 중심 재구성(After)			평가 계획
	주제	차시	주요 학습 내용	주제	차시	주요 학습 내용	
[성취코드]							
[성취코드]							

성취기준 중심 단원 평가계획

영역	성취코드	관련 단원	성취기준	평가기준			평가 시기	평가 방법
				상	중	하		

Ⅲ.
역량중심 백워드 기반 KDB 모형
적용 교육과정 재구성

1

역량중심 백워드 기반 KDB 모형 적용 교육과정 재구성 방향

역량 키움 백워드 기반 KDB 모형 적용 성취기준 중심 단원 재구성은 한마디로 2015 개정 교육과정이 지향하는 핵심역량과 교과역량을 함양하게 하고, 이해중심 교육과정으로 대변되는 백워드 설계를 기반으로 하며, KDB 모형을 적용 성취기준을 분석하여 단원을 재구성하는 것을 의미한다. 구체적으로 어떤 방향으로 재구성을 하게 되었는지 그 의도를 제시하면 다음과 같다.

가. 역량 신장 & 교과서는 하나의 자료로 활용!

전통적인 교과서 진도 나가기 방법에서 벗어나기 위하여 교과서를 금과옥조로 여기지 않도록 하기 위해서 교과서는 교육과정을 구현하는 데 필요한 여러 자료 중 하나의 자료로 여기고 최대한 활용하여 교육과정 성취기준에 도달하는 데 초점을 두도록 하였다. 또한, 학생들이 학습의 주인공이 되어서 참여하는 다양한 참여형 수업방법 적용을 통해 교과별 역량 신장뿐만 아니라 최근 강조하는 민주시민 역량까지 함양하는 데 주안점을 두고 재구성을 진행하였다. 이를 통해 역량중심의 수업을 구현하기 위해 교육과정과 삶이 하나가 되도록 학생들의 실생활과 연결되게 단원을 재구성하였다.

나. KDB 모형 적용! 성취기준에 대한 분석적 접근 실천

교과서 중심으로 수업을 전개하면 가장 범하기 쉬운 오류가 성취기준에 대한 관심 결여이다. 성취기준은 교육과정중심 운영의 가장 핵심이다. 주제 중심 교과통합 재구성을 할 경우에 성취기준을 가져오기는 하지만, 주제 중심으로 단원을 설계하다 보니 성취기준을 깊이 있게 다루지 않는 오류를 범하는 경우가 있다.

그래서 성취기준을 보다 분석적으로 접근하기 위해 KDB 모형을 적용하였다. 이 모형은 Drake와 Burns(2004)가 그들의 저서 『Meeting Standards through Integrated Curriculum』에서 제시한 것으로 교육과정을 설계하거나 수업을 할 때, 고려해야 할 사항을 3가지 요소, 즉 지식(Know), 기능(Do), 태도(Be) 측면으로 보고 교육과정을 설계하는 것이다.

따라서 성취기준을 KDB 모형에 맞게 체계적으로 분석하여 무엇을, 어떻게 가르칠 것인지에 대한 나침반 역할을 하도록 하였다. 이를 통해 교육과정이 학생 및 삶과의 적절성(relevance)과 가르쳐야 할 것으로서 교육과정에 대한 책무성(accountability)까지 모두 충족시킬 수 있도록 하는 데 주안점을 두었다.

다. 이해중심 교육과정의 충실한 실천! 백워드 단원 설계 기반 재구성

2015 개정 교육과정 재구조화에 담긴 깊은 의미는 '빅 아이디어'와 '이해' 중심의 수업 설계이다. 깊은 이해에 도달하기 위해서는 역순 설계(backward design)라는 단원 설계 기법을 적용해야 한다. 이런 수업 설계를 다룬 이론서가 Wiggins & Mctighe에 의해 제안된 『디자인에 의한 이해(Understanding by Design: UbD)』이다. UbD 모형은 기대하는 학습 결과로서의 이해 도출, 이해의 증거로서 평가 개발, 학습경험의 선정 및 조직으로 크게 3단계로 이루어져 있다. 그런데 UbD 모형의 템플릿은 세부적으로 되어 있어 그대로 적용하기에는 현장에서 어려움이 크다.

따라서 재구성 방법은 UbD의 핵심인 핵심 질문과 일반화된 지식을 통해 충분한 이해가 되도록 하는 데 주안점을 두고 백워드 단원 설계의 3단계 설계 방법에 기반을 두고 재구성을 하였다.

📖 백워드 설계 이해하기

■ 백워드 설계는 왜 도입되었는가?

　백워드 설계가 도입된 배경으로는 기존 교사들의 수업을 하는 데 있어서 잘못된 습관에 대한 변화를 모색하려는 측면에서 시작되었다. 기존의 교사들이 가지고 있었던 내용과 방법 중심의 수업관에서 목표와 평가 중심의 수업관으로 변화가 모색되어야 함을 의미한다. 수업에서 중요하게 달성해야 할 목표(진정한 이해란 무엇인가)가 무엇이 되어야 하며, 목표 달성 정도를 진정으로 알아보는 평가 방식은 어떠해야 하는지를 진정으로 고민해야 한다는 것이다. 교사는 학습에 대한 생각을 제대로 할 필요가 있다. 수업은 학생들이 진정한 학습을 하도록 하는 것이기 때문이다.

　또한, 교사는 흥미 위주의 활동 수업에 너무 집착하지 말아야 한다. 수업에서 중요한 것은 활동 그 자체보다는 활동을 통하여 학생들이 탐구하도록 하는 것에 초점이 맞추어져야 하기 때문이다. 교육과정은 가르쳐야 할 내용 목록이 아니라 우리가 의도하는 학습 성과라는 점에 주목해야 한다(강현석·이지은, 2018: 9-11).

　전통적인 활동 중심 설계는 학습의 중요한 아이디어와 적절한 증거에 초점을 맞추지 못한다. 학습자의 명확한 목표 인식이 결여되고 학습이 곧 활동에 참여하는 것이라는 생각을 하도록 만들기 때문에 교사들이 주어진 시간에 학습 내용을 맹목적으로 전달하는 상황이 반복되고 내용 위주의 교육과정 운영이 이루어지게 되었다.

　따라서 학생의 심층적 이해를 고려하지 않는 교육과정 개발이나 주제나 사실적 지식나열식으로는 교육적 효과를 높이는 데 한계가 있다는 것이다. 그래서 McTighe와 Wiggins(1998)는 성취기준 활용 수업 설계를 위한 연구를 진행하여 목표와 평가를 중시하는 모형을 개발하기에 이르렀다.

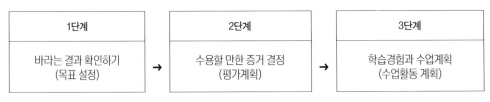

〈표 66-백워드 설계(backward design)의 3단계 절차〉

■ 백워드 설계 단계별 주요 내용 확인하기[14]

| [1단계] 바라는 결과 확인하기 |

1단계는 단원을 개발할 때 중요한 구성 요소를 고려하는 단계로 바라는 결과를 선정하게 된다. 바라는 결과는 단원 수준의 목표로 영속적이고 장기적인 목표를 의미한다. 그래서 목표 풀이를 통해 가르쳐야 하는 내용의 우선순위를 정하기 위해 성취기준, 교육과정 문서, 교육 내용을 검토해야 한다. 성취기준을 분석하여 전이 가능한 주요 아이디어(핵심 개념)를 선정하고 바람직한 영속적 이해를 설정하게 된다. 이해는 설명, 해석, 적용, 관점, 공감, 자기 지식으로 나누어 구체적으로 제시하는 것이다. 그런 다음 본질적 질문을 도출하게 된다. 본질적 질문은 '이해에 도달하기 위한 문'이라고도 한다.

〈그림 9-내용의 우선순위 명료화하기〉

본질적 질문은 정답을 요구하는 단순한 질문이 아니라 교과나 교육과정의 중심에 놓이거나 교과의 탐구와 심층적인 학습을 촉진할 수 있는 질문을 의미한다. 이 질문은 기존의 생각을 자극하고 정보를 얻게 하며 질문에 답하는 과정에서 스스로를 설득하고 목표를 향해서 움직이게 하므로 매우 중요한 역할을 한다.

1단계에서 가장 중요한 것은 성취기준을 분석하여 학생들에게 가르쳐야 할 주요 아이디어를 중심으로 우선순위를 결정하는 작업을 해야 한다는 것이다. 이것을 가리켜

---

14 백워드 설계 단계별 주요 내용 확인하기 내용은 강현석·이지은(2018)의 「이해중심 교육과정을 위한 백워드 설계의 이론과 실천, 81-177」의 내용 중 단계별 주요 핵심 내용만을 추출하여 제시하였다.

일명 목표 풀이 전략이라고 한다. 목표 풀이 과정을 통해 본질적 질문과 수행과제를 위주로 한 설계를 통해 이전보다 각 교과에서 주요 아이디어와 핵심과제에 초점을 맞추어 수업을 실행하게 되기 때문에 매우 중요하다. 내용의 우순순위를 명료화하는 목표 풀이는 〈그림 9〉와 같이 '친숙할 필요가 있는 것'을 단원을 학습하는 동안 학생들이 읽고, 보고, 조사하기를 바라는 것이다.

중간 원인 '알고 할 수 있어야 하는 중요한 것'은 전이력을 가지고 있는 지식, 기능에 해당한다. 성취기준에 지식은 명사와 형용사로, 기능은 동사로 진술되어 있다. 마지막으로 가장 안의 '영속적 이해'는 교과의 핵심에서 전이 과제를 명확히 하고 교과나 단원이 내포하는 주요 아이디어를 확인할 수 있는 것을 말한다. 백워드 설계 템플릿 중 1단계에 해당하는 것은 목표 설정하기, 이해, 본질적 질문, 지식, 기능이다.

이해 측면	설명	해석	적용	관점	공감	자기 지식
정의	사실이나 사건, 행위에 대해 타당한 근거를 제공하는 능력	숨겨진 의미를 도출하는 능력	지식을 다양한 상황이나 실제적인 맥락에서 효과적으로 사용하는 능력	비판적인 시각으로 바라보는 능력	타인의 입장에서 감정과 세계관을 수용하는 능력	자신의 무지를 알고 자신의 사고와 행위를 반성할 수 있는 메타인지 능력
예시	논증한다 기술한다 설계한다 공개한다 표현한다 권유한다 정당화한다 예측한다 증명한다 보여준다 종합한다 교수한다	유추한다 비평한다 평가한다 판단한다 의미를 만든다 뜻이 통한다 비유한다 행간을 읽는다 대표한다 이야기를 한다 번역한다	적용한다 구축한다 창조한다 고친다 결정한다 공개한다 발명한다 수행한다 산출한다 제안한다 해결한다 검사한다 사용한다	분석한다 주장한다 비교한다 대조한다 비평한다 추론한다	역할을 가정한다 믿는다 ~와/과 같다 열려 있다 고려한다 상상한다 관련 짓는다 역할 놀이를 한다	알아챈다 파악한다 인식한다 반성한다 자기평가 한다

〈표 67-이해의 여섯 측면에 기초한 정의 및 수행 동사〉

| [2단계] 수용 가능한 증거 결정하기 |

백워드 설계의 가장 큰 특징은 평가를 수업 설계의 출발점으로 삼고 있다는 것이다. 다른 설계 방법과 차별화가 있는 것이 바로 학습 경험 계획을 수립하기 전에 평가계획을 수립하는 것이어서 2단계가 백워드 설계의 가장 핵심적인 단계가 된다. 즉, 이 단계에서는 교사는 평가자가 되어 학생들이 의도된 이해를 성취했는지에 대해 그 증거를 어떻게 결정할 것인가를 미리 고려하는 단계가 되는 것이다. 한마디로 이해를 수행으로 변형하는 것이다.

그래서 학생들이 명확하게 이해를 했다는 기준이 되는 수행과제를 선정하게 된다. 그런 다음 학생의 이해를 확인할 수 있는 다른 평가 증거를 고려하는 평가 방법을 마련하고 평가준거를 결정한다. 평가준거는 1단계에서 설정한 목표와 이해의 여섯 가지 측면과의 일치도로 고려하여 준거를 마련해야 한다. 이때 수업의 마지막에 이루어지는 한 번의 검사 결과 대신에 수업 시간 전체에서 수집하는 다양한 증거물들로 평가해야 한다고 강조하고 있다. 그래서 백워드 설계가 과정중심평가의 연속선상이라고 하는 것이다.

교사는 학생들이 습득한 지식과 기능을 어떻게 적용하여 문제를 해결하는지 그 과정을 면밀히 보거나 그들이 창출해낸 결과물을 보고 '진정한 이해'에 도달했는지를 확인할 수 있다. 이해의 6가지 측면으로는 설명, 해석, 적용, 관점 가지기, 감정이입, 자기지식이 있다. 하나의 과제는 적어도 하나 이상의 이해의 측면을 포함해야 한다. 그리고 각각의 과제는 반드시 평가준거를 동반해서 학생들이 과제를 성공적으로 수행하는 기준을 제공해야 하고, 마지막에는 학생들이 자신의 학습과정과 사고를 반성할 수 있는 기회를 제공해야 한다.

일반적으로 수행과제를 설계할 경우 GRASPS 모델을 사용한다. 어떤 목표(GOAL)를 위해, 주인공(ROLE)이 역할을 맡아서 관중(AUDIANCE)을 고려하고 상황(SITUATION)과 기준(STANDARD, 루브릭)에 따라 결과물(PRODUCT)을 만들어내는 형식으로써 수행과제를 개발할 때 유용한 길잡이가 되어 준다.

| [3단계] 학습경험 계획하기 |

3단계에서는 이해에 대한 증거를 가지고 학습경험을 계획하는 단계이다. 목표와 평가계획의 일치도를 고려하여 수업방법이나 수업 자료, 경험 등 구체적인 사항에 대해 적절하게 설계해야 한다. 교사는 성취기준 도달을 위해 개인이나 학생 집단이 과제를 성공적으로 수행하고 질적으로 우수한 결과물을 만들어 낼 수 있도록 도와주는 방식으로 단원의 학습활동을 계획해야 한다. 교사는 학생들이 도달해야 하는 단원 목표와 이해의 여섯 측면을 염두에 두고 수업을 계획해야 하고 무엇보다 학습자의 사고를 키워줄 수 있도록 계획을 수립해야 한다.

Wiggins와 McTighe(2005)는 단원 설계에 적용할 수 있는 몇 가지 측면을 제시한 기준의 머리글자를 따서 WHERETO라고 불렀다. 다시 말하면 2단계에서 개발한 수행과제들이 학습 활동들의 길잡이 역할을 한다. 즉, 학습 활동들을 지도서의 순서대로 제시하는 것이 아니라 수행과제들을 중심으로 구조화, 조직화한다. 개별 차시들에 포함되는 다양한 활동들은 단원 내에서 흐름을 갖고 체계적으로 제시되는데, Wiggins와 McTighe(2005)는 최상의 단원을 구성하기 위해 학습활동을 계획할 경우 고려해야 할 핵심요소를 요약하게 했다. 그런데 다음의 머리글자가 가리키는 요소를 반드시 순서대로 고려해야 할 필요는 없다. 다만 이러한 고려 사항을 이해하고 단원 학습 활동 계획을 수립하면 된다.

머리글자	본래 단어	고려 사항
W	where, why	단원의 궁극적인 목표와 방향, 왜 그것을 배우는지 알기
H	hook, hold	관심을 집중시키기
E1	equip	과제 수행에 필요한 지식, 경험, 도구 갖추기
R	rethink, reflect	핵심 아이디어들을 다시 생각해보고 반성, 재점검
E2	evaluate	스스로의 진보를 평가할 수 있는 기회 제공
T	tailored	학생 개개인의 강점, 재능, 흥미를 적합한 방식을 다양화하기
O	organize	깊이 있는 이해를 최적화할 수 있도록 조직하기

〈표 68-WHERETO 요소의 고려 사항〉

2

역량중심 백워드 기반 KDB 모형 적용 교육과정 재구성 절차

역량중심 백워드 기반 KDB 모형 적용 재구성의 절차는 크게 3단계로 이루어진다. 3단계로 구분하는 것은 어쩌면 당연하다. 백워드 설계가 3단계로 이루어져 있기 때문이다. 백워드 기반이므로 재구성 절차는 백워드 단원 설계와 동일하다.

1단계에서는 KDB 모형을 적용하여 교육과정을 분석하고 바라는 결과를 확인한다. 2단계는 이해의 증거를 결정하기 위하여 평가계획을 수립하게 된다. 마지막으로 3단계는 성취기준 도달을 위해 단원을 다양한 관점에서 재구성하는 것이다. 세부적으로 3단계가 이루어지는 절차는 다음 표와 같다.

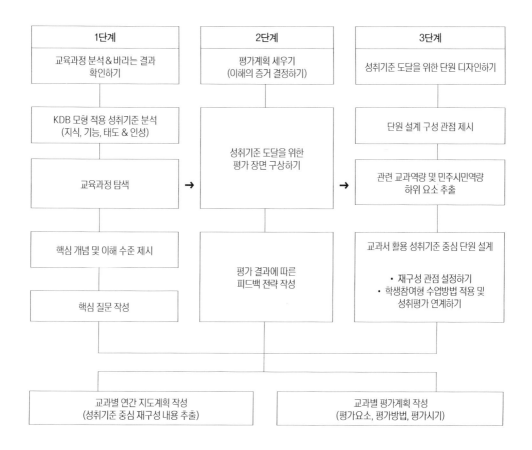

3. 역량중심 백워드 기반 KDB 모형 적용 재구성의 실제

가. [1단계] KDB 모형 적용 교육과정 분석 및 바라는 결과 확인하기

📖 [1단계] 템플릿 및 작성 방법

[1단계] 교육과정 분석 및 바라는 결과 확인하기					
교과		학년·학기		단원	단원명 제시

KDB 모형 적용 성취기준 분석 (수업 후 학생에게 바라는 결과)		내용 요소	행동 요소	정의적 요소
		무엇을 가르칠 것인가?	어떻게 가르칠 것인가?	
		K(Know) 지식	**D**(to Do): 기능	**B**(to Be): 인성(태도)
성취 기준	• 성취기준 제시 - 성취기준이 여러 개면 줄 추가로 삽입하여 제시	• 성취기준 중에서 사실이나 개념 요소를 찾아 제시	• 성취기준 중에서 학생들이 해야 할 수 있어야 하는 기능 내용을 제시	• 성취기준에 잘 나타나 있지 않지만, 성취기준 도달을 위한 수업을 하면서 얻게 되는 가치·태도 등 인성적 요소 제시
	• 성취기준 제시 - [코드 번호] 성취기준	• 대부분 명사형으로 나타나 있음	• 동사형으로 나타나 있음 - 발표한다, 설명한다 등	• 가치 지향적 행위로 표현 - 협력하기, 배려, 적극 참여하기, 존중하기 등
교육 과정 탐색	학습 요소	• 해당 성취기준과 관련된 학습 요소 내용을 교과 교육과정에서 찾아 제시		
	교수·학습방법	• 해당 성취기준과 관련된 교수·학습방법 및 유의사항 중 핵심 내용 제시		
	평가방법	• 해당 성취기준과 관련된 평가 방법 및 유의사항 중 핵심 내용 제시		
	※ 성취기준이 두 개 이상이면 성취기준별로 관련된 학습 요소, 교수·학습, 평가 내용을 각각 축약하여 제시			
핵심 개념	• 교과 교육과정의 내용 체계에서 성취기준과 관련한 핵심 개념을 찾아 기재	핵심 질문	• 핵심 질문은 학습자가 핵심 개념과 일반화에 도달할 수 있도록 도와주는 역할을 하는 것으로써 개방형의 질문 형식이며 탐구심을 자극하도록 생성적으로 제시	
이해 측면	• 이해 6가지 중 제시(수행동사 포함)			

📖 교육과정 분석 및 바라는 결과 작성 사례

[1단계] 교육과정 분석 및 바라는 결과 확인하기							
교과	국어	학년		4-1	단원		1. 생각과 느낌을 나누어요.

KDB 모형 적용 성취기준 분석 (수업 후 학생에게 바라는 결과)			내용 요소	행동 요소		정의적 요소
			무엇을 가르칠 것인가?	어떻게 가르칠 것인가?		
			K(Know): 지식	**D**(to Do): 기능		**B**(to Be): 태도
성취 기준	• [4국05-04] 작품을 듣거나 읽거나 보고 떠오른 생각과 느낌을 다양하게 표현한다.		• 작품에 대한 종합적 독서활동 • 작품에 대한 생각과 느낌	• 다양하게 표현하기, 토의하기 - 감상문, 편지쓰기, 일기쓰기, 그림그리기		• 다른 사람의 표현 내용 듣고 존중하는 태도 갖기
	• [4국02-05] 읽기 경험과 느낌을 다른 사람과 나누는 태도를 지닌다.		• 읽기 경험과 느낌	• 작품에 대하여 다른 사람과 공유하기 - 인터넷 매체 활용 나누기 등		• 지속해서 읽기 경험과 느낌 나누는 태도 갖기 • 친구 이야기 공감하기
교육 과정 탐색	학습 요소		• 작품에 대한 생각과 느낌 표현하기 • 읽기 경험을 나누는 태도 갖기			
	교수· 학습 방법		• 독후활동으로서 생각과 느낌 표현하기(감상문 쓰기, 인물에게 보내는 편지 쓰기, 일기 쓰기, 작가 혹은 인물과의 가상 인터뷰, 미술 교과와 연계한 그림 그리기 등 활동 다원화) • 읽기 경험을 나눌 때 동일한 글 공유하고 생각 차이 발견하고 이를 이해하는 과정 다루기, 서로 얼굴 맞대고 읽기 경험하기, 인터넷 매체 활용 의견 나누기, 감상하는 태도 지니기 등 쓰기와 문학 영역 연계 지도			
	평가 방법		• 시나 이야기 읽고 느낌을 표현하는 활동과 자신의 생각을 나누는 토의 활동에 중점 두기 • 읽기 경험 나누는 태도 평가는 교과 시간 이외에도 평소에도 지속적 공유 여부 확인 평가			
핵심 개념	• 문학의 수용과 생산 활동 • 읽기의 태도(읽기의 생활화)		핵심 질문	• 독후활동 후 떠오른 생각과 느낌은 무엇인가요? • 생각과 느낌을 어떻게 하면 다양하게 표현할 수 있을까? • 읽기 경험과 느낌을 다른 사람과 공유하는 방법은 어떤 것이 있을까?		
이해 측면	• 설명(표현한다) • 공감(경험을 나눈다)			• 독후활동 후 떠오른 생각과 느낌은 무엇인가요? • 생각과 느낌을 어떻게 하면 다양하게 표현할 수 있을까? • 읽기 경험과 느낌을 다른 사람과 공유하는 방법은 어떤 것이 있을까?		

나. [2단계] 평가계획 세우기/다양한 이해의 증거 결정하기

📖 단원 평가 계획 세우기 템플릿 및 작성 방법

[2단계] 성취기준 도달을 위한 평가계획 세우기			
성취 코드	평가 장면		평가방법
해당 성취 코드 제시	① 성취기준을 중심으로 단원을 가르쳤을 때 이해의 증거가 어떤 모습일지 떠올려 보고 평가 장면 구상하여 제시하기 ② 이해의 증거가 결정되도록 성취기준을 통해 평가장면 도출하기 ③ 교육과정 분석과 바라는 결과를 토대로 구체적인 평가 장면 작성 ④ 성취기준을 통합하여 단원 구성을 할 경우 성취코드별로 나누어 제시하지 말고 통합하여 핵심적 평가 장면 구성 제시		수행평가 지필평가 (자기평가)
피드백 전략	• 평가 결과 미도달 학생들을 위해 어떻게 피드백을 해 줄 것인지, 재지도를 어떻게 할 것인지 등 방법적인 측면을 고려하여 구체적으로 제시. 평가 내용에 따라 보다 이해하도록 지도전략 제시		

📖 단원 평가 계획 세우기 작성 사례

[2단계] 성취기준 도달을 위한 평가계획 세우기		
성취코드	평가 장면	평가방법
[4국05-04]	① 독서활동(보거나 읽거나 듣기)에 적극적으로 **참여하기** ② 작품 활동 후 생각과 느낌 다양하게 **표현하기**/독후활동	수행(관찰) 동료평가 수행(독후작품)
[4국02-05]	③ 읽기 경험과 느낌 나누는 **토론활동** 및 생각의 차이 **발견하기** ④ 지속해서 생각 나누기 독후활동에 **참여하기/수업 후**	수행(관찰) 자기평가 수행 (체크리스트)
피드백 전략	• 또래교사제 등을 활용하여 함께 읽어주고 생각과 느낌을 이야기하며 좋아하는 표현 방법으로 활동하기 • 토론활동 방법을 안내하고 짝 토론 활성화, 보상을 통한 책 읽기 생활화, 수시 칭찬·격려하기	

다. [3단계] 성취기준 도달을 위한 단원 디자인하기

📖 단원 디자인 템플릿 및 작성 방법

[3단계] 성취기준 도달을 위한 단원 다자인/교육과정-수업-평가 일체화 구현						
단원 설계 구성 관점	• 성취기준을 분석하여 범교과 및 안전교육 등 연계하여 수업을 진행할 수 있는지 파악하기 • 교육과정 분석과 평가계획을 통해 학생들이 단원 학습을 기반으로 도달해야 하는 부분에 초점을 맞춰 설계 • 타 교과 및 학교 행사와 연계하여 교육할 수 있는 부분이 있는지도 병행하여 검토 • 성취기준 도달을 위해 교과서를 활용하여 **교육과정 구성 대상 및 관점에 따라** 수용할 것과 대체할 부분 고려 선정(교육과정 구성 대상 및 관점 참조) • 참여형 학습방법, 교과역량, 인성 요소 등을 고려하여 최적의 학습 내용 선정하여 디자인하기 • 성취기준 도달에 알맞은 시수 분량 파악 및 교과서 활용 시 시수 증감, 내용축약, 추가 등 종합적 검토 • 교과 교육과정의 학습 요소, 교수·학습방법 및 평가 유의사항 부분을 인지하여 적극 반영 • 성취기준에 담겨 있는 지식, 기능, 태도를 중심으로 무엇을 알게 하고 이를 어떻게 행동할 수 있도록 가르칠 것인지 고민하여 전체 개요를 짜서 단원 디자인하기/백워드 3단계 WHERETO 제시 내용 참고하여 작성					
교과 역량	• 교과별 교과역량 제시 - 교육과정 성격 부분에 명시		민주 시민 역량	나눔 역량 등	인성·시민성	소통, 협력 등
교과서 내용(Before)		성취기준	성취기준 중심 재구성(After)			비고
차시	주요 학습 내용		차시	주요 학습 내용		
교과서 내용 기재		관련 성취기준 제시	성취기준 도달을 위한 최적의 단원별 차시 학습 내용 선정하여 설계하기			범교과, 행사, 평가 관련 내용 기재

📖 단원 디자인 작성 사례

	[3단계] 성취기준 도달을 위한 단원 다자인/교육과정-수업-평가 일체화 구현

| 단원 설계 구성 관점 | • 온 작품 읽기 독서연계 학교폭력예방교육(『학교폭력 왕따! 그만해!』/해솔), 생명존중교육(『너도 나도 똑같이 생명존중』/ 과학동아북스) 통합적 수업 설계하기, 미술 표현하기와 연계하기
• 단원 만남 시간에는 성취기준을 안내하고 함께 읽을 이야기책을 사전에 선정하여 충분하게 도서 구입 지원
• 동일한 작품에 대한 생각이나 느낌이 서로 다르다는 것을 이해하도록 1차시로 충분하게 내용 구성
• 동시나 이야기 온 작품을 듣거나 읽거나 보고 생각과 느낌을 표현하는 데 중점을 두고 수업 설계
• 평가는 [4국05-04] 중심의 독후활동을 다양하게 표현하고 친구들과 공유하는 것에 초점을 맞추며, [4국02-05]는 읽기 경험을 지속해서 나누도록 안내하여 1학기 동안 관찰평가가 되어 일회성으로 그치지 않고 삶과 연계되도록 지속성 있게 구성 |

교과 역량	• 문화향유 역량(누리며 즐기기)		민주시민 역량	나눔 역량	인성·시민성	협동 공감

교과서 내용(Before)		성취 기준	성취기준 중심 재구성(After)		비고
차시	주요 학습 내용		차시	주요 학습 내용	

1-2	생각이나 느낌이 서로 다른 까닭을 말할 수 있다. (동시/<꽃씨>)	[4국05-04] 작품을 듣거나 읽거나 보고 떠오른 생각과 느낌을 다양하게 표현한다.	1	• 단원 학습 주요 내용 및 목표 안내하기
				• 교과서 동시 <꽃씨> 읽고 생각이나 느낌 나누기
				  - 생각이나 느낌 이야기하기
				  - 작품을 읽고 생각과 느낌이 사람마다 다른 까닭 이야기하기
				
				형성 평가: 생각이나 느낌이 서로 다른 이유 말하기(수행: 관찰)
					하브루타 학습

3-4	시를 읽고 생각이나 느낌을 나눌 수 있다. (동시/<등 굽은 나무>)		2-4	• 『학교폭력 왕따! 그만해!』 책 표지 보여주고 어떤 책일까 생각 이야기하기
				  - 왕따 등과 관련된 경험 이야기하기
				  - 학교폭력 경험 나누고 예방하기**(학교폭력예방교육)**
				• 『학교폭력 왕따! 그만해!』 그림 보고 어떤 장면일지 생각해서 이야기하기
				• 『학교폭력 왕따! 그만해!』 책 교사가 읽어 주기(중간중간에 몰입하도록 질문 던지기)
				
				성취평가 ①: 듣거나 보는 독서활동에 적극적으로 참여하기(수행: 관찰, 자기평가)
					범교과 (학교폭력)
					
					독서학습

5-6	이야기를 읽고 생각이나 느낌을 나눌 수 있다. (줄글/<가훈 속에 담긴 뜻>)		5-6	• 책의 인물 및 일어난 일에 대해 말하기 • 책 읽고 짝과 생각과 느낌 이야기하기 • 책 읽고 떠오른 생각이나 느낌 다양하게 표현하고 서로 작품 감상하면서 의견 나누기 성취평가 ②: 독후활동(생각이나 느낌 다양한 방법으로 표현하기)(수행: 작품, 상호)	하브루타 학습 독후활동

7-8	일어난 일에 대한 의견을 말할 수 있다. (줄글/<의심>)		7-8	• 교과서 <가끔씩 비 오는 날> 동화 읽고 의견 나누는 독서 토론 활동하기 - 자신의 경험과 느낌 주고받기, 책 읽고 토론 활동하기 | 성취평가 ③	동화 읽고 경험과 느낌 중심으로 독서 토론하기(수행: 관찰)		독서토론 학습

| 9-10 | 이야기를 읽고 의견을 나눌 수 있다.
(줄글/<가끔씩 비 오는 날>) | [4국02-05]
읽기 경험과 느낌을 다른 사람과 나누는 태도를 지닌다. | 9 | • 생명존중 책 교사가 읽어주고 생각과 느낌 나누기
- 모둠별 비주얼 씽킹으로 독후자료 만들고 생각과 느낌 나누고 표현 공유하기

| 형성
평가 | 생명존중 글 듣고 생각과 느낌 짝과 이야기하기(수행: 관찰) | | **범교과**
(생명
존중)

하브루타 |
| | | | 10 | • 독서활동 계획 세우기
• 독서 후 경험과 느낌 공유하기 위한 방법 등 계획 세우기

| 성취평가
④ | 1학기 동안 지속해서 책 읽고 느낌 나누는 생활화 방법 계획 세우기
(수행: 계획서, 자기평가) | |
• 단원 정리하기 | 독후활동
생활화 |

라. 역량중심 백워드 기반 KDB 모형 적용 재구성 한눈에 살펴보기

<table>
<tr><td colspan="6" align="center">[1단계] 교육과정 분석 및 바라는 결과 확인하기</td></tr>
<tr><td>교과</td><td>국어</td><td>학년</td><td>4-1</td><td>단원</td><td>1. 생각과 느낌을 나누어요.</td></tr>
</table>

KDB 모형 적용 성취기준 분석 (수업 후 학생에게 바라는 결과)	내용 요소	행동 요소	정의적 요소
	무엇을 가르칠 것인가?	어떻게 가르칠 것인가?	
	K(Know): 지식	D(to Do): 기능	B(to Be): 태도

<table>
<tr>
<td rowspan="2">성취기준</td>
<td>• [4국05-04] 작품을 듣거나 읽거나 보고 떠오른 생각과 느낌을 다양하게 표현한다.</td>
<td>• 작품에 대한 종합적 독서 활동
• 작품에 대한 생각과 느낌</td>
<td>• 다양하게 표현하기, 토의하기
  - 감상문, 편지쓰기, 일기 쓰기, 그림그리기</td>
<td>• 다른 사람의 표현 내용 듣고 존중하는 태도 갖기</td>
</tr>
<tr>
<td>• [4국02-05] 읽기 경험과 느낌을 다른 사람과 나누는 태도를 지닌다.</td>
<td>• 읽기 경험과 느낌</td>
<td>• 작품에 대하여 다른 사람과 공유하기
  - 인터넷 매체 활용 나누기 등</td>
<td>• 지속해서 읽기 경험과 느낌 나누는 태도 갖기
• 친구 이야기 공감하기</td>
</tr>
</table>

<table>
<tr>
<td rowspan="4">교육과정 탐색</td>
<td>학습 요소</td>
<td colspan="4">• 작품에 대한 생각과 느낌 표현하기
• 읽기 경험을 나누는 태도 갖기</td>
</tr>
<tr>
<td>교수·학습 방법</td>
<td colspan="4">• 독후활동으로서 생각과 느낌 표현하기(감상문 쓰기, 인물에게 보내는 편지 쓰기, 일기 쓰기, 작가 혹은 인물과의 가상 인터뷰, 미술 교과와 연계한 그림 그리기 등 활동 다원화)
• 읽기 경험 나눌 때 동일한 글 공유하고 생각 차이 발견하고 이를 이해하는 과정 다루기, 서로 얼굴 맞대고 읽기 경험하기, 인터넷 매체 활용 의견 나누기, 감상하는 태도 지니기 등 쓰기와 문학 영역 연계 지도</td>
</tr>
<tr>
<td>평가 방법</td>
<td colspan="4">• 시나 이야기 읽고 느낌을 표현하는 활동과 자신의 생각을 나누는 토의 활동에 중점 두기
• 읽기 경험 나누는 태도 평가는 교과 시간 이외에도 평소에도 지속적 공유 여부 확인 평가</td>
</tr>
</table>

<table>
<tr>
<td>핵심 개념</td>
<td>• 문학의 수용과 생산 활동
• 읽기의 태도(읽기의 생활화)</td>
<td rowspan="2">핵심 질문</td>
<td rowspan="2">• 독후활동 후 떠오른 생각과 느낌은 무엇인가요?
• 생각과 느낌을 어떻게 하면 다양하게 표현할 수 있을까?
• 읽기 경험과 느낌을 다른 사람과 공유하는 방법은 어떤 것이 있을까?</td>
</tr>
<tr>
<td>이해 측면</td>
<td>• 설명(표현한다)
• 공감(경험을 나눈다)</td>
</tr>
</table>

<table>
<tr><td colspan="3" align="center">[2단계] 성취기준 도달을 위한 평가계획 세우기</td></tr>
<tr><td>성취코드</td><td>평가 장면</td><td>평가방법</td></tr>
<tr><td>[4국05-04]</td><td>① 독서활동(보거나 읽거나 듣기)에 적극적으로 참여하기
② 작품 활동 후 생각과 느낌 다양하게 표현하기/독후활동</td><td>관찰, 동료평가, 독후작품</td></tr>
<tr><td>[4국02-05]</td><td>③ 읽기 경험과 느낌 나누는 토론활동 및 생각의 차이 발견하기
④ 지속해서 생각 나누기 독후활동에 참여하기/수업 후</td><td>관찰, 자기평가, 체크리스트</td></tr>
<tr><td>피드백 전략</td><td colspan="2">• 또래교사제 등을 활용하여 함께 읽어주고 생각과 느낌 이야기하며 좋아하는 표현 방법으로 활동하기
• 토론활동 방법 안내하고 짝 토론 활성화, 보상을 통한 책 읽기 생활화, 수시 칭찬·격려하기</td></tr>
</table>

<table>
<tr><td colspan="6" align="center">[3단계] 성취기준 도달을 위한 단원 디자인/교육과정·수업·평가 일체화 구현</td></tr>
<tr>
<td>단원 설계 구성 관점</td>
<td colspan="5">• 온 작품 읽기 독서연계 학교폭력예방교육(『학교폭력 왕따! 그만해』/해솔), 생명존중교육(『너도 나도 똑같이 생명존중』/과학동아북스) 통합적 수업 설계하기, 미술 표현하기와 연계하기
• 단원 만남 시간에는 성취기준을 안내하고 함께 읽을 이야기책을 사전에 선정하여 충분하게 도서 구입 지원
• 동일한 작품에 대한 생각이나 느낌이 서로 다르다는 것을 이해하도록 1차로 충분하게 내용 구성
• 동시나 이야기 온 작품을 듣거나 읽거나 보고 생각과 느낌을 표현하는 데 중점을 두고 수업 설계
• 평가는 [4국05-04] 중심의 독후활동을 다양하게 표현하고 친구들과 공유하는 것에 초점을 맞추며, [4국02-05]는 읽기 경험을 지속해서 나누도록 안내하여 1학기 동안 관찰평가가 되어 일회성으로 그치지 않고 삶과 연계되도록 지속성 있게 구성</td>
</tr>
<tr>
<td>교과 역량</td>
<td>• 문화향유 역량(누리며 즐기기)</td>
<td>민주시민 역량</td>
<td>나눔 역량</td>
<td>인성·시민성</td>
<td>협동 공감</td>
</tr>
</table>

교과서 내용(Before)		성취기준	성취기준 중심 재구성(After)		비고
차시	주요 학습 내용		차시	주요 학습 내용	
1-2	생각이나 느낌이 서로 다른 까닭을 말할 수 있다. (동시/<꽃씨>)	[4국 05-04] 작품을 듣거나 읽거나 보고 떠오른 생각과 느낌을 다양하게 표현한다.	1	• 단원 학습 주요 내용 및 목표 안내하기 • 교과서 동시 <꽃씨> 읽고 생각이나 느낌 나누기 - 생각이나 느낌 이야기하기 - 작품을 읽고 생각과 느낌이 사람마다 다른 까닭 이야기하기 **형성평가** 생각이나 느낌이 서로 다른 이유 말하기(수행: 관찰)	하브루타 학습
3-4	시를 읽고 생각이나 느낌을 나눌 수 있다. (동시/<등 굽은 나무>)		2-4	• 『학교폭력 왕따! 그만해!』 책 표지 보여주고 어떤 책일까 생각 이야기하기 - 왕따 등과 관련된 경험 이야기하기 - 학교폭력 경험 나누고 예방하기 **(학교폭력예방교육)** • 『학교폭력 왕따! 그만해!』 그림 보고 어떤 장면일지 생각해서 이야기하기 • 『학교폭력 왕따! 그만해!』 책 교사가 읽어 주기 (중간중간에 몰입하도록 질문 던지기) **성취평가 ①** 듣거나 보는 독서활동에 적극적으로 참여하기(수행: 관찰 및 자기평가)	**범교과 (학교 폭력)** 독서학습
5-6	이야기를 읽고 생각이나 느낌을 나눌 수 있다. (줄글/<가훈 속에 담긴 뜻>)		5-6	• 책의 인물 및 일어난 일에 대해 말하기 • 책 읽고 짝과 생각과 느낌 이야기하기 • 책 읽고 떠오른 생각이나 느낌 다양하게 표현하고 서로 작품 감상하면서 의견 나누기 **성취평가 ②** 독후활동(생각이나 느낌 다양한 방법으로 표현하기)(수행: 작품, 상호)	하브루타 학습 독후활동
7-8	일어난 일에 대한 의견을 말할 수 있다. (줄글/<의심>)		7-8	• 교과서 <가끔씩 비 오는 날> 동화 읽고 의견 나누는 독서 토론 활동하기 - 자신의 경험과 느낌 주고받기, 책 읽고 토론 활동하기 **성취평가 ③** 동화 읽고 경험과 느낌 중심으로 독서 토론하기(수행: 관찰)	독서 토론 학습
9-10	이야기를 읽고 의견을 나눌 수 있다. (줄글/<가끔씩 비 오는 날>)		9	• 생명존중 책 교사가 읽어주고 생각과 느낌 나누기 - 모둠별 비주얼 씽킹으로 독후자료 만들고 생각과 느낌 나누고 표현 공유하기 **형성평가** 생명존중 글 듣고 생각과 느낌 짝과 이야기하기(수행: 관찰)	**범교과 (생명 존중)** 하브루타
			10	• 독서활동 계획 세우기 • 독서 후 경험과 느낌 공유하기 위한 방법 등 계획 세우기 **성취평가 ④** 1학기 동안 지속적 책 읽고 느낌 나누는 생활화 방법 계획 세우기 (수행: 계획서, 자기평가) • 단원 정리하기	독후 활동 생활화

마. 역량중심 백워드 기반 KDB 모형 적용 재구성 템플릿[15]

교과		학년		단원	

[1단계] 교육과정 분석 및 바라는 결과 확인하기				

KDB 모형 적용 성취기준 분석 (수업 후 학생에게 바라는 결과)		내용 요소	행동 요소	정의적 요소
		무엇을 가르칠 것인가?	어떻게 가르칠 것인가?	
		K(Know): 지식	**D**(to Do): 기능	**B**(to Be): 태도
성취기준	· ·	· ·	· ·	· ·

교육과정 탐색	학습 요소	·
	교수·학습방법	·
	평가방법	·

핵심 개념	·	핵심 질문	· · · ·
이해 측면	·		

[2단계] 성취기준 도달을 위한 평가계획 세우기		
성취코드	평가 장면	평가방법
피드백 전략	·	

[3단계] 성취기준 도달을 위한 단원 다자인/교육과정-수업-평가 일체화 구현		

단원 설계 구성 관점	· · ·			
교과 역량	· ·		민주시민 역량	인성·시민성

교과서 내용(Before)		성취기준	성취기준 중심 재구성(After)		비고
차시	주요 학습 내용		차시	주요 학습 내용	

---

15 역량중심 백워드 기반 KDB 모형 적용 단원 재구성은 전 학년, 전 교과에 걸쳐 작성한 자료는 춘천교육대학교 부설
초등학교 홈페이지-부설교육자료실-교육과정자료실에서 다운로드하여 참고하기 바란다.

IV.
백워드 기반 KDB 모형 적용
주제 중심 교과통합 재구성

1. 백워드 기반 KDB 모형 적용 주제 중심 교과통합 재구성 절차

주제 중심 교과통합 단원 재구성의 경우, 프로젝트로 이루어지기 때문에 대략적으로 구상하는 주제에 맞는 교과와 성취기준을 가져와서 성취기준 내용 요소가 기본적으로 반영되도록 재구성 관점 및 의도에서 분명하게 밝히는 것이 매우 중요하다. 주제 중심의 경우 성취기준이 중심이 아니라 주제가 중심이 되어서는 안 되기 때문이다.

이러한 부분에 초점을 두어 백워드 기반 KDB 모형을 적용하여 주제 중심 교과통합 단원 재구성을 하는 절차는 다음의 도표와 같다.

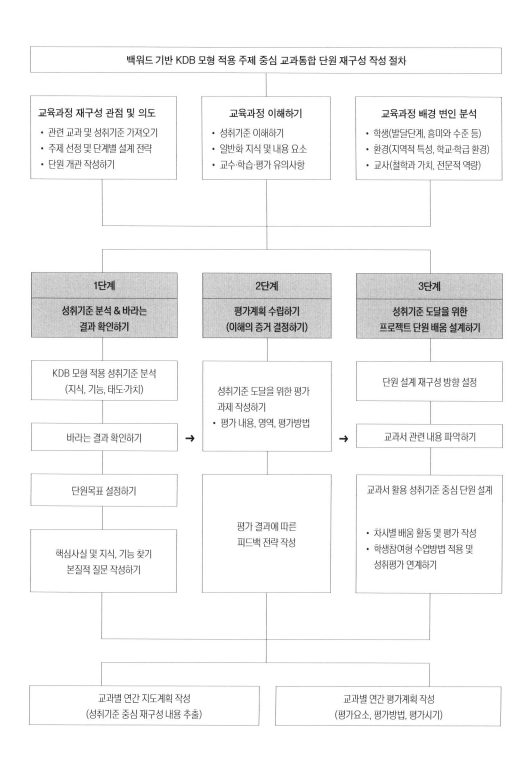

백워드 기반 KDB 모형 적용 주제 중심 교과통합 단원 재구성 작성 절차

교육과정 재구성 관점 및 의도
- 관련 교과 및 성취기준 가져오기
- 주제 선정 및 단계별 설계 전략
- 단원 개관 작성하기

교육과정 이해하기
- 성취기준 이해하기
- 일반화 지식 및 내용 요소
- 교수·학습·평가 유의사항

교육과정 배경 변인 분석
- 학생(발달단계, 흥미와 수준 등)
- 환경(지역적 특성, 학교·학급 환경)
- 교사(철학과 가치, 전문적 역량)

1단계
성취기준 분석 & 바라는 결과 확인하기

2단계
평가계획 수립하기 (이해의 증거 결정하기)

3단계
성취기준 도달을 위한 프로젝트 단원 배움 설계하기

KDB 모형 적용 성취기준 분석 (지식, 기능, 태도·가치)

바라는 결과 확인하기 →

성취기준 도달을 위한 평가 과제 작성하기
- 평가 내용, 영역, 평가방법

→ 단원 설계 재구성 방향 설정

교과서 관련 내용 파악하기

단원목표 설정하기

핵심사실 및 지식, 기능 찾기 본질적 질문 작성하기

평가 결과에 따른 피드백 전략 작성

교과서 활용 성취기준 중심 단원 설계
- 차시별 배움 활동 및 평가 작성
- 학생참여형 수업방법 적용 및 성취평가 연계하기

교과별 연간 지도계획 작성
(성취기준 중심 재구성 내용 추출)

교과별 연간 평가계획 작성
(평가요소, 평가방법, 평가시기)

백워드 기반 KDB 모형 적용
주제 중심 교과통합 재구성 작성의 실제

주제	주제 중심 교과통합을 할 핵심 주제 제시			
대상	○학년	중심 교과		관련 교과	

가. 주제 중심 교과통합 개요

📖 **교육과정 재구성 관점 및 의도[16]**

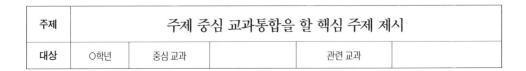

> **＊작성 요령**
>
> • 주제와 관련되는 중심 교과와 관련 교과의 성취기준을 작성하되 중심교과는 가급적 내용교과 위주로 하는 것이 바람직하며, 중심교과는 1개 교과 이상이 될 수도 있음

---

16 재구성 관점과 의도에서는 주제 중심으로 통합하는 교과의 성취기준을 살펴보고 프로젝트에 알맞은 주제를 추출하고 주제의 의도를 달성하기 위해 단계별로 어떻게 디자인할 것인지 전략과 프로젝트 단원의 전반적 전개 방향을 제시하여 주제 중심으로 교과를 통합한 의도를 전반적으로 이해할 수 있도록 작성한다.

⇩

	[주제] 대주제명 제시
주제 선정 story	*** 작성 요령** • 프로젝트 대주제를 어떤 측면에서 의미를 부여하여 선정하였는지, 교과별 성취기준을 토대로 주제를 어떻게 연결하였는지 간략하게 설명하기(예를 들어 지구촌 시대를 맞이하게 되었는데 이로 인해 발생하는 문제가 있음, 지구촌 문제의 원인을 알고 해결 방안을 강구하여 사이좋게 지내는 것이 중요. 따라서 지구촌 관련 사회, 도덕 교과와 토론 관련 국어 교과의 성취기준을 연결하여 함께 사는 지구촌 이웃 만들기라는 주제를 선정하게 되었음)

⇩

	① ~ 만나기		② ~ 나누기		③ ~ 공유하기
프로젝트 단계별 설계전략	• 관련 교과 기재 •	⇨	• 관련 교과 기재 •	⇨	• 관련 교과 기재 •

* 작성 요령

• 단계별 전략은 소주제별로 주제 중심 교과통합 성취기준을 분석하여 어떻게 도달하게 할 것인지와 이로 인하여 달성할 수 있는 교과역량이 무엇인지 제시
• 프로젝트 단계의 경우 대주제를 운영하기 위하여 소주제 중심으로 단계를 설정하면 보다 짜임새 있게 프로젝트를 구성할 수 있음
• 프로젝트 단계의 경우 예시는 3단계이지만, 수업자에 따라 2개이거나 4개 이상이 될 수도 있을 것임
• (예시) 세상을 보는 눈 - 아는 만큼 보인다. - 공감과 실천 - 모두가 함께해요
• (예시) 생활 속 수학과 만나기 - 수학 속 아름다움 찾기 - 수학 운동회 즐기기 - 수학과 함께 생활하기

⇩

	* 작성 요령 • 주제 중심 교과통합을 통해 재구성하여 전개해야 할 프로젝트 단원의 주요 학습 내용이 무엇이고 이를 이해하여 어떤 능력을 갖게 할 것인지에 대해 기재 • 단원 개관의 경우 사회과나 과학과의 교육과정 문서의 대주제별 단원 개관 내용 진술 형태를 참고하여 작성 • 단원 개관은 프로젝트 단계별 설계 전략과 연계성을 갖도록 작성
단원개관	

📖 교육과정 이해하기 템플릿

교과	○○	영역	내용 체계 영역 제시	핵심 개념	내용 체계 핵심 개념 제시		
	○○						
	○○						
성취기준	○○		[성취코드] [성취코드]				
	○○		[성취코드]				
	○○		[성취코드]				
일반화 지식	○○		·				
	○○		·				
	○○		·				
내용요소	○○		·	기능	○○	·	
	○○		·		○○	·	
	○○		·		○○	·	
교수·학습 방법 및 유의사항	○○		·				
	○○		·				
	○○		·				
평가방법 및 유의사항	○○		·				
	○○		·				
	○○		·				

＊작성 요령

＊ 교육과정 이해하기는 교육과정 읽기와 동일한 개념으로 국가 수준 교과 교육과정에 제시되어 있는 내용이 무엇인지를 읽고 이해
　하고자 하는 것이 핵심적 요소
· 통합하는 교과의 성취기준을 중심으로 예시 표와 같이 관련된 요소들을 교과 교육과정을 토대로 작성
　- 일반화 지식은 내용 체계에서, 내용 요소는 교과 교육과정 원문 내용에서 찾아 기재
　- 통합하는 교과 모두 각각 작성하되 가급적이면 중심교과, 관련 교과 순으로 작성
　- 교수·학습과 평가 방법 유의사항은 해당 성취기준과 관련된 내용을 교육과정 문서 축약 제시

📖 교육과정 배경 변인 분석[17]

교육 과정 재구성 여건 분석	학생	환경	교사
	• 발달단계 • 능력과 수준 • 흥미와 태도	• 지역적 특성 • 학교 및 학급 환경	• 철학과 가치 • 전문적 역량
	• 프로젝트 주제를 중심으로 추진하기 위해 학생들의 실태·수준 정도를 제시 • 인성적 측면, 주제 해결에 대한 이해 정도, 프로젝트 학습 전개를 위한 여건 정도 제시	• 프로젝트를 추진하기 위해 학습 내용과 관련하여 지역 및 학교 (학급) 환경 여건 실태 파악 제시 • 프로젝트 학습 전개에 따라 환경적 시설 활용 학습 등 관련 실태 제시	• 프로젝트 재구성 수업을 위하여 학년별 교사들의 철학과 가치, 추진할 수 있는 전문적인 역량 등 실태 진술 • 참여형 수업 전개, 교수평 일체화, 프로젝트 학습 전문성 정도 등

---

17 교육과정 배경 변인 분석은 교육과정을 읽고 이해한 후 프로젝트 주제 학습에 잘 도달할 수 있도록 계획을 수립하는 데 있어서 학생, 환경, 교사 배경 변인에 대하여 실태를 파악하고 진단하는 차원에서 여건 분석이 이루어지도록 작성해야 한다.

나. 역량중심 백워드 기반 KDB 모형 적용 재구성 작성 방법 Tip

📖 [Step 1] KDB 모형 적용 교육과정 분석 및 바라는 결과 확인하기

		KDB 모형 적용 성취기준 분석			
교과	주제	주제 중심 통합 성취기준18	내용 요소	행동 요소	정의적 요소
			무엇을 가르칠 것인가?	어떻게 가르칠 것인가?	
			K(Know): 지식	**D**(to Do): 기능	**B**(to Be): 태도
○○ ○○		• [성취코드], [성취코드]	•	•	•
○○		• [성취코드]	•	•	•
○○		• [성취코드]	•	•	•

바라는 결과 확인하기19	
단원목표 설정하기	**＊작성 요령** •교과별 성취기준을 중심으로 주제 학습에 도달하기 위한 단원 목표를 제시 •대주제로 통합하여 제시하거나 소주제 중심으로 구체화하여 제시

성취해야 할 핵심 **사실 및 지식**	행동으로 나타날 수 있는 **기능**
•	•

본질적 질문
＊작성 요령 • 본질적 질문은 주제 중심으로 교과통합을 해서 프로젝트 학습을 수행하는 데 있어서 본질적 질문을 학생들이 정확하게 이해하고 수행할 수 있다면 단원 목표에 잘 도달했다고 판단되는 차원에서 본질적 질문을 구성하여 제시

📖 [Step 2] 성취기준 도달을 위한 평가 계획 수립하기

수행과제	① ②				
성취평가	**평가 내용**	**영역**	**평가방법**	**관련 성취기준**	
평가 ①	• 평가 내용/해당 차시	지식기능	수행(지필)	• [성취코드], [성취코드]	

＊작성 요령
성취기준 도달을 위한 증거 수집에 따른 평가계획을 하기 위해서는
• 성취기준을 분석하여 기능 중심으로 도달이 되도록 초점을 두고, 주제 중심 교과통합 프로젝트 학습의 목적에도 부합하도록 평가 내용을 계획
• 평가계획은 핵심 질문과 연계성을 가지고 있어야 하며, 단원 재구성의 경우에도 평가 내용을 학생들이 배움을 통해 확인 가능한 내용으로 구성해야 함
• 평가 내용은 지식 중심에서 기능 중심으로 이루어지도록 수립

---

18 프로젝트 소주제 학습 내용에 맞게 주제 중심으로 관련 교과 성취기준을 통합하여 제시한다. 주제 중심 교과통합을 한다는 것은 통합교과 성취기준을 중심으로 주제에 맞게 단원을 새롭게 구성하는 것을 의미하므로 관련 교과 성취기준을 소주제에 맞게 통합해서 제시할 때 교육과정의 목적에 잘 도달했다고 볼 수 있다.

19 단원 목표는 주제를 중심으로 성취기준을 통합하여 학생들이 도달해야 할 배움 정도를 진술한다. 또한, 성취해야 할 핵심사실 및 지식, 그리고 행동으로 나타날 수 있는 기능은 교과통합을 통해 무엇을 어떻게 가르치고 배울 것인가에 해당하는 것이므로 성취기준을 중심으로 추출하여 제시한다.

📖 [Step 3] 주제중심 교과통합 프로젝트 단원 배움 계획 세우기

관련교과		지도 시기	
통합주제			
교과역량	(○○) 의사소통 및 협업능력 (○○) 도덕적 정서·사고 능력	민주시민 역량	
		인성(시민성)	
교과 간 재구성	○○ (단원명), ○○ (단원명) ○○ (단원명)		
단원 설계의 방향	• 주제 중심으로 교과통합을 통해 프로젝트 학습을 구현하기 위한 것이 가장 중요한 요소이므로 교과를 주제에 맞게 단원을 어떻게 재구성할 것인지 그 방향을 제시 • 교과서 자료를 분석하고 전체 단원을 몇 차시로 구성할 것인지? 또는 교과별 차시 배분은? • 교육과정-수업-평가 일체화를 구현하기 위한 재구성 방향은? 특히 성취평가와 피드백 실시 방향은? • 앎과 삶이 하나 되도록 삶 속에서 실천할 수 있도록 어떻게 구성할 것인지 등 개조식으로 제시		

교과서 관련 내용					
○○ <단원명>		○○ <단원명>		○○ <단원명>	
차시	내용	차시	내용	차시	내용
	• 교과서 차시 및 학습 내용 제시		• 교과서 차시 및 학습 내용 제시		• 교과서 차시 및 학습 내용 제시

성취기준 도달 주제 중심 재구성/교육과정-수업-평가 일체화 구현						
단계	교과	차시	성취기준	배움 활동 및 평가		수업 전략/역량
			[성취코드] [성취코드]	• 형성 | 피드백 |		비주얼 씽킹 문제해결력
			[성취코드]	• 성취 ① | 피드백 |		하브루타 문제해결능력
			[성취코드]	• 성취 ② | 피드백 |		조사학습 의사소통능력

작성 요령	차시별 배움 활동의 경우 차시 수업 목표를 달성하기 위하여 어떻게 가르치고 무엇을 배울 것인가에 초점을 맞춰 교수·학습 내용을 구체적으로 작성해야 한다. 성취평가는 Step2에서 계획한 평가 장면과 동일한 내용을 평가하는 것으로 결국 성취기준 도달 평가를 하는 것을 의미한다. 형성평가는 성취평가는 아니지만, 일반 차시에서 실시하는 것으로 차시 목표에 도달하도록 평가계획을 수립한다. 형성평가도 과정중심평가와 연계성을 가지고 차시 목표에 잘 도달하였는지에 관한 평가를 실시하고 적절한 피드백을 제공해야 한다. 또한, 일반 차시라고 하더라도 일반 차시의 목표에 도달하지 못하면 다음 성취 차시를 전개하는 데 어려움이 있으므로 형성평가도 매우 중요한 의미를 지니고 있다는 사실에 유의해야 한다. 피드백의 경우 특히 미도달 학생들에게 어떻게 재지도를 할 것인지 그 방법을 제시한다.

3. 백워드 기반 KDB 모형 적용 주제 중심 교과통합 재구성 작성 사례[20]

주제	칭찬의 힘! 모두를 웃게 해요.				
대상	2학년	중심 교과	국어	관련 교과	바른 생활, 수학

가. 주제 중심 교과통합 프로젝트의 문 열기

📖 교육과정 재구성 관점 및 의도

교과 및 성취 기준	국어	바른 생활	수학
	[2국01-06] 바르고 고운 말을 사용하여 말하는 태도를 지닌다. [2국03-03] 주변의 사람이나 사물에 대해 짧은 글을 쓴다.	[2바07-02] 다른 나라의 문화를 존중하고 공감하는 태도를 기른다.	[2수05-02] 분류한 자료를 표로 나타내고, 표로 나타내면 편리한 점을 말할 수 있다.

⇩

	[주제 선정] 칭찬의 힘! 모두를 웃게 해요.
주제 선정 story	• 각종 미디어의 발전과 저출산의 영향으로 인하여 자기중심적인 경향이 더욱 강해지고, 친구를 경쟁의 대상으로 생각하는 학생들이 많아지고 있다. 이를 해소하는 가장 좋은 방안은 '칭찬'이다. 칭찬은 인간관계를 부드럽게 만들고 자존감을 높여주는 데 필수적인 요소라고 할 수 있다. 따라서 바르고 고운 말(칭찬)을 사용하여 친구 관계를 원만하게 하고 자존감을 높이는 활동을 하는 국어 교과의 성취기준을 기반으로 하여 칭찬과 관련된 사용 실태를 조사하고 이를 분류하여 표로 정리하는 수학 교과의 성취기준과 교실과 지역을 넘어 다양한 나라의 문화와 인종을 이해, 존중하고 공감하며 내면화를 꾀하는 통합(바른 생활) 교과의 성취기준을 연결하여 공감을 바탕으로 긍정적인 칭찬 주고받기 활동하기라는 주제를 선정하게 되었다.

---

20 춘천교육대학교부설초등학교(2019: 78-85), 달·별·솔이와 함께하는 배움·성장 이야기 Vol.3

⇩

프로 젝트 단계별 설계 전략	① 칭찬을 왜 할까요?	② 이렇게 칭찬을 주고받아요.	③ 칭찬을 해봐요!
	국어, 수학	국어, 바른 생활	국어, 바른 생활
	• 칭찬 사용 실태를 알기 위해 힘이 나는 말과 그렇지 않은 말을 설문 조사를 통해 자료를 수집, 분류하여 표로 나타내기, 칭찬의 좋은 점과 필요성 탐색하기	• 칭찬 방법을 알기 위해 공감을 바탕으로 한 감정놀이 활동, 격려와 지지, 칭찬하는 방법 연습하기, 경청과 공감을 통한 의사소통 역량 함양	• 친구뿐만 아니라 다른 나라 사람들을 존중하고 공감하려는 의지를 다지고 올바른 칭찬을 지속해서 실천할 수 있도록 삶과 연결 짓기 등을 통해 의사소통 역량 신장

⇩

단원
개관
	• 본 단원은 목적은 칭찬의 사용 실태를 조사하여 그 자료를 바탕으로 칭찬의 필요성을 인식하고 칭찬하는 말이나 글을 나누어 봄으로써 인간관계를 원만하게 만들고 올바른 언어 습관을 형성하는 데 있다.
	  - 바른 언어(칭찬)습관 형성을 위해 먼저 칭찬의 필요성을 인식하도록 한다. 이를 위하여 학급 혹은 학년 단위의 칭찬 사용 실태를 조사하고 이를 바탕으로 알아보기 쉽도록 분류하여 표로 나타내도록 한다. 이를 통해 친구와 칭찬의 사용 실태가 부족함을 인식하고 칭찬의 필요성을 자각할 수 있도록 한다.
	  - 칭찬의 필요성을 인식한 후에는 공감을 바탕으로 하는 감정놀이, 격려와 지지를 기반으로 하는 의사소통 활동, 칭찬의 종이뭉치 던지기, 칭찬 문장 퍼즐 게임, 역할 놀이를 통하여 칭찬하는 방법을 알아보고 경청과 공감, 의사소통 역량을 기를 수 있도록 한다.
	  - 단원의 마무리 단계에서는 교육연극과 캠페인 활동 등을 통해 앞서 배운 칭찬하기를 내면화하고 실천할 수 있도록 의지를 다지는 활동으로 진행한다. 또한, 작은 사회라고 할 수 있는 학교 친구뿐만 아니라 좀 더 영역을 확대하여 다른 문화를 가진 친구들에게도 다양한 관점으로 칭찬하기를 통해 다른 나라의 문화를 존중하고 공감할 수 있는 글로벌 인재로 성장할 수 있도록 한다.

📖 교육과정 이해하기

교과		영역		핵심 개념	
	국어		듣기·말하기, 쓰기		칭찬
	바른 생활		습관화하기		다문화
	수학		자료와 가능성		분류, 정리, 해석

성취 기준	국어	• [2국01-06] 바르고 고운 말을 사용하여 말하는 태도를 지닌다. • [2국03-03] 주변의 사람이나 사물에 대해 짧은 글을 쓴다.
	바생	• [2바07-02] 다른 나라의 문화를 존중하고 공감하는 태도를 기른다.
	수학	• [2수05-02] 분류한 자료를 표로 나타내고, 표로 나타내면 편리한 점을 말할 수 있다.

일반화 지식	국어	• 바르고 고운 말(칭찬)의 방법을 알고 친구와 자연스럽게 주고받을 수 있다. • 칭찬의 사용이 원만한 교우 관계를 발전, 유지할 수 있음을 안다.
	바생	• 세계화로 인해 다양한 나라의 문화를 존중하고 공감하여 바람직한 인류애를 지닌다.
	수학	• 다양한 자료를 직접 수집하고 분류하여 보기 쉽게 정리하는 방법을 안다.

내용 요소	국어	• 바르고 고운 말(칭찬)의 필요성 • 올바른 태도로 칭찬을 주고받는 방법	기능	국어	• 표현하기, 토의 토론하기, 성찰·공감하기
	바생	• 다른 나라의 문화를 이해하고 존중하기		바생	• 내면화하기, 관계 맺기, • 습관화하기
	수학	• 다양한 자료를 이해하기 쉽게 분류하기		수학	• 수집하기, 조사하기, 분류하기 • 정리하기, 종합하기, 활용하기

교수· 학습방법 및 유의 사항	국어	• 학년(급) 단위의 칭찬 사용의 실태를 설문 조사하도록 하여 칭찬의 필요성과 칭찬을 올바른 방법으로 적극적으로 사용할 수 있어야 함을 인식하기 • 칭찬을 올바른 방법으로 사용하기 위해 공감 능력을 키울 수 있는 다양한 감정놀이를 학습 과정에 반영하기 • 교육연극을 이용하여 칭찬을 올바른 방법으로 사용하는 방법 익히기
	바생	• 다른 나라의 문화를 존중하고 이해할 수 있는 생활 태도 기르기
	수학	• 설문 조사를 통해 수집된 자료를 알아보기 쉽게 하도록 표를 활용하여 나타내기

평가 방법 및 유의 사항	국어	• 관찰법과 토의법을 활용하여 칭찬의 필요성과 칭찬하는 방법을 올바르게 사용 및 활용할 수 있는지를 평가 • 체크리스트법을 활용하여 자기평가 및 모둠 활동의 참여도를 평가
	바생	• 나라의 문화를 존중할 수 있도록 캠페인 활동에 적극적으로 참여하는지를 중심으로 관찰 및 상호평가
	수학	• 자료를 활용하여 알아보기 쉽도록 표를 활용하려 나타내었는지를 발표 보고서를 통하여 평가

📖 교육과정 배경 변인 분석

	학생	환경	교사
교육과정 재구성 여건 분석	• 발달단계 • 능력과 수준 • 흥미와 태도	• 지역적 특성 • 학교 및 학급 환경	• 철학과 가치 • 전문적 역량
	• 자기중심적인 성향이 강하여 친구끼리 칭찬 사용 인색 • 기본생활습관은 전반적으로 잘 형성되어 있으나, 일부 친구들과의 관계가 원만하지 않음 • 놀이 활동을 좋아하고 토의·토론 활동은 아직 어려워함 • 모둠 활동 시 참여하지 않는 일부 학생들 관찰 • 자기중심적인 성향이 강하여 친구끼리 칭찬 사용 인색 • 기본생활습관은 전반적으로 잘 형성되어 있으나, 일부 친구들과의 관계가 원만하지 않음 • 놀이 활동을 좋아하고 토의·토론 활동은 아직 어려워함 • 모둠 활동 시 참여하지 않는 일부 학생들 관찰	• 전반적으로 수업 시간에 집중력이 떨어지는 경향 • 실내 생활이 다소 어수선한 모습도 있으나, 많은 학생이 실내에서 걷거나 차분하게 다니려고 노력 • 자녀에게 거는 기대가 높고, 담임 교사와 소통이 잘되는 편임 • 다른 나라 문화를 알 수 있는 국제교육 실시(대만, 일본과 자매 교류) • 전반적으로 수업 시간에 집중력이 떨어지는 경향 • 실내 생활이 다소 어수선한 모습도 있으나, 많은 학생이 실내에서 걷거나 차분하게 다니려고 노력 • 자녀에게 거는 기대가 높고, 담임 교사와 소통이 잘되는 편임 • 다른 나라 문화를 알 수 있는 국제교육 실시(대만, 일본과 자매 교류)	• 지속적인 관계중심 생활교육 조기 정착을 위해 다양한 관련 수업(놀이 활동, 학급구성, 관련 프로젝트 활동 등) 진행 • 교육과정을 분석하고 재구성하는 백워드 기반 수업 재구성 노력 • 원만한 관계를 유지하기 위해 학생 및 학부모 상담 실시 • 지속적인 관계중심 생활교육 조기 정착을 위해 다양한 관련 수업(놀이 활동, 학급구성, 관련 프로젝트 활동 등) 진행 • 교육과정을 분석하고 재구성하는 백워드 기반 수업 재구성 노력 • 원만한 관계를 유지하기 위해 학생 및 학부모 상담 실시

나. 역량중심 백워드 기반 KDB 모형 적용 단원 재구성

📖 [Step 1] 교육과정 분석 및 바라는 결과 확인하기

KDB 모형 적용 성취기준 분석					
교과	주제	주제 중심 통합 성취기준	내용 요소	행동 요소	정의적 요소
			무엇을 가르칠 것인가?	어떻게 가르칠 것인가?	
			K(Know): 지식	**D**(to Do): 기능	**B**(to Be): 태도
국어 수학	칭찬을 왜 할까요?	[2국01-06], [2수05-02] 바르고 고운 말(칭찬)의 사 용 실태를 조사하여 **그래프 로 나타내고**, 칭찬의 필요 성을 **설명한다**.	• 칭찬의 말과 듣고 싶은 말 알기 • 칭찬의 필요성 알기	• 수집 및 조사하기 • 분류 및 정리하기 • 종합하기 • 활용하기	• 칭찬의 필요성 알기 • 모둠 활동에 적극적 으로 참여하기
국어	이렇게 칭찬을 주고 받아요.	[2국01-06], [2국03-03] 바르고 고운 말(칭찬)을 주 고받는 방법을 **놀이와 역할 극을 통해 안다.**	• 올바른 방법으로 칭찬하고 대답하는 방법 알기	• 놀이 활동 • 교육연극 활동하기 • 토의하기	• 경청하기 • 공감하기 • 칭찬하기 • 민주시민 역량 갖기
국어 바생	칭찬을 해봐요!	[2국01-06], [2국 03-03], [2바07-02] 다 른 나라의 문화를 존중하 고 공감할 수 있도록 다양 한 활동을 통해 칭찬을 **생 활화한다.**	• 다른 나라 문화 존중하고 공감하는 방법 알기 • 캠페인 방법 알기	• 캠페인 활동 • 공유하기 • 교육연극 활동하기 • 친구에게 칭찬하는 글쓰기	• 캠페인 활동 적극 참여 • 실천 의지 갖기 • 생활화하기

바라는 결과 확인하기	
단원목표 설정하기	• 바르고 고운 말(칭찬) 사용의 실태를 조사하여 칭찬의 필요성을 알고, 다양한 놀이 및 역할극을 통해 칭찬을 주고받는 방법을 익힌다. • 다른 나라의 문화를 존중하고 공감하는 다양한 활동을 통해 칭찬을 생활화한다.

성취해야 할 핵심 사실 및 지식	행동으로 나타날 수 있는 기능
• 칭찬의 말과 듣고 싶은 말 알기 • 칭찬의 필요성 알기 • 칭찬을 주고받는 올바른 방법 알기 • 다른 나라 문화 존중하고 공감하는 방법 알기 • 캠페인 방법 이해하기	• 칭찬 사용의 실태를 알 수 있는 설문 조사하기 및 자료 정리하기 • 칭찬을 주고받는 방법 적용하는 놀이 활동 및 교육연극 하기 • 캠페인 활동을 통한 칭찬의 생활화

본질적 질문
• 조사 활동을 통해 칭찬 사용의 실태를 알고 칭찬의 필요성을 말할 수 있나요? • 올바르게 칭찬을 주고받는 방법을 알고 있나요? • 평화롭고 안전한 교실을 만들기 위해 친구에게 칭찬하려는 의지를 갖고 실천할 수 있나요? • 다른 나라의 문화를 존중하고 공감하며 다른 나라의 친구에게 칭찬을 표현할 수 있나요?

📖 [Step 2] 성취기준 도달을 위한 평가 계획 수립하기

수행 과제	① 칭찬 사용의 실태에 대한 조사 활동을 통해 칭찬의 필요성을 발표할 수 있는가?			
	② 칭찬을 주고받는 방법을 알고 관련 활동에 적극적으로 참여할 수 있는가?			
	③ 칭찬을 활용하여 다른 나라의 문화를 존중하고 공감하며 다른 나라 친구에게 메시지를 전달하는가?			
	④ 칭찬 캠페인 활동에 적극적으로 참여하고 친구를 칭찬하는 생활을 지속해서 하는가?			

성취 평가	평가 내용	영역	평가방법	관련 성취기준
평가 ①	• 칭찬 사용 실태를 조사, 분류하여 그래프로 알아보기 쉽게 나타내고, 칭찬의 필요성을 발표하기/2~3차시	지식 기능	수행평가 (보고서)	• [2국01-06], [2수05-02]
평가 ②	• 칭찬을 주고받는 방법을 알고 관련 활동에 적극적으로 참여하기/6~7차시	지식 기능	수행평가 (관찰)	• [2국01-06], [2국03-03] • 상호평가, 자기평가
평가 ③	• 칭찬을 활용하여 다른 나라의 문화를 존중하고 공감하며 다른 나라의 친구에게 메시지 보내기/9~10차시	기능 태도	수행평가 (관찰)	• [2국01-06], [2바07-02] • 상호평가, 자기평가
평가 ④	• 칭찬을 생활화하기 위한 실천 방법을 알고 공유하기(칭찬을 생활화하기 위한 캠페인 활동 참여하기)/11~12차시	기능 태도	수행평가 (결과물, 관찰)	• [2국01-06], [2바07-02] • 상호평가, 자기평가

📖 [Step 3] 프로젝트 단원 배움 계획 세우기

관련교과	국어, 바른 생활, 수학	지도 시기	10월~11월
통합주제	칭찬의 힘! 모두를 웃게 해요.		

교과역량	(국어) 공동체·대인 관계 역량 (비생) 공동체 역량 (수학) 정보 처리 역량	민주시민 역량	자율역량
		인성(시민성)	소통

교과 간 재구성	국어(10. 칭찬하는 말을 주고받아요), 겨울(1. 두근두근 세계 여행), 수학(5. 표와 그래프)

단원 재구성 방향	• 사전에 칭찬의 사용 실태를 조사하여 필요성을 인식할 수 있도록 수학(표와 그래프 단원)에서 자료를 수집, 분류하여 이용하여 그래프로 나타내도록 재구성 • 기존의 국어 교과서에서 제시한 칭찬을 주고받는 방법은 단순한 기능만을 추구하는 경향이 있으므로 친구의 마음을 공감하고 칭찬으로 이어질 수 있도록 공감과 관련된 활동을 추가하여 좀 더 자연스러운 칭찬 유도 • 단원의 마지막에는 교실을 넘어서 세계화 시대를 준비할 수 있는 인재를 기를 수 있도록 함. 이에 바른생활(두근두근 세계 여행 단원)에서 다른 나라 문화를 이해하고 공감할 수 있도록 교육연극 및 캠페인 활동을 실시하여 칭찬을 생활화할 수 있도록 구성 • 본 단원은 칭찬의 사용 실태조사 및 필요성 알기(3차시)→공감을 기반으로 하는 칭찬 주고받는 방법 알기(5차시)→ 칭찬을 통해 다른 나라 친구를 대하는 방법을 주제로 교육연극 및 캠페인 활동하기(4차시)로 총 12차시로 구성함. 이에 재구성에 따른 교과별 차시 배분은 국어 7차시, 수학 2차시, 바른 생활 3차시로 구성 • 교육과정-수업-평가의 일체화를 위해 성취기준에서 사용하는 바르고 고운 말 사용을 칭찬하기로 선정. 칭찬의 필요성과 그에 따라 칭찬을 주고받는 방법을 알고 생활 속에서 실천해 보는 활동 전개 • 성취평가는 총 4개를 제시하는데, 2~3차시에서 칭찬 사용 실태를 조사 및 분류하고 이를 그래프로 나타냄. 특히 조사한 자료를 비슷한 내용으로 묶고 분류하는 과정을 어려워할 수 있으므로 모둠 활동 시 예를 들어줌 • 6~7차시에는 칭찬을 주고받는 방법을 알고 수업시간에 적극적으로 참여하는지를 체크리스트를 통해 점검. 평가 전 체크리스트의 점검항목을 학생들에게 사전에 알려주어 적극적으로 활동할 수 있도록 유도 • 9~10차시에는 칭찬을 활용하여 다른 나라 문화를 존중하고 공감하며 다른 나라의 친구 대하기를 주제로 교육연극 활동 평가. 모둠 활동 중 적절한 언어와 상황을 적용하는지, 칭찬을 적절하게 활용하는지를 지속해서 관찰하고 피드백 실시 • 11~12차시에는 칭찬을 생활화하기 위한 캠페인 활동에 적극적으로 참여하는지 평가. 칭찬을 주제로 안내문을 작성하도록 하여 교실이나 복도 등에 게시하도록 하는데 안내문에 들어갈 간단한 글과 그림들을 교사가 설명할 때 예시 작품과 함께 제시 • 올바른 방법으로 칭찬을 주고받으면서 자연스럽게 칭찬은 인간관계를 부드럽고 원만하게 만들어주는 최고의 방법임을 알 수 있도록 하며 이를 다양한 방법으로 생활화하여 평화로운 교실을 만들 수 있도록 유도

교과서 관련 내용(음영 부분 성취기준 관련 교과서 부분)

국어 <10. 칭찬하는 말을 주고받아요>		겨울 <1. 두근두근 세계 여행>		수학 <5. 표와 그래프>	
차시	내용	차시	내용	차시	내용
1~2	칭찬의 경험을 떠올리며, 칭찬하는 말을 주고받을 때 좋은 점 알기	30~31	다른 나라의 장난감을 살펴보고 하나를 골라 직접 만들고 놀아보기	2	자료를 보고 표로 나타낸 후 편리한 점 말하기
3~4	다양한 칭찬의 상황을 살펴보고, 친구들과 칭찬의 경험 나누어 보기	32~33	세계 여러 나라의 민요를 듣고, 악기 연주 및 신체 표현을 통해 노래 부르기	3	학생들이 조사한 자료를 표로 나타내기
				4	놀이 수학-놀이하며 표로 나타내기
5~6	칭찬하는 말과 대답하는 말을 하는 방법을 알고 칭찬하는 말을 할 때 주의점 살펴보기	34~35	다른 나라 친구를 대하는 올바른 태도를 알아보기	5	자료를 분류하여 그래프로 나타내기
				6	표와 그래프에 나타난 내용을 알아보기
7~8	칭찬 쪽지를 쓰고 이를 공유하기	36~37	세계 민속춤을 감상하고 민속춤 의상을 만들어 발표하기	7	자료를 수집, 분류하여 표나 그래프로 나타내기

성취기준 도달 주제 중심 재구성/교육과정-수업-평가 일체화 구현					
단계	교과	차시	성취기준	배움 활동 및 평가	수업 전략/역량
칭찬을 왜 할까요?	수학	1	[2수 05-02]	• 프로젝트 수행과제 안내하기, 프로젝트 추진 계획 수립하기 • 칭찬의 사용 실태를 설문 조사하기 위한 기초 작업하기 　- 모둠별로 2가지 질문(30명 이하)을 만들어 실태 조사하기 • 칭찬 사용 실태 설문조사하고 정리해 오기(예습 사전 과제로 제시) 형성평가: 설문 조사 질문 만들기 및 조사지, 설문 조사 방법 알기 (지필-설문 조사지) 피드백: 모둠별 설문 조사의 예시를 사전 제시	협동 학습 조사학습 / 문제해결 정보처리 역량
	수학 국어	2~3	[2국 01-06] [2수 05-02]	• 칭찬의 사용 실태를 조사한 자료를 분류하기 • 분류한 자료를 보기 좋게 그래프로 나타내기 　- 모둠별로 조사한 자료를 보고서를 작성하여 발표하기 • 칭찬이 필요한 이유를 발표한 자료를 바탕으로 탐색하기 성취평가 ①: 칭찬 사용 실태를 조사, 분류하여 그래프로 알아보기 쉽게 나타내고, 칭찬의 필요성 발표하기 (지필-보고서) 피드백: 분류한 자료를 그래프로 그리는 법 안내, 짝 대화를 통해 칭찬이 필요한 이유를 함께 생각해 보기	토의토론학습 탐구학습 / 문제해결 정보처리 역량 자료정보 활용 역량
이렇게 칭찬을 주고 받아요.	국어	4	[2국 01-06]	• 나의 경험 나누기 　- 자신이 속상했거나 힘들었던 경험을 서클로 나누기 • 다른 친구의 감정을 살필 수 있는 감정 놀이하기 　- 모둠별로 감정 카드를 활용하여 인디언 감정 놀이 　- 전체 활동으로 감정 카드를 활용한 감정 탐정 놀이 형성평가: 자신의 경험을 감정의 단어를 이용하여 말하기, 다양한 감정놀이에 적극적으로 참여하기(관찰) 피드백: 감정 카드를 활용하여 자신의 경험 나누기	놀이학습 / 의사소통 역량
	국어	5	[2국 01-06]	• 마음열기 　- 전체 활동(서클 형태)으로 비빔밥 놀이를 통해 다양한 감정에 대해 생각해 보고 아이스브레이킹하기 • 나의 감정을 인식하기 　- 전체 활동으로 제시한 상황에서 느끼는 자신의 감정 카드로 찾아가기 • 친구의 감정을 알아보기 　- 다양한 상황을 나타내는 그림을 보고 친구의 감정을 듣고 반영해주기 • 친구의 감정에 공감하기 　- 모둠별로 친구와의 경험을 서클 형태로 이야기하고 나머지 친구들은 그 감정에 대해 공감해주기(공감 샤워 활동) 형성평가: 자신과 친구가 느끼는 감정을 인식·이해하고 공감해주기 (관찰) 피드백: 친구의 감정을 잘 이해하지 못하는 학생은 비슷한 자신의 경험을 떠올리도록 유도	탐구학습 / 문화향유 역량 대인관계 역량

이렇게 칭찬을 주고 받아요.	국어	6~7	[2국 01-06]	• 감정을 나타내는 말을 활용한 스피드퀴즈 - 전체 활동으로 감정을 나타내는 말을 통해 공감 이해하기 • 칭찬 주고받기 교육연극 - 바람직한 칭찬 주고받는 방법 알기 - 다양한 상황을 모둠별로 제시하고 실제로 칭찬을 주고받는 방법을 활용하여 교육연극 발표하기 성취평가 ② : 칭찬을 주고받는 방법을 알고 관련 활동에 적극적으로 참여하기(관찰) 피드백 : 칭찬을 주고받는 방법 재지도, 예시 자료(연극 대본)를 제공하고 이를 읽도록 하여 활동방법 간접 안내	교육연극 / 의사소통 역량
	국어	8	[2국 01-06] [2국 03-03]	• 감정의 말 액자 만들기 놀이 - 전체 활동으로 다양한 감정을 표정만으로 표현하여 다른 친구의 감정 알아차리기 • 칭찬의 종이뭉치 던지기 - 전체 활동으로 친구에게 칭찬의 글을 적고 이를 공유하여 칭찬의 경험을 제공하고 자존감 높여주기 • 칭찬 상장 만들어 수여하기 - 개별 및 전체 활동으로 그동안 프로젝트를 하면서 가장 기억에 남는 칭찬을 한 친구에게 상장을 만들어 전달하기 형성평가 : 다양한 칭찬 주고받기 관련 활동에 적극적으로 참여하기(관찰) 피드백 : 놀이 활동에 소극적인 학생에게 적극적으로 참여하도록 격려하기	놀이학습 / 공동체 대인관계 역량
칭찬을 해봐요!	바생 국어	9~ 10	[2국 01-06] [2바 07-02]	• 다른 나라 친구들의 입장을 생각하며 교육연극 활동으로 칭찬하기 - 앞에서 배운 칭찬을 주고받는 방법을 활용하여 다른 나라 친구를 만나는 상황을 생각하기 - 칭찬을 활용할 수 있는 다양한 상황을 모둠별로 설정하여 역할극 하기 - 활동한 후 소감 나누기 - 자신의 모습을 되돌아보고 실천의 의지 다짐하기 성취평가 ③ : 칭찬을 활용하여 다른 나라의 문화를 존중하고 공감하며 다른 나라의 친구 대하기(교육연극) 피드백 : 다양한 상황에 대한 구체적인 설명 추가하기, 역할극 활동 시 적극적으로 참여할 수 있도록 독려	교육연극 / 의사소통 역량
	바생	11~ 12	[2바 07-02]	• 다른 나라의 문화를 이해하고 공감하는 캠페인 활동 - 『샌드위치 바꿔 먹기』 동화책을 읽고 느낀 점 서로 이야기 나누기 - 서로 다른 문화를 이해하고 존중하기 위해 우리가 할 수 있는 방법 탐색하기 - 다른 나라의 문화를 이해를 존중을 위한 홍보 활동하기(홍보 안내물, 홍보 영상, 캠페인 활동 등) • 자매학교 친구들 칭찬하는 메시지 쓰고 전달하기 성취평가 ④ : 칭찬을 생활화하기 위한 실천 방법을 알고 공유하기(칭찬을 생활화하기 위한 캠페인 활동 참여하기/결과물, 관찰) 피드백 : 홍보 활동을 어려워하는 모둠은 비슷한 주제를 가진 다른 예시작품을 보여주거나, 교사가 방향을 자세하게 안내	문제해결학습 / 문화향유 역량

4. 역량중심 백워드 기반 KDB 모형 적용 주제 중심 교과통합 재구성 템플릿

주제	·				
대상	O학년	중심 교과		관련 교과	

가. 주제 중심 교과통합 개요

교과 및 성취기준	중심교과 ①	+	중심교과 ②	+	관련교과 ③	+	관련교과 ④
	[성취코드]		[성취코드]		[성취코드]		[성취코드]

	[주제]			
주제 선정 story	·			

프로젝트 단계별 설계전략	·		·		·
	·		·		·

단원개관	·

교과	○○	영역		핵심개념	
	○○				
	○○				

성취기준	○○	[성취코드]				
	○○	[성취코드]				
	○○	[성취코드]				
일반화 지식	○○	"				
	○○	˙				
	○○	•				
내용 요소	○○	•	기능	○○	•	
	○○	•		○○	•	
	○○	•		○○	•	
교수·학습방법 및 유의 사항	○○	•				
	○○	•				
	○○	•				
평가방법 및 유의 사항	○○	•				
	○○	•				
	○○	•				

교육과정 재구성 여건 분석	학생	환경	교사
	• 발달단계 • 능력과 수준 • 흥미와 태도	• 지역적 특성 • 학교 및 학급 환경	• 철학과 가치 • 전문적 역량
	•	•	•

나. 역량중심 백워드 기반 KDB 모형 적용 단원 재구성

📖 [Step 1] 교육과정 분석 및 바라는 결과 확인하기

			KDB 모형 적용 성취기준 분석		
교과	주제	주제 중심 통합 성취기준	내용 요소	행동 요소	정의적 요소
			무엇을 가르칠 것인가?	어떻게 가르칠 것인가?	
			K(Know): 지식	**D**(to Do): 기능	**B**(to Be): 태도
○○ ○○		• [성취코드]	•	•	•
○○		• [성취코드]	•	•	•
○○		• [성취코드]	•	•	•
			바라는 결과 확인하기		
단원목표 설정하기	• •				
성취해야 할 핵심 사실 및 지식			행동으로 나타날 수 있는 기능		
•			•		
본질적 질문					
•					

📖 [Step 2] 성취기준 도달을 위한 평가 계획 수립하기

수행과제				
성취평가	평가 내용	영역	평가방법	관련 성취기준

[Step 3] 주제중심 교과통합 프로젝트 단원 배움 계획 세우기

관련 교과		지도 시기	
통합주제			
교과역량	(○○) (○○)	민주시민 역량	
		인성(시민성)	
교과 간 재구성	○○ (단원명), ○○ (단원명) ○○ (단원명)		
단원 설계의 방향	•		

교과서 관련 내용					
○○ <단원명>		○○ <단원명>		○○ <단원명>	
차시	내용	차시	내용	차시	내용
	•		•		•

성취기준 도달 주제 중심 재구성/교육과정-수업-평가 일체화 구현					
단계	교과	차시	성취기준	배움 활동 및 평가	수업 전략/역량
			[성취코드] [성취코드]	• 형성 _____ 피드백 _____	
			[성취코드]	• 성취 ① _____ 피드백 _____	
			[성취코드]	• 성취 ② _____ 피드백 _____	

4부

왕도가 없다는 수업!
함께 생각하는 수업 이야기

I.

수업은 교사의 생명!
브랜드가 있는 교사 되기

1. 수업 철학 바로 세우기! 수업의 패러다임 변화 풀어 읽기

학교 교육의 핵심은 수업이라고 할 수 있다. 교육과정은 수업을 통해 빛을 발휘하게 되고 학생들에게 배움으로 이어져 열매가 맺어지기 때문이다. 고귀한 수업 창출의 주인공은 바로 교사로부터 시작한다. 교사는 교육과정을 설계하고 수업을 실천하며 평가를 통해 배움이 완성되도록 교육을 실천하는 사람이자 교육의 메신저 역할을 하는 사람이다. 그러므로 교사의 능력, 자질, 책무성, 전문성은 매우 중요한 요소가 된다.

켄베인 박사는 "교육의 질은 교사의 질을 능가하지 못한다."라고 하였다. 이 말은 교육 활동에서 교사의 역할이 얼마나 중요한지, 교사의 생명과 같은 수업이 얼마나 중요한지를 가늠하게 해주는 표현일 것이다. 또한, 교사의 의무는 수업에 대한 고민과 연구 그리고 열정으로 수없이 업(UP)하는 멋진 교사로 거듭나도록 해야 한다는 것을 의미하고 있다. 교육이라는 꽃이 학교에서 피어난다면 배움이라는 열매는 수업을 통해 자라고 익어서 결실을 맺는다. 결국, 교사는 수업을 통해 이러한 교육적 결과를 만들어 내는 역할을 다함으로써 교육의 중심에 서 있는 사람이 되어야 할 것이다.

가. 수업의 명인 되기! 수업 철학 세우기로부터 출발

교사가 수업을 잘하는 명인이 되기 위해서는 수업에 대한 철학을 바로 세우는 것이 필요하다. 수업에 대한 철학이 없는 경우에는 수업을 명확하게 바라보지 못하게 되어 학생에게 배움을 온전하게 전달하지 못하게 된다. 그리고 교사는 수업의 패러다임 변화에도 관심을 갖고 그 변화를 풀어서 읽을 수 있는 시야와 관점을 가지고 있어야 한다.

수업 전문가가 되는 지름길은 교사의 수업 철학 세우기로부터 출발한다. 수업 철학 세우기의 출발도 'Why'로부터 시작된다. '수업은 무엇인가?', '수업은 왜 해야 하는가?',

'수업을 통해서 결국 무엇을 얻고 이를 통해 이루고자 하는 목적은 무엇인가?' 등 질문에 대한 답을 끊임없이 자문자답하면서 수업에 대한 의미를 큰 그림으로 그려내고 감상할 수 있어야 한다. 수업에 대한 철학과 가치가 분명해지면 교육과정과 평가까지 연결하여 전문성을 지니고 교육의 본질에 충실하게 될 수밖에 없다.

교육이 학생들에게 미래를 맞이하여 잘 살아가는 역량을 길러주는 것이라면 수업도 국가 수준에서 제시하는 교육과정 내용을 오롯이 담아서 진정성을 갖고 아이들에게 배움으로 연결하여 필요한 역량을 함양하게 하고, 이를 통해 아이들이 성장하여 사회 구성원으로서의 역할을 충실하게 다할 수 있도록 기반을 만들어 주는 것이라고 볼 수 있다.

한마디로 수업은 교육과정을 구현하고 이를 바탕으로 학생들에게 배움을 통한 역량 함양으로 지속적 성장을 이루어 가도록 하는, 즉 앎과 삶이 하나가 되는 예술 작품을 완성하는 것이다. 따라서 수업의 진행 방법은 지식을 바탕으로 학생들이 행동으로 나타낼 수 있고 기능적 요소가 발휘할 수 있도록 하는 데 초점을 두어야 한다. 결국은 이렇게 내면화된 기능적 요소가 일상생활 속에서 전이가 되어 역량이 실천적으로 내실화가 되도록 하는 것이 수업을 통해 얻고자 하는 진정한 의미 있는 최종적인 결과물인 것이다.

정리하자면 수업을 하는 목적은 교육과정의 내용을 잘 전달하는 것과 이에 담긴 지식을 기반으로 다양한 기능과 태도가 체화되도록 하고 이를 삶 속에서 잘 활용하여 앎과 삶이 하나 되도록 하는 데 있는 것이다. 이러한 수업 철학을 교사 나름대로 바로 세우고 단단히 하여 올곧게 수업을 교실에서 실천해 나가는 일이 행복한 가르침으로 일상화되기를 기대해 본다.

나. 수업의 패러다임 변화 풀어 읽기

교과서 중심에서 교육과정중심으로, 지식 중심에서 기능 중심으로 수업 패러다임의 변화는 교육과정의 변화에 영향을 받을 수밖에 없다. 교육과정이 단순하게 교육 내용을 전달하도록 요구받던 시기의 수업은 교과서를 중심으로 얼마나 알고 있는지에 관심을 두게 되어 자연스럽게 지식 중심으로 가르치게 되었다. 그러나 성취기준 중심으로 교육과정이 변화하면서 수업은 교과서와 지식 중심에서 벗어나 지식을 기반으로 하여 기능과 태도가 함양되는 방향으로 가르치도록 요구받게 되었다. 이에 따라 평가가 수업을 리드하는 백워드 단원 설계에 따른 수업과 과정중심평가도 수업의 한 부분으로 자리 잡기에 이르렀다.

수업 흐름의 변화에 영향을 준 것은 교육과정 이외에도 4차 산업혁명이라는 시대적인 변화도 한몫을 하였다. 미래 교육에 대비하기 위해서는 분리·통제 방식에서 벗어나 자율·융합의 패러다임으로의 전환을 요구받았기 때문이다. 이러한 변화는 학교 현장의 수업에도 자연스럽게 영향을 주게 되었다.

이로 인하여 수업의 형태는 교사 중심에서 학생 중심으로 전환되었다. 교사 주도의 강의형에서 학생 중심의 활동·체험·탐구형으로 수업의 방식은 다양하게 변화를 맞이하게 되었다. 수업의 패러다임 변화에 따른 여러 가지 수업 현상에 대해 정확하게 바라보고 그 방향성을 바르게 이해하는 것은 수업의 맥락성을 명확하게 읽고 실천하는 차원에서 의미가 있다고 본다. 수업의 패러다임 변화에 따라 수업의 방향이 어떻게 달라지고 있는지에 대하여 살펴보고자 한다.

첫째, 학습중심이 아니라 배움중심으로 수업의 패러다임이 변화하고 있다. 배움의 패러다임은 배움의 공동체나 경기도교육청이 주도하는 배움중심 수업이 그 대표적인 예이다. 가르치는 수업에서 배우는 수업으로 전환되고 있다는 것은 결국, 수업의 초점을 교사의 가르침에서 학습자의 배움으로 바꾸어야 하는 것이 전제가 되고 있다. 수업의 중심은 왜 학습에서 배움으로 전환하게 되었을까? 배움중심 수업의 본질은 무엇일까?

경기도교육청에서는 배움중심 수업 2.0(경기도교육청, 2016)에서 "배움중심 수업은 삶에 필요한 역량을 키우기 위한 자발적 배움이 일어나는 수업이고. 배움은 교수·학습 내용이 학생의 자기 생각 만들기를 통하여 삶과 유의미한 관계를 맺는 것."이라고 정의하며, 배움은 교사의 수업 설계와 의도를 기반으로 이루어지는 것이라고 강조하고 있다.

또한, 배움중심 수업에서 학생은 배움의 주체이고 교사는 가르침의 주체가 되며. 교사의 가르침은 학생의 배움으로 연결될 때 참된 의미를 갖는다고 하였다. 수업은 배움과 나눔의 활동으로 전개하는데 배움은 학생이 자기 생각을 만들어가는 과정이고 나눔은 교사-학생, 학생-학생 간 소통과 협력의 과정이라고 강조하였다.

결국 배움중심 수업에서 교사는 교육과정 재구성으로 학생의 역량을 길러주고 배움으로 연결되도록 배움중심 수업 고민이 담기도록 평가까지 연계하여 설계하는 것이 중요하다고 볼 수 있다. 이러한 설계를 기반으로 수업 시간마다 배움과 나눔의 활동을 전개하여 학생들에게 역량을 길러주고 배움과 성장을 동시에 경험하게 하여 행복한 삶을 살아가도록 하는 것이 배움중심 수업의 핵심인 것이다.

또한, 교사의 가르치고자 하는 의도가 학생의 배움으로 연결되도록 교사와 학생 간 협력과 소통의 구조가 형성되어야 한다는 점에 주목해야 한다. 이러한 수업을 하기 위해서 교사는 학생들이 배움이 어디서 주춤거리는지를 파악하기 위하여 관찰과 진단 및 수업 처치를 잘하는 능력이 무엇보다 중요하다. 2015 개정 교육과정 과정중심평가의 의미는 바로 수업 과정 속에서 배움이 주춤거리지 않도록 평가를 통해 파악하여 맞춤형 지원으로 모든 학생에게 배움이 완성되도록 하는 것이다. 그러므로 배움중심 수업은 과정중심평가와 연계할 때 보다 수업의 본질과 목적을 달성할 수 있는 기제가 되는 것이다.

둘째, 교사 중심형에서 학생참여형으로 수업 방식이 전환되고 있다. 2015 개정 교육과정 총론의 교육과정 구성 중점은 "다. 교과 특성에 맞는 다양한 학생참여형 수업을 활성화하여 자기 주도적 학습 능력을 기르고 학습의 즐거움을 경험하도록 한다."라고 제시하고 있다(교육부, 2015: 4). 학생참여형 수업이 강조되는 것은 2015 개정 교육과정에서 요구하는 역량(핵심 및 교과역량)을 함양하는 것과 연관이 있다. 왜냐하면, 교과 역량 함양을 목표로 하는 수업은 학생들이 교과의 지식과 기능을 깊이 있게 탐구하고 경험할 수 있도록 학생참여형 수업으로 이루어져야 하기 때문이다.

따라서 교사는 학생들의 다양한 특성을 고려하고 교수·학습에 학생들을 참여시키도록 노력하며, 교사와 학생, 학생 상호 간의 긍정적인 상호작용을 기반으로 최대한의 학습이 이루어질 수 있도록 해야 한다. 학생참여형 수업은 새로운 지식과 기능을 습득하는 경우뿐만 아니라 협력적인 문제해결의 과정에도 유용한 것이기 때문이다. 또한, 학생참여형 수업에 학습자 스스로 자신의 학습 과정을 점검하고 개선할 수 있는 기회를 포함시킴으로써 자기 주도적 학습 능력을 신장시킬 수 있는 것이다.

교사는 이러한 학생참여형 수업이 활성화가 되기 위해서는 무엇보다 다양한 학생참여형 수업방법에 대하여 전문가가 되어야 한다. 교과별로 가르치는 내용에 따라 알맞은 학생참여형 수업방법을 효과적으로 적용하기 위해서 교사는 다양하게 잘 알고 있어야 한다. 학생참여형 수업방법으로는 플립러닝, 토의·토론학습, 하브루타, 탐구학습, 교육연극, 액션러닝, 협동 학습, 프로젝트 학습, 비주얼 씽킹, PBL 등이 있다. 이러한 참여형 교수·학습방법에 교사는 정통해야 한다. 왜냐하면, 수업을 설계할 때 상황에 따라 적합한 학생참여형 수업방법을 전략적으로 선택해야 좋은 수업을 전개할 수 있기 때문이다.

또한, 학생참여형 수업이 필요한 이유를 학습 효율성 피라미드(NTL)에서도 찾아볼 수 있다. 학습 피라미드는 공부 방법에 따라 공부를 하고 난 후 24시간 이후에 얼마만큼 기억하는지를 실험한 것으로 강의 듣기(5%), 읽기(10%)에 비하여 토의·토론(50%), 실제로 해 보기·체험하기(75%), 서로 가르치거나 설명하기(90%)로 나타났다. 학습 피라미드에서와 같이 실제로 학생들이 직접 해 보고 서로가 가르치는 것과 같이 학생 스스로 수업에 주인공으로 참여하여 사고, 토의·토론, 체험을 하도록 수업방법을 다양하게 전환할 필요성이 있는 것이다.

셋째, 교과 분리형에서 교과 융합형으로 수업이 전환되고 있다. 2015 개정 교육과정이 적용되기 전에도 과학 교과 중심의 STEAM 교육을 현장에서 적용하고 있었지만, 2015 개정 교육과정에서는 교육과정 구성 중점에서 인문·사회·과학 기초 소양을 균형 있게 함양하는 융합적 수업 측면을 매우 강조하고 있기에 교육과정 내에서 다양하게 융합적 수업이 이루어져야 함을 의미하고 있다.

여기에서 융합적 사고는 다양한 지식을 연결시켜 새로운 것을 만들어내는 것으로 2015 개정 교육과정에서 추구하는 창의융합형 인재를 기르는 데 중요한 요소로 작용하고 있다. 이러한 융합적 사고를 길러주기 위해서 교사는 핵심 개념과 일반화된 지식에 기초하여 학생들이 개별 사실이나 정보를 습득할 때 교과의 전체적인 구조 속에서 그 의미를 파악할 수 있도록 도와주어야 한다.

따라서 교사는 핵심 개념과 일반화된 지식에 기초하여 공통성 혹은 관련성을 가지는 내용을 연결하여 교과 내 지식과 기능 간, 교과 내 영역 간, 교과 간 융합이 이루어질 수 있는 교수·학습을 계획해야 한다. 이러한 교육 활동을 통해 학생들은 학습한 내용들 간의 상호 관련성을 의미 있게 파악하게 되고, 다양한 영역을 넘나들면서 배운 내용을 서로 연결하여 창의적으로 새로운 의미와 가치를 만들어 낼 수 있게 되는 것이다(교육부, 2016b: 94).

그러므로 교사는 교과 내 지식과 기능 간, 교과 내 영역 간, 교과 간 재구성을 통해 다양하게 융합이 이루어지는 수업을 계획하여 진행해야 할 것이다. 예를 들어, 국어 수업을 하더라도 수학, 미술, 음악적 요소까지 엮어 수업을 수행하여 융합적 사고 역량이 길러지도록 해야 하는 것이다. 또한, 수업을 통해 배운 내용이 실제 생활과 연계된 융합 수업으로 발전되도록 해야 한다.

넷째, 지식 중심의 수업에서 기능 중심의 수업으로 전환되고 있다. 교과서 중심의 수업에서는 교과서에 있는 내용, 즉 지식을 학생들에게 가르치고 배우도록 하는 방식이 수업의 주종을 이루었다. 그러나 성취기준이 적용되면서 지식이 기반이 되고 이를 바탕으로 기능이 발현되도록 수업의 방향이 전환되기에 이르렀다.

그래서 성취기준을 분석하여 지식과 기능 부분을 추출하여 처음에는 지식을 단단하게 하고 그다음에는 배운 지식을 바탕으로 학생들이 기능을 익히고 발현되도록 수업을 전개해야 하는 것이다. 기능을 발현시키는 것이 바로 역량을 길러주는 것이므로 수업의 초점이나 평가 또한 기능을 잘 나타내는지에 중점을 두고 실시해야 한다. 결국, 학생들이 수업을 통해 교육과정 내용 체계에 있는 기능 요소들이 발현되도록 다양한 방법으로 전략적인 접근이 이루어져야 할 필요가 있다.

2. 수업의 불균형 문화 바로잡기

교사는 학교 현장에서 수없이 많은 수업을 하고 있다. 초등 교사의 경우는 더욱 그렇다. 매일 다른 내용의 차시 수업을 위해 교재 연구를 하고 아이들과 소통하여 배움을 주기 위한 수업을 전개한다. 그러면서 수업의 전문성을 갖기 위하여 동료를 대상으로 연 1회 이상 공개 수업을 진행하고 있다. 물론 교원능력개발평가 때문이기도 하지만, 예전부터 교내 자율장학 차원에서 수업을 공개하기 전에 사전 협의를 거치고 수업을 모두 관찰하며 수업 후 협의를 하는 것이 일상화가 되었다.

그러나 대부분 수업 협의를 할 경우 그 관점은 수업방법적 측면에 초점을 맞추어져 있다. 도입-전개-정리의 시간 배분, 교사의 동선, 교사의 발문, 학생들의 발표 빈도, 학습목표 제시. 동기 유발 및 학습활동 구성의 적절성, 학생들의 반응 정도 등을 중심으로 협의를 이어가고 있는 것이다. 교사가 전문성을 갖고 수업 전문가로서 보다 발돋움하기 위해서는 무엇인가 아쉬움이 있다. 이는 수업을 설계할 경우 교육과정 성취기준과의 연관성, 학생의 출발점 행동 갖기, 오개념·난개념 확인, 목표-내용-평가의 일관성 유지, 학습모형 선정의 적절성 여부, 학습활동 내용 선정의 적합성 등과 같은 수업 내용적 측면에 대한 논의가 대부분의 협의에서는 잘 이루어지지 않고 있다는 것이다.

학교 현장에서는 교사의 전문성 신장 측면에서 바라보면 수업과 관련하여 수업 내용적 측면과 수업방법(수업 기술)적 측면이 상호 간에 균형을 이룰 때 전문성의 정도가 더 깊어지고 완성도가 높아질 수밖에 없다. 그렇다면 수업 내용과 수업방법적 측면의 불균형을 바로잡을 수 있는 길은 없는 것인가?

수업방법과 수업 내용의 불균형 문화를 개선하기 위해 제기한 이론이 미국 스탠퍼드 대학의 슐만(Shulman, 1986) 교수가 고안한 내용교수법인 PCK(Pedagogical Content Knowledge)이다. PCK는 교과의 특정 내용을 특정 학생들이 이해할 수 있도록 가르치는 방법에 대한 교사 고유의 지식을 말하는 것으로 '교과 내용 고유의 교수법(content-specific pedagogy)'이라고도 한다. PCK는 교과 내용 지식 CK(Content Knowledge)와 교과 방법 지식 PK(Pedagogical Knowledge)가 통합된 것으로 수업 내용(CK)과 방법(PK)이 균형을 이루는 수업으로, '무엇을 가르치는가?'도 중요하지만 '어떻게 가르치는가?'도 중요하다는 것을 의미하기도 한다.

이러한 PCK는 7차 교육과정 이후 한국교육과정평가원에서 2005년부터 시작된 내용 교수 지식 연구를 교사의 수업 전문성 발달을 지원한다는 목표하에 1차적으로 2007년에 사회, 수학, 과학, 체육, 음악, 미술, 영어 등 7개 교과를 중심으로 수행하여 현장에 적용하도록 보급하게 되었다(최승현, 강대현, 2007: 연구요약). 그리고 2011년부터 컨설팅 장학이 적용되면서 PCK는 현장에서 상당한 관심을 갖게 되었고, PCK 중심으로 수업과 장학 활동이 활발하게 이루어지기도 하였다. 그러나 컨설팅 장학이 교사의 자율적 참여를 기반으로 하다 보니 교사들의 참여 정도가 점차적으로 줄어들어 유명무실한 상황으로 전환되면서 PCK의 바람은 잦아들 수밖에 없었다.

그렇지만 분명한 것은 PCK가 학교 현장에서 이루어지고 있는 여러 가지 수업 문화의 불균형을 극복할 수 있는 대안적 방안이라는 것이다. 알고 있는 지식과 학생에게 주는 지식과의 불균형, 수업 내용과 수업방법과의 불균형, 보여주는 특별 수업과 일상 수업과의 불균형 문화는 반드시 개선해야 교사의 전문성이 보다 신장할 수 있는 구조가 되기 때문이다.

가. 수업의 문화 불균형 바로잡기 하나! 암묵지와 실천지의 조화

PCK에서는 유능한 교사는 알고 있는 지식과 학생에게 주는 지식 두 가지를 모두 가지고 있어야 한다고 보고 있다. 알고 있는 지식이란 교과 교육 관련 내용, 방법, 상황(학생, 교육과정, 사회적 맥락) 등에 대한 지식으로 암묵지(이론지)라고 한다. 또한, 학생에게 주는 지식이란 암묵지를 학생에게 직·간접적으로 전달, 제공, 촉진 및 공유하는 방법에 대한 지식으로 이를 실천지라고 한다(박태호, 2015: 21).

그런데 교사들의 대부분은 수업을 설계하고 수행할 경우 암묵지보다 실천지에 치우쳐서 수업을 한다는 것이다. 이러한 현상은 교육과정중심의 수업 문화가 자리 잡지 못하고 교과서 중심의 수업 문화가 오랫동안 정례화되어 왔던 점이 원인이기도 할 것이다. 다만 신규 교사의 경우 당연히 대학을 졸업한 지 얼마 되지 않아 실천적 지식이 부족한 상황이므로 암묵지에 의존하는 수업을 진행할 수밖에 없을 것이다.

그러나 아쉬운 점은 임용고시를 준비하면서 교육과정과 교육학을 깊이 있게 공부하여 오히려 현장의 교사보다 알고 있는 지식은 많은데 현장에 오면 얼마 가지 않아 알고 있는 지식을 실천하는 지식으로 변환하려는 노력을 하지 않고 암묵지 중심으로만 수업을 하려는 경향을 나타내는 경우가 많다는 것이다.

암묵지 중심으로 수업을 하는 교사는 똑똑해 보이기는 하나 수업 기술이 부족한 경우가 많다. 왜냐하면, 학생들의 눈높이는 아랑곳하지 않고 공부를 잘하는 상 수준의 학생만을 대상으로 열심히 가르치고 수업한 후 스스로 잘했다고 여기기 때문이다. 반대로 실천지 중심으로 수업을 하는 교사는 학생들과 상호작용, 발문, 표정, 고정장단 등 수업 테크닉은 우수한 데 반하여 교육과정 내용과 맥락적 지식을 기반으로 수업 설계가 이루어지지 않아 목표와 내용 그리고 평가가 일관성이 없는 수업 결과를 만들어내기에 어느 한 부분이 부족함을 드러내게 된다.

이러한 암묵지와 실천지의 부조화와 같은 수업 문화의 불균형을 바로잡기 위한 대안적인 방법으로 PCK에서는 암묵지와 실천지가 균형을 이루어 수업이 진행되도록 하는 눈높이 교수법을 제시하고 있다. 이는 교육과정을 변환하여 알고 있는 지식, 즉 내용 지식을 바탕으로 학생들의 수준을 고려하여 눈높이에 맞춤형으로 수업을 설계하고 가르쳐 모두가 배움과 성장을 잘할 수 있도록 수업을 전개하여 모든 학생이 수업의 주인공이 되도록 해야 한다는 것이다.

학생 개개인에 대한 정확한 진단능력과 처방능력을 겸비하고 있으면 암묵지와 실천지의 불균형을 개선할 수 있다고 내다보고 있다. 보다 자세하게 말한다면 학생들의 선수 학습 및 본시 학습을 위한 흥미, 오개념, 난개념 등에 대하여 정확하게 진단하여 출발점 행동을 같이하도록 하고, 이를 바탕으로 학습목표에 잘 도달하도록 학생들에게 설명하고 예시를 들고 자료를 투입하는 등 일련의 활동을 통해 쉽게 배움이 일어나게 하는 능력을 갖춘다면 암묵지와 실천지가 조화로운 수업을 만들어 갈 수 있을 것이다.

나. 수업의 문화 불균형 바로잡기 둘! 교수 방법과 교수 내용 간의 조화

초등학교의 경우 학교 현장에서 수업 설계를 하고 이를 수업으로 구현하며 수업 협의 시 평가하는 경우 대부분 교육과정 및 수업 내용보다는 수업 활동 측면에 관점을 가지고 진행하고 있다는 것을 관찰할 수 있다. 반면에 중학교의 경우에는 교과 내용 지식을 학생들에게 설명하고 전달하는 데 초점을 두는 수업 문화가 정착되어 있다.

그러다 보니 중등(중학교)의 경우에는 교사 입장에서 교과 내용에 대한 연구를 바탕으로 설명식 수업을 진행하므로 역량이 길러지도록 하는 학생참여형 수업이 활발하게 이루어지고 있지 않다. 그런데 초등(초등학교)의 경우에는 학습방법의 학습을 추구하기보다는 활동 중심의 수업을 추구하는 경향이 많은 것이 사실이다. 그래서 학생들과 소통이 많고 활발하게 활동이 이루어지며 상호작용이 많이 일어나는 수업을 할 때 '수업을 잘하는 교사'라는 인식을 가지고 있는 것이 사실이다.

따라서 교수 방법과 교수 내용 간의 불균형이 항상 존재할 수밖에 없는데, 이러한 불균형을 해소하는 방법이 바로 PCK 수업 설계이다. PCK 수업 설계가 중요한 것은 교과 특성에 기초하여 학생 발달 수준에 맞게 재구성하여 제시하는 기법으로 교과 내용을 학생들이 잘 이해할 수 있도록 가르치는 방법이기 때문이다. PCK 방식으로 수업 설계를 하고 수업을 진행하면 교사는 교육과정을 중심으로 재구성 능력이 신장되고, 목표와 내용 간의 일관성을 유지할 수 있으며, 가르치는 수업 기술 능력도 좋아진다. 그러므로 PCK 수업 설계 방법에 대한 탐구와 연구를 통해 수업 기술을 적용하는 접근적 전략이 무엇보다 중요하다고 생각한다.

결국, 교사가 PCK 수업 설계를 잘하기 위해서는 CK에 해당하는 교육과정에 관한 지식, 교과 내용에 관한 지식, 평가에 관한 지식을 잘 알고 학생의 수준에 맞게 변환을 하는 재구성 능력을 갖추어야 한다.

또한, PK에 해당하는 교수 방법에 관한 지식, 표현 지식에 능통하여 학습목표에 학생들이 잘 도달하도록 상호작용이 이루어지는 배움중심 수업을 진행해야 한다는 것을 요구한다.

영역	PCK 지식	관련 요소
교수 내용 (CK)	교육과정에 대한 지식	• 2015개정 교과 교육과정의 내용과 관련 하여 취지와 방향, 내용 체계와 교과별 성취기준, 학년별 내용의 위계성, 영역별 연관성, 핵심역량과 교과역량 관계 알기, 교과서 구현 원리, 교수·학습 과정안 작성법 알기
	교과 내용에 관한 지식	• 교과 내용을 정확히 이해하고, 가르치는 교과 이론이나 법칙 알기 • 가르치는 교과의 원리, 학생 질문에 명확한 답변하고, 학습 과정(관찰, 분류, 측정, 예상) 파악하기
	평가에 관한 지식	• 교과에 적합한 평가 도구 유형과 교과 평가에 적합한 평가 문항(질문) 알기, 과정중심평가 방법 알기 • 교과 관련 학습목표 도달도 평가 정도 알기
교수 방법 (PK)	교수 방법에 관한 지식	• 교과에 적합하고, 교과 개념 이해에 도움이 되며, 교과 내용을 재미있게 가르치는 교수법을 알기 • 목표 달성에 알맞은 다양한 학생참여형 수업방법 적용하기
	표현 지식	• 설명(예시/그림/유추/비교 & 대조/시범/실험/관찰 기법) • 일화/이야기(서사), 질문, 논증 등 상호 작용 하기
학습자	학습자에 대한 지식	• 학생이 교과 내용에 대해 지닌 선개념, 난개념, 선호도, 태도와 습관, 적성과 동기 파악하기

〈표 69-PCK 수업의 기반 지식 및 관련 요소〉

3. 혁신의 눈으로 바라보는 교실 수업의 문제점과 개선 방안

가. 교실 수업 개선을 위한 다양한 문제점 찾아보기

1990년대까지는 대부분의 학교에서 수업 공개 후 수업에 대한 비평을 긍정적인 측면보다 부정적인 측면에서 문제점을 지적하는 방향으로 평가회가 이루어지는 경우가 많았다. 이른바 수업자에 대한 수업 청문회를 실시하는 장이 되어 버리곤 하였다. 그래서 수업에 부담을 느끼는 교사는 사전에 누가 언제 어느 시기에 발표하고 질문하는지 등을 정해서 사전에 모의 수업을 실시한 후 실제 수업을 모의 수업처럼 하는 경우도 종종 있었다.

그러나 요즘은 수업 평가도 수업자에 대한 비판보다 개방적으로 상호 간에 수업을 통해 서로 배움과 성장하는 방향으로 이루어져 평가에 대한 부담이 상대적으로 감소하였으나, 그래도 수업 공개는 교사에게 지금이나 예전이나 부담이 되는 것은 매한가지인 것 같다. 사실 교사가 동료 교사나 학부모를 대상으로 수업을 공개하는 것이 필요 없다고 한다면 수업 내용과 방법에 대한 전문적 지식을 갖기 위한 노력은 별로 하지 않을 수 있다. 어떠하든 학교 현장에서 수업을 공개하는 장면을 보면서 교사들이 보여주는 수업의 장면 속에서 교실 수업의 다양한 형태들을 발견하게 된다.

이러한 교실 수업의 모습을 관찰하면서 긍정적인 면은 서로 공유·발전시키고, 문제점이 있다면 이를 찾아서 해결하기 위한 상호 간의 노력이 있어야 교실 수업이 개선되기 때문에 현재 학교 현장에서 이루어지는 교실 수업의 문제점을 찾아보는 것은 매우 의미가 있다고 생각한다. 학교 현장에서 이루어지고 있는 교실 수업의 문제점을 찾아보면 다음과 같다.

첫째, 수업자의 의도가 분명하게 반영되는 수업 설계가 이루어지고 있지 않다. 교육과정 성취기준과의 연계성, 단원 목표와 차시 목표와의 관계성, 차시 수업 목표의 의미와 학습활동 범위 등 차시 수업과 관련하여 암묵지와 실천지에 대한 수업자의 의도가 수업 설계에 명확하게 담겨 있지 않다는 것이다. 결국은 2015 개정 교육과정의 총론과 각론에서 요구하는 방향과 교과별 교육과정의 의미를 수업 설계에 반영하고 있지 못한다.

둘째, 목표-내용-평가의 일관성이 결여되는 수업을 보여주는 경우가 있다. 수업은 차시 학습목표를 설정하고 이를 도달하는 데 최적의 학습 내용을 선정하고 이를 다양한 교수·학습방법을 통해 가르쳐서 학생들에게 배움이 이루어지도록 하는 것이다. 또한, 학습목표 도달 여부는 평가를 통해 확인하고 피드백을 제공하여 배움을 완성하는 것이 수업의 본질이다. 그런데 현장에서 공개하는 수업 내용을 보면 목표-내용-평가가 따로 노는 경우가 많다. 교사가 차시 수업을 설계할 경우 목표와 내용 그리고 평가가 일관성을 유지하는 것이 수업 설계의 본질인데 말이다.

셋째, 목표 도달과 관련이 없는 보여주기식 활동 중심의 수업이 이루어지고 있다. 수업은 목표에 잘 도달하도록 하는 것이 매우 중요한데 수업은 무조건 보여줘야 한다는 생각으로 목표와 따로 노는 활동 위주의 수업을 많이 하고 있다. 활동 위주의 수업은 백워드 설계로 유명한 McTighe와 Wiggins도 쌍둥이 죄악이라고 표현한 바 있다.

교사가 목표 도달과는 상관없이 학생들이 활발하고 생동감 있게 참여하는 활동만을 선정하여 수업을 전개하다 보니 수업 장면은 상호작용이 많다고 생각되지만, 실제로 배움의 정도를 확인해 보면 학생들은 별로 배운 것이 없는 결과가 초래된다. 활동 위주라도 배움이 차곡차곡 채워지는 수업으로 이어져야 한다.

넷째, 동기 유발과 학습활동에 지나치게 시간을 부여하여 정리나 평가가 형식적으로 마무리되는 것이다. 동기 유발은 말 그대로 학습목표를 인지하고 수업에 참여하도록 동기를 부여하는 것이므로 3~5분 이내면 충분한데 과도한 시간을 배당하는 경우가 있다. 또한, 전개 단계에서 활동의 경우 목표 도달을 위해 필요한 만큼의 활동을 해야 하는데 흥미 위주로 접근하다 보니 시간을 많이 할애하게 된다. 그러다 보니 정작 중요한 평가나 학습정리는 하지도 못하거나 형식적으로 종료하게 되어 용두사미 격의 불완전한 수업을 하게 되는 문제점이 노출되는 것이다.

다섯째, 수업 설계안의 양식에 대한 이해가 부족하여 수업안 작성의 오류가 많다는 것이다. 예를 들어 단계, 학습 요소, 교수·학습, 자료 및 유의점 칸에 해당하는 용어의 의미를 정확하게 몰라서 작성의 오류가 많이 발생하고 있다. 학습 요소에 학습모형 단계를 제시하거나 유의점에 형식적인 내용으로 채워놓는 경우가 있다. 또한, 헤드 부분에 차시와 관련되는 성취기준이 제시되지 않는 경우도 많은 것은 아직도 교육과정과의 연계성이 부족하다는 문제점을 보여주는 것이다.

여섯째, 학습문제를 제시하고 문제를 단순하게 확인만 하거나, 학습활동 순서를 친절하게 안내해 주는 것이다. 학습 안내를 꼭 해야 하는가? 학습문제라면 학생들이 어떻게 문제를 해결해 갈 것인지 탐구하게 할 수는 없는가?

일곱째, 열린 교육 유행이 사라진 지도 20여 년이 지난 현재에도 수업 형식은 활동잔치로 일관하고 있다는 것이다. 전개 부분에서 수업 활동은 반드시 3가지를 하지 않으면 유행에 뒤처지는 것처럼 여겨지는 탓에 대부분의 활동은 2개나 4개는 없고 3개로 통일되게 설계하고 수업을 전개하고 있다. 수업모형 단계에 맞는 학습 내용을 선정하였다면 군이 활동 1, 2, 3과 같이 구분할 필요가 있을까? 활동 1, 2, 3이 사라지면 수업이 이상하게 흘러가는 것일까? 수업모형에 입각하여 설계하고 수업을 전개한다면 활동 1, 2, 3과 같이 구분할 필요가 있을까?

여덟째, 수업 설계안을 작성한 후 수업 설계 내용을 학생들에게 전달을 잘할 수 있도록 교사의 발문, 표정, 주의집중, 시범 보이기, 학습방법 등 다양한 수업 연출력에 대한 전문성이 부족하다. 하나의 수업안을 가지고 몇 개 학년에서 동시에 수업하는 경우를 보면 수업 연출에 따라 수업 효과가 상이하게 나타나는 것을 확인할 수 있다.

아홉째, 발문 유형과 방법의 다양성과 발표 방법이 아직도 획일화·단순화로 인한 아쉬움이 있다. 발표 후 학생이 생각하도록 기다려주지 않거나 일어나서 발표하는 방법도 비슷하다는 점에서 발표의 변화에 대한 필요성을 느끼게 한다. 발표는 앉아서 자연스럽게 평소와 같이 말하듯이 전개하면 안 되는가?

마지막으로 학습목표에 따른 수업량의 범위를 적정화하는 데 문제점이 있다. 교육연극이나 역할극과 같은 경우 학습목표 도달을 위한 하나의 수단에 불과함에도 역할극 자체는 즐겁게 열심히 하는데 이를 통해 학습과 연계한 조망은 하지 못하고, 보여주기와 흥미 위주의 학습방법으로만 흐른다는 문제점을 가지고 있다. 그 밖에도 학습목표에 대한 확인이 형식적이고, 다양한 학생참여형 수업방법 이해 및 적용을 어려워하기도 한다. 그리고 직접적으로 체험할 수 있는 실험, 관찰, 조사, 실측, 수집, 노작, 견학 등과 같은 hands-on 방법의 교수·학습은 많이 실시하는데 이를 탐구하고 사고하며 전이할 수 있는 Minds-On 방법적 접근이 부족하다는 것도 하나의 문제점으로 지적되고 있다.

나. 교실 수업 개선의 지름길은 What, Why, How로 수업 본질 추구하기

학교 현장에서 교실 수업 개선을 위한 문제점을 여러 가지 측면에서 접근해 보았다. 이를 몇 가지로 정리하면 교육과정과의 연관성 부족, 수업의 맥락적 이해 부족, 수업 설계의 목적성 결여, 흥미 위주의 활동 중심 수업, 수업량의 적정성 문제로 야기되는 학습정리 및 평가의 형식적 종결 등이다. 이러한 문제점이 개선되지 않고 지속해서 발생하는 것은 한마디로 수업이 무엇인지 그 맥락을 충분하게 이해하지 못하는 것과 수업에 대한 철학과 가치가 부족한 측면이 원인일 것이다. 또한, 수업 설계가 완전하지 않기 때문이기도 하다.

따라서 교실 수업 개선을 위해서는 교사가 수업을 설계하고 연출하며 적용하는 데 있어서 가장 핵심적인 수업의 3요소에 대한 명확한 이해가 선행되어야 한다. 수업의 3요소는 What, Why, How이다. 보다 자세하게 표현하면 '무엇을 가르칠 것인가(What teaching)?', '왜 가르치는가(Why teaching)?', '어떻게 가르칠 것인가(How teaching)?'로 이야기할 수 있다. 수업을 설계할 경우 수업의 3요소만 교사가 고민하고 연구하여 수업안을 작성하고 이를 바탕으로 수업을 전개한다면 교실 수업은 많은 개선이 이루어질 것이다. 수업의 3요소에 대하여 보다 자세하게 설명하면 다음과 같다.

첫째, 무엇을 가르칠 것인가에 해당하는 What teaching이다. 수업자가 수업을 하기 위해서는 무엇을 가르칠 것인지에 대하여 탐구가 필요하다. 우선 성취기준 중심으로 단원 재구성이 선행되어야 한다. 차시는 성취기준에 도달하도록 잘게 쪼개어 놓은 것이므로 수업자는 차시에 해당하는 주요 학습 내용과 성취기준과의 연관성을 파악해야 한다. 그리고 차시 학습목표를 설정하고 차시 시간에 적합한 학습의 양을 설정하는 것이 중요하다. 그리고 차시 수업에서 지식과 기능·태도에 해당하는 내용 파악은 물론이고 배움 정도를 평가하는 평가계획도 함께 수립해야 한다.

둘째, 왜 가르치는가에 해당하는 Why teaching이다. 가르쳐야 하는 목표와 내용을 결정했다면 이를 가지고 왜 수업을 해야 하는지 철학과 가치에 대한 답을 찾아야 한다. 우선은 교육과정 총론의 인간상과 교육목표와의 관계성, 교과역량을 통한 핵심역량 함양, 인성 및 시민성 요소, 범교과적 학습 요소 등에 대하여 수업을 통하여 학생들에게 어떤 교육적 의미를 갖도록 할 것인지에 대한 방향성을 분명하게 제시해 줄 수 있어야 한다.

셋째, 어떻게 가르치고 평가할 것인가에 해당하는 How teaching이다. 수업의 3요소 모두 중요하지만, How teaching은 수업 설계에서 가장 핵심이자 뼈대에 해당한다. How teaching을 잘하기 위해서는 교과에 따른 적합한 수업모형을 선정하고 단계에 맞게 학습목표에 잘 도달하도록 학습 내용을 설정하도록 수업 개요를 짜야 한다. 마인드맵을 활용하면 전체 윤곽을 명확하게 파악할 수 있듯이 수업 개요 짜기는 매우 효과적이다. 그러면서 단계에 맞는 학습 내용을 어떤 참여형 교수·학습방법과 학습조직으로 구성할 것인지, 자료와 투입은 어떻게 할 것인지, 시간 배분의 적정성 등을 고려하여 작성하는 것이 필요하다.

그리고 난 다음 교사가 보다 구체적으로 개요 짜기를 기반으로 자세하게 수업 시나리오를 작성하면 완성도 있는 수업 설계가 이루어지게 된다. 또한, 수업은 아무리 상호작용이 많아도 평가를 통해 학생들의 배움 정도가 어느 정도인지 확인하고 피드백을 통해 배움을 완성하게 하는 것이 더욱 중요하기 때문에 평가를 어떻게 할 것인지에 대해서도 수업 설계에 잘 도드라지도록 제시를 해야 한다.

수업의 3요소를 중심으로 수업 설계도를 작성했다면 수업자의 의도 작성의 문제점, 수업과정안 작성의 오류, 목표-내용-평가의 불균형, 활동 1, 2, 3과 같은 활동 잔치의 문제 등은 쉽게 해결될 것이다. 다만 공개 수업 시 화려한 자료 투입, 흥미 위주의 활동 중심, 동기 유발 과도한 시간 부여 등의 문제도 교사가 수업이라는 것이 목표에 잘 도달하는 것에 초점을 두고 수업을 연출하며 전개하면 잘 해결될 수 있을 것이다.

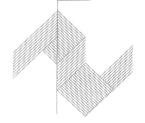

4. 교사는 에듀테이너이다

나무위키는 에듀테이너를 에듀케이션(Education)과 엔터테인먼트(Entertainment)의 합성어로 교육과 엔터테인먼트적 요소를 결합하고 창의적으로 수업을 디자인하여 전달하는 능력을 지닌 사람이라고 설명한다. 에듀테이너는 자신이 진행할 수업을 하나의 콘텐츠로 구성할 수 있는 능력을 갖추는 것과 수업을 듣는 학생들이 그 수업에 대해 실생활에 도움이 된다고 느낄 수 있게 해 주는 것을 모두 갖추고 있어야 한다. 결국, 에듀테이너는 교육 수요자의 요구를 최대한 반영하고, 수업 설계를 치밀하게 하며, 수업 연출 및 지도 기술이 높아 학생들에게 배움이 잘 일어나도록 하는 전문성을 갖춘 교사를 지칭하는 것이다.

그렇다면 교사를 단지 교사 수준에 머물러 있는 것이 아니라 에듀테이너라고 해야 하는지에 대하여 영화나 드라마와 비교하여 설명할 수 있다. 왜냐하면, 영화나 드라마의 경우에는 대부분 시나리오 작가, 연출가, 배우가 따로 있는데, 교사는 교사 혼자서 수업 시나리오 작가 역할, 연출가로서의 역할도 해야 하며, 실제로 수업 실연까지 하는 교육 배우 역할까지도 모두 수행해야 하기 때문이다. 영역별로 전문화가 되어 있는 영화나 드라마와 달리 교사는 혼자서 1인 3역을 해야 하는 만큼 전문성이 보다 요구되는 것이어서 진정으로 교사를 에듀테이너라고 말할 수 있다. 교사가 왜 에듀테이너인지 보다 실질적인 예를 들어서 설명하면 다음과 같다.

첫째, 교사는 수업 시나리오 작가로서 능력을 갖추어야 한다. 드라마 작가가 시나리오를 작성하기 위하여 관련 분야에 대한 정보를 다각적으로 수집하고 분석하며 작품 의도를 설정하고 전반적인 작품 줄거리를 구상하듯이 교사도 마찬가지로 수업 시나리오를 작성하기 위해서 우선 교육과정에 대한 문해력을 바탕으로 성취기준을 중심으로 단원 설계를 위한 재구성을 하게 된다. 그리고 차시 수업을 위해 학습목표를 달성하기 위한 수업모형 선정과 이에 따른 학습 내용과 방법, 교수 자료, 학습 집단 조직 등을 포함하여 수업 개요 짜기를 하게 된다.

그리고 이를 바탕으로 시나리오에 해당하는 수업과정안을 작성하게 된다. 물론 수업과정안의 형태는 다양하다. 드라마가 판타지도 있고 가족형도 있고 사극도 있듯이 수업 시나리오인 과정안의 종류도 교과별, 내용에 따라서 다양할 수밖에 없다. 즉, 교사는 등단만 하지 않았을 뿐 수업 시나리오 작가임에 틀림이 없다.

둘째, 교사는 실력이 있는 수업 연출가여야 한다. 드라마의 경우 누가 연출하느냐에 따라 같은 대본이라고 해도 시청자에게 주는 메시지가 다르게 전달된다. 마찬가지로 수업 시나리오가 아무리 탄탄해도 교실이라는 공간에서 학생들을 대상으로 어떻게 연출하느냐에 따라 수업의 색과 맛은 달라지기 마련이다. 동학년별로 동일한 수업안과 자료를 가지고 수업을 해도 교사의 연출 기법에 따라 수업의 분위기와 흐름 그리고 목표 도달 정도가 달라지는 것을 볼 수 있다. 예를 들어 자료의 투입과 철거, 시범을 보이는 방법과 위치, 학습활동에 따른 책상 배열, 교사의 동선, 시간 안배, 자료 선택 등을 수업 장면마다 어떻게 하는 것이 효과적인지 등과 관련된 수업 연출 능력이 매우 중요한 요소가 되는 것이다.

셋째, 교사는 교실에서 멋지고 실력이 있는 배우여야 한다. 교사는 수업 연출이 끝나고 나면 학생들을 대상으로 실제로 수행하는 수업 실연자가 되어야 한다. 실질적으로 수행하는 정도에서 그치는 것이 아니다. 고저장단, 발문, 동선, 표정, 시범, 설명, 지명하기, 몸짓, 손 유희 등 영화나 드라마에서 연기하는 배우처럼 팔색조와 같은 수업 연기를 해야 한다. 교사의 연기 능력에 따라 학생들이 수업에 참여하고 배우는 정도가 달라지기 때문이다.

더군다나 초등학교의 경우에는 학생들이 학년마다 성장과 발달에 따라 관심과 집중도가 달라지기 때문에 교사가 수업 대상 학생 앞에서 연기를 동일하게 해서는 효과적인 결과를 만들어 낼 수 없다. 그래서 교사의 연기, 즉 교육 배우로서의 교육 연기자적 능력은 명품 수업 실연자로서 지녀야 할 역량인 것이다. 좋은 드라마는 시청률로 결정된다. 시청률이 높은 드라마는 대부분 시나리오도 탄탄하다. 그리고 연출가의 능력도 우수하며 참여하는 배우의 연기도 매우 출중하다. 결국에는 3박자가 맞아 떨어지기에 시청률도 높고 많은 사람이 보고 즐기며 함께 공감한다.

교사에게 있어서 수업은 생명과 같은 것이다. 수업의 3박자를 갖춘 교사로 거듭나기 위한 진화는 교육적 꽃을 아름답게 피워 충실한 교육의 결실을 맺게 될 것이다.

5. 배움과 성장이 있는 수업 나눔 축제가 되려면

교사는 가르치면서 또한 배운다고 한다. 학생들만 교사의 가르침으로 배우고 성장하는 것이 아니라 교사도 배우면서 성장하기도 한다. 교사의 전문성 여부에 따라 교육의 질이 달라지기 때문에 교사는 스스로 전문성 신장을 위한 자기 연찬을 끊임없이 해야 하는 책무성을 갖고 있다. 더욱이 교사는 수업에 승부를 걸어야 하기 때문에 수업에 대한 전문성은 무엇보다도 중요하고 필요한 부분이다.

학교 현장에서 교사가 수업과 관련하여 배움을 통해 성장하기 위해서는 교사들이 자발적으로 참여하는 수업탐구공동체가 활성화되어야 한다. 또한, 다양한 컬래버레이션 수업을 통해서도 수업의 전문화를 가져올 수 있고, 일상적인 수업 공개 및 협의회 기회를 확대하는 등 수업 나눔 축제화를 통해서도 수업 전문성을 신장할 수 있다. 수업과 관련하여 배움과 성장을 할 수 있는 3가지 측면에 대한 부분을 보다 자세하게 살펴보면 다음과 같다.

첫째, 교사들이 자발적으로 참여하는 수업탐구공동체가 활성화된다면 교사들의 수업 전문성이 신장될 것이다. 싱가포르의 경우 세계적 교육 강국으로 국제 교육평가인 PISA와 TIMSS에서 1위를 하고, 매켄지 보고서에 따르면 세계에서 가장 우수한 교육 시스템을 갖춘 국가 중 하나라고 한다. 이러한 싱가포르가 교육 강대국이 될 수 있었던 주요 요인은 '교사는 교육의 심장'이라고 생각하고 교사의 전문성 역량 강화를 위해 교사들 간의 교사학습공동체(PLC)를 활성화하였으며 교사들끼리의 협력체계를 잘 구축한 것이다. 또한, 학교를 특성별로 묶는 클러스터(cluster) 제도를 통해 학교 간 네트워크를 조직하여 상호소통하며 서로 배울 수 있도록 구조화가 되도록 정책적 시스템이 마련된 것도 하나의 요인이라고 한다.

우리나라의 경우에도 교육부에서 2016년부터 학교 내·외 교사들로 구성하여 운영하는 수업탐구공동체에 행·재정적으로 아낌없이 지원하고 있다. 그리고 현장의 많은 교사가 다양한 형태로 수업탐구공동체를 조직하고 지속해서 교사들 간 정보 공유와 연구를 통해 수업을 개선하고 전문적인 역량을 신장하기 위한 노력을 하고 있다. 이러한 수업탐구공동체가 보다 자발적으로 이루어지고 수업탐구공동체 간 네트워크가 구축되어 소통하는 기회가 더욱 늘어난다면 교사들의 수업력 증진은 물론이고 우리나라 교육도 더욱 발전할 것이다.

둘째, 학교 현장에서 다양한 모습으로 컬래버레이션 수업이 이루어진다면 교사들의 수업 능력은 보다 신장될 것이다. 컬래버레이션의 사전적 의미는 일정한 목표를 달성하기 위하여 일시적으로 팀을 이루어 함께 작업하는 일을 가리킨다. 한마디로 공동작업 또는 협력하는 것을 뜻한다. 컬래버레이션은 오디션 등의 음악 프로그램에서 가수들의 콜라보 무대 등을 통해서 자주 접할 수 있다. 음악적인 지식을 공유하고 조화를 이루면서 음악적 특성을 극대화하여 아름다운 화음을 선사하는 무대를 만들어서 많은 사람에게 힐링과 감동을 선사한다.

음악에서 보여주는 컬래버레이션의 감동처럼 학교 현장에서도 컬래버레이션 수업이 다양한 형태로 이루어진다면 교사들의 수업적 기술은 향상될 것이다. 아마도 컬래버레이션 수업은 동학년을 중심으로 기획하는 것이 효과적일 것이다. 또는, 다른 학년 동료 교사나 타학교 교사와 함께 컬래버레이션 수업을 전개할 수도 있다. 컬래버레이션 수업을 하게 되면 서로가 가지고 있는 수업 철학을 공유하고, 함께 수업 방향을 설정하며, 수업방법 논의 등을 하는 수업 협력적 활동을 통해 조화롭고 완성도가 있는 수업 설계도를 작성할 수 있다. 수업 연출이나 연기와 관련해서도 서로가 알고 있는 방법을 공유하게 되어 질적으로 우수한 수업을 보여줄 수 있어서 수업력도 자연스럽게 향상될 것이다.

이와 같은 컬래버레이션 수업이 학교 현장에서 중규모 이상의 학교에서는 동학년 단위로, 소규모 학교에서는 학년 군 교사들로 구성하여 자발적으로 이루어지면 새로운 형태의 자율 장학으로 자리매김하여 교사들의 수업 전문성 신장에도 크게 기여하게 될 것이다. 또한, 이러한 컬래버레이션 수업이 일회성에 그치는 것이 아니라 연중 지속해서 이루어질 수 있는 시스템이 구축되면 더욱 발전적일 것이다. 아직 우리나라의 경우 컬래버레이션 수업이 활성화되지 않았지만, 새로운 수업방법으로 학교 현장에서 적용하는 사례들이 많아지기를 기대해 본다.

셋째, 일상의 수업 공개가 형식적으로 이루어지는 것이 아니라 수업 나눔 축제의 장이 되는 문화로 발전하면 수업은 더욱 활짝 꽃을 피우게 될 것이다. 현재 대부분의 학교에서는 수업 공개는 형식적으로 진행되고 있다. 즉, 교원능력개발평가나 자율 장학 차원에서 1년에 한두 번 정도 실시하고 있다. 사전 협의도 생략하거나 수업 후 협의도 없이 수업만 공개하는 경우도 있다. 수업과정안도 약식으로 작성하여 협의하기도 한다. 이처럼 예전에는 의무적이나 행정적으로 실시되었다면 현재는 교사의 자율성을 강조하는 방향으로 전개하고 있어 교사의 자발성이 매우 중요한 요소가 되었다. 그런데 자율성이 부여되는 경우에는 책무성과 자발성의 균형추가 맞춰지지 않으면 오히려 소기의 목적을 달성하기 어려운 상황을 초래할 수도 있다.

요즈음 학교 현장을 살펴보면 전반적으로 수업 공개가 활발하게 이루어지고 있지는 않은 것 같다. 대부분 전문직이라고 하는 직종을 보면 교사의 수업 공개와는 달리 항상 자신의 현재 모습을 공개하는 데 두려워하지 않는 것을 볼 수 있다. 의사들은 진단과 처방 및 수술로 항상 의술 공개를 하고 있다. 가수들은 항상 노래를 부르면서 자신의 모든 것을 보여준다. 도공은 자기의 도에 작품으로 공개를 하고, 변호사는 법정에서 변호하는 모습을 통해 자신의 능력을 공개하고 있다. 교사도 전문가이다. 다른 전문직과 마찬가지로 교사는 학생들을 가르치는 모습을 언제든지 공개하고 평가받을 수 있는 자신감이 있어야 한다. 따라서 학교 현장에서 교사 자신의 수업 전문성을 신장하는 차원에서 사전 협의-수업-후 협의 등 수업 공개가 수업 나눔 축제의 장이 될 수 있는 시스템으로 자리매김해야 할 것이다.

Ⅱ.
에듀테이너의 기본! 완성도 있는
수업 시나리오 작가 되기

1. 수업안에 대한 물음표? 수업안, 너는 누구니!

수업 시나리오에 해당하는 용어는 종래에는 교수안 또는 교안(教案), 학습 보도안, 학습 전개안, 학습 지도안, 생활안이라 불리던 것으로서 요즈음에는 수업안, 수업과정안, 교수·학습과정안 등의 이름으로 불리고 있다. 그러나 이들 모두 '학습자가 특정한 목표에 도달할 수 있도록 내적·외적 환경을 체계적으로 조성해 주기 위하여 어떠한 내용을 어떤 과정이나 방법으로 지도할 것인가를 예상하고 작성한 수업의 설계도 또는 수업의 시안(試案)'이라는 수업안의 개념을 모두 수용하는 용어라고 볼 수 있어서 동일한 개념의 용어로 사용해도 무방하다(광주교대목포부설초등학교, 2000: 9).

수업과정안은 한마디로 수업이라는 종합적 예술 작품에 대한 시나리오를 작성하는 것을 말한다. 수업과정안은 학습목표 도달을 위한 일련의 학습을 전략화한 내용을 구조적으로 작성하는 것이므로 수업 행위에 있어서 매우 중요하고 핵심적인 부분에 해당한다. 그러므로 수업과정안은 자기만 알아보는 언어로 작성해서는 안 된다. 다른 교사가 수업안을 가지고 그대로 수업할 수 있을 정도로 참관인을 배려하여 세세하게 작성해야 하는 것이 기본이다. 다시 강조하여 말하면 수업과정안은 다른 사람이 읽어 보기만 해도 어떤 수업을 할지 훤히 볼 수 있도록 작성해야 한다는 것이다.

수업과정안은 건축과 비교하여 설명할 수 있다. 다리나 빌딩 등 건축물을 세우기 위해 설계사가 작성하는 건축 설계도와 같이, 학생들에게 수업을 통해 배움이라는 열매를 영글게 하기 위하여 교사가 작성하는 수업 설계도라고 할 수 있다. 수업 과정안을 건축과 연관지어 강조하는 아포리즘을 통해 수업안의 중요성에 대하여 함께 그 의미를 생각해 보았으면 좋겠다.

- **건축설계사** 자격증은 별도의 시험을 통해 인증을 받아야 하는 데 반하여, **수업설계사** 자격증은 임용고시에 합격하고 교사로 발령받으면서 자연스럽게 인증받게 된다. 그러므로 모든 교사는 **수업설계사 자격증 소지자**이다.
- 건축 설계의 산출물은 **도면**이지만, 수업설계의 산출물은 **수업안**이다.
- 설계 도면을 보면 건축물의 완성도를 알 수 있듯이, 수업 과정안을 보면 성공할 수업인지, 아닌지를 구별할 수 있다. 즉, 수업안은 **수업 설계도**이다.
- 건축 설계의 경우 **도면 작성**을 위해, 측량, 지질 검사, 자료수집 등을 상세하게 하는 것과 같이, 수업 설계는 **수업안 작성**을 위하여 정확한 실태 분석, 교재 연구, 수업 내용 및 방법, 수업 기법 등 정보를 수집하여 전략화할 줄 알아야 한다.
- **설계 도면**에는 건축자재, 콘크리트 강도, 나무 수종과 위치 등이 상세하게 나타나 있듯이, **수업안**에도 학습모형, 학습조직, 수업 기법, 활용자료, 평가 방법 등과 관련된 내용이 세밀하게 작성되어야 한다.
- 중국 상하이에는 새로이 건축하는 빌딩은 다른 빌딩과 설계가 비슷하면 허가를 내주지 않는다고 한다. 교사도 수업안을 다른 사람과 비슷하게 작성하기보다는 **수**없이 **UP**하여 자기만의 색깔이 있도록 작성하는 것이 브랜드 있는 수업의 달인으로 가는 지름길이다.

이와 같은 아포리즘에 나타나 있듯이 수업과정안(교수·학습과정안)은 일률적이며 획일적이고 형식적인 것을 요구하지 않는다. 수업과정안은 계획을 위한 계획이 되어서는 안 되며 의도적이고 치밀한 계획이 되어야 한다. 즉, 멋진 건물이 탄생하는 데 치밀한 설계도가 기반이 되는 것처럼 수업과정안은 학습목표 달성을 위한 논리적이고 체계적인 수업 설계안으로 구조화되어야 한다.

[배우미가 알려주는 알쏭달쏭 수업 상식]

[Q 1] 수업안, 학습 지도안, 교수·학습과정안이라는 용어에 대하여 알고 싶어요.

수업안은 수업 목표를 달성하기 위해 교수·학습 과정에 포함되는 여러 가지 구성 요소를 체계적으로 조직한 수업 계획서입니다. 수업은 가르치는 교수와 배우는 학습이 결합되는 것으로 교수·학습과 같은 의미로 사용하는 것입니다. 그러므로 수업안은 교수·학습안이라고 할 수 있습니다.

학습 지도안은 배우는 학생을 가르치는 계획서라는 뜻을 가지고 있습니다. 배우는 학습자를 교사 입장에서 가르치려고 하는 것이므로 교사 중심적인 의미를 가지고 있기에 가급적이면 사용하지 않는 것이 좋습니다.

교수·학습과정안은 가르치고 주는 입장의 '교수'와 배우고 받는 입장인 '학습'이 수평적이고 동등한 수준으로 연결되어 있고, 일련의 '과정'까지 포함되어 있어서 가장 적절한 용어라고 생각합니다. 한마디로 교수·학습과정안은 가르치고 배우는 활동이 이루어지는 과정을 작성한 계획서라고 볼 수 있습니다. 교수·학습은 수업과 동일한 뜻이므로 수업과정안이라고 부를 수 있습니다.

[Q 2] 교수·학습 활동과 교수-학습 활동은 어떤 차이가 있는지 궁금해요.

'교수·학습'을 나타낼 때 〈-〉로 나타내서는 안 됩니다. 〈-〉는 차례대로 이어지는 내용을 하나로 묶어 열거할 때나 합성어를 나타낼 때 쓰는 '붙임표'입니다. 〈-〉 붙임표를 쓰게 되면 교수-학습의 경우는 교수가 주(主)가 되고, 학습은 종(從)이 되어 주종 관계가 성립되기 때문입니다. 반면에 〈·〉은 열거한 낱말이 서로 대등하거나 밀접한 관계임을 나타내는 '가운뎃점'입니다. 그러므로 교수·학습의 의미는 '교수'와 '학습'이 대등한 관계, 즉 상호작용이 이루어지는 것을 의미하므로 〈·〉(가운뎃점)을 사용하는 것이 바람직합니다.

2. 수업과정안 레시피 이해 및 작성 Tip 공유

　수업 과정안의 양식은 공식적으로 제시하는 것은 없다. 다만 예전부터 대부분의 학교에서 표준화하여 사용하는 양식은 비슷한 것을 발견할 수 있다. 수업 과정안의 양식, 즉 레시피를 이해하고 작성 요령을 설명하기 위하여 가장 보편적으로 사용하는 표준화된 수업안 양식을 중심으로 어떻게 작성하는 것이 바람직한지에 대하여 설명하고자 한다.

가. 헤드(Head) 부분 작성 요령

헤드 부분								
교과	국어	일시	2020.○○.○○.(○)	대상 (인원)	○학년 ○반 (○○명)	수업자		○○○
① 학습주제	예각과 둔각을 이해하고 구별하기			단원명 차시(쪽수)	3. 마음을 나누어요(2/10)/28~32쪽			
② 성취기준	[수02-02] 각과 직각을 이해하고, 직각과 비교하는 활동을 통하여 예각과 둔각을 구별할 수 있다.							
③ 학습목표	직각과 비교하는 활동을 통해 예각과 둔각을 구별할 수 있다							
④ 목표 분석	지식	예각과 둔각 개념 이해하기						
	기능	예각과 둔각 구별하기, 예각과 둔각의 차이점 설명하기, 식생활에서 찾아보기						
⑤ 평가과제	예각과 둔각 용어를 이해하는가? 예각과 둔각을 구별할 수 있는가?							
⑥ 수업모형	개념학습모형		⑦ 수업방법	토의학습	⑧ 학습형태	전체-모둠-전체-모둠-전체		
⑨ 학습자료	PPT, 육각 보드(지난 차시 활동 내용), 각도 막대, 스마트패드(사진 자료, kahoot 활용)			⑩ 교과역량	추론, 창의·융합, 의사소통 태도 및 실천			

본시 교수·학습과정안에서 소위 헤드(Head)라고 불리는 기본적인 양식의 틀은 고정화된 것은 없지만, 헤드 부분은 수업을 이해하는 데 필수적으로 필요하고 핵심적인 내용을 중심으로 구성되어야 하는 만큼 양식에 있는 용어의 의미에 대하여 분명하게 이해하고 작성하는 것이 필요하다.

수업과정안의 경우 헤드(Head)와 교수·학습 활동 부분으로 구분된다. 수업과정안에 관한 양식의 경우 정형화된 틀이 존재하는 것은 아니지만, 통상적으로 헤드 부분의 경우 예시와 같은 양식이 상용화되고 있으므로 수업자의 의도에 따라 수정하거나 필요한 요소를 삽입하여 창의적으로 작성해도 무방하다.

소위 헤드(Head)라 불리는 부분은 수업 개요에 해당한다. 본시 수업에 대한 정보를 종합적으로 요약하여 보여주는 부분으로 가능한 참관자를 위하여 차시 수업과 관련된 내용이 무엇인지 개략적으로 파악할 수 있도록 작성하는 것이 좋다.

헤드 부분의 과목, 일시, 장소, 수업자, 단원명 및 교과서 쪽수는 기본적으로 기재해야 하는 항목이다. 교육과정 재구성을 하여 교과서의 단원명과 다른 경우에는 쪽수는 관련되는 교과서의 쪽수를 기재하면 된다.

① 학습주제

학습주제의 경우 근래에 들어서 배움 주제로 표시하는 경향이 많아지고 있다. 학습은 수동적, 교사 중심, 일방적이며 일시성을 지니고 있지만, 배움은 능동적, 학생 중심, 상호존중적이며 지속성의 의미를 지니고 있어서 배움이란 용어를 사용하는 것이다. 학습이나 배움 중 어느 것이든 수업자의 관점에 따라 판단하여 선택하여 사용하면 된다. 다만 학습과 배움의 용어 의미에 대하여 분명하게 인지하고 사용하는 것이 바람직하다. 본서에서는 아직도 학교 현장에서 학습이란 용어를 많이 사용하고 있어서 배움이란 용어를 사용하지 않았다.

학습주제는 차시 학습 내용을 축약하여 제시해야 한다. 주제만 보아도 무엇을 왜, 어떻게 하여 어떤 성과를 거두고자 하는 수업인지를 알 수 있도록 함축적으로 진술하는 것이 좋다. 또한, 학습주제는 학습목표와도 당연히 연계성을 가지고 있어야 한다.

② 성취기준

성취기준은 해당 차시와 관련된 성취기준 코드와 내용을 제시하면 된다. 차시는 성취기준에 도달하기 위해 잘게 쪼개어 놓은 것 중 하나이기 때문에 차시 수업을 계획할 경우에는 관련된 성취기준을 제시하고 차시의 학습목표가 성취기준의 어느 부분과 관련되어 있는지 맥락성을 알게 해 주는 차원에서 제시해야 한다.

③ 학습목표

학습목표는 차시 수업을 진행하는 데 있어서 학생들이 수업 후에 도달해야 하는 것을 진술하는 것이다. 학습하는 이유이고 도착점이기도 하다. 학습목표는 평가의 기준이 되기도 한다. 그러므로 학습목표는 교사 입장에서는 무엇을 가르쳐야 하는지, 학생 입장에서는 무엇을 배워야 하는지를 명확하게 알 수 있도록 진술해야 한다. 학습목표의 진술에 따라 학습의 양, 즉 학습의 범위가 결정되는 만큼 40분 시간 내에 학습활동이 이루어질 수 있도록 적절하게 목표가 진술되어야 한다.

[배우미가 알려주는 알쏭달쏭 수업 상식]

[Q 3] 수업목표, 학습목표, 학습문제 용어의 차이에 대하여 알고 싶어요.

수업목표는 교사 입장에서 바라보는 목표를 말합니다. 목표는 교육 활동을 통하여 학생들이 도달해야 할 점입니다. 그러므로 수업목표는 수업을 통해 교사 입장에서 학생들이 도달해야 하는 것을 말합니다. 수업목표는 보통 "~를 할 수 있게 한다."로 진술합니다.

학습목표는 학생 입장에서 바라보는 것으로 성취해야 하는 것을 말합니다. 즉, 학습목표는 도달해야 하는 정답을 알 수 있으며, 학생들이 수업을 통해 달성해야 하는 배움의 도달점입니다. 학습목표는 주로 "~를 할 수 있다."로 진술합니다. 학습목표는 하나의 수업 시간이나 학습 단원이 끝났을 때 나타날 수 있는 학생의 변화된 행동과 관련지어 성취적 용어로 진술되어야 하며 명시적이고 구체적인 행위 동사를 활용하는 것이 바람직합니다.

학습문제는 학습자 중심의 진술로서 공부할 문제라고도 합니다. 학습목표를 제시하면 학습을 통한 결과물에 대한 답을 이미 알게 되기 때문에 학생들의 흥미가 반감될 수 있어 목표를 문제 형식으로 진술한 것입니다. 학습문제를 진술하는 방법으로는 고학년은 "~해 보자.", 저학년은 "~해 봅시다."로 하고 있습니다. 또한 "~하기.", "~해 보자.", "~할 수 있을까?" 등으로 진술하기도 합니다. 학습문제의 특징은 해결해야 할 문제를 알고 있을 뿐, 그것을 해결해야 할 방법, 과정 그리고 해결된 후의 결과를 모르는 상태에서 학습자들이 가지고 있는 지식, 기능, 경험을 종합적으로 활용해서 추구해야 할 부딪치는 문제에 해당합니다.

---

④ 목표 분석

목표 분석은 대부분 수업과정안 헤드 부분에 없는 것이지만, 사실 수업을 전개하는 데 있어서 학습목표를 지식, 기능, 태도로 나누어 분석하는 것은 무엇을 가르치고 어떻게 가르칠 것인가에 대하여 파악하는 것이기 때문에 매우 중요한 요소다. 지식은 무엇을 가르칠 것인가에 해당하고, 기능은 어떻게 가르쳐야 하는지를 알 수 있으므로 목표 분석은 중요하다. 또한, 목표 분석은 평가과제를 어떻게 해야 하는지 방향을 알 수 있다는 점에서 더욱 필요하다.

⑤ 평가과제

평가는 수업에 있어 학습목표 도달 여부를 확인하는 것이기 때문에 가장 중요한 요소이다. 수업은 목표-내용-평가가 일관성을 유지해야 하므로 학습목표를 분석하여 평가과제를 제시하는 것은 도착점의 수준을 미리 설정하는 것이기도 하다. 평가과제는 의문형으로 제시하는 것이 좋다.

⑥ 수업모형

수업모형란에는 차시 수업에 해당하는 적절하다고 선택한 수업모형을 기재하면 된다. 수업모형이란 수업목표에 효과적으로 도달하기 위해 체계화시킨 교수·학습의 과정 및 절차이며, 교사에게 수업모형은 수업의 방향과 구조를 제공해 준다. 수업모형은 교사의 수업을 좀 더 체계적이고 효과적으로 만들어 줌으로써 교사가 보다 짜임새가 있게 가르치도록 돕는 하나의 뼈대가 될 수 있다.

수업모형은 수업목표를 달성하는 데 중요한 요소로 수업목표를 잘 도달할 수 있는 최적의 수업모형을 선정하는 것이 중요하다. 수업모형은 교과별로 지도서에 모형들이 제시되어 있고 수업모형 관련 전문 서적을 통해서도 접할 수 있다. 그런데 수업모형을 선택하는 경우에는 항상 수업모형의 단계와 단계별 내용을 충분히 이해하는 것이 선행되어야 한다. 왜냐하면, 수업모형 단계에 맞는 학습 내용을 전략화하면 목표 도달은 물론 내실 있게 수업과정안을 작성하는 지름길이 되기 때문이다.

수업모형을 선정할 때는 학습목표에 도달하는 데 적절한지, 가르치려는 학습 내용을 잘 담아낼 수 있는지, 교사가 생각하는 학습방법과 전략을 잘 반영하는지를 최대한 고려하는 것이 필요하다. 결국, 학습목표에 도달하는 데 적합하지 않은 수업모형을 선택하면 맞지 않은 옷을 입었을 때 불편한 것처럼 오히려 학습목표에 도달하지 못하게 하는 원인이 될 수 있으므로 적합한 수업모형을 선정하는 것은 매우 중요하다.

[배우미가 알려주는 알쏭달쏭 수업 상식]

[Q 4] 수업모형도 재구성을 할 수 있는지요. 있다면 어떻게 해야 하나요.

수업모형도 재구성이 가능합니다. 수업모형 중 차시 학습에 적절한 모형을 선택하여 적용하기 위해 분석해 보니 본시 '학습목표'에 도달하기 위해서 일부 단계가 학습 내용을 전개하는 데 수업자의 의도에 알맞지 않은 경우 재구성을 할 수 있습니다.

재구성이라 함은 선택한 수업모형의 모든 단계를 밟아 가야 할지? 아니면 어느 부분은 강화하고 어느 부분을 생략할지 등을 교사가 차시 목표 및 내용 그리고 학생들의 능력, 학습 훈련의 정도에 따라 다르게 정할 수 있다는 것입니다. 다만 재구성할 경우 해당 수업모형이 가지고 있는 기본 성격은 유지하면서 일부 단계의 생략 및 추가와 대체하는 것이 가능하다는 의미입니다.

---

⑦ 수업방법

수업방법란에는 차시 수업을 진행하는 데 있어서 적용하는 대표적인 수업방법 1~2가지를 기재하면 된다. 수업방법은 교수·학습방법과 동일한 의미로 수업 시간에 가르치고 배우게 하는 방법을 말한다. 전통적인 강의식 수업에서부터 근래에 들어서 강조하는 거꾸로 수업, 교육연극, 토의·토론학습, 협동 학습 등의 참여형 수업까지 모두 수업을 진행하는 데 필요한 수업방법이 된다. 교사 위주의 강의식 수업과 학생참여형 수업 중 어느 것을 사용해도 무방하지만, 교사는 수업을 통해 학생들이 배움이 일어나고 이 배움이 실생활에서도 적용되고 전이가 잘될 수 있도록 하기 위해서는 어떠한 수업방법을 적용하는 것이 유용한지를 기본적으로 생각하고 수업방법을 적용해야 할 것이다.

[배우미가 알려주는 알쏭달쏭 수업 상식]

[Q 5] 참여형 수업방법은 무엇이고 종류에는 어떤 것들이 있는지 궁금해요.

참여형 수업은 2015 개정 교육과정에서 강조하면서 학교 현장에서 다양하게 적용하고 있습니다. 2015 개정 교육과정 총론의 교육과정 구성의 중점에서 "교과 특성에 맞는 다양한 학생참여형 수업을 활성화하여 자기 주도적 학습 능력을 기르고 학습의 즐거움을 경험하도록 한다."라고 명시하면서 학생참여형 수업이 활성화되는 계기가 되었습니다.

학생참여형 수업이 강조되는 이유는 수업을 통해 학생들의 배움이 일어나고 역량이 길러지도록 하기 위해서는 수업에 학생들이 흥미와 관심을 갖고, 수업의 주인공이 되어서 적극적으로 참여하도록 해야 한다는 것입니다. 결국, 배움이 의미가 있게 일어나기 위해서는 수업 활동에 학습자가 능동적으로 참여하여 교사와 학생, 학생과 학생 간에 긍정적인 상호작용을 기반으로 최대한의 배움이 이루어질 수 있도록 해야 한다는 것입니다. 그렇게 되면 지식을 바탕으로 기능과 태도가 내면화되고 역량이 함양되는 것입니다.

이러한 참여형 수업의 종류와 학교 현장에서 많이 활용하는 학습방법은 다음의 표와 같습니다. 그러므로 교사는 다양한 참여형 수업방법을 잘 알고 있어야 수업을 설계하고 적절한 수업방법을 선택하여 효과적인 수업을 전개할 수 있습니다. 결국, 참여형 수업방법을 얼마나 많이 알고 있는가가 수업의 전문성 여부를 판단하는 기준이 될 수 있습니다.

참여형 수업방법	• 탐구학습, 토의·토론 학습, 협동 학습, 문제해결학습, 교육연극 • 플립러닝(거꾸로 수업), 액션러닝, 내러티브 수업, 협력학습 • 프로젝트 학습, 하브루타, 탐구학습, 비주얼 씽킹, STEAM 수업 • 문제중심 수업(PBL), SMART 수업 등

알아두면
효과적인
학습방법21
	• 인원 구성에 따른 학습방법
	  - 도란도란학습, 동그라미학습, 모둠학습, 어깨동무학습
	• 활동 방식에 따른 학습방법
	  - 올림픽학습, 3분 연설학습, 세미나학습, 인터뷰학습
	  - News학습, 모의게임학습, 창조학습(Brain storming)
	  - 역할극(role play)학습, 놀이학습, 자리(corner)학습
	  - 모의상황(Simulation game)학습, 광고학습, 사물대화학습
	• 활동 내용에 따른 학습방법
	  - 만화학습, 노래바꾸기학습, 책만들기학습, 마당놀이학습
	  - 모형(Diorama)학습, 총체적 언어(Whole language)학습
	  - 신문만들기학습, 통합학습, 보고서학습, 노래극학습
	• 활동 자료에 따른 학습방법
	  - 전화학습, 사진말(Photo-language)학습, 편지학습, 설문학습
	  - 신문활용(NIE)학습, 사진활용(PIE)학습, IIE학습

---

21 알아두면 좋은 학습방법은 교실 수업 개선을 위한 수업아이디어 자료집(2001: 71-139)에서 제시하는 학습방법 중에서 학습방법 테마만을 간략하게 소개하였다.

⑧ 학습조직

학습조직은 수업 장면에서 개인, 짝, 모둠, 전체 중에서 어떤 활동을 주로 하게 되는지를 기재하면 된다. 개인별로 활동하거나 때로는 짝과 함께 이야기를 나누는 활동도 필요하다. 또한, 모둠 활동을 하거나 전체를 대상으로 수업을 진행하는 경우도 있는 것과 같이 학습활동이 어떤 형태로 이루어지는지 제시하면 된다.

⑨ 학습자료

학습자료는 수업 시간에 단계별로 필요한 자료를 제시하면 된다. 어떤 경우에는 학생과 교사 자료로 구분하여 제시하는 경우도 있다. 학습자료는 구체물, 반구체물, 평면자료, PPT 프레젠테이션 자료, 스마트 자료 등 차시 학습을 전개하는 데 필요한 자료들을 제시하면 된다.

⑩ 교과역량

핵심역량은 교과역량을 통해 달성되는 것이므로 차시 수업을 통해 기를 수 있는 교과역량을 기재하면 된다. 교과역량은 교과별 교육과정 문서의 성격 부분에 제시되어 있다. 또한, 해당 교과역량과 역량의 의미와 내용이 설명되어 있다. 교사는 수업을 설계하고 적용하면서 해당 교과의 교과역량에 대하여 명확하게 이해하고 있어야 한다.

나. 교수·학습 전략 작성 방법

헤드 부분 아래에 위치하는 교수·학습 전략은 헤드 부분의 내용을 교사와 학생이 상호작용을 통해 배움을 완성하여 역량이 신장되고 학습효과를 최대한 높이도록 하기 위해서는 모형 단계에 맞게 알맞은 학습 내용과 발문, 학습자료 투입과 철거, 참여형 수업방법, 시간 배분 등을 고려하여 설계가 짜임새 있게 이루어지도록 해야 하는데 이러한 방법적 접근이 전략에 해당하는 것이다.

본시 교수·학습 전략					
① 학습 단계	② 학습 요소 (학습조직)	③ 교수·학습 활동(구분)		④ 시간(누계)	⑤ 자료㉠ 및 유의점㉡
		교사 활동	아동 활동		
문제 확인	동기 유발 (개별)	• 교사 활동(발문) "~하기."	• 학생 활동(답변) "~한다."	누가기록 3′/3′	㉠ PPT, 지난 차시 학습한 육각 보드
범례 분류 및 공통성질 추상화 하기	학습문제 확인 (전체)	⑥ 교수·학습 활동(통합)		7′/10′	㉡ 아동의 다양한 의견을 비판 없이 수용하여 허용적인 분위기 형성
		■ 학습 활동 내용 핵심 용어로 제시 ○ 교사 활동(~하기) • 아동 활동(~한다) - 구체적 아동 활동(~하기)			

① 학습 단계

　학습 단계란에는 수업모형의 단계를 기재해야 한다. 그런데 도입 부분에 해당하지 않는 모형 단계를 기재하는 경우가 있다. 수업모형 단계의 속성을 파악하여 도입 부분에 해당하지 않는다면 보통 문제 파악이나 준비하기로 명시하면 된다.

　일반적으로 주지 교과임에도 단계란에 도입, 전개, 정리로 기재하는 경우가 있는데, 정확하게 보면 잘못 기재한 것이다. 도입, 전개, 정리는 수업모형이라 할 수 없다. 왜냐하면, 수업모형이라고 하면 수업의 과정에서 이루어지는 선후 수업 행동들이 긴밀한 인과 관계를 맺고 구성되어야 하기 때문이다.

　도입, 전개, 정리는 학습지도의 전 과정을 절차에 따라 크게 3단계로 나눈 것이다. 도입 단계에서는 동기 유발을 통해 학습문제를 인식하고, 전개 단계에서는 학습문제를 해결하기 위한 다양한 중심적 활동이 이루어지며, 정리 단계는 종결의 단계로 학습 내용을 요약·설명하여 정리하게 된다. 따라서 창의적체험활동이나 교과의 단원 도입 및 정리 등의 경우에는 적절한 수업모형을 선택하기 곤란하므로 도입, 전개, 정리의 3단계로 나타내는 것이지, 교과의 경우 대부분 적합한 수업모형을 선정하여 설계할 수 있어야 한다.

　수업모형 단계에 따른 학습 내용이 일치하지 않는 수업안을 볼 수 있는데 이러한 경우는 수업자가 수업모형에 대한 이해가 부족하기 때문에 발생하는 현상이다. 예를 들어 가치갈등 수업모형의 문제 추구 및 선택 단계인데 우측의 교수·학습 활동에는 이 단계와는 상반된 활동 내용이 제시되는 경우를 말하는 것이다. 수업안에 단계라는 칸이 있으니 수업모형 단계는 기재하였지만, 이를 무시하고 우측의 교수·학습란에는 즐거운 활동 중심으로 학습 내용을 구성하다 보니 모형 단계의 속성과는 다른 내용이 작성되는 것이다. 이는 30년 전 태풍과 같이 왔다가 사라진 열린교육으로부터 시작된 활동 1, 활동 2, 활동 3과 같은 활동 중심의 수업 설계가 중심적으로 이루어지기 때문에 발생하는 문제라고 생각한다.

이러한 문제는 수업모형에 대한 분석도 부족하였지만, 흥미 위주의 활동을 선택하여 수업을 보여주려는 오래된 관습적 문화가 원인으로 작용했기 때문이라고 여겨진다. 사실 수업모형에 입각하여 적절한 내용을 선정하면 짜임새 있고 체계성이 있는 수업이 완성되는 것이기 때문에 수업모형 단계에 알맞은 교수·학습 활동 내용을 작성하는 것이 원칙이다. 이제 열린교육으로부터 시작된 활동 1, 활동 2, 활동 3 등 활동 잔치로 끝나는 문화는 변화가 필요한 시기가 왔다고 생각한다. 활동 1, 2, 3에서 탈피하려는 혁신의 출발은 시작되어야 한다. 더 늦기 전에.

수업모형을 적용하면 수업자 자신의 수업 과정을 명료하게 인식하게 하고 다른 사람들이 수업을 이해하는 데도 큰 도움을 준다. 수업모형을 적용한다는 것은 과정중심의 수업 활동을 한다는 것을 의미한다. 따라서 검증이 된 수업모형 적용은 수업 성공을 위한 보증수표와도 같다.

② 학습 요소(학습조직)

학습 요소의 사전적 의미는 학습하는 데 필요한 조건이나 학습 일부를 이루는 부분을 말한다. 학습 요소는 교수·학습 전략 양식에서 교수·학습 활동란에서 이루어지는 학습활동 내용을 요약하여 기재하면 된다. 수업자나 참관자가 학습 요소만 보아도 교수·학습 활동 내용이 어떻게 이루어지는지 미루어 짐작할 수 있도록 해야 한다. 학습 요소는 학습 요항과도 동일한 의미로 사용된다.

또한, 학습 단계와 학습 요소 두 영역에 어떤 내용을 기재해야 하는지 혼동하여 잘못 기입하는 오류를 범하는 수업안을 가끔 찾아볼 수 있다. 수업안 요소들의 개념을 정확하게 인지하지 못하기 때문에 발생하는 문제이다. 정리한다면 학습 요소는 우측의 교수·학습 활동에 대한 핵심적 내용을 축약하여 제시하면 된다.

하단의 (학습조직)은 수업 활동 단계에 따라 개인, 짝, 모둠, 전체를 대상으로 어떻게 수업을 실시하는지 학습조직 형태를 기재하면 된다. 예를 들어 전체-개인-짝-모둠-전체 등으로 나타낸다.

[배우미가 알려주는 알쏭달쏭 수업 상식]

[Q 6] 학습 단계와 학습 요소를 작성하는 오류를 예시를 들어서 설명해 주세요.

학습 단계에서는 수업모형 단계를 작성해야 하고, 학습 요소에는 교수·학습 활동의 핵심적 내용을 축약하여 제시하는 것이 기본인데, 이러한 기본적 사항을 무시하고 작성하는 오류가 종종 있습니다.

· 작성 오류 사례

[사례 1] 학습 단계와 학습 요소의 의미 혼동으로 발생하는 오류

- 학습 단계에 모형의 단계를 기입하지 않고 전개로만 제시하고, 학습 요소에 모형 단계를 기재하는 경우

단계	학습 요소	교수·학습 활동
전개	개념도입	<활동 1> 어떻게 읽을까요? ○ 시각 읽는 방법 알아보기 • 긴 바늘이 가리키는 작은 눈금 한 칸은 몇 분을 나타내나요? 　- 1분을 나타냅니다. • 긴 바늘이 숫자 2, 3, 4 …를 가리키면 각각 몇 분을 나타내나요? 　- 10, 15, 20 …분을 나타냅니다. <활동 2> 시각을 읽어요. ○ 동동이의 일기 읽기
	개념 일반화	• 시각 읽는 방법에 주의하여 동동이의 일기를 읽어 봅시다.

[사례 2] 학습 단계 중복 기재 및 학습 요소 용어 사용 오류의 예

- 학습 단계에 전개와 원리탐구 모형 단계를 중복 기재하는 오류 발생
- 학습 요소에 〈활동 1〉에 해당하는 핵심 내용을 축약한 용어로 진술되어야 하는데 '활동 1'로 단순하게 기재하는 오류
- 학습 활동 안내는 통상적으로 사용하는데 학습 과정에서는 학습문제를 제시하고 굳이 활동을 안내해야 하는지 고민해야 할 사항으로 판단
  : 언젠가부터 고착화된 학습 활동 안내를 통한 활동 잔치로 이루어지는 수업 패턴의 문제와 이를 개선하기 위한 혁신적 접근 필요
- '활동 1'과 같이 활동 1, 2, 3으로 수업 활동을 계획하지 않으면 학습 단계와 학습 요소에 기재하는 오류가 많이 줄어들 수 있음

단계	학습 요소	교수·학습 활동
전개	학습 활동 안내	♠ 학습 활동 안내 [활동 1] 가르자! 달걀 10개를 두 그릇에 [활동 2] 10을 두 수로 가르기 대작전 [활동 3] 해결! 10을 두 수로 가르기 퀴즈
원리 탐구	활동 1	♠ [활동 1] 가르자! 달걀 10개를 두 그릇에 ○ 달걀판을 사용한 10 가르기 상황 이해하기 　- 달걀판의 달걀을 두 그릇에 나누어 담기 　- 달걀판에 들어 있는 달걀 10개를 두 그릇에 나누어 담아 보면서 파란 그릇에 들어간 달걀과 빨간 그릇에 들어간 달걀의 수 이야기하기

③ 교수·학습 활동

교수·학습 활동란의 양식은 교사와 학생 활동 부분을 나누어 구분하여 작성하거나 아니면 교사와 학생 활동을 통합하여 작성하든지 어느 방법을 선택하여 작성해도 무방하다. 어느 것이 옳고 그른 것은 없다. 다만 수업자가 수업과정안을 작성하는 경우 본인이 보다 효과적인 방법이라고 생각하는 것을 선택하여 작성하면 된다. "구분해야 한다.", "아니다. 구분하면 안 된다."라는 논란은 의미가 없다.

다만 교사와 학생의 활동을 명확하게 구분하여 작성하고자 할 때는 구분하여 작성하는 것이 효과적이다. 그리고 시나리오식의 T·S안으로 작성하는 경우나 교수·학습 활동을 개조식으로 한눈에 알아보기 쉽게 작성하는 경우에는 구분하지 않고 작성하는 것이 오히려 효과적이다. 그래서 근래에 들어와서 대부분 학교에서는 구분하지 않고 교수·학습 내용을 통합하여 작성하고 있다.

■ 교수·학습 활동 작성 방법

- 학습활동 내용, 교사 발문, 학생 예상 답변을 차례대로 특수문자로 제시하되 하나의 수업안에서는 통일성을 유지하여 작성한다. 물론 학교나 교사 개인의 개성이나 교재의 유형 및 차시의 학습 내용에 따라 자유롭고 다양하게 작성할 수 있지만, 수업안에서 사용되는 기호나 어휘, 종결 어미는 일관성을 유지하는 것이 바람직하다.
- 학습목표나 학습문제를 제시할 경우에는 □ 안에 넣어서 진술하는 것이 바람직하다. 그 이유는 수업에서 가장 중요한 것이 학습목표이기 때문에 학습목표가 무엇인지 강하게 부각되도록 제시해야 하기 때문이다. 또한 □ 안에 넣지 않는다면 글자를 진하게 처리하거나 다른 글자체로 나타내어 강조하는 것이 좋다.
- 도입-전개-정리의 구분은 실선으로, 전개의 모형 단계에 따른 구분은 점선으로 하면 한눈에 단계별 내용을 살펴볼 수 있어서 효과적이다.
- 학생들에게 안내하는 내용이나 대화문, 제시문은 □ 박스 안에 작성한다.

■ '교수·학습 활동'란의 기재 요령(예시)

- 교수·학습 활동 내용(■): "~하기"
- 교사 활동(○): "~하기?"
- 교사 발문(•): "~요.", "~다."
- 학생 답변(-): "~입니다." "~요." 등
- 학생 활동(-): "~한다.", "~하기." 등

학습 단계	학습 요소 (학습조직)	교수·학습 활동	시량 (분)	자료(㉓) 및 유의점(㉔)
문제 확인 하기	동기 유발 (전체) 학습문제 확인	■ **표정과 마음을 나타내는 말 알기** ○ 표정과 마음을 나타내는 말 연결 짓고 관계 알게 하기 • 선생님이 보여주는 표정들에 어울리는 마음은 무엇인가요? • 어떤 표정들이 있나요? - "화나요."/"행복해요."/"부끄러워요."/"슬퍼요."/"무서워요."/"놀라 요." 등 • "행복해요."와 비슷한 마음을 나타내는 말은 무엇이 있나요? - "기뻐요."/"즐거워요." 등 • 왜 그렇게 생각하나요? - 기분이 좋아 보이기 때문입니다. • 표정과 마음을 나타내는 말의 관계를 보니 어떤 점을 알 수 있나요? - 하나의 표정에도 마음을 나타내는 말이 여러 가지가 있어요. • 이번 시간에는 어떤 공부를 할 것 같나요? - 여러 가지 마음을 나타내는 말을 알고 표현할 것 같아요. ■ **학습문제 확인하기** ┌─────────────────────────┐ **마음을 나타내는 말을 알고 마음을 표현해 봅시다.** └─────────────────────────┘	10'/10'	㉓ 표정카드, 마음 을 나타내는 말 카드 ㉔ 비슷한 낱말을 방사형 형태로 제시하여 이해 를 돕는다.

[배우미가 알려주는 알쏭달쏭 수업 상식]

[Q 7] 본시 교수·학습과정안에 학습문제를 제시해야 하는 것인지, 아니면 학습목표를 제시해야 하는지요?

교수·학습 활동란에는 학습목표와 학습문제 중 어느 것을 제시해도 무방합니다. 학습목표도 학생 입장에서 학습 후 도달 측면에서 진술된 것이고, 학습문제는 목표를 학생이 스스로 문제를 해결할 수 있는, 즉 도전 의식을 갖도록 진술한 측면이 있을 뿐입니다. 따라서 국어, 수학 등 주지 교과의 경우에는 문제형으로 제시하고, 예체능 교과의 경우에는 기능적인 측면이므로 목표형으로 진술하는 것이 일반적입니다. 다만 학습문제 확인으로 학습 요소에는 제시하고 정작 진술은 학습목표형으로 진술해서는 안 됩니다. 수업은 학습목표 도달도에 따라 성공 여부가 판별되므로 학습목표 진술은 수업의 멘틀이라고 합니다. 그러나 헤드 부분에는 반드시 학습목표를 제시해야 합니다.

- **■ 학습문제 및 학습목표 제시 오류**
  - **• 학습문제를 학습목표형으로 진술한 오류의 예**

학습문제 확인	■ 학습문제 확인하기
	마음을 나타내는 말을 알고 마음을 **표현할 수 있다.**

  - **• 학습목표를 학습문제형으로 진술한 오류의 예**

학습목표 확인	■ 학습목표 확인하기
	마음을 나타내는 말을 알고 마음을 **표현해 봅시다.**

- **■ 교수·학습 활동란의 제시문은 □형으로 작성 및 단계 점선으로 구분 예**

| 토의·토론 준비하기 | 토의·토론 주제 및 자료 확인 (모둠) | ■ 토의·토론 주제와 근거 자료 확인하기
ㅇ 모둠별로 정한 토의·토론 방식에 따른 주제 확인하기
 • 각 모둠별로 토의·토론 방식과 주제에 대하여 확인해 봅시다.
  - 모의재판 토론, 피라미드 토의, 프로콘 토론, 5Why 토론 등의 방법이 있습니다.

<토의·토론 주제>
ㅇ 모의재판 토론
 ■ 누리집 영화 불법 유포 사건과 관련하여 모의재판 토론하기
ㅇ 피라미드 토의
 ■ 교통사고 예방을 주제로 한 교내 행사를 진행함에 있어서 우리가 할 수 있는 가장 좋은 안건에 대해 피라미드 토의하기
ㅇ 프로콘 토론
 ■ 제적 셧다운제에 대하여 프로콘 토론하기
ㅇ 5Why 토론
 ■ 오늘날 환경이 파괴되고 있는 원인을 5Why 토론으로 분석하기

ㅇ 모둠별로 준비한 토의·토론에 필요한 자료 확인하기
 • 모둠별로 토의·토론에 필요한 근거 자료를 확인해 봅시다.
  - 각자가 준비한 토의·토론에 필요한 자료를 확인한다. | 4′
/′12 | 짜 PPT
(토론 방식
안내)

짜 PPT
(토론주제
안내) |
| | 토론 규칙 안내 (전체) | ■ 토론 규칙 안내하기
ㅇ 토론 시 지켜야 할 규칙 안내하기
 • 토론 방식에 따른 절차와 규칙을 잘 지켜서 토론에 임합니다.
 • 토킹스틱을 가지고 있는 사람만 의견을 말할 수 있습니다.
 • 듣는 사람은 말하는 사람의 의견을 끝까지 듣고 경청합니다.
 • 상대방을 비난하지 않고 예절을 지키며 토론에 임합니다. | 10′
/22′ | 짜 PPT
(토론 규칙
안내) |

④ 시간(시량)

시간은 어떤 시각과 시각까지의 사이를 말하는 것이다. 대부분의 수업안에서는 시간을 쓰고 있다. 일부 수업안의 경우 시량이라는 용어를 사용하기도 한다. 시량은 중국어에서 파생된 것으로 시간 동안의 양, 즉 시간의 길이를 말한다. 그러므로 시량을 써도 무방하다. 오히려 시간이라는 단어는 몇 분에서 몇 분까지인지는 나타내지 못하고 시량은 나타낼 수 있으므로 수업안에는 더욱 맞는지도 모른다.

'시간'란에는 학습 단계별로 예상되는 소요 시간을 분 단위로 표시한다. 하나의 단계 안에 여러 가지 학습활동이 있다고 해서 모두 분 단위로 표시하면 너무 산만하게 보일 수도 있으니 유의하여 제시하는 것이 좋을 것이다.

단계별로 시간을 나타내고 누가 기록을 하면 수업자가 과정별로 시간의 흐름을 파악하면서 수업을 진행할 수 있어서 매우 효과적이다. 또한, 참관자로 지금 수업하는 단계에 따라 계획한 시간대로 하는지를 쉽게 파악하며 참관할 수 있다(예, 5′/5′, 9′/14′, 6′/20′ 등).

시간을 반드시 누가적으로 제시해야 하는 것은 아니지만, 실제로 수업자 입장에서도 많은 도움을 받게 되므로 참고하여 적용하면 된다.

시간 배분의 경우 40분 수업이면, 도입 5분, 전개 30분, 정리 5분 정도로 나누어 계획하면 효과적이다.

수업 시간은 보통 40분이나 수업자가 수업 계획 시 38분으로, 45분 등으로 정하여 작성해도 무방하다.

⑤ 자료 및 유의점

자료와 유의점의 경우 구분을 특수기호로 제시하거나, 자료는 ㉧, 유의점은 ㉨ 등으로 사각이나 원문자(㉧, ㉨)로 표시해도 무방하다. 오히려 특수기호보다 사각이나 원문자가 참관자를 배려하는 데 보다 유용하다.

자료는 시청각 자료, 스마트 기기, PPT 자료, 구체물 등 해당하는 자료를 기재한다.

유의점은 다문화 학생, 영재, 부진 학생 등 특별한 배려 계획이나 수업 전략을 기재한다.

[배우미가 알려주는 알쏭달쏭 수업 상식]

[Q 8] 공개 수업 시 약안 수업알을 작성해야 하는데, 약안이라면 어느 정도로 작성해야 하는지 궁금합니다.

일반적으로 약안이라고 하면 대부분 A4 1장 정도나 반 장 정도로 요약하여 작성하는 것으로 생각하고 있습니다. 그러나 지각이 있는 교사라면 본시 교수·학습과정안을 자세하게 작성하는 것이 약안이어야 한다고 생각할 것입니다. 왜냐하면, 세안이라고 하면 단원의 전개 계획(재구성 포함), 단원 목표, 단원 평가, 교재 연구(수업모형 탐색, 기타 수업 관련 이론), 학생 실태 분석, 수업자 의도, 본시 교수·학습과정안, 참고 문헌을 기본으로 포함하여 작성하는 것을 말하기 때문입니다.

그러므로 약안이라면 단원 전개 계획 등은 제외하더라도 본시 교수·학습과정안에 해당하는 내용을 작성하는 것이라고 보는 것이 맞는 것입니다. 그래서 A4 한 장 정도만 작성하려는 것은 편의 위주로 접근하는 방식이라고 볼 수밖에 없습니다.

다른 측면에서 접근해 본다면 수업자의 의도와 모형 단계에 맞는 학습방법, 시간, 학습조직, 자료 등을 기본으로 하여 수업 개요 짜기를 세세하게 한 것을 중심으로 작성하는 것도 하나의 약안이라고 볼 수 있을 것입니다.

정리한다면 약안이라면 적어도 수업자 의도, 실태분석, 수업 개요짜기, 본시 수업과정안이 포함되어야 할 것입니다.

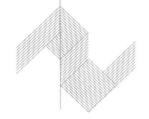

3. 수업과정안의 양식도 획일화에서 탈피해야 한다

본시 수업(교수·학습)과정안의 양식을 보면 앞에서 설명한 바와 같이 아주 오래전부터 내려오던 표준화된 수업과정안 양식을 그대로 사용하고 있다. 변화가 있다면 교사와 학생 활동을 구분했지만, 요즈음에는 구분하지 않고 작성하는 경향을 보이고 있다는 정도이다. 그러나 수업과정안 양식을 창의적으로 교과나 내용 특성에 맞게 변화를 주어 획일화에서 탈피하려는 움직임은 아직 일반화는 되지 않고 있다. 그래서 수업과정안의 여러 가지 형태를 제시하여 교과나 수업방법에 따라 적정한 양식을 선정하여 작성해 보는 것도 좋을 것이다.

수업과정안 양식의 종류는 크게 표준형, 수업모형 강조형, 시나리오형(T·S형), 에세이형, 배움중심형으로 구분할 수 있다. 표준형은 항상 사용하는 양식이므로 제외하고 나머지 수업모형 강조형, 시나리오형, 에세이형, 배움중심형의 양식을 설명하고자 한다.

가. 수업모형 강조형 수업과정안

수업모형 강조형은 교사가 수업모형에 대한 단계와 이에 따른 내용을 충분하게 이해하고 단계에 맞게 학습목표에 도달하도록 최적의 학습활동 내용을 선정하여 설계하는 것이기 때문에 수업모형에 알맞게 체계적으로 작성되어 모형 단계 유용성 측면에서 매우 효과적인 양식이다.

📖 수업 모형 강조형 수업과정안 예시(3학년, 수학, 폴리아 문제해결학습 모형)

탐색 (5´)	■ 수업집중 노래 부르기 ▶ <수학쏭> 플래시 노래 부르며 간단한 율동 곁들이기 ■ 동기 유발 ▶ 강강술래 동영상을 보여 주고 무엇인지 발표하게 한다. ◇ 강강술래이며 이순신 장군님이 활용한 것이다. 등 ▶ 이순신 장군의 모습을 PPT로 보여주며 별반 친구들에게 도움을 요청하는 강강술래의 원형 대형 과 관련된 문제 상황을 제시한다. ◇ 문제를 듣고 이순신 장군님의 고민을 해결할 수 있는 의지를 갖는다. ▶ 이번 시간에 공부할 내용을 아동이 인지할 수 있도록 질문하기 ■ 학습문제 확인하고 문제해결 방법 찾아보기 **문제를 알맞은 방법으로 풀고, 풀이 방법을 설명해 봅시다.**

문제 이해 (6´)	■ 문제 이해하기 ▶ 확대 괘도로 강강술래 문제 제시하면서 문제 이해를 위한 발문하기 (발문) 이 문제를 해결하기 위해 문제에 나타난 용어가 어려운 것은 있나요? 강강술래를 하기 위해 어떻게 원으로 둘러 서 있는지 생각해 볼까요? 이 문제를 해결하기 위한 조건이 어떤 것들이 있나요? ◇ 학습지나 아니면 확대 괘도 문제를 보면서 문제를 이해한다. ◇ 모르는 단어나 내용이 있는지 파악하고 의문이 나면 발표를 통해 해결한다. ◇ 주어진 조건이 어떤 것들이 있는지 살펴보고 발표한다.

계획 세우기 (8´)	■ 문제 풀이 계획 세우기 ▶ 세 번째 사람과 열 번째 사람이 마주 볼 때 전체 사람 수를 구하는 계획을 다양하게 세우도록 발문하기 (발문) 이와 같은 문제나 아니면 약간 다른 문제를 해결해 본 적이 있나요? 문제를 해결하는 방법을 다양하게 세워 해결해 보세요. 문제를 계획하고 그 결과를 예상해 보세요. <순서> ◇ 개별 활동-문제 해결 계획 세우기(학습지에 자유롭게 계획세우기) ◇ 짝 활동-짝과 자신의 계획 공유하기(사고의 확장 기회 제공) ◇ 전체 활동-문제해결 계획 및 예상 발표하기 <예상되는 계획> ◇ 그림 그려서 해결하기-원을 그리고 세 번째와 열 번째 표시하고 양쪽에 몇 명이 있는지 확인 하여 문제 해결하기, 단순화하기 ◇ 직접 세 번째와 열 번째까지 사람을 하나하나 그려서 해결하기 <계획을 잘 세우지 못할 경우 대안 제시> ◇ 문제를 더 간단하게 나타내어 해결방안 제시(6명 정도 원형 모양)

(우측 주석)

㋠ 학습의욕을 고취
시킨다.
㉯ PPT 제시자료
㉯ 이순신 장군 캐
릭터 및 확대 문제제
시 자료

㋠ 문장제에 대한
두려움을 없애고
흥미를 갖도록 유
도한다.
㉯ 확대 제시자료

㋠ 해결 계획을
학습지에 자유롭
게 기재하며 계획하
게 한다.

㉯ 학습지

㉯ 계획을 세우지
못할 경우 단순한
형태의 문제를 교사
가 제시한다.

나. 시나리오형 수업과정안(T·S 수업과정안)

시나리오형 수업과정안은 연극이나 드라마 대본과 같이 교사의 활동과 발문, 학생의 활동과 예상 답변, 자료 투입과 철거, 교사의 동선, 시선 등을 자세하게 나타내는 것을 말한다. 교사와 학생의 표정도 대본의 지문과 같이 나타내고 실제 교사가 배우가 되어서 그대로 수업이 이루어질 수 있도록 수업 대본을 작성하는 것이다. 그래서 시나리오형 수업과정안은 실습생이나 신규 교사의 경우에 적합하고 경력이 있는 교사의 경우에도 수업을 필터링한다고 생각하고 작성해 보는 것도 의미가 있을 것이다. 시나리오형 수업안을 작성해 보면 교사의 수업 연출력도 향상되고 배우로서 가르치는 기술도 향상될 수 있다. 시나리오 수업안의 경우 교사의 발문(T), 학생의 답변(S)로 표시를 하여 T·S 수업과정안이라고도 한다.

📖 **시나리오형 강조형 수업과정안 예시**(수학, 원칙발견학습모형)

학습 단계	학습 요항	교수·학습 활동	시 간	학습자료 적용 및 유의점
문제 파악	학습 분위기 조성 및 동기 유발	■ 수업집중 노래 부르기 - <숫자쏭>을 부르며 분위기 조성하기 ■ 학습 동기 유발 T: (노래를 부른 후 바로 앞을 보고 수업을 준비하는 마음으로 집중할 수 있도록 한 후. 분위기를 전환시켜 '알리바바 동굴의 대마왕'으로 변신하여 등장한다) - 나는 알리바바 동굴의 대마왕! 하하하하! 너희들은 다 무엇이냐? 오라… 저 어리석은 알리바바를 구하러 온 O학년 O반 녀석들이로구나. 어디, 한번 볼까? (아이들을 둘러본다) - 흐흠, 모두 똘똘하게 생기긴 했군. 하지만 두고 봐야 알겠지. - 너희들은 지금부터 알리바바와 함께 내 손에 잡힌 포로들이다. 나의 보물 창고를 침범했으니 그 정도는 각오하고 있겠지? 안 그래? S: 네! T: 그럼 좋아. 지금부터 내가 내는 문제들을 잘 해결하고 4개의 관문을 잘 통과한다면, 알리바바와 함께 너희에게도 보물을 나눠주지. 무사히 통과만 한다면 말이야. 하지만, 만약 네 개의 관문 중 단 하나라도 제대로 통과하지 못한다면 너희는 알리바바와 함께 모조리 불의 덩굴로 떨어지는 것이지. 하하하하! 수학의 분수 문제인데, 모두 자신 있나? S: 네! (뒤로 돌아서며 혼잣말처럼) 그럼 어디 두고 보자구. 알리바바와 너희들의 목숨이 함께 달려 있다는 것을 명심하도록). (대왕, 사라진다)	4′/4	🔁 숫자쏭 플래시 자료 🔁 알리바바 마왕의 모자, 네 개의 관문이 있는 알리바바 동굴 속의 길 모형(활동 안내판) 🔁 교과서는 미리 덮어 놓도록 지도한다. ⚠️ 아이들이 이야기 테마가 무엇인지 알고, 그 문제를 해결해야 한다는 마음을 갖도록 가능한 한 실감나게 연기한다.
	학습 목표 확인	T: (대왕의 가면을 벗으면서) 어떻게 하죠? 이 어려운 문제를 여러분들이 풀어서 알리바바를 구할 수 있겠습니까?	2′/6	🔁 도적 대왕의 편지

| 문제
파악 | 학습
목표
확인 | S: 네. 그럼요.
T: 그러면 마왕이 낼 문제가 어떤 문제일지 여러분들이 생각하여 이야기해 볼까요?
S: 분수의 크기에 대한 문제일 것 같습니다. 등
T: 여러분들이 잘 이야기해 주었어요. 그런지 확인해 볼까요? 아! 여기 마왕이 놓고
　간 쪽지가 있어요. ○○가 한번 큰 소리로 읽어볼까요?
S: 오늘 너희 ○반이 모든 관문을 통과하기 위해서는 다음의 내용을 완전히 알고 있어
　야 할 테니 목표로 삼고 꼭 이루어 내도록 하여라!
■ 학습목표 제시 및 확인

　　　　가로선 위의 숫자가 1인 분수의 크기를 비교할 수 있다. | 2´/6 | ㉤ 아동들이 스
스로 학습목표를
알아내도록
유인한다.

㉣ 학습목표판 |

다. 에세이형 수업과정안

에세이란 생각이나 느낌을 나타낸 글을 말한다. 에세이형 수업안은 표준형 수업과정안과 같이 교사와 학생 활동을 개조식이나 질문형으로 나타내는 방식에서 벗어나 자유롭게 수업과 관련하여 수업자가 다양하게 생각이나 느낌, 학습 형태 등을 고려하고, 삽화나 예화 등을 다양하게 제시할 수 있다는 장점을 가지고 있다. 수업 내용이 설명과 예화, 삽화 등이 필요한 경우에는 에세이형으로 수업과정안을 작성하면 자유롭게 교사의 생각을 많이 담아낼 수 있다.

📖 에세이형 수업과정안 예시(3학년, 도덕, 발표탐구학습모형)[22]

■ 마음 열기 ──────────────────────────────────── [마음열기(5´/5´)]

○ 마음으로 부르는 노래(분위기 진작)
- "고래야~ 고래야~ 아주 커다란 고래야~"
　아이들과 함께 부르는 동요이다. 앙증맞은 율동과 함께 즐겁게 부를 수 있는 이 노래는 '고래의 꿈' 프로젝트를 시작하면서부터 불러왔다. 이제는 아이들이 매우 좋아하는 노래이다. 지구 환경 보존과 관련하여 15시간 계획으로 시작한 프로젝트 중 이번 시간은 14번째이다. 이번 시간은 캠페인 활동에 대한 점검과 이를 알려주는 캠페인 프레젠테이션을 하게 된다. 수업 분위기를 살리기 위하여 <고래야> 노래를 율동과 함께 즐겁게 행복하게 부르면서 시작하도록 유도한다.

> • 학습조직: 전체
> • 학습자료: 반주
> • 유의점: 노래의 의미를 생각하며 부름

22　춘천교육대학교부설초등학교(2019: 109-110), 달·별·솔이와 함께하는 배움·성장 이야기 Vol.3

○ 문제 바로 보기

- '함께 사는 삶-고래의 꿈' 프로젝트는 바다 오염에 한정되어 있지 않다. 바다의 오염, 땅의 오염, 물의 오염 등 프로젝트를 시작하면서 생각을 나누었던 다양한 환경 문제에 대해 한 번 더 상기하는 시간을 갖는다. 플라스틱, 비닐 등 다양한 오염물질이 바다와 땅으로 흘러 들어갔을 때 벌어지는 다양한 상황에서 발생하는 문제점에 대해 상기한다.

> • 학습조직: 전체
> • 학습자료: PPT
> • 유의점: 환경의 문제점을 되새기며 자신이 준비한 내용과 연관시켜 생각할 수 있도록 지도

○ 배움 문제 확인하기

> 환경의 소중함을 알리는 캠페인 활동 내용에 대해 프레젠테이션해 봅시다.

- 배움 문제를 학생들이 분명하게 인식하도록 하고, 모둠별로 배움 문제를 해결하는 방법에 대하여 이야기를 나누어 보도록 하여 문제 인식을 공유하게 해야 한다.

■ 함께 고민하며 생각을 나누어요 ─────────────────────────── 【생각 나누기(5′/9′)】

○ 캠페인 계획 발표 점검하기
- 학생들은 그동안 도덕, 음악, 미술 교과를 통해, 아침 시간과 중간 테마 시간을 통해 다양한 활동을 하면서 환경 문제에 대해 생각해 왔다. 모둠별로 한 가지씩 환경 문제 해결을 위한 주제를 정하여 탐구하였다.
- 주제는 플라스틱 사용, 비닐 사용, 생활 세제의 사용, 분리수거 등 다양한 주제였다. 모둠별로 캠페인을 지난 시간에 계획을 수립하였다. 이 단계에서는 학생들이 모둠별로 캠페인 주제에 대하여 최종적으로 점검하는 시간을 갖도록 한다.
- 계획한 캠페인 활동에 대하여 최종적으로 문제점이 있는지, 있다면 수정 방안을 공유하면서 점검하도록 한다. 준비한 PPT 내용을 중심으로 점검하는 시간을 갖는다.

> • 학습조직: 모둠
> • 학습자료: 발표 자료(PPT)
> • 유의점: 프레젠테이션을 하기 전에 점검하는 시간으로 문제점과 해결방안이 일치하는지를 확인하고 발표 방법, 순서, 역할 등을 한 번 더 점검토록 함

라. 배움중심형 수업과정안

배움중심형 수업과정안은 표준형 수업과정안의 단계, 학습 요소, 시간란을 없애고 교수·학습 활동란과 자료와 유의점의 두 가지 칸으로만 수업 내용을 작성하도록 한 것이 특징이다. 교수·학습 활동란의 경우 가급적 서술형으로 진술하고 예화나 삽화도 자유롭게 제시하면서 학생의 배움이 일어나는 데 초점을 맞춰서 작성하는 수업과정안으로 이해하면 된다.

📖 배움중심형 수업 과정안 예시(1학년, 통합교과, 문제해결학습모형)[23]

학생 배움·지원활동	배움 🔳, 자료 🔳, 유의점 🔳

🔳 **마음 열고 배움 문제 확인하기** ──── 〔감정 존중의 중요성〕 7´/7´
 	
▶ **동기 유발(<모두가 꽃이야> 노래 부르기) - 전체**
 - 전체 학생이 <모두가 꽃이야> 노래를 부르며 수업 분위기를 조성하고 그림책 읽기 대형으로 이동한다.
▶ **함께 읽을 그림책 살펴보기**
 - 그림책 표지를 살펴보며 어떤 이야기일지 생각해 본다.
▶ **이 그림책을 읽는 이유 생각해보기/배움 문제 예상해보기**
 - 그림책을 살펴보며 이 책을 읽는 이유가 무엇일지 생각해 보게 한다.
 - 배움 문제에 대해 생각해 보게 한다.
 - 학습 동기 및 필요성을 인식하도록 안내한다.
▶ **배움 문제 확인하기**
 	
  그림책을 통해 다른 사람의 감정을 존중하고 공감해 봅시다.
 	
▶ **평가관점 제시하기**
 	
  다른 사람의 감정을 존중하고, 공감을 나타내는 말을 사용하여 시 바꾸어 쓰기와 공감 카드 작성하기
	🔳 음원자료(<모두 다 꽃이야>)
	
	🔳 친구를 존중하는 마음으로 가사를 생각하며 함께 부른다.
	🔳 그림책 표지 PPT
	🔳 그림책을 읽기에 편한 대형으로 모여 앉아서 수업을 진행한다. 그림책이 작아서 잘 안 보이더라도 그림책을 읽는 목소리에 집중할 수 있도록 안내한다.
	
	🔳 학습 동기 및 학습의 필요성

🔳 **문제 해결 방법 탐색하기** ──── 〔감정 공감하기〕 25´/32´ ▶ **그림책 내용 이해하기(다양한 감정 파악해보기) - 전체** - 그림책을 읽으며 장면마다 궁금한 내용을 질문으로 만들며 읽는다. **<그림책 읽으며 질문 만들기 활동>** • 책 표지를 보니 어떤 느낌이 떠오르나요? • 책 제목과 책 표지 속에 등장한 손은 무슨 관련이 있을까요? • '궁디팡팡'이라는 말을 들어본 적이 있나요? 언제 들어보았나요? • 토끼는 왜 자기가 사고뭉치라고 했나요? • 궁디팡팡 손의 이야기를 듣고 난 토끼의 표정은 어떤가요? • 하마는 왜 울고 있을까요? - 그림책에서 궁디팡팡 손이 궁디팡팡을 해주면 어떤 일이 일어났나요? - 궁디팡팡 손이 나타나지 않자 동물들은 어떻게 했나요? - 동물들이 궁디팡팡 손을 왜 찾아갔을까요? - 따뜻한 말이나 행동으로 기쁨과 슬픔을 함께해주는 것을 공감이라고 안내한다. - 우리 반에서 친구의 마음을 위로하고 공감할 수 있는 단어는 무엇이 있을까요? - 우리 반 공감단어 '어깨 톡톡'을 사용하여 활동을 안내한다.	🔳 그림책 🔳 그림책 읽기를 할 때 읽기 중 그림책의 내용을 잘 살펴볼 수 있는 질문을 유도하고 아이들이 책의 내용을 듣고 단답형 및 확장형의 질문을 만들고 답할 수 있게 안내한다. 🔳 그림책 속의 감정 찾아보기(질문하며 그림책 읽기 활동), 나의 감정 표현해 보기(시 바꾸어 쓰기) 활동을 통해 감정에 공감하며 반응하는 과정을 학습하도록 한다. 🔳 그림책 속에 '궁디팡팡'이란 소재가 다소 장난스러워 그림책 읽기가 끝난 후에 단어 사용에 대해 지도한다.

---

23 춘천교육대학교부설초등학교(2019: 62), 달·별·솔이와 함께하는 배움·성장 이야기 Vol.3

4. 완성도 있는 수업 디자인을 위한 전술·전략은?

　수업은 교육과정과 평가가 함께 연결될 때 완성된다. 교육과정을 구현하는 것이 수업이고, 수업의 결과가 잘 영글어졌는지를 확인하는 것이 평가이기 때문이다. 그래서 교육과정-수업-평가는 한 몸일 수밖에 없다. 수업을 실연하기 위해서는 우선 수업 전에 이루어져야 하는 설계, 즉 디자인이 체계적으로 이루어져야 한다. 그리고 수업을 실행하고 평가가 동시에 이루어져 결과를 확인하여 적절한 피드백이 제공되어야 배움 중심의 수업이 완성되는 것이다.

　그렇다면 수업 디자인을 짜임새 있게 하기 위해서는 어떤 절차를 통해서 진행하면 보다 효율적일 것인가? 수업을 하기 위해서는 바탕이 되는 교재 연구가 우선적으로 이루어져야 한다. 교재 연구는 차시 수업과 연관된 단원의 구성에 대한 이해가 선행되어야 한다. 그렇게 하기 위해서는 교육과정에서 요구하는 역량과 성취기준을 분석하는 것이 필요하다.

　단원 구성이 완료되면 배움의 대상인 학생이 해당 내용에 대하여 이해하는 정도, 흥미 등을 파악해야 한다. 그리고 어떻게 가르칠 것인지 수업방법에 대한 연구를 통해 전략적으로 접근하여 설계가 이루어져야 하며 이를 통해 평가계획과 자료 제작도 동시에 이루어져야 한다.

　이러한 것들은 모두 수업 전에 이루어지는 작업들이다. 의사가 수술을 하거나 등산가가 높은 산을 등정하기 위해서 사전에 철저하게 준비해야 좋은 결실을 맺게 되듯이, 교사도 수업을 통해 배움이 완성되도록 하기 위해서는 수업 전에 체계적이고 짜임새 있는 디자인이 이루어져야 할 것이다. 그러면 완성도 있는 수업을 위해 수업 디자인을 효과적으로 할 수 있는 방안에 대하여 이야기를 나누고자 한다.

가. 수업 디자인 절차 및 전략

📖 수업 디자인 절차

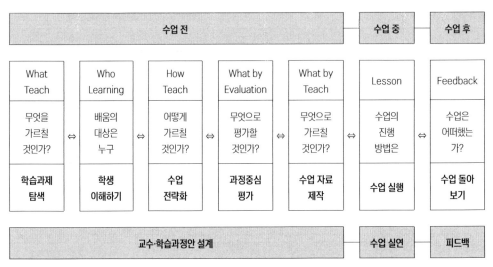

〈표 70-수업 디자인 절차〉

수업하기 전에 수업 디자인을 위한 절차는 〈표 70-수업 디자인 절차〉와 같이 5가지로 나누어진다. 5가지에 해당하는 내용은 교재 연구에 해당하는 교육과정 분석, 수업의 대상인 학생 이해하기, 수업의 개요를 짜기 위한 전략화, 과정중심평가 계획하기, 수업할 매체인 학습자료 제작하기이다. 그리고 수업자가 교육 배우가 되어 실제로 수업을 실연하면서 과정중심평가를 실시하여 배움이 부족한 학생들에게 적절한 피드백을 제공하여 최대한 수업 목표에 도달하도록 하는 일련의 활동을 한 후 전반적으로 수업에 대해 되돌아보는 시간을 갖게 되는 것이다.

📖 수업디자인 절차에 따른 전략

시기	수업 디자인 지향점		수업 디자인 절차	학습 과제 및 연구 내용
수업 전	①	What Teach	무엇을 가르칠 것인가?	학습과제 탐색	교과 교육과정 분석, 단원 재구성, 단원 목표 및 평가계획 탐색, 수업 목표 및 방향 설정
	②	Who Learning	배움의 대상은 어떠한가?	학생 이해하기	학생 대상 분석하기, 설문 및 관찰을 통한 실태 파악, 오개념, 난개념 등 진단 및 처방
	③	How Teach	어떻게 가르칠 것인가?	수업 전략화	수업모형선정, 단계별 학습목표 도달을 위한 개요 짜기(수업 전략 및 기법 적용), 수업과정안 선택 및 수업 시나리오 작성
	④	What by Evaluation	무엇으로 평가할 것인가?	과정중심 평가	성취기준 연계하기, 학습목표 성취 여부 평가계획 수립, 평가 방법 선정, 평가 문항 작성
	⑤	What by Teach	무엇으로 가르칠 것인가?	수업 자료 제작	학습 활동지 제작, 평면 및 구체물 자료 제작, 실생활 자료 활용, 정보화기기 적극 활용 등
수업 중	⑥	Lesson	수업의 진행 방법은?	수업 실행	발문 시 음정, 고저장단, 시선 처리 등 학생과의 상호작용, 학생참여형 수업 실시
수업 후	⑦	Feedback	수업은 어떠했는가?	수업 돌아보기	수업 설계의 장단점 파악, 학생 배움 정도 파악 및 피드백 실시, 보완할 점 찾아보기 등

① 학습과제 탐색(무엇을 가르칠 것인가?)

- 학습과제를 분석한다는 것은 가르쳐야 할 내용에 대한 지식이나 기능을 분석하는 것을 말한다. 즉, 학습목표를 지식과 기능·태도로 분석하는 것을 의미한다.
- 학습목표는 차시 목표에 해당하며, 차시는 단원 목표를 구현하기 위하여 쪼개진 한 부분에 속하므로 단순하게 학습목표만을 분석하는 것은 숲을 보지 못하고 나무만 바라보는 것과 같다. 그리고 성취기준을 달성하기 위하여 단원이 어떻게 재구성되었고, 이를 통해 단원 목표는 어떻게 설정되었는지도 파악해야 한다. 또한, 수업자는 단원 목표와 단원 전개 계획에 따른 차시 학습 내용이 어떤 위치인지 분석해야 한다.
- 성취기준에 따른 단원 목표와 차시 학습 내용과의 연관성에 대하여 이해하였다면 수업자는 무엇을 가르칠 것인지에 대하여 명확하고 분명하게 이해해야 한다. 무엇을 가르칠 것인가에 해당하는 것은 학습 내용이다. 교과서와 지도서를 참고하여 가르쳐야 할 내용을 분석한 다음 최종적으로는 차시 학습목표를 설정해야

한다. 학습목표는 학습의 범위를 결정하기 때문에 목표를 알맞게 행동적인 용어로 진술해야 한다. 결국, 학습목표는 40분 안에 충분한 학습이 가능하도록 고려하여 최적화하여 설정해야 한다.

- 학습목표를 설정하였다면 학습목표를 분석해야 한다. 학습목표를 지식, 기능, 태도에 맞게 분석하여 가르쳐야 할 내용에 대하여 확실한 탐색이 이루어져야 할 것이다. 학습 범위가 너무 넓다고 생각되면 목표를 수정하는 것도 필요하다. 학습 내용이 적절해야 깊이 있는 수업을 할 수 있기 때문이다.

[배우미가 알려주는 알쏭달쏭 수업 상식]

[Q 9] 학습목표는 왜 중요한지 궁금합니다. 또한, 어떻게 진술하는 것이 바람직하나요.

수업에 있어서 학습목표는 핵심 key-word이고, 학생들이 도달해야 할 도착점이기 때문에 매우 중요한 의미를 내포하고 있습니다. 다시 말하면 학습목표는 무엇을 가르칠 것인가 하는 측면에서 학습 내용의 범위를 결정하고, 학습자가 학습을 끝낸 후 그 도달도를 증거로서 보여주어야 할 행동이며, 수업자 입장에서는 학습자들이 도달하도록 해야 할 명확한 지향점이 됩니다. 즉, 한 시간의 수업을 성공적으로 마쳤을 때 학생이 성취해야 할 행동 양식을 서술한 것이 학습목표가 되는 것입니다.

따라서 학습목표가 명확하게 제시되어야 학습목표 달성을 위한 최적의 수업방법과 전략, 학습자료 및 수업 매체 등을 비롯한 제반 수업환경을 조직할 수 있기에 학습 밀도를 높일 수 있고, 학습 성과와 평가를 위한 준거를 결정할 수 있습니다. 그래서 일반적으로 학습목표는 교사의 행동이 아닌 본 차시에서 학생들이 성취해야 할 행동으로 진술하게 됩니다.

또한, 학습목표 진술은 단원의 성취기준과의 연계성을 분석하여 설정해야 하고, 학습목표에 따라 학습할 내용이 많고 적음과 교수·학습방법 및 전략에도 영향을 끼치므로 명확하게 진술이 되어야 합니다. 수업목표 진술에 있어 Tyler는 수업목표 속에 반드시 지도해야 할 내용(지식) 영역과 행동(기능) 영역이 동시에 진술되어야 한다고 주장하고 있습니다. Mager는 의도되는 행동 수행을 위한 '조건+도달 기준+성취 행동'이라는 3가지 요소로 작성해야 한다고 하였습니다. 진술 형태는 학생들이 이해할 수 있는 용어이어야 하며, 애매 모호한 암시적인 동사를 사용하기보다는 구체적이고 분명한 명시적 동사들을 사용해야 한다고 주장하였습니다.

암시적 동사는 "안다.", "이해한다.", "깨닫는다.", "인식한다.", "의미를 파악한다.", "즐긴다.", "믿는다." 등이며, 명시적 동사는 "설명한다.", "해결한다.", "기술한다.", "쓴다.", "암송한다.", "지적한다.", "구별한다.", "열거한다.", "비교한다.", "수집한다.", "답을 찾아낸다.", "그림을 그린다.", "적용한다." 등입니다.

그래서 학습목표를 제시할 경우에는 수업목표에 해당하는 "~설명한다."를 학습목표는 "~설명할 수 있다."와 같이 명시적 행위 동사로 진술하게 되는 것입니다.

---

② 학생 이해하기(배움의 대상은 어떠한가?)

- 수업자가 완성도가 있는 수업을 전개하기 위해서는 수업의 주인공인 학생에 대한 올바른 이해가 선행되어야 한다. 특히, 가르쳐야 할 학습 내용과 방법에 대하여 사전에 배움의 대상인 학생들이 가지고 있는 특성을 파악하는 것은 수업 준비에 있어서 가장 중요한 부분에 해당한다.
- 수업자는 학생이 단원이나 차시 학습 내용에 대하여 학생들이 가지고 있는 선개념, 난개념, 선호도, 태도와 습관, 적성과 동기 등을 파악해야 다양한 수업방법을 전략화할 수 있다.
- 학습목표 및 내용에 대한 경험, 사전 지식이 어느 정도인지 관찰, 질문, 설문 등을 통해 파악해야 수업의 난이도 조절이 가능하다.
- 차시 교과 및 학습과제에 대한 학습력 정도를 정확하게 분석하고 수업에 반영해야 할 사항을 파악하는 것이 매우 중요하다. 기초 학습능력과 관련된 인지적 측면과 학습 환경과 태도 측면의 정의적 부분, 학습적 협력, 학습 형태 등 사회적 부분에 대한 파악도 필요하다.
- 또한, 차시 수업에 활용하고 싶은 교수 방법을 전개하기 위해서는 학생들이 선호하는 학습방법이나 학습방법에 대한 학습 훈련 정도를 파악하는 것도 필요하다. 토의학습을 계획하는 데 토의학습 절차나 방법을 학생들이 모르면 효과가 없기 때문이다. 그러므로 교사는 학기 초에 다양한 수업방법에 대한 학생들의 선호도와 경험하지 못한 학습방법에 대한 다양한 경험과 익숙해지도록 지속적인 지도가 필요하다.
- 정리하여 말하자면 학습목표 도달을 위해 학생들을 이해하는 측면은 학생들의 출발점 행동 고르기, 선수 학습지식, 수업체제에 따른 태도, 학습 동기, 성취수준 능력, 학습 선호도 등 다양한 학습자 중심의 실태 분석이 필요하다고 볼 수 있다.

③ 수업 전략화(어떻게 가르칠 것인가?)

- '무엇을 가르칠 것인가?'와 학습 내용에 따라 학생들에 대한 이해가 되었다면 이를 바탕으로 어떻게 가르칠 것인지 수업방법적 측면에 대한 전략적 접근이 이루어져야 한다. 축구 감독이 시합 전에 상대팀의 전술이나 장·단점을 분석하고, 자

신의 팀 선수들의 컨디션과 분위기, 사기 등을 파악하여 다양한 전술을 고려하여 최적의 게임 전략을 수립하는 것과 같이 수업도 마찬가지이다. 완성도 있는 수업을 하기 위해서는 교사는 학습목표 도달을 위하여 다양한 수업 기법 중에서 학생들에게 최적의 방법을 적용하기 위한 전략을 수립해야 한다.

- 수업 기법이란 수업을 진행하는 데 필요한 학습방법, 학습조직, 자료 등을 활용하는 기술을 말한다. 그래서 교사는 다양한 수업 기법을 알고 있으면 전략을 잘 짤 수 있다. 이러한 수업 기법을 수업단계에 알맞게 선정하는 과정을 수업 전략이라고 한다.

- 수업 전략을 수립하기 위해서는 학습목표에 잘 도달할 수 있는 최적의 수업모형을 선정해야 한다. 그 다음에는 수업모형 단계에 맞게 학습 내용, 학습조직, 참여형 수업, 자료 매체 투입 등의 측면에서 최적의 방법을 선정하고 조직화를 해야 한다. 이것을 수업에 대한 개요 짜기라고도 한다. 사실 수업 전 협의에서 수업 개요 짜기를 한 내용을 중심으로 의견을 나누면 보다 완성도 있는 수업 설계안을 작성할 수 있다.

[배우미가 알려주는 알쏭달쏭 수업 상식]

[Q 10] 수업 기법과 수업 전략에 대하여 자세하게 설명해 주세요.

수업 기법은 목표를 달성하기 위해 수업방법 등을 학생들에게 적용하는 데 있어서 교사가 고안하는 수단을 말합니다. 예를 들어 토의·토론학습, 교육연극, 협동 학습 등의 수업방법, 학습 내용에 따른 짝-전체-모둠과 같은 학습 형태, 학생과 학생, 교사와 학생과의 상호작용을 고려하는 좌석 배치, 각종 자료 제작 및 활용 방법, 동기 유발 방법 등이 수업 기법에 해당합니다. 또한, 수업목표에 잘 도달하는 데 필요한 수업모형도 기법 중 하나입니다. 따라서 교사는 다양한 수업 기법에 대하여 전문성을 갖도록 지속적인 자기 연찬에 매진해야 하는 것입니다.

수업 전략은 한마디로 수업 설계를 하는 데 있어서 학습목표를 학생들이 배움으로 이어지도록 수업단계에 가장 효과적인 기법을 선정하고 적용하는 과정을 말하는 것입니다. 전략을 잘 수립하면 완성도 있는 수업으로 연결되기 때문에 교사는 수업 전략가가 되어야 합니다. 우수한 수업 전략가는 수업 개요 짜기의 달인이 될 수 있습니다. 또한, 수업 디자인의 명인이 될 수도 있습니다.

수업의 전략화를 위해서는 학습 내용에 따라 다양한 수업모형 중에서 효과적인 모형을 선정할 줄 알아야 하며, 목표 도달을 위해 학생들의 수준, 흥미 등 학습자 특성을 고려하여 모형 단계별로 어떤 학습 내용과 수업 기법들을 적용할 것인지 연구하고 적용해야 하는 고도의 전문적인 능력이 필요합니다. 다시 말하면 수업 전략은 수업모형 단계에 따라 학습목표 도달을 위해 학생들의 특성을 최대한 고려하여 최적의 학습 방법 등의 전략화로 배움 성취를 하도록 연출하고 디자인해 나가는 종합적 수업 예술 작품이라고 볼 수 있습니다.

④ 평가계획 수립(무엇으로 평가할 것인가?)

- 평가는 학습목표 도달의 바로미터이다. 수업의 궁극적 목적은 학습목표를 학생들이 얼마나 도달하느냐에 달려 있다.
- 단원 전개 계획을 작성하는 것은 성취기준에 도달하도록 하는 데 목적이 있다. 수업은 그중 하나의 차시에 해당하는 내용을 학생들에게 배움이 일어나도록 전개하는 것이다. 그러므로 해당 차시가 성취기준 평가에 해당하는 경우도 있고, 성취기준 평가와 직접적인 관련성이 없는 경우도 있다. 직접 관련되는 경우는 과정중심평가가(성취평가), 관련성이 없는 경우는 형성평가에 해당한다.
- 수업은 단계성, 위계성이 있어서 성취평가 차시가 아니라도 형성평가를 통해 차시 학습에 대하여 학생들이 모두 이해할 수 있도록 지도해야 한다. 그래야 다음 차시 학습으로 자연스럽게 연결되어 완전한 학습이 이루어지기 때문이다.

📖 단원 전개 계획에서 형성평가와 과정중심평가(성취평가) 예시

단계	교과	차시 (구분)	성취 기준	배움 활동 및 평가		수업 전략/역량	플랫폼

우리,
평등
한가
요?
	도덕	1-2
		등교
		수업
			[6도03-01]	■ **프로젝트 수행과제 안내하기**
				■ **공정한 생활에 대해 알아보아요**
				 • 공정함의 의미 생각하기
				  - 생활 사례로 공정함의 의미 찾아보기
				  - 공정한 생활의 중요성 알아보기
				  - 공정한 생활에 필요한 다섯 가지 원리 알아보기(존중, 입장, 보호, 경청, 정당한 몫)
				 • 공정사회 실현을 위한 매개체로서의 양성평등의 의미 생각해 보기
				 • 공정과 연계하여 이미지 프리즘 카드로 양성평등의 정의 내리기
						역할 놀이,
						토의·토론
						(포토 스탠딩)/
						도덕적
						사고 능력
							대면
							활동
							(개별)

				성취 평가	공정사회에서의 양성평등의 의미 정의 내리기(수행-결과물)		
				피드백	이미지 카드 연결이 어려운 경우 자신이 생각하는 대로 정리해 보기		
	국어	3-4 원격 수업	[6국02-04]	• 미디어 속 성차별 찾아보기 - 광고, 뉴스, 가요에 나타난 성차별·성차별적인 언어 찾기 - 표현의 적절성과 정보의 타당성 판단하기 - 미디어 속 성차별이 우리에게 미치는 영향 생각해 보기		조사학습, 토의토론 (PMI)/ 자료·정보 활용 역량	zoom, 패들렛

국어	3-4 원격 수업	[6국02-04]	- 모둠별로 발표 자료 공유하여 성차별 사례 인지하기		조사학습, 토의토론 (PMI)/ 자료·정보 활용 역량	zoom, 패들렛
			형성 평가	매체 자료를 접할 때 비판적으로 보아야 할 부분 찾기(수행-관찰)		
			피드백	성차별의 개념에 대해 이야기 나누기		

- 요즈음은 백워드 수업 설계에 따라 학습목표를 수립하고 평가계획을 수립하는 경향도 많아지고 있다. 평가가 수업을 리드하는 모습을 연출하는 것이다.
- 평가계획은 보통 평가영역, 평가 내용, 평가기준, 방법, 시기 등으로 나타난다.
- 평가영역의 경우 지식, 기능, 태도인데 한 차시에서 3가지 요소를 모두 제시할 필요는 없다. 학습목표 도달에 필요한 평가 내용이 지식 요소 하나이면 지식만 대상으로 하여 평가계획을 세워도 무방하다.
- 차시 평가 내용은 학습목표로부터 추출하여 제시하며, 학습목표와 벗어나는 평가기준 제시는 잘못된 것이다.
- 평가기준은 보통 3단계로 작성하며, 이에 따라 상, 중, 하는 성취 도달도, 즉 성취수준을 나타낸다.
- 평가 시기는 가능한 모두 수업 시간 내에서 이루어지도록 하며, 방법은 지필 및 수행평가 중 하나를 선택한다.
- 일부 교사들이 평가계획을 수행평가로 제시하거나, 평가 방법 중에 수행평가로 명시하는 경우가 있는데 이는 수행평가의 의미를 잘못 이해한 데서 비롯되는 오류이다.

📖 차시 평가 계획 작성의 예(1학년-통합)

영역	평가요소	평가기준			방법 및 시기
		상	중	하	
지식 기능	다른 사람의 감정을 존중하고, 공감을 나타내는 말을 사용하여 시 바꾸어 쓰기와 공감 카드를 작성할 수 있는가?	공감을 나타내는 말을 사용하여 시 바꾸어 쓰기와 공감 카드를 잘 작성한다.	공감을 나타내는 말을 사용하여 시 바꾸어 쓰기와 공감 카드를 작성한다.	공감을 나타내는 말을 사용하지 못한다.	수행-관찰 배움 나누기
태도	친구의 감정에 공감하며 활동에 적극적으로 참여하는가?	친구의 감정에 공감하며 활동에 적극적으로 참여한다.	친구의 감정에 공감하며 활동에 참여한다.	친구의 감정에 공감하지 못한다.	수행-관찰 배움 나누기

⑤ 수업 자료 제작(무엇으로 가르칠 것인가?)

- 수업 자료는 수업의 모든 단계에서 학습 내용을 중심으로 활동할 때 사용되는 각종 자료를 지칭하는 것이다. 수업 자료는 수업의 단계별 학습에 따른 효과를 극대화하는 데에 기여할 수 있다.

- 교수·학습자료는 수업 효과를 높이기 위해 제작된다. 따라서 교수·학습자료는 학생들의 학습 동기를 자극할 수 있어야 하고, 학습목표를 달성하는 데 적절해야 하며, 교사가 제작하고 사용하는 데 부담이 적어야 한다. 교수·학습자료는 학습 활동지, 시청각 자료, 실물 자료 등으로 다양하다. 수업의 설계 단계에서 어떤 학습자료를 활용할 것인가를 깊이 있게 고민해야 한다. 학습자료를 제작할 때는 학생들의 수준과 제작의 편의성, 경제적 활용 가치 등도 함께 생각해야 한다.

- 수업 자료에는 형태상으로 다양하며, 수업단계별로 상황에 알맞은 자료들이 필요하게 되므로 자체 제작하거나 구입하기도 하며, 인터넷 등의 멀티미디어 자료를 활용하기도 한다.
  - 실물 자료: 물건 그 자체. 화분, 과일, 동물, 씨앗, 식물 등
  - 가공 자료: 학습지, 플래시 카드, 낱말 카드, 숫자 카드 등
  - 시각 자료: 눈으로 보여주어 관심을 갖게 하는 자료, 그림, 사진 등
  - 청각 자료: 녹음파일, CD, 음악 파일 등
  - 동영상 자료: 유튜브, 자체 제작 동영상, EBS 영상, TV 영상 등

- 기타: 지시봉, 마이크, 뽑기 통, 멀티미디어 자료(사다리 타기, 사진 뽑기 등), 마술 자료, 교육연극 자료(마술 모자, 각종 소품 등), 손 인형 등

[배우미가 알려주는 알쏭달쏭 수업 상식]

[Q 11] 수학에서 사용하는 구체물과 반구체물의 차이점이 궁금합니다.

수학에서는 구체물을 조작한다거나 수를 양적으로 표현하기 위해 반구체물을 활용하기도 합니다. 구체물(具體物)은 사전적 의미로 사람이 감각으로 알 수 있도록 형체를 갖춘 물건을 말합니다. 구체물은 사과, 수박, 피자, 동물 등과 같이 사물이면서도 입체적인 것을 말합니다. 반면에 반구체물(半具體物)은 구체물과 비슷하지만, 평면이거나 평면에 가까운 물체를 지칭한다고 생각하면 됩니다. 반구체물은 사진, 종잇조각, 바둑돌, 동전과 같은 교구를 말합니다.

어린이들은 구체물에 한해서 논리적인 사고가 가능하나 추상화된 것으로는 논리적인 사고가 어렵다고 합니다. 그래서 분수를 가르칠 경우에도 구체물→반구체물→추상 기호순으로 교육해야 쉽게 이해할 수 있다고 합니다. 그래서 처음에는 구체물인 피자나 사과를 사용하여 절반, 네 조각 등으로 잘라보는 활동을 하고, 반구체물인 원이나 사각 색종이나 두꺼운 도화지를 가지고 직접 잘라 보는 활동을 하게 됩니다. 그런 다음 추상 기호로 넘어가도록 하여 분수의 개념을 익히도록 하는 것입니다. 한마디로 정리하면 실물은 구체물이고 실물 그림이나 산가지, 모형 그림 등은 반구체물이라고 이해하면 됩니다.

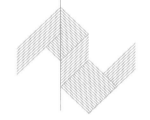

5. 수업과정안 작성! 도란도란 이야기 나누기

가. 단원과 주제, 제재, 학습과제와 문제의 의미를 알고 사용하기[24]

　수업과정안을 작성하다 보면 단원 목표, 단원 재구성 등의 용어를 사용하게 되고, 교과별로 주제와 제재를 헤드 부분에 작성하게 된다. 또한, 학습과제를 분석하고 학습문제를 제시하기도 한다. 그래서 단원이나 주제, 제재, 과제와 문제에 따른 용어에 대하여 정확하게 알고 사용하는 것이 중요하다.

　우선 단원이라는 용어의 사전적 의미는 어떤 주제나 내용을 중심으로 묶은 학습 단위이다. 즉, 교과 내에서 동일한 경험 내용과 학습 활동을 묶어서 구성한 것을 의미한다. 그래서 교과별로 교과서를 살펴보면 주지 교과의 경우에는 단원이 구성되어 있다. 단원은 차시로 구성되어 있고, 차시별로 단원 목표를 구현하기 위한 학습주제와 주요 학습 내용이 제시되어 있다. 결국, 단원은 단원 목표를 달성하기 위해 학습주제 중심으로 엮어서 만들어진 것이다.

　주제와 제재를 비교하면 주제가 보다 큰 의미를 내포하고 있다. 제재는 학습주제가 되는 재료에 해당하며, 주제는 학습 내용의 중심 생각이나 문제를 지칭한다. 따라서 주제와 제재는 교과 측면에서 교과의 특성에 따라 용어를 다르게 사용하고 있다. 주제는 사회, 수학, 과학과 등의 교과에서와 같이 지도해야 할 내용인 원리, 법칙, 개념 등을 직접 제시하는 학습문제나 제목을 지칭하는 것이다.

　이에 반하여 제재는 도덕, 미술, 음악과 등의 교과와 같이 지도해야 할 내용을 직접 포함하지는 않으나 이를 활용하여 내용을 지도할 수 있는 학습 소재(예: 예화, 예문, 활동 소재 등)나 주제를 구성하는 하위 학습 재료를 지칭하는 것이다. 그러므로 통합 교육과정 재구성 시 수학, 과학과는 '주제 통합'이라고 해야 하고, 음악, 도덕과는 '제재 통합'

24　단원, 주제, 제재 등과 같은 내용은 전라남도교육청(1998: 54), '문답으로 알아본 좋은 수업 포인트 70'의 내용을 참고하여 작성하였다.

이라고 해야 바른 표현이다.

학습과제(課題)와 학습문제도 그 차이에 대하여 알아볼 필요가 있다. 학습과제는 제재 학습을 위한 몇 개의 학습 활동(교사 입장에서는 교수 요항 또는 지도 요소)을 지칭하는데 과(課)라고 하는 것은 내용 또는 소단원에 해당하는 것으로 이해하면 된다. 반면에 학습문제(問題)는 학습과제를 학생이 해결해야 할 요소로 나눈 것을 말한다.

나. 수업과정안에서 활동 1, 2, 3 작성은 현재도 진행형!

수업은 구글맵 등 GPS를 통해 목표 지점을 최단 경로로 찾아가는 것과 같이 목표를 설정하고 학생들에게 목표에 잘 도달하도록 최선의 학습 경로를 찾아 계획하고 안내하여 목표지에 모두 잘 도착하도록 하는 것과 같다. 수업은 학생들이 참여하는 수업 활동으로 이어지기는 하지만, 목표에 잘 도달하도록 학습 경로에 알맞은 활동이어야 하며, 보여주기식의 활동이 아니라 목표를 분석하여 실질적으로 학생들에게 배움으로 연결할 수 있는 원리나 개념의 이해를 통해 기능이 내재화될 수 있도록 이해 중심으로 설계되어야 한다.

그런데 1990년대의 열린교육 이후부터 지금까지 학교 현장에서 변화 없이 관례적으로 이어져 오고 있는 것이 있다. 바로 수업과정안에서 보이는 활동 1, 활동 2, 활동 3과 같은 활동 릴레이식의 패턴이다. 물론 수업 자체가 활동과 활동의 연속이라는 것은 부인할 수 없다. 강의식 수업을 하든, 참여형 수업을 하든 교사와 학생이 상호작용을 하는 것은 그 자체가 활동일 수밖에 없기 때문이다.

그러나 수업모형을 선정하여 모형 단계에 맞게 목표에 도달하는 데 최적의 학습 내용을 조직화하여 수업안을 작성하면 되는데도 불구하고 수업모형 단계와는 관계없이 관례대로 활동 1, 활동 2 등으로 작성하는 것은 문제다. 그러므로 전개 부분에서 활동 1, 활동 2 등으로 구분하여 제시하는 것이 과연 의미가 있는지 고민하고 연구해서 개선할 필요가 있다면 과감하게 변화를 가져오도록 노력해야 할 것이다.

대부분의 수업 공개안을 살펴보면 활동 1, 2나 활동 1-5 정도로 끝나면 큰 문제가 있는 것처럼 활동은 항상 활동 1, 활동 2, 활동 3과 같이 3개로만 이루어진다. 한결같이 3개의 활동이 아니면 안 되는 것처럼 작성하고 있다. 그러다 보니 활동 릴레이 수업과정안은 학습 목표에 도달하기 위해 최단의 학습 경로를 찾아가는 활동 계획이라기보다는 남들에게 즐겁고 활발하며 역동적으로 수업에 참여하는 모습만을 보여주려는 것에 목적을 두고 있는 듯하다. 어떤 수업은 40분 동안 교사와 학생이 상호작용을 하면서 활발하게 이루어진 수업이라 모두 좋은 수업이라고 평가했는데도 불구하고 수업이 끝난 다음 학생들에게 물어보면 남는 것이 없고, 배움도 없다고 하는 경우가 있다. 이러한 수업은 단순하게 활동 중심으로만 하였지, 수업을 통해 학생들에게 영속적 이해가 이루어지도록 계획을 체계적으로 수립하지 못하였기 때문에 발생하는 문제이다.

단순한 활동 중심 수업의 문제점은 미국에서도 있었다. 백워드 설계로 유명한 Wiggins&McTighe는 '쌍둥이 죄악'을 범하지 않도록 경계하라고 하면서 그중에서 활동 중심 수업을 한 가지 죄악으로 규정하였다. 지금까지의 경험, 체험 활동(hands-on) 중심의 수업은 활동 그 자체에 더 많은 관심을 두고 있어서 집중력과 사고를 발달시키는 활동(minds-on)과는 거리가 있는 경우가 많았기 때문이다. 활동 중심 수업은 학습에서의 요점이 무엇이고 경험을 통해 얻어야 하는 것이 무엇인지에 관한 핵심이 없어서 솜사탕과 같이 활동 당시는 달콤하지만, 활동을 하고 나면 남는 것이 없다는 것이다. 한마디로 수업 당시에는 즐겁고 좋지만, 수업을 마치고 났을 때 학생에게 진정한 '이해'로 남는 것은 거의 없다는 것이다. 그렇기 때문에 단순 활동 중심의 수업을 조심하고 경계해야 한다고 하였다.

마찬가지로 우리나라 학교 현장에서도 수업을 설계할 경우에 단순 활동 중심의 활동 릴레이식에서 벗어나기 위한 노력이 필요하다고 생각한다. 수업모형 단계에 맞게 수업 내용을 조직화하고 진정한 이해가 되도록 앎과 삶이 하나가 될 수 있는 수업을 설계하는 것이 중요하다. 특히 활동과 활동으로 구분하지 말고, 단계별로 연계성을 가지고 자연스럽게 진행되도록 할 필요가 있다. 활동 잔치로 끝나는 기존 관례에서 과감하게 탈피하여 수업의 본질에 충실하여 영속적인 이해가 일어나는 수업으로 전환되도록 수업 접근의 변화가 이루어져야 할 것이다.

활동 릴레이식의 수업안을 보면서 또 하나 생각해야 할 부분이 있다. 바로 활동 안내이다. 수업 공개안을 보면 학습목표(문제) 확인 다음에는 어김없이 학습 활동 안내가 작성되어 있다. 활동이 3가지이면 안내도 항상 3가지이다. 물론 학습목표를 제시했다면 목표 도달을 위해 학생들이 어떻게 학습해서 목표 지점에 도달할 것인지 그 항로를 정확하게 안내해 줄 필요는 있을 것이다. 그런데 대부분 학습문제로 제시해 놓고 학생들에게 친절하게 학습 활동을 안내하는 것은 학생들에게 문제 해결을 위해 탐구적 접근의 기회를 주지 않는 결과를 야기한다. 학습문제를 제시했다면 학생들이 학습문제를 어떻게 해결할 것인지 스스로 찾아보도록 하는 것도 바람직하다. 교사는 수업을 통해 자연스럽게 그 문제를 해결해 나가도록 수업을 전개할 필요가 있다.

따라서 수업을 통해 진정한 이해가 이루어지고, 지식을 기반으로 기능이 내면화되며, 이를 통해 삶에서 활용 가능한 전이가 있는 수업으로 연결되도록 수업 설계가 이루어져야 할 것이다. 수업과정안에서 관례적으로 사용하는 활동 릴레이 제시나 활동 안내에서 벗어나기 위한 교사의 변화하는 모습이 그 어느 때보다도 필요하다고 생각한다.

다. 수업단계별 작성 요령-도입은 즐겁게, 전개는 깊이 있게, 정리는 깔끔하게!

수업과정안을 작성하면 수업모형과 관계없이 수업을 크게 도입, 전개, 정리로 구분한다. 수업도 운동 경기와 비슷하다. 경기 전에 미리 몸을 풀기 위해 준비 운동을 하고, 실제로 운동 경기에 참여하며, 마지막으로 정리 운동을 하는 것과 같다. 일반적으로 수업과정안을 작성할 경우에도 도입부에서는 동기 유발을 가볍게 하고, 학습 전개는 깊이 있게 하며, 학습정리는 깔끔하게 이루어지도록 작성해야 한다.

다시 말한다면 도입 부분은 학생들이 학습에 적극적으로 참여하도록 유도하고 학습문제를 인식할 수 있게 감정을 몰입하도록 해야 한다. 전개 부분은 학습문제를 자연스럽게 해결해 나가도록 클래식과 같은 선율로 리듬감 있게 진행되도록 구성해야 한다. 마지막으로 정리 부분은 화룡점정으로 중요한 부분을 확인하고 정리를 깔끔하게 해야 한다.

📖 [도입 단계] 가볍게 접근! 감정 몰입이 되도록

도입 단계는 일반적으로 수업 분위기 진작, 전시 학습 상기, 동기 유발, 학습목표 확인까지 작성하게 된다. 이 중에서 가장 중요한 것은 동기 유발과 학습목표 제시이다.

동기 유발에 따라서 학습의 성패가 좌우될 정도로 학생을 학습에 끌어들이는 것은 중요하다. 따라서 어떻게 동기를 유발하는지 그 방법적 접근이 매우 중요하다.

동기 유발은 학습목표(문제)와 관련성이 있어야 한다. 학습목표를 학생들이 인식하고 스스로 찾아낼 수 있도록 연계성이 있어야 하고, 특히 이러한 내용을 학습하고 싶도록 감정이 몰입되게 해야 한다.

그다음은 학습목표를 확인하는 것이다. 학습목표는 학습문제화하여 제시해도 무방하며 일회성으로 제시하고 이내 닫아버리는 우를 범해서는 안 된다. 수업은 학습목표에 도달하기 위해 배움이라는 경기가 이루어지는 것이니만큼 학생들이 항상 목표 의식을 갖도록 하는 차원에서 제시해야 한다.

[배우미가 알려주는 알쏭달쏭 수업 상식]

[Q 12] 전시 학습 상기는 왜 해야 하고, 어떻게 작성하는 것이 좋은가요.

전시 학습, 즉 선수 학습을 상기하는 것은 수업결손을 예방하는 차원에서 확인하는 것입니다. 전시 학습 상기는 본시 학습과의 관련성을 고려하여 실시 여부를 결정해야 합니다. 선수 학습 내용이 본시 학습과 인과 관계를 가질 때, 즉 본시 학습의 기본이 될 때 필요합니다. 그런데 필요하지 않는데 실시할 경우 이로 인하여 수업의 맥이 끊어지는 현상이 발생합니다.

또한, 전시 학습은 도입 단계 시작 부분에서 이루어지는 것으로 본시 학습과 관련 있는 주요 개념을 강조하는 경우에만 제시하고 있습니다. 때로는 수업의 전개 과정에서도 적절하게 선수 학습 내용을 확인하면서 수업을 진행하는 경우도 있습니다.

이러한 경우 수업과정안에 유의점 등으로 명시하면 좋습니다. 따라서 전시 학습 도입 여부는 교사의 깊이 있는 교재 연구에 의한 판단에 따라 작성해야 할 것입니다.

[배우미가 알려주는 알쏭달쏭 수업 상식]

[Q 13] 동기 유발을 작성하는 기본 요령과 동기 유발에 실패하는 경우는 어떤 것이 있는지 설명해 주세요.

동기 유발은 학생들에게 학습문제를 인지하고 학습 의지를 불러일으키도록 제시해야 합니다. 수업 초기의 적절한 동기 유발은 성공적인 수업을 위해 매우 중요한 요소가 되기 때문입니다. 성공적인 동기 유발을 위해서는 궁금증, 호기심, 도전정신, 성취 욕구 등이 유발되도록 제시해야 합니다.

동기 유발은 학습문제 도출을 위한 전 단계입니다. 그래서 동기 유발은 학습문제를 인식하고 학생들 스스로 달성하거나 해결해야 할 목표나 문제에 관한 인식을 확고하게 하기 위하여 필요합니다. 학습문제 도출은 핵심적인 사항이기 때문입니다. 대부분 동기 유발을 위한 시간은 학자들의 연구에 의하면 5분 이내가 가장 적합하다고 합니다. 그러므로 수업을 설계할 경우에 동기 유발에 많은 시간을 할애하지 않게 구성해야 합니다.

동기 유발에 실패하는 경우는 욕심을 내서 동기 유발 시간의 과다 설정, 학습문제와의 관련성 미약, 지나치게 많은 소재 도입, 본 차시에서 지도해야 할 학습 내용 도입, 학생 수준과의 불일치 등이 있습니다. 그래서 동기 유발은 학습 시작 전에 호기심이나, 도전 의식을 가지고 출발하는 정도로 동기 유발 내용을 준비하고 작성해야 합니다.

또한, 동기 유발에 실패하지 않으려면 연출적인 접근도 필요합니다. 예를 들어, 놀이와 노래를 도입한 동기 유발, 취미와 특기를 활용한 동기 유발, 감동을 통한 동기 유발, 구체물과 체험을 도입한 동기 유발, 협동 체제를 이용한 동기 유발, 이야기를 통한 동기 유발 등의 방법을 활용하여 동기 유발 부분에 대한 시나리오 작성을 창의적으로 하는 것이 바람직합니다.

📖 [전개 단계] 변화와 리듬이 있는 클래식 같은 선율, 깊이 있는 변화의 세계

전개 단계는 학습목표 도달을 위하여 학생들에게 실질적으로 학습이 이루어지는 단계이다. 수업모형 단계에 따른 학습 활동이 실질적으로 이루어지는 수업의 핵심에 해당한다.

또한, 수업모형 단계에 따라 학생들의 특성, 흥미 등을 고려하여 학습 내용 수준을 적정화하여 다양한 수업 기법을 전략화해야 하는 단계이기도 하다.

전개 단계는 학습목표 도달에 적합한 수업모형을 선정하여 모형 단계에 맞게 활동 내용을 전략화하여 제시하는 것이 중요하다. 수업모형 단계에 따른 학습 전략, 수업 형태 및 학습조직, 자료 활동 등 전략 내용을 작성해야 한다. 그렇게 하기 위해서는 모형에 맞는 수업 개요 짜기를 체계적으로 하면 완성도 있게 작성할 수 있다. 이 단계는 수업 디자이너로서의 능력과 전문성이 발휘되는 단계에 해당한다. 평범한 내용 전개보다 변화와 리듬이 있는 수업 설계 및 전개가 필요하다.

전개 부분은 앞에서 활동과 관련하여 논의한 바 있듯이 대부분 '활동 1', '활동 2', '활동 3'으로 이루어지고 있다. 전개 부분에서 수업모형 단계에 맞는 학습 내용을 전략화하여 제시하고 이를 그대로 수업으로 진행하면 되는데 굳이 활동과 활동으로 구분 및 제시한다면 목표와는 유리되는 단순 활동 중심으로 이어져 진정한 이해가 되지 못하는 상황이 전개될 수도 있다.

따라서 수업과정안에서 '활동 1'과 같은 활동명을 제시하지 않는 것이 필요한 시점이라고 생각한다. 왜냐하면, 수업모형 단계에 따라 학습을 전략화하여 제시하는 방식으로 작성하면 되기 때문이다. 또한. 연계성 없는 활동과 활동으로 인하여 깊이 있는 학습 전개가 되지 못하고 학습 내용의 단절 현상을 초래하는 문제점도 발생하기 때문이다.

📖 [정리 단계] 깔끔한 마무리, 화룡점정

정리 단계는 배움의 정도를 평가하고 학습 내용을 요약하여 정리하는 부분으로 앞의 35분보다 더 중요한 것이 정리 단계의 5분이다. 수업이 확실하게 정리되었을 때 지식의 파지 효과와 기능의 내면화가 높아지기 때문이다. 그러므로 학습목표와 관련된 형성평가, 질의응답, 요약정리 등이 있을 때 개념의 정리나 지식의 체계화가 잘 이루어지고, 학습 내용의 명확성도 확보할 수 있다.

평가는 평가 내용에 따른 평가기준을 가장 효과적인 방법으로 평가해야 한다. 물론 과정평가의 경우에는 전개 단계에서 이루어질 수도 있다. 그러나 형성평가의 경우는 정리 단계에서 이루어지는 경우가 많다. 그리고 학습정리도 형식적으로 하지 말고 핵심 사항을 정리해 주어야 학습력을 증진할 수 있다.

이처럼 학습정리는 매우 중요한 부분인데도 불구하고 실제로 공개 수업 시에는 시간에 쫓겨서 용두사미 격으로 점만 찍고 종료하는 경우가 허다하다. 학습정리는 화룡점정이 되어야 한다. 즉, 학습정리 부분이 잘 마무리가 되어야 수업을 완성할 수 있다. 화룡점정이 되기 위해서는 수업 전체 과정의 다양한 조건들을 파악하여 시간을 안배하고 내용을 조직화하여 작성해야 할 것이다.

라. 수업자의 의도는 What, Why, How로 마무리하기

수업과정안을 작성할 경우 수업자의 의도가 매우 중요하다. 수업자의 의도는 수업을 실연하는 수업자가 차시 수업에 관하여 자신의 철학을 기반으로 차시 수업에 관한 생각을 제시하는 것이기 때문이다. 그래서 수업자 의도에는 교육과정 분석을 기반으로 '무엇을 가르칠 것인가?', '왜 가르쳐야 하는가?', '어떻게 가르칠 것인가?', '수업이 잘 이루어졌다는 것을 어떤 증거로 확인할 것인가?' 등의 질문에 대한 수업자의 생각이나 계획이 담겨 있어야 한다. 그런데 수업자의 의도를 작성한 공개 수업안을 살펴보면 기본적으로 수업자의 생각이나 계획을 논리적으로 담지 못한 경우를 발견할 수 있다. 그 이유는 수업자가 수업하고자 하는 생각이나 계획에 대한 질문과 답의 논리성이 결여되어 있기 때문이다. 수업자의 의도는 무엇을(What), 왜(Why), 어떻게(How)에 대한 답만 충실하게 제시할 수 있다면 완성도 있게 작성할 수 있다.

'무엇을 가르칠 것인가(What)?'와 '어떻게 가르칠 것인가(How)?'는 '수업 디자인의 단계와 전략의 학습과제 탐색과 수업 전략화'에서 자세하게 안내한 바 있다. 여기서는 '왜 가르치려고 하는가(Why)?'에 대하여 설명하고자 한다. 수업자가 무엇을 가르칠 것인가에 대하여 분명하게 인식했다면 그다음에는 수업을 왜 하려고 하는지에 대하여 명확하게 방향을 알고 있어야 한다. 이는 수업자의 의도에서 가장 핵심적인 부분이기도 하다. 차시 수업과 관련하여 철학적 가치와도 연계되는 것이다.

우선 차시 수업을 통하여 총론의 인간상과 교육목표 그리고 핵심역량의 어떤 부분을 신장시킬 수 있는가에 대하여 진술해야 한다. 그다음에는 차시 수업에서 학생참여형 수업방법 적용을 통해 어떤 교과역량을 길러줄 것인지, 배움이 생활 속에서 어떻게 활용될 것인지, 또한 어떤 능력과 인성을 함양하게 하고 싶은지 등에 대하여 교육적 의의가 드러나도록 진술해야 한다.

📖 수업자 의도 예시(2학년 국어)

교과	국어	대상		○학년 ○반	수업자	○○○
단원	3. 마음을 나누어요		차시	4/10	쪽수	52~57쪽
관련 성취기준	[2국01-03] 자신의 감정을 표현하며 대화를 나눈다.					
학습목표	마음을 나타내는 말을 사용해 마음을 표현할 수 있는가?					
교과역량	공동체·대인관계 역량		수업모형		문제해결학습	
수업자 의도						

· 무엇을 가르칠 것인가(What)?

단원은 마음을 표현하며 대화를 나누고 인물의 마음을 생각하며 문학 작품을 감상하는 데 목적이 있다. 그중에서 차시와 관련된 성취기준이 '[2국01-03] 자신의 감정을 표현하며 대화를 나눈다.'이다.
이 성취기준은 자신의 감정을 적절하게 표현함으로써 다른 사람과의 관계를 원만하게 유지하고 발전시키는 데 영향을 미치도록 하는 것에 의미를 두고 있다. 이 성취기준은 6차시로 구성했는데 1~2차시에서는 마음을 나타내는 말을 알도록 하고, 3~4차시에는 마음을 표현하며 대화를 나누도록 하였으며, 9~10차시에는 마음을 표현하며 역할 놀이를 하며 심화 활동을 하도록 구성했다.

본 수업 차시는 4차시에 해당하며 주로 마음을 나타내는 말을 사용해 자신의 마음을 효과적으로 표현하며 친구와 대화를 나누는 것이 주된 학습 내용이자 목표이다. 지난 시간에 학습한 "행복해요.", "질투 나요.", "두려워요.", "슬퍼요.", "자랑스러워요." 등과 같은 마음을 나타내는 말을 바탕으로 친구에게 자신의 경험이나 상황에 맞는 마음을 나타내는 말을 사용해 대화를 적극적으로 할 수 있도록 가르쳐야 한다.

또한, 본 차시에서 학습해야 하는 내용은 하나의 일관된 주제로 이루어지는 지속적인 대화보다는 마음을 나타내는 말을 통해 간단한 형태로 마음을 표현하는 기능과 대화의 기본적인 태도를 익히는 데 중점을 두고 가르치는 것이다.

• 왜 가르치려고 하는가(Why)?

본 차시 수업을 통해 학생들에게 길러주고자 하는 교과역량은 '의사소통 역량과 공동체·대인 관계 역량'이다. 나의 마음을 모둠원들과 표현하며 대화를 나누면서 의사소통 능력을 기를 수 있고, 마음을 나타내는 말을 사용하여 표현을 통해 상대의 마음 이해는 물론 대화를 나누고 서로의 다양성을 존중하며 관계를 맺는 능력을 키울 수 있기 때문이다.

또한, 차시 수업 활동에 학생들이 주인공으로 참여하게 하여 총론의 더불어 사는 사람이라는 인간상을 구현하고 의사소통 및 공동체라는 핵심역량이 함양되도록 할 것이다. 그리고 본 차시에서는 마음을 나타내는 말을 많이 알고 있는 지식 측면보다는 알맞은 표현을 다양하게 사용하며 대화를 나누는 기능적 요인과 상대방의 이야기를 잘 들어주고 존중하는 태도를 신장하는 데 주안점을 두어 일상생활 속에서도 자신의 마음을 잘 표현하고, 때론 상대방의 말을 잘 듣는 대화를 통해 함께 존중하고 소통하는 것이 생활 속에 녹아들어 인성 친화적이며 성숙한 민주시민으로 자라도록 가르치려고 한다.

• 어떻게 가르칠 것인가(How)?

본 차시는 지식 측면보다 마음을 나타내는 말을 사용하여 이를 친구에게 다양하게 표현하며 대화를 잘하도록 가르쳐야 하므로 지식 측면보다 기능과 태도에 보다 주안점을 두고 수업의 방향을 설정하였다. 이를 위하여 마음을 나타내는 말에 대한 학습은 전 차시의 내용을 확인하고 그림책을 통해 마음을 나타내는 말이 다양하게 있다는 정도로 이루어지고 이를 표현하고 대화하는 올바른 태도를 갖추도록 하는 학습 활동에 주안점을 두고 전략화할 필요가 있었다.

그래서 이해중심 수업을 구현하기 위해 지식(Know)과 기능(Do)이 결합된 '마음을 나타내는 말을 사용해 마음을 표현하며 대화를 할 수 있는가?'와 태도(Be) 측면에서 '타인의 마음을 이해하려는 자세로 적극적으로 대화에 참여하는가?'라는 두 가지의 평가과제 설정을 통해 수업 내용을 마음 표현하기와 대화 나누기라는 두 개의 갈래로 세분화하였다. 이러한 수업을 위하여 그림책을 활용하여 학생들이 수업에 보다 적극적으로 참여하도록 전략화하였다.

이러한 방향으로 수업을 전개하기 위하여 수업모형은 문제해결학습 모형을 선정하였다. 그 이유는 자신의 감정을 표현(해결)하기 위해 마음을 들여다보는 학습자 주도의 학습 과정이 중요하기 때문이다. 세부적으로 문제 확인 단계에서는 마음을 나타내는 말을 상기시키고 학습문제를 예상하고 확인하도록 하였다. 문제 탐구 단계에서는 학습문제를 해결하는 방안을 찾아보고 그림책을 통해 마음을 나타내는 말이 다양하게 있다는 것을 인식하고 자신의 마음을 표현하기 위하여 '나의 마음 사전'을 만들도록 구성하였다.

문제해결 단계에서는 '나의 마음 사전'을 가지고 먼저 모둠 친구들과 대화하고 이어서 반별 대화 나누기 놀이를 통해 이를 심화하도록 적용하였으며, 마지막으로 일반화 단계에서는 마음을 표현하고 대화를 나누어 본 소감을 나누어 보고 이를 일상생활에서 어떻게 활용할 것인지 그 방안을 찾아보도록 하였다.

수업 단계에 따라 마음 표현하기와 대화 나누기를 가르치기 위하여 접근적 방법을 설명하자면, '마음 표현하기'에서는 마음을 나타내는 말(지식)을 사용해서 자신의 마음을 글로 표현(기능)하는 내용으로 구성하였다.

이는 마음을 표현하는 말 80개를 익숙한 상황과 그림으로 제시한 『아홉 살 마음 사전』 책을 활용하였다. 교과서에 제시된 마음을 넘어서 보다 폭넓고 자신에게 더 적합한 표현을 찾는 것이 가능하기 때문이다. '대화 나누기'에서는 분명하게 말하고 귀 기울여 듣는 대화의 기본 태도를 가지는 데 중점을 두었다. 특히, 말하기를 부담스러워하는 아이들의 특성을 고려하여, 소수의 모둠에서 대화의 기본기와 자신감을 다지고 우리 반 전체 친구들과 대화할 수 있도록 수업을 구성하였다.

마. 수업 전술·전략의 마침표! 수업 개요 작성하기

수업 기법과 전략에 대한 것은 수업 디자인의 단계와 전략의 수업 전략화에서 설명하였듯이 수업자가 차시 수업을 위해 교수·학습과정안을 작성하기 위한 방법은 개인별로 다양할 것이다. 수업을 구성하는 능력이 우수한 교사는 단원 전개 계획과 성취기준 그리고 해당 차시 내용을 살펴보면 전반적으로 수업을 어떤 방향으로 할 것인지 손쉽게 조직화할 수 있을 것이다. 그러나 대부분의 교사는 어떻게 가르칠 것인지에 대하여 구상하는 단계를 생략하는 경우가 많다. 대강의 내용을 구상하면 편안하게 수업을 조직화할 수 있는데도 말이다.

대강의 수업을 구상하는 것을 수업 개요 짜기라고 부르기도 한다. 이러한 개요 짜기를 할 때는 마인드맵이나 비주얼 씽킹 기법을 사용하거나 아니면 자신의 독자적인 방법으로 수업의 뼈대를 그려 볼 수 있다. 개요 짜기를 효율적으로 용이하게 하기 위해서는 나름의 양식(틀)이 필요하다. 수업 개요 짜기의 알맞은 양식을 다음과 같이 구안하여 제시하였다.

📖 수업 개요 짜기 양식(틀)

수업 개요 짜기(교수·학습 전략)					
① 수업모형		○○○			
② 단계 (시량)	③ 수업 요소(항)	④ 주요 학습 내용	⑤ 수업방법	⑥ 학습조직	⑦ 학습자료

📖 수업 개요 짜기 양식 작성 요령

수업 개요 짜기는 사실상 차시 수업에 대한 교수·학습 전략을 수립하는 것에 해당하므로 학습목표에 도달하기 위하여 단계적으로 어떻게 가르치고 배움이 일어나게 할 것인지에 대하여 디자인 차원에서 체계적으로 구조화해야 하며, 이를 수행하기 위해서는 다양한 수업방법 등에 대한 해박한 전문성이 필요하다.

■ ① 수업모형

수업 목표 달성에 적합한 수업모형을 기재하고, 본인이 구안한 수업모형인 경우, 명명한 수업모형을 제시해도 무방하다.

수업모형이 목표 도달에 알맞지 않은 단계가 있는 경우 삭제하거나 대체 하는 등 수업모형 재구성을 하는 것도 좋다.

차시 목표에 도달하는 데 적합한 수업모형을 선정하였으면 수업모형 단계별 의도에 대하여 깊이 있는 연구와 검토가 선행되어야 한다. 왜냐하면, 수업모형 단계별 의도에 맞는 최적의 학습 내용을 조직화해야 하기 때문이다.

만약 적절한 수업모형이 없으면 도입-전개-정리에 해당하는 일반 수업모형인 '배움 시작-배움 열기-배움 정리', 또는 '배움 열기-배움 나누기-배움 마무리'의 3단계로 하여 제시하고 이에 알맞은 학습 내용을 조직화하여 제시한다. 여기서 배움 열기 단계는 기본에서 적용 및 심화·발전으로 전개되도록 내용을 작성한다.

참고로 배움의 공동체 수업안의 단계는 '도입(hop)-기초(step)-발전(jump)'으로 이루어져 있다.

■ ② 단계, ③ 학습 요소, ④ 주요 학습 내용

단계는 수업모형 단계를 제시하고, 학습 요소는 주요 학습 내용과 연계하여 학습목표 도달을 위해 단계별 최적의 학습 내용을 조직화하고 그 핵심 내용을 축약하여 학습 요소(항)란에 기재한다.

수업 개요 짜기의 핵심은 목표에 도달하기 위해 절차적으로 지식을 바탕으로 기능을 발휘하도록 하고 태도는 수업 활동 속에서 내면화되도록 고려하여 수업모형 단계와 연계하여 수립되어야 한다.

수업모형 단계는 전문가가 모형에 따라 단계별로 학습 내용을 구조화하여 작성하면 학습목표를 절차적이면서 효과적으로 달성할 수 있도록 설계한 것이니만큼 단계에 맞는 내용을 잘 선정하는 것이 필요하다.

■ ⑥ 학습방법, ⑦ 학습조직, ⑧ 학습자료

수업 개요 짜기에서 수업모형 단계에 맞는 학습 내용을 선정하는 것도 중요하지만, 이러한 학습 내용을 어떠한 수업방법을 활용하고 학습조직은 어떻게 변화를 주는 것이 효과적일지 구상하여 다양한 기법 중에서 최적의 기법을 선택하여 적용하는 것도 매우 중요하다. 이러한 것이 바로 수업 전략이다.

학습 단계별로 이루어지는 활동을 전개하는 데 적합한 학습자료는 무엇인지 구상하고 기존 자료는 무엇을 활용할 것인지, 아니면 새롭게 제작할 자료는 무엇인지 구상하여 전략화하는 작업도 수업을 보다 완성도 있게 만드는 촉진제 역할을 할 수 있다.

수업 개요 짜기 양식을 활용하여 교수·학습을 전략화하고 협의회를 거치면서 수정한 다음 최종적으로 수업과정안 양식으로 옮기면 체계적인 수업과정안이 완성될 것이다.

📖 수업 개요 짜기(예시)

교수·학습 전략				
적용 수업모형		찬반 토론 수업모형		
단계 (시량)	학습 요소(항)	주요 교수·학습 내용	수업방법	학습 조직	학습자료

배움
탐구
(5')
	• 전시 학습 상기
	
	• 동기 유발
	• 배움 목표 확인
	• 목표 도달 방법 탐색
		• 라운드로빈 방법 적용으로 토론 준비
		  확인
		• PPT 자료 활용하여 토론 절차와 방법
		  익히기
		• 브레인스토밍 방법 적용
			라운드
			로빈
			
			브레인
			스토밍
				전체
				→
				모둠
					PPT
					학습목표세트
					
					토론 준비 자료

탐색 및 해결 (14')	• 토론 방법 확인하기 • 토론 자료 검토하기 • 찬반 모둠 편성하기 • 찬반 주장 펼치기	• 토론 방법 PPT로 확인하기 • 토론 자료 확인 후 찬반고려하기 • 찬반 모둠 대형 갖추기 및 이동 • 찬반 돌아가며 말하고 듣기	토론학습	전체 → 개인 → 모둠	PPT 토론 자료 책상 이동 메모 공책
배움 익히기 (6')	• 반론 준비하기 • 반론하기	• 찬반 팀별로 반론 버즈 토의하기 • 근거 제시하며 반론 사항 돌아가며 말하기	버즈 토의 토론학습	모둠	학습지
자기 생각 만들기 (10')	• 최종 변론 준비하기 • 최종 변론하기 • 입장 확인하기 [성취평가&피드백]	• 최종 변론 전략 버즈 토의 방법 적용 • 정리된 주장 논리적으로 변론하기 • 토론 후 입장 변화에 대하여 확인하기 [성취평가 하기]	버즈 토의 토론학습 이야기 토의	모둠 → 개인	학습지 생각 메모지

배움
정리
(5')
	• 토론하며 느낀 점 이야기
	  하기
	• 차시 예고
		• 하브루타 방법으로 짝과 느낀 점 이야기
		  한 후 모둠별로 공유하기
			하브루타	짝
				→
				모둠
					배움 공책

Ⅲ.
수업 연출 그리고 교육 배우의
진정한 연기와 배움의 향기

영역별 전문가로 구성되어 역할을 맡아 협력적으로 작품을 만들어가는 연극이나 영화와는 달리 수업은 교사 스스로 수업과 관련하여 교육과정도 분석하고 수업 시나리오도 작성해야 한다. 물론 수업 연출도 직접 배우처럼 연기도 해야 한다. 즉, 만능 엔터테이너가 되어야 한다. 축구의 올라운드 플레이어나 음악에서 싱어송라이터와 같이 1인 다(多)역을 수행해야 하는 것이 교사이다. 수업과 관련하여 기반이 되는 교육과정에 대한 이해능력과 시나리오 작성에 대해서는 앞의 내용을 통해서 살펴보았다.

　이 장에서는 이러한 시나리오를 바탕으로 교사가 어떻게 연출하고 배우로서 어떠한 방향으로, 어떤 의미를 가지고 학생들과 상호작용을 하면서 수업 연기를 펼쳐야 하는지에 대하여 이야기하고자 한다. 교사는 시나리오를 보고 교실이라는 공간에서 수업 시나리오 내용이 최대한 학생들에게 배움으로 연결되도록 다양한 자료와 공간 등을 활용하여 접근할 수 있도록 연출자로서의 자질이 필요하다.

　또한, 수업 분위기를 진작할 수 있는 아이스 브레이크, 손 유희, 집중 및 지명 방법 등의 기법 적용은 물론이고 눈빛 교환이나 학생들의 표정을 읽고 대처하기 등 연기적 요소를 다양하게 활용해야 한다. 이는 완성도 있는 수업을 만들어가는 데 있어서 필수적인 요소이다.

1. 수업 시나리오의 비상! 수업 연출가로 거듭나기

드라마나 영화의 각본과 비슷한 것이 수업 시나리오(scenario)이다. 즉, 수업과정안이 여기에 해당한다. 영화의 시놉시스(synopsis)에 해당하는 것이 수업 개요 짜기인 것이다. 배우는 시놉시스를 보고 작품을 선택하고 각본을 가지고 연기 연습을 하며 연출자인 PD나 영화감독은 각본을 분석하여 어떻게 하면 완성도 있는 드라마나 영화를 연출할 것인가에 아이디어를 집중한다. 수업도 마찬가지이다. 수업자는 수업 시나리오를 보고 효과적인 수업이라는 작품을 만들기 위해 고민하고 다양한 시각에서 접근하기 위하여 수업 연출을 위해 노력하는 것이다.

드라마나 영화에서 연출이란 각본을 바탕으로 배우의 연기, 무대 장치, 의상, 조명, 분장 따위의 여러 부분을 종합적으로 지도하여 작품을 완성하는 일을 지칭한다. 수업에 있어서도 각본에 해당하는 수업 시나리오인 교수·학습과정안을 바탕으로 수업 공간, 책상 배치 변화, 교사 동선, 자료 투입 및 위치, 학습자료 배부 방법, 수업방법 적용 시기, 발표 위치, 학습조직의 전환, TV 활용 시 On-Off 시기, 학습목표 제시 방법, 교사 복장 등을 고려하여 시나리오 내용을 잘 진행하고, 학생들에게 고스란히 전달되게 하여 완전한 배움이 일어나는 수업 작품을 만들도록 하는 것이 수업 연출에 해당한다.

그러므로 교사는 수업 시나리오를 분석할 줄도 알아야 하지만, 수업과정안의 내용을 통해 교사와 학생이 상호작용을 하면서 물리적 환경과 심리적 요소들과 어우러져서 학생들이 수업의 주인공이 되어 배움 목표에 잘 도달하도록 해야 한다. 그러므로 수업자는 완성도 있는 수업 작품이 탄생하도록 수업 연출력에 대한 전문성이 필요한 것이다. 수업 연출은 완성도 있는 수업 결과물을 만드는 필요충분조건이기 때문에 수업 연출력의 전문화는 더욱 중요한 의미가 있다.

수업자의 연출력에 따라 수업의 완성도가 달라진다는 것은 동일한 수업과정안을 가지고 수업을 하는 장면을 보면 더욱 확신하게 된다. 저자는 학교 현장에서 동학년 교사들이 공동 수업과정안을 작성하고 필요한 자료들을 제작·공유한 상황에서 담임을 많은 학급 학생들을 대상으로 공개 수업을 진행하는 모습을 많이 볼 수 있었다. 일명 컬래버레이션 수업을 많이 보아 왔다. 실제로 수업을 관찰해 보면 동일한 수업과정안과 자료를 활용함에도 불구하고 시간의 안배, 자료의 투입 방법 및 위치, 내용 전달 방법, 수업 형태, 교사 동선, 학생의 수업 집중도 등이 다른 형태로 수업이 전개되고 있었다. 이러한 상반된 현상은 바로 교사들의 수업 연출력의 차이로 인하여 발생한 것이다.

그렇다면 교사들의 수업 연출력을 높이기 위해서는 어떠한 부분에 대한 관점을 가지고 전문성 신장을 위한 노력을 해야 할까?

첫째, 수업 공간과 책상 배치의 변화에 대하여 고려해야 한다. 수업을 실시하는 공간인 학급 교실의 환경은 수업을 진행하고 학생들이 수업에 집중하며 참여하는 데 영향을 미치는 요소이다. 교실 환경은 정리정돈이 잘되어 있고 안정적이야 한다. 특히 교실 전면부의 교사 책상의 위치와 크기, 칠판 좌우의 게시물 정돈성, TV의 위치 등을 사전에 정비해야 한다. 또한, 학생들의 책상 배열도 수업 형태에 따라 변화를 주어야 한다. 모둠 활동과 전체 학습이 비슷하게 이루어지는 수업이라면 가급적 모둠 형태의 책상 배열로 수업 시간 내내 진행하는 것보다는 교사를 정면으로 바라볼 수 있는 일제형 형태의 책상 배열을 병행하도록 할 필요가 있다. 책상 배열의 전환은 노래 한 곡이면 충분하다.

둘째, 교사의 동선과 이에 따른 자세에 대한 고려가 필요하다. 수업 시나리오 진행에 따라 교사의 위치를 별도로 체크해야 한다. 교사의 동선은 학생들의 시선이 따라가게 하고 교사의 행동과 자세는 집중을 유발하게 한다. 수업 전에 교사의 동선을 의도적으로 계산하고 학생에게 다가가야 한다. 그 이유는 이동하는 속도. 마주치는 시선, 학생과의 소통하는 자세 등이 수업 효과에 지대한 영향을 미치기 때문이다.

셋째, 자료의 투입과 철거의 시기 및 방법에 대한 연출적 접근이 필요하다. 같은 자료라고 해도 교사에 따라 투입 방법과 제시하는 위치 등에 따라서 그 효과가 완전히 달라진다. 자료의 투입은 자료에 따라 어떻게 투입하고 제시하는 것이 효과적인가 하는 연구를 통해 제시해야 한다. 특히, 전체를 대상으로 테이블에 올려놓고 제시하는 경우, 앞의 일부 학생만이 볼 수 있도록 하는 것은 효과가 없다.

마제형으로 하거나 더 높여서 제시하는 등 투입에 대한 연출력이 필요한 것이다. 또한 다양한 자료의 투입도 중요하겠지만, 철거 방법이나 시기도 충분하게 그 효과성을 고려해야 한다. 예를 들어, TV를 통해 학습목표나 강조하는 내용을 제시하는 경우

On-Off의 시기적 방법 접근도 수업 효과에 영향을 미친다.

넷째, 모둠별로 토의나 발표를 하거나 학습자료를 배부하는 등 학습 활동을 전개하면서 모둠과 관련된 사항도 고려의 대상이다. 참여형 수업을 전개하면서 모둠 활동이 많아지고 있다. 그런데 모둠별로 토의 활동을 할 경우 5분을 주고 미리 다 한 모둠이나 시간 안에 해결하지 못한 모둠에 대한 대처가 미리 고려되어야 한다. 토의 활동이 끝난 모둠의 경우에는 장난을 하게 놔두어도 안 된다. 또한, 시간 내에 해결하지 못한 모둠에 대한 파악과 관심을 갖고 적절하게 배려하는 시간 운영도 필요하다.

역할극 등을 할 경우 모둠별로 발표나 역할극만 하고 이에 대한 피드백 없이 다음 모둠으로 이어지는 단순 릴레이식 모둠 활동 전개는 아무런 교육적 의미가 없다. 이러한 문제가 발생하는 것은 연출적인 접근이 이루어지지 않았기 때문이다.

그 밖에도 학생들의 발표 방법, 학습문제의 제시 방법, 교사의 표정과 연기적 요소도 연출적으로 접근해야 수업의 효과가 증진된다. 영화감독이 카메라의 위치, 소품, 세트, 배우들의 상호작용, 배우의 위치와 동선, 시선 처리, 대사 속도 등을 모두 고려한 연출을 통해 작품을 완성하듯이 수업자도 다양한 조건을 최대한 고려하여 완성도 있는 수업 작품을 만들기 위하여 초점을 갖고 접근해야 할 것이다.

2. 학습목표(문제) 확인!-형식성에서 탈피하여 의도성을 가지자

학습목표는 해당 차시 수업을 하는 데 있어서 학생들의 입장에서 "학습은 왜 해야 할까?"라는 질문에 대한 답을 알려주는 의미가 담겨있다. 학습목표는 학생들이 학습을 통해 도달해야 할 도착점이 무엇인지를 알려주는 것이기 때문이다. 그런 의미에서 학습목표는 수업과정안을 작성하는 경우에도 매우 중요하지만, 수업을 진행하는 과정에서도 중요하다. 그러므로 수업자는 수업하면서 학습목표를 학생들에게 목적성을 가지고 분명하게 확인을 시켜주어야 한다. 그래서 수업과정안의 시나리오에 학습 요소나 교수·학습 활동란에도 '학습목표 확인하기'라고 표기하는 것이다.

그러나 실제 수업 중에서 학습목표를 확인하는 목적으로 학습목표를 제시하는 경우에는 형식적으로 진행되는 경우를 어렵지 않게 찾아볼 수 있다. 학습목표 확인은 반드시 의도성을 가지고 접근해야 한다. 따라서 수업 속에서 발견되는 '학습목표 확인하기'의 몇 가지 오류 사례를 통해 문제점을 진단해 보고 대안을 모색해 보고자 한다.

첫째, 학습목표를 확인하기는 하지만, 학생을 지적하여 한 번 읽어 보거나 전체적으로 읽어 보는 활동으로 그치고 마는 경우이다. 학습목표를 확인하는 절차를 형식적으로 접근하여 단순하게 제시하고 끝내 버린다는 것이다. 학습목표를 왜 확인해야 하는지, 학습목표가 무엇이고 왜 중요한지 학생들에게 명확하게 이해를 시켜야 하는데 말이다. 개인독(讀)이나 일제독을 한 다음 최소한 목표를 어느 정도 알고 있는지를 확인하기 위하여 질문하기, 모둠별 토의하기 등의 방법을 활용하여 목표 인식 여부를 확인하는 것은 무엇보다 중요하다.

둘째, '학습목표 확인하기' 순서에서 학습목표를 제시하고 수업이 끝날 때까지 전혀 언급하지 않는 경우이다. 농구나 배구 경기에서 감독은 중요한 순간이 되면 작전 타임 시간을 활용하여 선수들에게 경기를 통해 이루어야 할 목표를 언급하면서 작전 지시를 통해 경기력을 끌어올리곤 한다. 마찬가지로 교사도 학생들에게 학습목표를 확인하는 단계로만 그치는 것이 아니라 활동 과정이나 평가 및 학습정리 부분에서도 목표와의 관련성을 강조하여 학생 스스로 철저하게 목표를 인지하게 하여 최종적으로 학습력이 증진되도록 해야 한다. 목표에 대한 관점을 지속해서 강조하는 것은 수업을 진행하는 수업 연출자 입장에서 가장 중요한 요소라는 것을 잊지 말아야 할 것이다. 목표(문제)는 필요 시 언제나 연계성을 갖고 언급해 주어야 한다.

셋째, 학습목표를 PPT로 제시하고 곧바로 닫아버린 후 수업 내내 제시하지 않는 경우이다. 학습목표를 PPT로 제작하여 제시하면 다양한 효과와 집중력을 유발할 수 있지만, 지속해서 학생들이 목표를 확인하기 어렵다는 문제점도 내포하고 있다. TV 모니터로 다른 자료를 제공해야 하는 부분도 있으므로 PPT로 제시하고 목표는 수업 과정 중에 지속해서 학습자가 확인할 수 있는 곳에 제시하여 학생들이 목표를 의식하면서 학습 활동에 참여하도록 해야 한다. 다만 학습목표는 항상 칠판에 제시할 필요는 없다. 모든 학생이 바라볼 수 있는 곳이라면 교실 어느 곳이라도 제시해도 무방하다. 고정관념에서 탈피하는 순간 효과는 더욱 증진될 수 있다. 수업자는 수업 시간 내내 활동에 따라 학습목표와 연계하여 지속해서 강조하고 확인하는 것이 필요하다.

넷째, 도입 단계에서 학습목표 대신에 학습문제를 제시하는 경우가 많은데 학습문제를 확인하고 나서 문제해결을 위하여 학생들의 지식, 경험 등과 관련지어 동기 부여를 하지 않는다는 것이다. 학습문제는 해결해야 할 문제를 학생들이 알고 있을 뿐이다. 그것을 해결해야 할 방법, 과정 등을 모르는 상황이므로 문제를 어떻게 해결해 나가는 것이 좋을지, 또는 문제해결을 위해 학생들이 가지고 있는 지식과 기능, 경험이 어느 정도인지를 파악해 보는 것이 필요하다. 그러므로 학습문제를 제시하고 교사가 어떤 활동을 할 것인지를 미리 계획한 대로 활동 안내를 하는 것은 학생들의 문제해결을 위한 동기 부여 기회를 주지 않게 되어 결국은 학습 참여 의욕을 저하시키는 결과를 초래하게 된다. 따라서 학습문제를 제시하고 학습 활동 순서를 교사가 자상하게 안내하는 것이 교육적 효과가 있는지는 고려해 보아야 할 부분이다.

3. 발문은 확산적으로, 지명은 다채롭게, 발표는 자연스럽게!

교사의 발문과 이에 따른 지명 그리고 학생의 발표는 수업을 이루는 메인스트림 (mainstream)이라고 할 수 있다. 모든 수업에서 교사의 발문과 학생들의 거수에 따른 지명 그리고 이어지는 학생들의 발표는 수업을 전개하는 데 기본이자 핵심이기 때문이다. 이러한 측면에서 '발문, 지명, 발표'는 수업을 구성하는 3요소라고 할 수 있다. 수업의 성공 여부는 교사의 발문에서 출발한다.

그리고 학생들의 질문에 대한 응답을 위한 반응이 중요하다. 반응에 대하여 선택하는 것이 지명이다. 지명을 받은 학생이 질문에 답하는 것을 발표라고 한다. 질문과 지명 그리고 발표는 수업 중에 쉼 없이 진행된다. 그래서 발문은 확산적으로, 지명은 다채롭게, 발표는 자연스럽게 하도록 하면 수업이 멋있게 채색되어 하나의 아름다운 작품이 만들어지는 것이다.

가. 유능한 교사가 지녀야 할 수업 기술의 출발!-발문은 확산적으로

교사의 발문은 학습 활동의 방향을 안내하고 유도하면서 생산적 사고 활동을 유발하는 문제를 제기하여 학습 내용을 이해시키는 동시에 학습의 길잡이 역할을 한다. 수업에서 교사의 발문은 학생 개개인의 사고 수준을 한 층 더 높여 갈 수 있는 중요한 수업의 요소로써 교사가 반드시 갖추어야 할 수업 기술 중 하나이다.

교사의 발문은 학습자의 사고를 촉진해 줄 뿐만 아니라 주의를 환기하고 호기심과 지적 활동을 일깨워 주며 수업에의 참여를 유도한다. 또한, 교사와 학생, 또는 학생 상호 간에 의사소통을 증진하는 매체가 되기도 하고, 학습한 내용을 정리하는 수단으로 활용되기도 한다. 따라서 교사는 학습 내용이나 학습자의 능력과 수준 및 학습자의 학습 성향에 따라서 적합한 발문을, 어느 시기에, 어떤 방법으로, 어느 학생을 대상으로 물어야 할 것인가 하는 발문 기술에 대한 연구가 필요하다.

"교사의 생명은 수업에 있고, 수업의 설계는 발문에 있다."라는 말이 있다. 이는 수업에서 학생의 학습능력과 사고 수준을 높여주는 데 가장 큰 영향을 미치는 발문의 중요성을 강조한 것이다. 오늘날 첨단 교수 매체에 의한 수업이 강조되고 있지만, 교사의 계획적이고 의도적인 발문만큼 수업의 효과를 거두기는 어렵다고 생각한다. 그러므로 교사의 발문에 대한 지속적인 연구와 수업 현장에서의 관심과 실천이 요구되는 것이다(충청남도교육청, 2003: 111).

그렇다면 수업 중에 교사의 발문은 어떻게 이루어지도록 해야 효과적일까? 우선 학생들의 사고를 자극하는 개방적이며 확산적인 발문이어야 할 것이다. 학생들의 수준을 고려하고 많은 학생이 다양한 발표를 할 수 있는 발문을 통해 수준을 고려하는 것도 매우 중요한 일이다. 구체적이고 간결한 발문으로 학생들이 분명하고 명확하게 이해할 수 있는 발문, 학습에 적극적으로 참여하고 즐거움을 맛볼 수 있는 발문도 필요하다. 학생들에게 생각하는 틈을 주는 발문과 교사의 의도가 학생의 답에 명확히 나타날 수 있도록 구성한 발문도 필요할 것이다. 교사는 이러한 다양한 발문 유형을 인지하고 수업 설계 단계부터 발문을 어떻게 할 것인지 전략적으로 접근해야 한다. 이것이야말로 수업 발문 명인으로 거듭나는 지름길이다.

나. 발문을 고려한 다양성 있는 지명의 테크닉

지명이란 교사가 발문 시 학생의 경험이나 알고 있는 사실과 지식, 의견이나 근거, 생각이나 느낌, 탐구 결과 등의 정도를 확인하는 차원에서 학생을 선택하여 발표하게 하는 교수적인 행동을 지칭하는 것이다. 이러한 지명은 학생들의 능력을 파악하여 교육적 관점에서 학습 진행 상황에 따라서 적절히 이루어져야 하며 고르게 발표할 수 있도록 배려하는 것이 중요하다.

모든 학생이 골고루 발표하도록 하기 위해서는 교사의 발문 유형에 따라 수준을 고려하여 응답 학생을 선정하는 기술적 접근이 필요하다. 지명 방법은 크게 3가지로 나누어 볼 수 있다. 수업 과정별로 도입, 전개, 정리에 따른 지명 방법, 수업 과정 중 학습 내용 수준을 고려한 지명 방법, 수업 상황 및 수업 형태에 따른 지명 방법 등 효율적인 지명 방법에 대하여 설명하고자 한다.

첫째, 수업 과정 단계에 따른 지명 방법이다. 도입 단계에서는 선수 학습 인지나 학습문제를 유도하고 학습문제를 인식할 수 있는 발문을 주로 하게 되므로 전체 학생을 대상으로 지명하거나 학습문제에 손쉽게 접근할 수 있는 응답을 할 학생을 선정하는 것이 좋다.

전개 단계에서는 학습의 핵심요소 파악과 학습 활동을 촉진하는 발문이 이루어지므로 전체 학생 중 하 수준의 학생에서 중 수준, 상 수준 학생 순으로 올라가면서 전 학생이 참여하도록 지명하는 기술이 필요하다. 정리 단계에서는 주로 학습목표 달성 정도를 확인하는 것이 목적이므로 성취 수준을 확인하는 발문 시에는 하 수준에서 중 수준으로 지명하고 심화의 경우에는 상 수준의 학생을 지명하는 것이 효과적이다.

둘째, 수업 과정 중에 학습 내용 수준을 최대한 고려하여 지명하는 방법이다. 교과별로 기초적인 학습을 지도할 경우에는 하 수준에서 중 수준의 학생에게 관심을 가지고 지명하는 것이 바람직하다. 교과별 기본 학습을 지도하는 경우에는 중 수준 학생을 중점적으로 지명하되, 하 수준 학생도 고려하여 지명하며 능동적으로 학생 중심 활동이 되도록 전체적으로 고르게 지명하는 것이 좋다. 적용 학습 시에는 학습목표의 인지와 전이의 효과를 위해 상 수준 학생을 지명하는 것이 필요하다.

셋째, 수업 상황 및 형태에 따른 지명 방법이다. 학습 분위기를 환기할 필요가 있을 경우에는 일제 대답을 요구하거나 상위 학생을 지명하는 것이 효과적이다. 주의가 산만한 학생이 있을 시에는 해당 학생과 동조하는 학생을 지명하면 수업에 적극적인 참여를 유도하는 효과가 있다. 때론 자신감을 심어 주기 위하여 필요한 학생을 지명하거나 학습문제의 이해를 돕기 위해서는 이해 촉구가 필요한 학생을 지명한 후 잘 알고 있는 학생을 지명하여 확인하도록 하는 방법도 강구할 수 있다. 수업 형태에 따라서는 모둠학습 시 모둠원을 모두 지명하거나 리더를 지명할 수도 있고, 토의학습 시에는 시간이 지연되더라도 가급적 전체 학생을 골고루 지명하는 것도 바람직하다(충청남도교육청; 2003: 120-124).

다. 자연스러운 발표는 성공적인 수업의 보증수표

수업은 학습목표에 학생들이 도달하도록 하기 위하여 주로 교사의 발문과 학생의 응답으로 이루어진다. 교사와 학생 간의 상호작용은 비언어적인 방법도 있지만, 대부분 언어적 의사소통을 통해 이루어진다. 학습 활동에서 교사의 발문, 즉 질문에 대한 학생들의 응답은 학생들의 생각, 느낌 등 사고의 외현적 표현이기 때문에 수업을 진행하는 데 매우 중요한 요건 중의 하나이다. 그러므로 성공적인 학습을 전개하기 위해서는 반드시 학생들의 활발한 응답이 이루어져야 한다. 이러한 일련의 학생들이 응답하는 방식을 발표라고 한다.

그래서 학교 현장에서는 학급 전체 학생들이 활발하게 참여하여 발표가 왕성하게 이루어지고 이러한 것이 효과적으로 학습목표에 도달할 수 있도록 연결되는 수업을 매우 좋은 수업이라고 이야기한다. 발표를 잘하도록 하기 위해서는 교사의 발문 기술도 중요하지만, 무엇보다도 학생들이 발표에 적극적으로 참여할 수 있도록 발표 방법 및 참여를 위한 지속적 지도가 선행되어야 한다. 발표력은 하루아침에 달라지는 것이 아니기 때문에 학생 개개인의 특성을 고려하여 자신의 의견을 자신 있게 발표할 수 있도록 반복적인 교육적 지도가 필요하다.

일반적으로 발표할 경우에는 군소리를 넣지 않고 듣는 이를 보면서 말하고자 하는 요점을 명확하게 발표하도록 지도해야 한다. 또한, 이어 주는 말을 사용하거나 결론을 먼저 말하고 뒷받침하는 근거를 제시하는 방식으로 발표하도록 해야 한다. 특히, 교사는 학급 전체 학생이 들을 수 있도록 알맞은 크기로 말하듯이 자연스럽게 자신감을 갖고 발표하도록 지도하는 것이 중요하다.

그리고 학생들이 발표에 의욕적으로 참여할 수 있도록 유인하는 것도 필요하다. 그렇게 하기 위해서는 우선적으로 자유롭게 발표할 수 있도록 허용적인 분위기를 조성해 주어야 한다. 쉬운 질문을 하여 모두가 참여하게 하거나 발표를 하지 않으면 안 되는 상황을 만들어서 발표에 참여하도록 하는 방법도 활용할 수 있다. 아침 시간이나 닫는 시간을 활용하여 의무적으로 발표하도록 3분 발표 시간을 마련하여 발표 기회를 제공해 주는 것도 효과적인 방법이다. 발표하기 위해 미리 발표 내용을 사전에 준비하도록 적절한 과제를 제시해 주면 자신감을 갖고 의욕적으로 발표에 참여하게 된다. 또한, 능력을 고려하여 수준에 맞게 발표하도록 배려하거나 발표한 내용을 학습에 활용하면서 긍정적인 피드백을 제공해 주는 것도 효과적인 방법이다.

4. 성공적인 수업의 바람! 배우미의 수업 연출 이야기

평상시에는 교사의 일상적인 수업 모습을 엿볼 수 없는 상황이지만, 교사나 학부모를 대상으로 이루어지는 공개 수업을 통해서 교사들의 다양한 수업 장면을 만나게 된다. 이때 교사들이 수업을 진행하면서 수업 연출이나 방법적 측면에서 대부분 고정관념으로 관례화되어 있는 모습이나 불필요하거나 비효율적인 방법을 적용하는 것을 목격하게 된다. 인위적인 방법으로 발표하는 모습, 기다림 없는 속전속결식 지명 방법, 비효율적 역할극학습, 모둠학습 시 발견되는 오류, 다양성이 없는 주의집중 방법 등이 대표적인 사례이다. 따라서 이러한 사례들을 중심으로 어떤 문제를 갖고 있으며 이를 해결할 수 있는 대안적 접근 방법이 무엇인지 살펴보는 것은 의미가 있다. 완성도 있는 수업을 위해 수업자 입장에서 교육적 효과성 측면을 고려하여 의도성이 있는 연출은 절대적으로 필요하기 때문이다.

가. 천편일률적 발표 모습은 이젠 그만!-발표는 대화를 나누듯이

예전에는 대부분의 교실에서 수업을 관찰해 보면 교사로부터 지명을 받은 학생의 경우 발표를 하기 위하여 의자를 빼고 일어서서 다시 의자를 반듯하게 넣은 다음 발표하는 모습을 자주 목격할 수 있었다. 일어서서 발표하지 않고 자기 자리에서 편안하게 자연스럽게 발표할 수도 있을 터인데 학생들은 한 번의 발표를 위해 일어나 의자를 넣고 발표를 마치면 앉기 위해 다시 의자를 빼고 앉아야 하는 번거로운 행동을 하는 것이다. 한 번의 발표를 위해 일어서고 앉는 불필요한 행동은 시간 낭비도 초래하지만, 무엇보다 수업의 단절 현상을 초래하여 학습 효과가 반감되는 결과를 만든다.

일어서서 발표하는 방법 이외에도 고려해야 하는 것은 발표하는 학생의 불필요한 멘트와 관련된 사항이다. 학생이 발표할 때 멘트를 유심히 살펴보면 "○○가 발표를 하겠습니다. ~은 ~입니다." 등으로 발표하는 것을 볼 수 있다. 여러 명이 발표해도 대부분 모두 동일한 멘트로 발표한다. 물론 저학년의 경우, 발표를 훈련하는 차원에서 적용했다고 볼 수도 있겠지만 전반적으로 딱딱하고 부자연스러운 느낌을 들게 하는 방법임에는 틀림없다. 조리 있고 편안하게 학생 자신의 의견을 발표하면 되는데도 굳이 발표하는 학생의 이름을 앞부분에 붙여서 이야기할 필요는 없지 않은가?

또한, 수업 시에 불필요해 보였던 것은 학생의 발표 내용을 교사가 마치 중계방송하듯이 다시 전해준 다음 다른 학생을 지명하여 응답하도록 하는 것이었다. 교사가 학생의 발표 내용을 중계방송하면 학생들이 발표 내용에 집중하여 듣는 것을 방해할 뿐만 아니라 학생들의 생각할 시간을 차단하는 결과를 초래하게 된다. 오히려 어떤 발표를 했는지 재차 다른 학생에게 질문하여 답변하게 하면 학생들이 발표에 보다 집중할 수 있을 것이다.

근래에 들어와서 이러한 불필요하고 비효율적인 발표 모습이 수업에서 조금씩 사라지고 있는 것은 바람직한 현상이라고 생각한다. 아무리 공개 수업이라고 해도 교육적인 효과 측면을 고려하여 진행되도록 연출해야 한다. 실질적으로 지명받은 학생은 자기 자리에서 일어나지 않고 앉은 상황에서 자연스럽게 발표하면 되는 것이다. 혹여 일어서더라도 의자를 뺐다가 다시 넣지 말고 그대로 일어서서 발표하고 앉도록 하면 수업의 리듬도 부드럽게 이어질 수 있다.

발표하는 언어도 평소에 대화하듯이 자신의 생각을 말로 표현하게 하면 된다. 인위적으로 부자연스럽게 연출할 필요는 없다. 발표할 의향을 나타내는 거수 방법도 편안하게 손을 살짝 올리는 정도로 해도 무방하다. 교사가 거수 의사를 볼 수 있을 정도면 괜찮은 것이다. 인위적이고 보여주기식의 발표 방법에서 벗어나야 한다. 일상생활처럼 자연스럽게 발표하는 수업 문화가 더욱더 정착되기를 기대해 본다.

나. 기다림 없는 속전속결식 지명 방법에서 탈피해야!-Wait Time을

대부분의 수업에서는 교사들이 질문하면 상 수준의 학생이나 그 분야에 관심이 많은 학생들은 질문이 끝나기가 무섭게 손을 번쩍 든다. 그러면 교사는 아무런 생각 없이 곧바로 그 학생을 지명하여 발표하도록 한다. 교사는 속전속결식 지명 방법에 따른 문제점이 무엇인지 고려해 보아야 한다. 학생마다 생각하는 수준이나 경험, 배경지식 등이 다르기 때문에 빠르게 거수를 한 학생이 있다고 해서 거수하자마자 지명하여 발표시키는 것은 천천히 생각하는 학생들을 전혀 배려하지 못한 비교육적인 교수 행동이다. 왜냐하면, 질문을 듣고 답변을 생각하는 학생들의 사고 활동을 방해하는 결과를 초래하였고, 생각 속도가 늦은 학생들의 사고 및 발표 의욕도 상실하게 만들었기 때문이다.

그러므로 교사는 수업 중에 질문한 뒤에는 학생들에게 생각할 시간을 충분하게 주고 지명하는 습관을 지녀야 한다. 생각할 시간을 두고 지명하는 교수 용어를 'Wait time'이라고 한다. 물론 누구나 답변할 수 있는 쉬운 질문의 경우에는 Wait time이 필요 없겠지만, 사고를 요구하는 발문은 물론이고 확산적 발문의 경우에는 특히 Wait time이 더욱 필요하다. 발표력과 창의력 증진을 위해서 교사의 질문 다음에는 학생 스스로 생각한 것을 메모한 뒤 발표하도록 하면 보다 효과적일 것이다.

다. 역할극은 수업 목표 달성을 위한 기제로 활용!-주객전도가 되지 않도록

본말전도(本末顚倒)라는 사자성어의 뜻은 근본적인 것과 지엽적인 것이 바뀌는 상황을 말한다. 이 말은 중요한 것에 집중하지 않고 사소한 것에 신경 쓰는 바람에 초점이 핵심을 벗어나는 것을 의미하는 것이다. 비슷한 말로는 주인과 손님의 역할이 뒤바뀐 모습을 가리키는 주객전도(主客顚倒)가 있다.

수업을 진행하면서 많은 교사가 본말전도나 주객전도와 같은 모습을 연출하는 경우가 있다. 이러한 현상의 대표적인 모습은 역할극을 활용하여 학습 활동을 전개하는 경우이다. 역할극은 사실 학습목표 도달을 위한 방편으로써 모둠별로 역할극을 준비하고 실연하는 것이다. 또한, 역할극은 학습 활동에 학생들의 즐거운 참여를 유도할 수 있고, 학습 내용의 의미에 흥미롭게 접근하여 탐구할 수 있는 장점이 많은 수업방법이기도 하다. 그런데 실제로 역할극 방법을 활용하여 수업을 실시하는 경우에는 모든 모둠의 역할극을 보여주어야 한다는 강박관념을 가지고 있어서인지, 아니면 시간이 부족해서인지는 몰라도 모둠별로 역할극을 실연하고 나면 역할극 모습을 통한 학습 내용 확인에 대한 언급은 전혀 없이 곧바로 다른 모둠의 역할극을 보여주는 식으로 역할극 릴레이 수업 전개가 된다.

결국, 역할극 활동 자체에 초점을 두다 보니 시간 낭비적 요인도 있지만, 무엇보다 수업이 학습목표 도달과는 멀어지게 되고 단지 모둠 대항 역할극 경연의 장으로 바뀌어 본말이 전도되는 현상이 발생한다. 사실 수업에서 역할극을 잘하는 것은 그리 중요한 요소는 아니다. 역할극은 학습목표 도달과 연계하여 학생들에게 학습 내용을 역할극이란 방법을 통해 교육적 효과를 증진시키기 위한 차원에서 전략적으로 선택 및 활용하는 수업방법일 뿐이다. 다시 말하면 역할극은 수업의 핵심이 아니라 성공적인 수업을 촉진하기 위한 도구이자 매개체에 해당하는 것이다. 기제로서만 작용해야 한다.

그렇다면 수업이 역할극 경연의 장이 되지 않기 위해서는 교사는 어떻게 연출해야 할까? 우선 수업자는 역할극은 단지 수업의 촉매제라고 생각하고 학습 내용을 역할극으로 꾸며 보고 이를 통해 나타내고자 하는 학습적 의미를 탐색하는 것에 초점을 두어야 한다. 시간을 고려하여 역할극은 모둠 뽑기를 통해 3모둠 정도 실시하고, 나머지 모둠은 토의나 비주얼 씽킹 등 다른 학습 활동을 하게 하는 것도 필요하다.

모든 모둠이 역할극을 해야 한다면 시간상으로 충분히 안배하는 것을 설계 단계부터 깊이 고민해야 할 것이다. 역할극 학습에서 수업자가 가장 중요하게 생각해야 하는 것은 역할극을 하고 나면 역할극에서 표현하고자 하는 것이 무엇인지에 관해서 질의 응답을 통해 내용을 확인하고 정리하는 실질적 활동이 이루어지도록 연출해야 한다는 것이다. 그리고 역할극을 할 경우, 책상은 모든 학생이 역할극을 바라볼 수 있도록 반드시 마제형(ㄷ)으로 배치하도록 공간을 구성하는 것도 매우 중요한 부분이다.

라. 모둠별 수준을 고려하여 학습력을 증진하는 수업 지휘자

오케스트라의 지휘자는 여러 가지 악기의 특성을 고려하여 악기 소리가 조화를 이루도록 연주자와 소통과 공감을 통해 아름다운 무대를 만들어 청중들에게 힐링의 시간을 제공하여 준다. 오케스트라 지휘자와 같이 교사는 수업의 지휘자로서 학생 개인의 특성과 수준을 고려하여 상호작용을 통해 모든 학생이 학습목표에 도달할 수 있도록 수업이라는 작품을 완성해야 한다.

마찬가지로 학생 개인의 수준을 고려하듯이 모둠 활동에서도 모둠별 수준을 고려하여 학습 활동에 대한 교육적 지휘자의 역할과 배려가 필요하다. 초등학교의 경우 대부분 수업을 할 경우 모둠을 구성하여 과제를 제시하고 해결하거나 토의 및 조사 학습을 실시하는 등 모둠별 활동이 다양하게 이루어지고 있기 때문이다. 모둠별 학습에서는 과제를 해결하도록 제한된 시간을 주는 경우 제한된 시간이 끝나기 전에 해결을 하는 모둠도 있고 해결을 다 하지 못하는 모둠도 있다.

모둠별로 수준이 다르기 때문이다. 그러나 수업자는 제한된 시간이 되면 대체로 해결하지 못한 모둠에 대한 배려가 없는 상황에서 이내 끝내고 모둠별 발표를 시키곤 한다. 사실 수업자는 어떤 모둠이 해결에 어려움이 있는지 파악하여 사전에 도움을 주는 등 모둠별 수준을 고려한 교육적 접근이 필요하다. 해결하지 못한 상황에서 다른 모둠의 발표 내용이 귀에 잘 들어올 리가 없다. 그래서 자기 모둠의 발표도 자신감 없이 부실하게 이루어지는 것이다.

미리 해결한 모둠의 경우 우리 모둠은 다 해결했다는 의미에서 박수를 치도록 하는 경우가 있다. 이는 해결을 미처 못 한 모둠에는 불안감만 조성할 수 있으므로 해결을 다 하면 탁상 달력과 같은 것을 활용하여 토의 중, 토의 끝 등으로 제시하도록 아이디어를 내어 학습 훈련을 하는 것도 필요하다. 그러면 교사 입장에서도 모둠별 토의 등 학습 과제 해결 정도에 대한 파악이 손쉬워져 해결 정도가 늦은 모둠에 대한 지원을 할 수 있고, 타 모둠에 영향을 주지 않으면서 모둠 활동이 원활하게 이루어질 수 있다. 수업자는 시간을 조금 더 주더라도 어느 정도 모둠별 활동이 완료된 이후에 발표 등의 후속 학습 활동이 이루어지도록 교육적 지휘를 해야 한다.

그리고 미리 해결한 모둠의 경우에는 책을 읽게 하는 등 사전에 학습 훈련을 통해 시간을 낭비하지 않고 다른 모둠에도 불안감을 주지 않는 방법을 적용하도록 해야 한다. 그러한 의미에서 모둠별 활동을 하는 경우 활동 시간을 알려주는 타이머를 칠판에 부착하거나 모니터를 통해 제시하는 방법을 교육적 측면에서 고민해 볼 필요가 있다.

마. 손 유희, 주의집중은 수업의 감초!-Spot, Ice Break 기법 활용

집중도와 몰입도는 성공적인 수업을 하는 데 필요한 요소이다. 학년 특성에 따라 집중도가 다른 초등학생의 경우, 집중도를 높이기 위한 주의집중 방법은 교사에게 매우 중요한 수업 기법이다. 이러한 측면에서 손 유희나 주의집중 기법을 효과적으로 사용하는 교사는 학생들에게 지루해할 틈도 주지 않으면서 학습 활동을 자연스럽게 이끌어서 결국에는 학습목표에 잘 도달할 수 있게 한다.

주의집중은 액션러닝에서 주로 사용하는 스팟(Spot)과 아이스 브레이크(Ice Break) 기법과 비슷한 개념이다. 스팟 기법이란 짧은 시간에 도입이나 동기 부여 측면으로 활용되는 프로그램이다. 스팟 기법의 매력은 짧고 간결한 내용으로 교육 대상자 모두가 참여할 수 있고, 순간적으로 역동적인 변화를 가져올 수 있다.

또한, 아이스 브레이크(Ice Break)는 얼음을 깨는 것과 같이 처음 만났을 때의 딱딱한 분위기를 전환하는 기법을 말하는 것이다. 스팟(Spot)과 아이스 브레이크(Ice Break) 기법 모두 집중, 몰입, 마음 열기, 소통을 가져오는 방법인 것처럼 교사는 수업을 전개하면서 학생들이 수업에 몰입할 수 있도록 다양한 주의집중 기법을 많이 알고 있어야 하고 이를 적절하게 효과적으로 활용할 줄 알아야 한다.

수업 중에 학생들을 집중시키기 위한 방법으로 편리하게 종을 치는 경우가 있다. 그러나 이러한 방법은 가급적이면 사용하지 않는 것이 바람직하다. 기계적으로 접근하기보다는 손짓과 눈짓 등으로 학생과의 상호작용을 통해 인간적인 교감이 이루어지는 방법이 보다 효과적이기 때문이다. 야구에서 투수와 포수가 사인을 주고받듯이, 교사와 학생 사이에도 전체가 하나로 집중할 수 있는 방법을 사전에 약속하여 활용하는 것이 필요하다.

수업 중 손 유희나 주의집중을 유도하기 위한 아이스 브레이크에 해당하는 약속을 만들어서 효과적으로 사용하는 것은 성공적인 수업을 만드는 지름길에 해당한다. 책상 배치를 전환하거나 주의를 환기하기 위해 학생들의 의견을 반영하여 짧은 노래도 몇 곡 정도 약속하여 교사의 신호에 따라 부를 수 있도록 하는 것도 필요하다.

학생들은 개인이나 모둠을 지명하거나 게임 학습을 할 경우 재미나 호기심을 동반하는 수업 기법을 사용하면 적극적으로 수업에 참여하여 학습 활동의 결과도 만족스럽게 만들 수 있다. 이러한 방법은 아날로그나 디지털 방법을 모두 사용할 수 있다. 개인이나 모둠 뽑기 통을 만들어 뽑기를 하여 지명하거나 다양한 디지털 프로그램을 사용하여 뽑기를 통해 지명할 수 있다. 게임과 같은 디지털 방법으로는 오엑스 퀴즈, 스피드 퀴즈, 숫자 마술 등이 있는데 이러한 자료는 교육 포털 사이트에 다양하게 업로드되어 있으므로 적절한 것을 선택하여 활용하면 매우 효과적이다.

바. 좌석 배치도 수업 기법 중 하나!-필요에 따라 좌석 전환을

교사와 학생과의 상호작용이 중요한 수업에 영향을 미치는 것 중 하나가 좌석 배치이다. 좌석 배치에 따라 학생들이 수업에 흥미롭게 참여하기도 하고 때론 산만해지기도 하기 때문이다. 그러므로 수업 형태에 따라서 학생의 좌석 배치는 달라져야 한다. 전체적으로 내용을 교사가 설명하는 일제식 수업에서는 칠판을 바라보는 일제 형태의 좌석 배열이 효과적이다.

반면에 설명식 수업인데 모둠식 좌석 형태를 유지하면 학생이 옆으로 보게 되거나 뒤를 돌아서 앉게 되는 등 불편함을 제공한다. 또한, 일제식 개별형 좌석 형태에서 모둠 활동을 실시해야 한다면 모둠 형태 좌석 전환이 꼭 필요하다. 그리고 역할극이나 교육연극 등을 상연하는 경우에는 마제형(ㄷ자형)으로 좌석 배치를 해야 효과적이다. TV가 사선에 있는 경우, 합창을 할 경우, 경쟁적 토론을 할 경우 등 학습 상황에 따라서 교사는 좌석 형태를 다양하게 전환하는 것이 필요하다.

이렇게 좌석 변환이 필요할 경우를 대비하여 학생들과 사전에 약속을 통해 수업 중에 노래 한 곡으로 전환되도록 학습 훈련을 할 필요가 있다. 가급적 학습 활동에 따라서 수업 시간 동안 2~3개의 좌석 배치가 이루어지도록 전환하는 것도 의미가 있다.

학습 유형에 따라 알맞은 책상 배치에 대한 예시를 다음 표로 제시하였다. 책상 배치는 교사의 수업 연출에 따라서 다양하게 배치가 가능하다. 교사라면 책상 배치에 대한 아이디어를 내어 자신만의 수업과 맞춤형 책상 배치를 활용하여 수업의 완성도를 높이기 위한 노력이 필요하다.

📖 좌석 배치 방법 및 유형

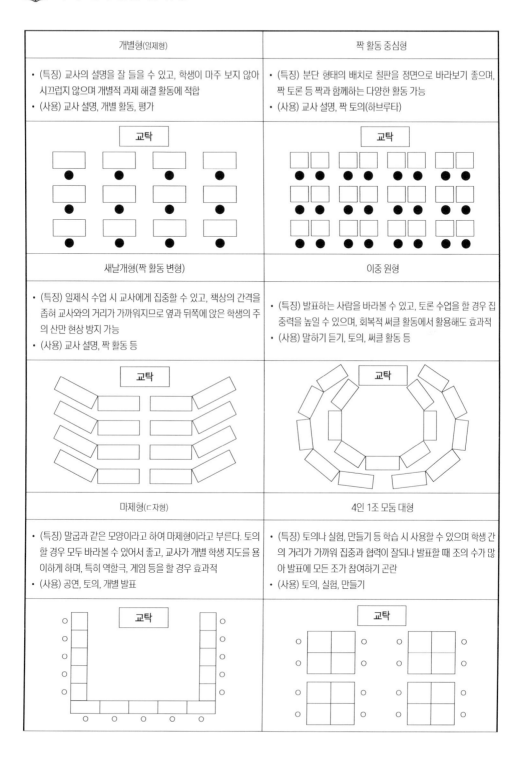

개별형(일제형)	짝 활동 중심형
• (특징) 교사의 설명을 잘 들을 수 있고, 학생이 마주 보지 않아 시끄럽지 않으며 개별적 과제 해결 활동에 적합 • (사용) 교사 설명, 개별 활동, 평가	• (특징) 분단 형태의 배치로 칠판을 정면으로 바라보기 좋으며, 짝 토론 등 짝과 함께하는 다양한 활동 가능 • (사용) 교사 설명, 짝 토의(하브루타)
새날개형(짝 활동 변형)	이중 원형
• (특징) 일제식 수업 시 교사에게 집중할 수 있고, 책상의 간격을 좁혀 교사와의 거리가 가까워지므로 옆과 뒤쪽에 앉은 학생의 주의 산만 현상 방지 가능 • (사용) 교사 설명, 짝 활동 등	• (특징) 발표하는 사람을 바라볼 수 있고, 토론 수업을 할 경우 집중력을 높일 수 있으며, 회복적 써클 활동에서 활용해도 효과적 • (사용) 말하기 듣기, 토의, 써클 활동 등
마제형(ㄷ자형)	4인 1조 모둠 대형
• (특징) 말굽과 같은 모양이라고 하여 마제형이라고 부른다. 토의할 경우 모두 바라볼 수 있어서 좋고, 교사가 개별 학생 지도를 용이하게 하며, 특히 역할극, 게임 등을 할 경우 효과적 • (사용) 공연, 토의, 개별 발표	• (특징) 토의나 실험, 만들기 등 학습 시 사용할 수 있으며 학생 간의 거리가 가까워 집중과 협력이 잘되나 발표할 때 조의 수가 많아 발표에 모든 조가 참여하기 곤란 • (사용) 토의, 실험, 만들기

오케스트라형	부채형
• (특징) 합창이나 합주 등 음악 수업을 할 경우 사용이 가능하고, 교사의 설명에 집중하여 들을 수 있는 형태 • (사용) 합주, 합창, 설명	• (특징) TV 모니터가 칠판 정면이 아니라 우측이나 좌측 대각선에 있을 경우 집중하여 TV 시청할 경우 적합 • (사용) TV 시청, 유튜브 학습 등
교탁	TV 화면

IV.
백워드 기반 KDB 모형 적용 수업과정안 작성의 실제

1. 백워드 기반 KDB 모형 적용 수업 디자인이란?

'백워드 기반 KDB 모형 적용 수업 디자인'이라는 것은 한마디로 수업 공개를 할 경우 차시 수업을 위해 백워드를 기반으로 하여 학습목표를 KDB 모형 적용 분석을 하여 수업 설계를 하는 일련의 과정을 의미한다. '제3부. 백워드 기반 KDB 모형 적용 교육과정 재구성 Story'에서 백워드 기반과 KDB 모형에 대해서 심도 있게 다룬 바 있다.

마찬가지로 성취기준을 중심으로 단원을 재구성하는 방법과 비슷하게 차시 수업과정안을 설계하는 경우에도 기존과 같이 목표-내용-평가 순으로 작성하는 것이 아니라 백워드 기법을 기반으로 하여 목표-평가-내용, 즉 역순으로 차시 수업을 설계하는 것을 의미한다. 또한, 학습목표도 KDB 모형의 핵심인 지식(K), 기능(D), 태도(B) 측면에서 분석하여 적절한 수업모형을 선정하고 수업 개요를 작성한 다음 수업과정안 양식에 수업 시나리오를 세부적으로 작성하는 것이다.

사실 학교 현장에서 수업과정안을 작성할 경우 대부분 목표-내용-평가 순으로 작성하다 보니 수업 설계나 진행을 할 경우에 평가에 대한 관심이 부족하여 목표-내용 위주로 수업이 진행되는 경우가 많았다. 그래서 수업의 경우 평가 측면보다는 학습 내용 위주의 활동으로 전개되어 평가가 제대로 이루어지지 않는 수업을 종종 볼 수 있었다.

그러므로 평가가 도외시되는 수업의 난맥상을 해결하기 위해서는 차시 수업을 디자인하는 경우에 목표-평가-내용 순으로 작성해야 완성도 있는 수업이 완성된다고 보는 것이다. 이러한 측면에서 학습목표를 설정하고 목표 도달을 확인하는 평가에 대한 계획을 수립하여 평가를 통해 학생들이 어떻게 하면 목표에 도달할 수 있을 것인가에 대한 분석을 하여 알맞은 학습 내용을 선정하여 조직화하도록 작성하는 것이 필요하다.

📖 백워드 기반 KDB 모형 적용 수업 과정안 작성 절차

수업 주제		
I. 수업의 기저	1. 수업 개요	• 교과, 단원명, 성취기준
	2. 단원의 이해	• 단원의 개관
		• 단원의 계열
		• 단원의 교과역량
		• 단원 재구성 및 지도계획 - 교육과정 분석 및 바라는 결과 확인하기 - 성취기준 도달 단원 평가계획 세우기 - 단원 재구성 및 지도계획 수립하기
II. 교재 연구	1. 수업모형	• 수업모형 선정 배경 • 수업모형 과정 및 특징
	2. 참여형 수업방법	• 주요 수업방법 및 효과
	3. 기타 필요 내용	• 수업 설계에 도움을 받은 이론 제시
III. 본시 교수·학습 계획	1. 수업 목표 확인	• 수업목표 KDB 모형 적용 분석하기
	2. 평가계획 세우기	• 평가계획 수립하기
	3. 교수·학습(배움) 활동 전략	• 수업자 의도 • 수업 개요 디자인하기(개요 짜기) • 본시 교수·학습 활동 과정안
	4. 칠판 활용 계획	• 판서 등 칠판 활용 계획 세우기
	5. 학습지	• 수업 관련 학습지 내용 제시
참고 문헌		• 수업 관련 참고한 문헌 제시

수업 주제	그림책 활동으로 마음을 표현하고 타인의 마음을 이해하는 의사소통 능력 기르기

I. 수업의 기저

1. 수업 개요
- 교과: 국어
- 단원: 3. 마음을 나누어요
- 주제: 마음을 나타내는 말을 사용해 마음 표현하기(4/10)
- 관련 성취기준: [2국01-03] 자신의 감정을 표현하며 대화를 나눈다.

2. 단원의 이해

가. 단원의 개관

이 단원은 마음을 표현하며 대화를 나누고 인물의 마음을 생각하며 문학 작품을 감상하는 데 목적이 있다. 이 단원에서는 마음을 나타내는 말을 사용하여 자세하게 표현하는 활동과 함께 글이나 만화영화에 나오는 인물의 마음을 이해하는 활동을 중점적으로 다룬다. 단원의 학습목표를 달성하기 위하여 마음을 나타내는 말 알기, 마음을 나타내는 말을 사용해 마음 표현하기, 표현하며 대화 나누기, 인물의 마음을 생각하며 글 읽기, 인물의 마음을 이해하며 만화영화 보기, 마음을 나타내는 말을 사용해 역할 놀이하기 등을 순차적으로 학습한다.

---

25 백워드 기반 KDB 모형을 적용한 수업과정안을 2학년 1학기 국어과 3단원의 내용을 중심으로 하여 '백워드 기반 KDB 모형 적용 수업과정안 작성 절차'에 따라 예시로 작성하여 제시하였다. 다른 교과의 경우에도 작성 사례를 참고하여 백워드 기반 KDB 모형을 적용하여 과정안을 작성해 보기 바란다. 그렇게 하면 보다 체계적이며 완성도 있는 수업과정안을 작성할 수 있게 될 것이다.

이 단원의 학습을 통해 학생들은 다양한 상황 속에서 자신의 마음을 표현하고 타인의 마음을 이해하는 의사소통 역량을 기를 수 있다. 또 글이나 만화영화를 통해 인물의 마음을 살펴보고 비슷한 경험을 떠올리는 과정에서 문학 작품에 대한 이해와 감사능력을 기를 수 있다.

또한, 이 단원에서는 상대의 마음을 이해하며 대화를 나누거나 인물의 마음에 공감하며 문학 작품을 감상하는 활동을 통해 서로의 다양성을 존중하며 관계를 맺는 공동체·대인관계 역량을 함양하게 된다(교육부, 2018: 118).

나. 단원 성취기준 계열성

□ 단원 성취기준

듣기·말하기 [2국01-03]	문학 [2국05-02]
• 자신의 감정을 표현하며 대화를 나눈다.	• 인물의 모습, 행동, 마음을 상상하며 그림책, 시나 노래, 이야기를 감상한다.
[국어자료의 예] • 자신의 감정을 표현하는 간단한 대화, 짧은 글 • 인물의 모습과 처지, 마음이 잘 드러나는 이야기 글	

□ 단원의 계열

선수 학습	본 학습	후속 학습
[2-1, 1단원] • 인물의 마음을 상상하며 시를 읽을 수 있다. [2국02-05], **[2국05-02]**	• 마음을 나타내는 여러 가지 말을 알고 글에 나오는 인물의 마음을 말할 수 있다. [2국01-03], **[2국05-02]**	[2-1, 11단원] • 인물의 마음을 상상하며 이야기를 읽을 수 있다. [2국03-05], **[2국05-02]** [2-2, 4단원] • 글을 읽고 인물의 마음을 짐작해 자신의 생각을 쓸 수 있다. [2국02-03], [2국03-02]

다. 단원의 교과역량

이 단원은 전반적으로는 공동체·대인관계 역량을 키워주기 위한 것이지만, 전반부에는 의사소통 역량도 키울 수 있도록 구성되어 있다.

의사소통 역량은 음성 언어, 문자 언어, 기호와 매체 등을 활용하여 생각과 느낌, 경험을 표현하거나 이해하면서 의미를 구성하고 자아와 타인, 세계의 관계를 점검·조정하는 능력을 말한다. 이 단원의 4차시까지의 핵심적인 학습 내용이 마음을 나타내는 말을 사용하여 말을 표현하며 상대방과 대화를 나누는 것이기 때문에 의사소통 능력을 기를 수 있다.

공동체·대인 관계 역량은 공동체의 가치와 공동체 구성원의 다양성을 존중하고 상호 협력하며 관계를 맺고 갈등을 조정하는 능력을 의미한다. 이 단원에서는 4차시까지 관계를 형성하는 활동을 하고, 5~10차시까지는 인물의 마음을 이해하면서 역할 놀이를 통해 배려와 존중의 공동체·대인관계 역량을 키울 수 있다.

라. 단원 재구성 및 지도계획

○ 교육과정 분석 및 바라는 결과 확인하기

<table>
<tr>
<td colspan="2" rowspan="3">KDB 모형 적용 성취기준 분석
(수업 후 학생에게 바라는 결과)</td>
<td>내용 요소</td>
<td>행동 요소</td>
<td>정의적 요소</td>
</tr>
<tr>
<td>무엇을 가르칠 것인가?</td>
<td colspan="2">어떻게 가르칠 것인가?</td>
</tr>
<tr>
<td>K(Know): 지식</td>
<td>D(to Do): 기능</td>
<td>B(to Be): 태도</td>
</tr>
<tr>
<td rowspan="2">성취
기준</td>
<td>[2국01-03] 자신의 감정을 표현하며 대화를 나눈다.</td>
<td>• 감정 표현과 대화 방법</td>
<td>• 자신의 감정 표현하기와 친구와 대화 나누기</td>
<td>• 대화를 나눌 때의 태도
• 타인의 마음을 이해하려는 자세</td>
</tr>
<tr>
<td>[2국05-02] 인물의 모습, 행동, 마음을 상상하며 그림책, 시나, 노래 이야기를 감상한다.</td>
<td>• 작품의 기초 내용이해</td>
<td>• 시나 이야기 속 인물의 모습·행동·마음 상상하기</td>
<td>• 작품을 바르게 감상하는 태도
• 작품 속 인물의 마음 공감하기</td>
</tr>
<tr>
<td rowspan="3">교육과정
탐색</td>
<td>학습요소</td>
<td colspan="3">• 대화하기(감정 표현)   • 인물의 모습·행동·마음 상상하기</td>
</tr>
<tr>
<td>교수·학습
방법</td>
<td colspan="3">• 자신의 감정을 직접 표현하거나 역할극 등을 활용하여 다양하게 표현
• 노래와 시, 이야기 등 특정한 문학 갈래에 국한하지 말고 만화, 애니메이션 등 갈래의 범위를 넓히거나 역할극과 같은 연극적 기법을 활용함으로써 학습자의 흥미와 관심 유발 가능</td>
</tr>
<tr>
<td>평가방법</td>
<td colspan="3">• 학교뿐만 아니라 가정에서의 말하기에서도 잘 실천하는지 점검하여, 학교 안팎에서 듣기·말하기 능력이 균형 있게 발달할 수 있도록 평가
• 허용적인 분위기 속에서 느낀 점과 생각을 자유롭게 표현하도록 하고 이를 관찰하여 평가</td>
</tr>
<tr>
<td>핵심
개념</td>
<td colspan="2">• 목적에 따른 담화의 유형
• 문학의 수용과 생산</td>
<td rowspan="2">핵심
질문</td>
<td rowspan="2">• 자신의 마음을 알고 표현하는 것이 왜 중요한가?
• 다른 사람의 마음을 이해하기 위해서는 어떻게 해야 하는가?
• 작품(그림책, 시 등)을 통해 인물의 마음을 알 수 있는 방법은 무엇인가?</td>
</tr>
<tr>
<td>이해
측면</td>
<td colspan="2">• 설명(표현한다)</td>
</tr>
</table>

○ 성취기준 도달 단원 평가 계획 세우기

성취코드	평가 장면	평가 시기	평가방법
[2국01-03]	① 마음을 나타내는 말을 사용하여 마음 표현하기 ② 모둠 활동 및 역할 놀이 참여 태도	4차시 10차시	관찰, 동료평가 관찰, 자기평가
[2국05-02]	③ 만화영화를 보고 인물의 마음 상상한 것 말하기	7차시	관찰
피드백 전략	• 마음을 나타내는 말을 적게 사용할 경우 다양한 말이 있다는 것을 안내 • 표현하는 것에 두려움이 있을 경우 자신감을 갖게 지속적 격려와 지지 보내기 • 역할 놀이를 보고 인물의 마음이 어떻게 표현되었는지 학생들이 찾아 말하도록 발문을 통해 듣고 말하기에 중점 두기		

○ 단원 재구성 및 지도 계획 수립하기

단원 목표	성취기준	차시	학습주제	주요 학습 내용	비고
마음을 나타내는 여러 가지 말을 알고 자신의 마음을 나타내거나 글에 나오는 인물의 마음을 말할 수 있다.	[2국01-03] 자신의 감정을 표현하며 대화를 나눈다.	1~2	마음을 나타내는 말 알기	• 단원 학습 내용 안내 및 단원목표 확인 • 그림책 듣고 읽기(오리 할머니와 말하는 알) - 그림책 듣고 읽으며 인물의 마음 살펴보기 - 표정과 상황에 어울리는 말 찾기 • 모둠별로 마음을 나타내는 말 이야기하기 - 브레인라이팅 기법으로 생활 속에서 사용하는 다양한 마음을 나타내는 말 유목화하고 말하기 • 친구들이 표정이나 몸짓으로 표현한 것 알아맞히기 놀이하기 - 몸짓으로 마음 상태를 표현하고 정지한 후 마음 상태 알아맞히기(교육연극-마음놀이-정지 동작 후 말하기) - 마음 신호등 깃발을 이용하여 감정의 변화와 바른 감정 표현 알아보기(인성교육-언어예절) ┌─────────────────────────┐ │ 형성　마음을 나타내는 말 이해하기(서술) │ └─────────────────────────┘	참여형 수업(교육연극) 범교과 인성교육 ①
		3	마음을 나타내는 말을 사용해 마음 표현하기	• 인물의 마음이 어떠한지 상상하기 - 교과서 지문 '오늘 내 기분은…'을 읽고 주인공의 기분 생각해 보기(라운드로빈) - 내 속에서 인물의 마음 생각하여 말하기 - 인물과 비슷한 마음이 들었던 경험 떠올리기 • 마음을 나타내는 말을 생각하며 말판 놀이하기 ┌─────────────────────────┐ │ 형성　인물의 마음을 나타내는 말 알기(서술) │ └─────────────────────────┘	참여형 수업(협동 학습)
		4 (본시)		• 마음을 나타내는 말을 사용하여 마음 표현하기 - 『아홉 살 마음 사전』을 보고 새롭게 알게 된 마음을 나타내는 말 찾아보기 - 현재 생각나는 내 마음과 같은 말 찾아보기 - 상황과 경험을 바탕으로 나의 마음 사전 만들기 • 친구와 마음 대화 나누기 - 내 마음을 표현하며 친구와 대화 나누기(하브루타) - 반별 대화 나누기 대회 놀이하기 ┌─────────────────────────┐ │ 성취　마음 표현하며 대화 나누기(관찰) │ └─────────────────────────┘	참여형 수업 (하브루타, 비주얼 씽킹) 성취평가 ①
	[2국05-02] 인물의 모습, 행동, 마음을 상상하며 그림책, 시나 노래, 이야기를 감상한다.	5~6	인물의 마음을 생각하고 말하기	• 인물의 마음을 생각하며 글 읽기 - 그림책 『위를 봐요』를 듣고 읽으며 인물의 마음을 짐작해보기 - 돌려가며 쓰기로 장애인의 마음 이해하기(협동 학습 구조-Round table, 인권교육) • 인물의 마음과 비슷한 경험 떠올리기 - 교과서 지문 '이름 짓기 가족회의'를 읽고 인물의 마음 상상하고, 비슷한 경험 이야기하가 - 인물의 마음과 비슷한 경험을 떠올려 말하기 ┌─────────────────────────┐ │ 형성　인물의 마음 경험 이야기하기(구술) │ └─────────────────────────┘	참여형 수업(협동 학습) 범교과 인권교육 ①

		7~8	인물의 마음을 이해하며 만화영화 보기	• 인물의 마음 상상하기 - 교과서 지문 '이름 짓기 가족회의'를 읽고 인물의 마음 상상하여 말하기 • 만화영화 보고 인물의 마음 짐작하기 - 만화영화 <여기가 어디야?>를 보고 인물의 표정 살펴보기 - 인물의 마음을 이해하기 - 인물과 비슷한 경험 떠올리기 - 인물과 이야기하기(뜨거운 의자기법) 성취 | 만화영화 보고 인물 마음 대화하기(구술)	참여형 수업(협동 학습) 범교과 양성평등 교육 성취평가 ③
	[2국01-03] 자신의 감정을 표현하며 대화를 나눈다.	9~10	마음을 나타내는 말을 사용해 역할 놀이하기	• 그림책을 통해 인물의 마음 알기 - 『돼지책』을 읽고 주인공 엄마의 마음 생각하기 - 집안일을 함께 하는 가정의 모습을 떠올리기 - 『돼지책』을 각색하여 역할극 만들기 - 양성평등한 가족의 모습을 나타내는 말을 넣어 역할 놀이하기 성취 | 역할 놀이 참여 태도(관찰, 상호평가)	참여형 수업(교육연극) 범교과 양성평등 교육 성취평가 ②

Ⅱ. 교재 연구

1. 수업모형 선정 배경 및 절차와 지도 내용

가. 적용 수업모형: 문제 해결 학습 모형

나. 수업모형 선정 배경

　본 차시는 『아홉 살 마음 사전』 그림책을 통해 마음을 나타내는 말을 많이 알 수 있도록 하고 이를 바탕으로 자신만의 마음 사전을 만들어 친구와 대화를 나누기도 하고 반별 대화 나누기 놀이 학습 활동을 통해 의사소통과 공동체·대인관계 역량을 길러주는 것이 중요한 요소이다. 그러므로 학습문제를 해결하는 방법을 찾기 위해 그림책을 통해 마음을 나타내는 말에 대하여 외연을 확대하고, 문제를 해결하기 위해 자신의 마음을 나타내는 말을 사용하여 마음 사전을 만들며, 이를 친구들과 공유하고 의사소통하기 위해서는 문제 해결 학습 모형이 적절하다고 생각하였다.

　문제 해결 학습 모형은 학습문제를 해결하는 과정을 중시하고 학습자의 탐구 능력을 강조하고 있기 때문에 차시 학습문제를 분석하여 해결하면서 생활화를 하는 데 적합한 것이다.

다. 수업모형 특징

　문제 해결 학습 모형은 학습자 주도의 문제해결 과정을 강조하는 학습자 중심의 학습모형이다. 국어과에서는 가설 검증과 일반화를 통한 결과에 초점을 두기보다는 그 결과에 도달하기까지의 과정에 초점을 둔다. 즉, 교사나 친구들과 함께 해결해야 할 문제를 확인하고, 문제 해결 방법을 찾아 문제를 해결하며, 이를 일반화하는 활동을 강조한다.

　이 모형은 최대한 학습자가 스스로 문제해결 방법을 찾아서 문제를 해결하도록 유도함으로써 자발적인 학습 참여를 유도하고 학습자의 탐구력을 신장하는 데 유리하다

(교육부, 2018: 406).

라. 수업모형 절차

단계	과정	적용 방향
문제 확인하기 (문제 확인)	• 동기 유발 • 학습문제 확인 • 학습의 중요성 확인	• 해결해야 할 문제와 관련되는 상황을 파악하고, 그중에서 해결해야 할 문제를 추출하거나 확인하는 단계
문제 해결 방법 찾기 (문제 탐구)	• 문제 해결 방법 탐색 • 문제 해결 계획 및 절차 확인	• 학습문제 해결을 위한 방법을 탐구하고, 이를 바탕으로 하여 학습 절차를 계획하거나 확인하는 단계
문제 해결하기 (문제 해결)	• 문제 해결 활동 • 문제 해결	• 탐구한 문제 해결 방법을 바탕으로 하여 문제를 해결하고, 이로써 새로운 원리를 터득하거나 기존의 원리를 재구성하는 단계
일반화하기 (평가)	• 적용 및 연습 • 점검 및 정착	• 터득한 원리를 다른 상황에 적용하고 연습함으로써 학습 내용을 점검하고 정착하는 단계

2. 그림책 활용 수업

가. 그림책 활용 수업

그림책 활용 수업이란 수업 중에 그림책을 수업의 자료로 활용하여 읽어주거나 학생 스스로 읽는 활동을 통해 학습목표에 도달하는 데 도움이 되도록 학생들이 직접 참여하도록 동기를 부여하는 학습을 말한다. 그림책을 활용하여 수업하면 학생들이 흥미를 갖고 즐겁게 참여할 뿐만 아니라 자신의 생각을 재정립할 수 있게 도와준다는 특징을 가지고 있다. 특히, 저학년의 경우 갈피를 잡기 힘든 문제 탐구 단계에서 훌륭한 마중물 역할을 한다. 책의 내용을 보며 나의 경험과 상황을 떠올릴 수 있고 나의 마음을 효과적으로 표현할 수 있도록 돕는 길잡이가 되기 때문이다.

나. 그림책 개념과 성격

그림은 어린이뿐만 아니라 어른들에게도 시각적인 각성의 효과가 뛰어나고 글자라는 기호를 해독하는 데 필요한 노력을 줄여 주기 때문에 정보를 전달하거나 정서적 울림을 주려는 목적을 달성하기 위해 널리 사용되고 있다. 보통 그림책이라고 하면 글과 그림이 함께 제시되는 책이라고 생각할 수 있지만, 종류가 다양해 여러 용어가 함께 쓰이고 있다. 현재 출판되는 그림책의 종류는 대체로 이야기 그림책, 생물 도감, 사물의 이름이나 개념을 설명하는 책, 숫자 세기 책, 글자 익히기 책, 장난감 책 등을 들 수 있다. 이 가운데 이야기 그림책을 제외하고 다른 것들은 어린이 문학에서 다루지 않는다. 또 그림책의 종류를 따로 구분해 부르지 않고 '그림책'이라고 하면 이야기 그림책을 지칭하는 것으로 통용되는 경우가 많다.

그런 의미에서 그림책(이야기 그림책)이란 '그림만으로, 또는 글과 그림이 상호작용을 하면서 서사를 만들어 가는 책'이라고 정의할 수 있다. 글과 그림이라는 두 매체가 서로 결합해 의미를 구성하는 그림책은 동화와는 다른 특성과 독자성을 지니고 있는 어린이 문학의 독립된 한 갈래로 인정받고 있다. 글이 서사 구조를 진전시켜 나가고 그림은 글이 펼쳐 나가는 이야기를 도와주는 역할에 그친다면 여기서 그림은 삽화에 지나지 않는다. 삽화는 글의 이해를 돕는 부차적인 기능만을 하는 그림을 가리킨다. 즉, 글의 보조 장치가 아니라 독자적인 풍부함과 구체성을 지니고 서사를 진행하거나 장면을 제시하는 기능을 하는 그림책에서의 그림과는 구별된다. 최근에 학계에서는 그림책을 아동 문학이나 회화 등과는 별개의 독립된 장르로 인정하는 견해가 우세하다.

다. 2015 개정 국어과 교육과정 속 그림책

2015 개정 국어과 교육과정을 적용한 1~2학년 교과서에 포함된 그림책은 다음과 같다. 1학년은 총 11개 단원에 걸쳐서 14종의 그림책 원작이 사용되었으며 2학년은 총 9개 단원에 걸쳐 19종의 그림책 원작이 사용되었다. 이처럼 1~2학년 교과서의 경우 교과서에 실린 그림책 제재의 빈도수와 비중이 다른 갈래의 글이나 자료들보다 그 범위와 폭이 상당하다. 그리하여 교과서를 활용하여 진행하는 실제 수업에서도 교사와 학습자들은 그림책 제재를 다른 어떤 갈래의 글보다 자주 접하며 이를 통해 여러 활동

을 진행하여 학습 목표에 도달하고 있다.

그림책 제재를 담고 있는 교과서를 시기별로 살펴보면 그 변화 과정을 한눈에 볼 수 있다. 특히 2009 개정 교육과정에 들어서면서 그림책의 글과 그림을 온전히 담기 위해 노력한 흔적들이 여실히 보인다. 2015 개정 국어과 교육과정에서는 다양한 유형의 담화, 글, 작품을 정확하고 비판적으로 이해하고 효과적이고 창의적으로 표현하며 소통하는 데 필요한 기능을 익히는 것을 목표로 하고 있다. 이를 위해 국어과 교과서에서는 2007 개정 교육과정부터 그림책 제재를 교과서에 국어자료로 통합하여 학생들이 국어과 목표에 도달할 수 있도록 하였다(춘천교대부설초, 2019: 45).

3. 협동 학습 개념 및 구조

가. 협동 학습 개념

Kagan은 협동 학습의 효과를 판단할 수 있는 기준은 또래끼리의 설명, 즉 소집단 내에서 아동 간 상호작용의 양과 질에 달려있다고 하였다. 그만큼 협동 학습에서는 학생들 간 상호작용이 중요하다는 것을 역설했다.

협동 학습이란 공동의 학습목표를 이루기 위해 모둠을 통하여 함께 학습하는 교수전략이다. 협동 학습은 기존 조별학습과 얼핏 보면 비슷해 보이기도 하지만, 실제 운영 원리와 방법을 살펴보면 근본적인 차이점이 있다. 협동 학습은 기존 조별학습이 가지고 있는 무임승차와 일벌레 등 여러 가지 문제점을 보완한 수업방법이다. 즉, 협동 학습은 학생과 학생 사이의 활발한 사회적 상호작용을 통하여 학습 효과를 극대화하는 교수전략이다. 이 수업에서 활용한 협동 학습 구조는 돌아가며 말하기(round robin), 동심원(inside outside circle), 칠판 나누기이다.

나. 적용 범위별 협동 학습 구조 및 활용 방법

적용 범위	학습 구조	활용 방법
짝 구조	번갈아 말하기기 (rally robin)	둘씩 짝을 지어 번갈아 말하면서 문제에 대한 해결책을 제시
	번갈아 가르치기 (rally coach)	둘씩 짝을 지어 서로 가르쳐 주고 확인해 주면서 답을 해결한다.
	짝과 비교하기 (pairs compare)	짝과 함께한 문제에 대한 다양한 반응을 생각해 본 후 자신들의 답을 다른 짝과 비교해본다. 그런 다음 모둠이 함께 그 외에 다른 해결책을 생각한다.
	생각-짝-나누기	주제에 대해 자기 혼자 생각하고 짝을 지어 생각을 나눈다.
	시간제한 짝 나누기 (timed pair share)	짝을 이루어 교사가 제시한 시간 안에 자신의 의견을 짝에게 이야기한다. 그러고 나서 역할을 바꾸어 짝의 이야기를 들어 준다.
	번갈아 쓰기 (rally table)	짝을 지어 학생들은 문제해결에 대한 것들을 쓰면서 대안을 마련한다.
모둠 구조	돌아가며 말하기 (round robin)	학생들은 모둠 내에서 돌아가며 말한다.
	말하기 칩(talking chip) 돌아가며 말하기(round robin)	학생들은 자신의 의견을 낼 때마다 말하기 칩을 낸다. 모둠원 모두가 말하기 칩을 냈으면 다시 자신의 말하기 칩을 가지고 와서 토의에 참가한다.
	부채 모양 뽑기	학생들은 문제가 적힌 부채(fan) 모양 카드를 뽑고 답한다.
	하얀 거짓말 찾기	학생들은 세 개의 문장 중에서 한 개의 거짓 문장을 뽑는다.
	돌아가며 쓰기 (round table)	모둠 안에서 돌아가면서 주어진 모둠 과제나 문제 등의 해결책이나 아이디어를 돌아가면서 쓴다.
	텔레폰 (telephone)	교사가 수업하는 동안 모둠당 한 명씩 밖에 나가 있는다. 그 학생들이 다시 교실로 돌아오면 나머지 모두미들은 그 학생이 듣지 못했던 내용을 들려준다.
	동시(다발적으로 돌아가며 쓰기 (simultaneous round table)	모둠 내 학생들이 동시에 답을 적은 후 각자의 종이를 시계방향으로 돌리면서 덧붙여 나간다.
	비밀 나누기 (sharing secrets)	"앞에 있는 학생에게 인터뷰한 내용을 옆에 있는 친구에게 인터뷰한 내용을 이야기해 준다."
	칠판 나누기	칠판을 모둠 수만큼 나누고 모둠의 생각을 적게 한다.
	다 같이 하나, 둘, 셋 (show down)	"혼자 힘으로 질문에 대답하면 모둠이 점검해주고 코치해준다."
	번호순으로 머리 맞대고 (Numbered-heads-together)	"모둠끼리 함께 문제를 해결하는 과정에서 서로 가르쳐준 후 모둠원 중 한 명(문제를 먼저 해결하고 난 후 정리한다) 이 문제를 해결한다."

III. 본시 교수·학습 계획안

1. KDB 모형 적용 수업목표 확인

교과	국어	일시	2000.00.00	대상(인원)	O학년 O반 (○○명)	수업자	○○○
학습주제	\ 마음을 표현하며 대화 나누기			단원명 차시(쪽수)	3. 마음을 나누어요(4/10)/52~57쪽		
성취기준	[국01-03] 자신의 감정을 표현하며 대화를 나눈다.						
학습목표	마음을 나타내는 말을 사용하여 내 마음을 표현하며 대화를 나눌 수 있다.						
목표 분석	지식(K)	마음을 나타내는 말(전시 학습), 그림책을 통해 알게 된 마음을 나타내는 말					
	기능(D)	나의 마음 사전 만들기, 친구와 대화 나누기, 반별 대화 나누기 놀이하기					
	태도(B)	타인의 마음을 이해하고 존중하기, 놀이에 적극 참여하기, 대화 나누는 예절 지키기					
평가과제	마음 사전을 만들 수 있는가? 마음을 표현하며 친구와 대화를 잘 나누는가?						
수업모형	문제해결학습모형	수업방법	그림책 활용	학습조직	개별-전체-모둠-전체		
학습자료	PPT, 헥사자석 화이트보드, 보드마카			교과역량	의사소통 역량 공동체·대인관계 역량		

2. 평가계획 수립하기

영역	평가 내용	평가기준			평가방법	평가시기
		상	중	하		
지식 기능	자신의 마음을 나타내는 '나의 마음 사전'을 만들 수 있는가?	자신의 현재 마음을 나타내는 말을 다양하게 사용하여 나의 사전을 잘 만든다.	자신의 현재 마음을 나타내는 말을 사용하여 나의 사전을 만든다.	마음을 나타내는 말을 사용하여 나의 사전 만들기에 어려움을 갖는다.	수행(결과물-헥사자석)	수업 중 (문제탐구 단계)
	자신의 마음을 표현하며 친구와 대화를 나누는가?	자신의 마음을 다양하게 표현하며 친구와 대화를 잘 나눈다.	자신의 마음을 표현하며 친구와 대화를 나눈다.	마음을 표현하여 대화를 나누는 것이 부족하다.	수행(관찰)	수업 중 (문제해결 단계)
태도	타인의 마음을 이해하려는 자세로 적극적으로 대화에 참여하는가?	타인의 마음을 이해하려는 자세로 적극적으로 대화에 참여한다.	타인의 마음을 이해하려는 자세로 대화에 참여한다.	타인의 마음에 관심을 기울이지 않고 소극적으로 대화에 참여한다.	수행(구술)	수업 중 (문제해결 단계)
피드백 전략	• 마음을 표현하는 나의 사전 만들기 어려움을 느끼는 학생은 수업 시간에 순회 지도를 실시하고, 마음을 나타내는 말을 확장하도록 수업 후에도 생활 글쓰기 활동 시 마음을 나타내는 표현을 적절히 사용할 수 있도록 수시 지도 • 타인의 마음을 이해하려는 자세와 대화할 때 태도는 일상에서의 의사소통과 관련된 생활지도와 더불어 비슷한 내용을 학습하게 되는 '7. 친구들에게 알려요, 8. 마음을 짐작해요, 10. 다른 사람을 생각해요' 등의 단원을 통해 보다 개별적이고 지속적인 지도 실시					

3. 교수·학습 활동 전략

▣ 수업자 의도

○ 무엇을 가르칠 것인가(What)?

　단원은 마음을 표현하며 대화를 나누고 인물의 마음을 생각하며 문학 작품을 감상하는 데 목적이 있다. 그중에서 차시와 관련된 성취기준이 '[2국01-03] 자신의 감정을 표현하며 대화를 나눈다.'이다. 이 성취기준은 자신의 감정을 적절하게 표현함으로써 다른 사람과의 관계를 원만하게 유지하고 발전시키는 데 영향을 미치도록 하는 데 의미를 두고 있다. 이 성취기준은 6차시로 구성하였는데 1~2차시에서는 마음을 나타내는 말을 알도록 하고, 3~4차시에는 마음을 표현하며 대화를 나누도록 하였으며, 9~10차시에는 마음을 표현하며 역할 놀이를 하며 심화 활동을 하도록 구성하였다.

　본 수업 차시는 4차시에 해당이 되며 주로 마음을 나타내는 말을 사용해 자신의 마음을 효과적으로 표현하며 친구와 대화를 나누는 것이 주된 학습 내용이자 목표이다. 지난 시간에 학습한 "행복해요.", "질투나요.", "두려워요.", "슬퍼요.", "자랑스러워요." 등과 같은 마음을 나타내는 마음을 바탕으로 친구에게 자신의 경험이나 상황에 맞는 마음을 나타내는 말을 사용해 대화를 적극적으로 할 수 있도록 가르쳐야 한다. 또한, 본 차시에서 학습해야 하는 내용은 하나의 일관된 주제로 이루어지는 지속적인 대화보다는 마음을 나타내는 말을 통해 간단한 형태로 마음을 표현하는 기능과 대화의 기본적인 태도를 익히는 데 중점을 두고 가르치는 것이다.

○ 왜 가르치려고 하는가(Why)?

　본 차시 수업을 통해 학생들에게 길러주고자 하는 교과역량은 '의사소통 역량과 공동체·대인 관계 역량'이다. 나의 마음을 모둠원들과 표현하며 대화를 나누면서 의사소통 능력을 기를 수 있고, 마음을 나타내는 말을 사용하여 표현을 통해 상대의 마음 이해는 물론이고 대화를 나누고 서로의 다양성을 존중하며 관계를 맺는 능력을 키울 수 있기 때문이다. 또한, 차시 수업 활동에 학생들이 주인공으로 참여하게 하여 총론의 더불어 사는 사람이라는 인간상을 구현하고 의사소통 및 공동체라는 핵심역량이 함양되도록 할 것이다. 그리고 본 차시에서는 마음을 나타내는 말을 많이 알고 있는 지식 측면보다는 알맞은 표현을 다양하게 하며 대화를 나누는 기능적 요인과 상대방의 이야기를 잘 들어주고 존중하는 태도를 신장하는 데 주안점을 두어 일상생활 속에서도 자신의 마음을 잘 표현하고, 때론 상대방의 말을 잘 듣는 대화를 통해 함께 존중하고 소통하는 것이 생활 속에 녹아들어 인성 친화적이며 성숙한 민주시민으로 자라도록 가르치려고 한다.

○ 어떻게 가르칠 것인가(How)?

　본 차시는 지식 측면보다 마음을 나타내는 말을 사용하여 친구에게 다양하게 표현하며 대화를 잘하도록 가르쳐야 하기 때문에 지식 측면보다 기능과 태도에 보다 주안점을 두고 수업의 방향을 설정하였다. 이를 위하여 마음을 나타내는 말에 대한 학습은 전 차시의 내용을 확인하고 그림책을 통해 마음을 나타내는 말이 다양하게 있다는 정도로 이루어지고 이를 표현하고 대화를 하는 올바른 태도를 갖추도록 하는 학습 활동에 주안점을 두고 전략화할 필요가 있었다. 그래서 이해중심 수업을 구현하기 위해 지식(Know)과 기능(Do)이 결합된 '마음을 나타내는 말을 사용해 마음을 표현하며 대화를 할 수 있는가?'와 태도(Be) 측면에서 '타인의 마음을 이해하려는 자세로 적극적으로 대화에 참여하는가?'라는 두 가지의 평가과제 설정을 통해 수업 내용을 마음 표현하기와 대화 나누기라는 두 개의 갈래로 세분화하였다. 이러한 수업을 위하여 그림책을 활용하여 학생들이 수업에 보다 적극적으로 참여하도록 전략화하였다.

이러한 방향으로 수업을 전개하기 위하여 수업모형은 문제해결학습 모형을 선정하였다. 그 이유는 자신의 감정을 표현(해결)하기 위해서는 마음을 들여다보는 학습자 주도의 학습 과정이 중요하기 때문이다. 세부적으로 문제 확인 단계에서는 마음을 나타내는 말을 상기시키고 학습문제를 예상하고 확인시키도록 하였다. 문제 탐구 단계에서는 학습문제를 해결하는 방안을 찾아보고 그림책을 통해 마음을 나타내는 말이 다양하게 있다는 것을 인식시키고 자신의 마음을 표현하기 위하여 '나의 마음 사전'을 만들도록 구성하였다. 문제해결 단계에서는 '나의 마음 사전'을 가지고 먼저 모둠 친구들과 대화하고 이어서 반별 대화 나누기 놀이를 통해 심화되도록 적용하였으며, 마지막으로 일반화 단계에서는 마음을 표현하고 대화를 나누어 본 소감을 나누어 보고 일상생활에서 어떻게 활용할 것인지 방안을 찾아보도록 하였다.

수업 단계에 따라 마음 표현하기와 대화 나누기를 가르치기 위하여 접근적 방법을 설명하자면, '마음 표현하기'에서는 마음을 나타내는 말(지식)을 사용해서 자신의 마음을 글로 표현(기능)하는 내용으로 구성하였다. 이는 마음을 표현하는 말 80개를 익숙한 상황과 그림으로 제시한 『아홉 살 마음 사전』 책을 활용하였다. 교과서에 제시된 마음을 넘어서 보다 폭넓고 자신에게 더 적합한 표현을 찾는 것이 가능하기 때문이다. '대화 나누기'에서는 분명하게 말하고 귀 기울여 듣는 대화의 기본 태도를 가지는 데 중점을 두었다. 특히, 말하기를 부담스러워하는 아이들의 특성을 고려하여, 소수의 모둠에서 대화의 기본기와 자신감을 다지고 우리 반 전체 친구들과 대화할 수 있도록 수업을 구성하였다.

🗂 수업 개요 짜기

적용 수업모형		문제 해결 학습 모형			
단계 (시간)	수업 과정	교수·학습 전략	참여형 학습방법	학습 조직	학습자료
문제 확인 (5')	• 전시 학습 상기 및 동기 유발 • 학습문제 예상 • 학습문제 확인	• 카톡 이모티콘 모습을 보고 마음을 나타내는 말 이야기하기 • 자신의 마음을 자세하게 표현하는 방법 알아보기 • 학습 내용 짐작하기 • 학습문제 확인	(협동 학습) 브레인라이팅	개별 → 전체	이모티콘 PPT 책상보드 판서
문제 탐구 (12')	• 학습문제 해결 방안 탐색 및 공유 • 그림책을 활용하여 마음 나타내는 말 확장하기 • '나의 마음 사전' 만들기	• 학습문제를 해결하기 위한 다양한 방법 찾고 해결 방안 공유 • 『아홉 살 마음 사전』 그림책 목록을 활용하여 말 넓게 이해하 -새롭게 알게 된 말 찾고 말하기 • 그림책을 참고하여 현재 나의 마음을 나타내는 말 표현하기-'나의 마음 사전' 만들기	(협동 학습) rally coach 그림책 읽기 (협동 학습) 번갈아 말하기	모둠 → 개인	『아홉 살 마음 사전』책 헥사자석 화이트보드

문제 해결(16')	• 친구와 대화 나누기 • 반별 대화 나누기	• '나의 마음 사전' 활용하여 모둠 친구들과 대화 나누기-친구들의 이야기 공감하고 들어주며 존중하기 • 반별 마음 표현 대화 나누기 놀이하기-2중 원형 대형에서 만나는 친구와 마음을 표현하며 대화 나누는 놀이 참여하기	(협동 학습) round robin (협동 학습) 써클-짝 만나기	모둠 → 전체	헥사자석 화이트보드 PPT (좌석배치) 이중원형
일반화 (7')	• 대화 나누기 소감 공유 • 마음 표현 실천하기 • 차시 예고	• 친구 및 반별 대화 나누기 활동 후 소감 발표 및 공유하기-친구와의 마음 대화 중 기억에 남는 대화나 알게 된 점 떠올리기 • 마음 대화 후 느낀 점 공유하기 • 일상생활에서 마음 표현하기 실천 방법 생각하고 이야기하기 • 인물의 마음 생각하며 글 읽기	(협동 학습) 칠판 나누기	모둠 → 개별 → 전체	

■ 본시 교수·학습과정안

학습 단계	학습 요소 (학습 조직)	교수·학습 활동	시량 (분)	자료(㉜) 및 유의점(㉤)

문제
확인
	전시 학습
	상기 및
	동기 유발
	(전체)
	
	(모둠)
	
	학습문제 예상
	(전체)
	
	학습문제 확인
	(전체)
		■ 전시 학습 상기 및 동기 유발
		  ■ 지난 시간에 배운 마음을 나타내는 말 생각해 보기
		    ◦ 마음을 나타내는 말에는 무엇이 있나요?-"즐거워요."/"부끄러워요."/
		      "놀랐어요."/"행복해요."/"심심해요." 등(개인별로 책상보드판에 쓰고 발표
		      하기)
		  ■ 카톡 이모티콘 모습을 보고 표현하는 방법 생각하기
		    ◦ 여러분은 이모티콘을 활용하여 카톡을 보내 본 적이 있나요? -1~2명
		      정도 경험 말하기
		    ◦ 얼굴 이모티콘을 표정을 보고 이모티콘의 마음을 어떤 말로 나타낼 수
		      있을까요?-"신나요."/"즐거워요."/"행복해요."/"무서워요."/"떨려요."/
		      "불안해요." 등(여러 가지 얼굴 이모티콘을 보여준 다음 최종 2가지 모습을 보
		      여주고 모둠별로 나타내는 말 생각해 보기- Brain writing 후 협동 학습(Round
		      robin)으로 공유하기)
		■ 질문을 통해 학습문제 생각해 보기
		    ◦ 인물의 마음을 좀 더 자세하게 표현하려면 어떻게 하면 좋을지 생각
		      한 후 발표해 볼까요?-"몸으로 표현해요.", "말로 표현해요.", "글로
		      표현해요." 등
		    ◦ 이번 시간에 배울 내용은 무엇일까요?
		■ 학습문제 확인하기
		  ■ 학습문제를 칠판에 제시하고 문제를 명확하게 확인하기
		
		            자신의 마음을 표현하며 이야기를 나누어 봅시다.
		
		  (개인 묵독-일제 독 후 짝과 학습문제 번갈아 말하기)
			5'/5'	㉜ 책상보드,
				보드마카
				㉜ PPT
				카톡 이모티콘
				
				㉤ 얼굴 모습을
				나타내는 말이
				다양하다는 것
				을 인식하게
				한다.
				
				㉤ 표현하는 방법
				이 여러 가지가
				있고 배울 내용
				을 생각하게
				유도한다.
				㉤ 학습문제 확인
				을 형식적으로
				하지 않는다.

문제 탐구	문제 해결 방안 탐색 (전체)	■ 학습문제를 해결 할 수 있는 방안 탐색하기 　○ 학습문제를 어떻게 해결해야 할까요? 　　- 마음을 나타내는 말 사용하여 친구와 이야기 나누기 　　- 자신의 현재 마음을 친구들과 서로 표현하는 활동하기(학생 스스로 문제 해결을 주체적으로 할 수 있도록 학습 활동은 별도로 안내하지 않음)	3′/8′	윤 문제 해결 의지를 갖도록 한다.
	마음 표현하기 (모둠)	■ 그림책 활용하여 나의 마음 표현하기 　■ 『아홉 살 마음 사전』 그림책 목록 활용하기 　　○ 그림책을 보여주고 전체적인 목록 내용 안내하기 　　○ 그림책 목록을 보고 새롭게 알게 된 말을 찾아볼까요? 　　　- 모둠별 활동을 통해 새롭게 되게 된 말 찾고 말하기 　　　- "벅차다."/"감격스럽다."/"사랑하다."/"따분하다."/"씁쓸하다."/ 　　　"나쁘다." 등(그림책 활용하기, 협동 학습-번갈아 말하기 기법 적용)	4′/12′	자 『아홉 살 마음 사전 책』 윤 그림책은 모둠별로 주고 수업 후에도 돌려 읽도록 안내한다.
	(개인)	■ 그림책 목록을 활용하여 '나의 마음 사전' 만들기 　　○ 그림책 목록을 참고하여 요즘 자신의 마음을 나타내는 말을 사용하여 　　'나의 마음 사전'을 만들어 볼까요? 　　　- '나의 마음 사전' 2개 이상 만들기	8′/20′	자 헥사자석 보드 및 마카 자 PPT (사전예시용)
		┌────────────────────────── □ 나의 마음 사전 만들기 방법 안내 　• 나의 마음을 나타내는 말을 사용하여 헥사자석 보드에 쓰고 왜 그런 마음이 들었는지 글로 표현해 보기 　• 작성 예시 　　- (나의 마음) 뿌듯하다. 　　- (마음 사전) 줄넘기 연습을 열심히 하여 모둠발 뛰기 30번을 할 수 있게 되어 뿌듯하다. └──────────────────────────		윤 나의 마음 사전을 제한 시간 내에 여러 가지를 만들 수 있도록 한다.
문제 해결	마음 대화 나누기 (모둠)	■ 친구와 마음 대화 나누기 　■ 모둠별로 마음 표현하며 대화 나누기 　　○ '나의 마음 사전'을 모둠 친구들에게 읽어주고 다른 친구의 마음 사전도 들어보도록 하세요. 　　　- 자신의 감정을 표현하고 다른 친구들의 마음이 어떤지 파악하며 듣고 감정이 다양함을 인식하기(Round robin 협동 학습 구조 적용, 마음을 표현하고 공유하면서 듣기와 말하기에 적극적으로 참여하는 분위기 만들기) 　　　(자신 있게 말하기, 다른 친구 말할 때 진지하게 듣기)	6′/26′	자 헥사자석 보드 윤 수업내용과 관련 없는 대화를 하지 않도록 주의를 환기시키고 도움이 필요한 학생은 순회 지도를 통해 피드백한다.
	(전체)	■ 반별 마음 대화 나누기 놀이하기 　　○ 우리 반 친구들과 마음 표현 대화 나누기를 해 보겠습니다. TV 화면에 무작위로 나오는 짝을 확인하고 짝을 찾아가 함께 대화를 나누어 보도록 하세요. 　　　- 만나는 짝 친구와 마음 표현 대화 나누기 활동하기 　　　(만나면 가위바위보를 하여 이긴 사람이 먼저 마음 이야기하고 진 사람이 이어서 이야기하는 등 대화하기) 　　　(교사의 신호에 따라 다음 찍 뽑기를 하여 제한 시간 내에 다양한 친구와 대화 나누기 활동 전개)	8′/34′	자 뽑기 플래시 프로그램 윤 대화 나누기를 할 경우 적극적으로 참여하게 유도한다.

| | 활동 소감 공유

(전체)

마음 표현 실천하기
(개별)
→
(전체)

차시 예고
(전체) | ■ 학습 활동 후 소감 발표 및 생활 속 실천하기
　■ 마음 대화 나누기 활동 후 소감 발표하기
　　ㅇ 나의 마음 사전이 담긴 헥사자석 보드를 칠판에 붙여 봅시다.
　　　- 다른 친구들의 헥사자석 보드 내용 살펴보기(헥사자석 보드를 칠판에 붙인 다음 칠판 나누기를 하여 비슷한 마음끼리 모으는 활동 전개하기)
　　ㅇ 이번 시간에는 학습문제를 해결하기 위하여 사전도 만들어 보고 이를 바탕으로 친구들과 표현한 내용을 가지고 대화를 나누어 보았습니다. 활동을 하며 어떤 생각이나 느낌이 들었는지 이야기해볼까요?
　　　- "친구들의 마음이 다양하다는 것을 알게 되었다."/"나의 마음을 표현하니 좋았다."/"마음 표현하는 말을 자주 사용하고 싶다." 등
　　ㅇ 친구와의 마음 대화 나누기 중 기억에 남는 대화 내용이나 새롭게 알게 된 점 발표해 볼까요?
　　　- 마음 대화 후 느낀 점 공유하기
　■ 배운 내용 일상생활 속에서 실천 방법 찾아보기
　　ㅇ 이번 시간에 배운 마음 표현하기를 일상생활에서 어떻게 실천할 것인지 이야기해 보세요.
　　　- 글쓰기 할 때/ 가정에서 부모님과 대화 시 사용 등
　　　(개별 책상에 자신의 실천 내용 적어보고 발표하기)
　　　(교사는 학생들이 생각한 내용 정리하여 생활 속에서 전어하도록 안내하여 실천력을 갖게 유도)
■ 차시 예고
　■ 인물의 마음을 생각하며 글을 읽는 활동 안내하기 | 6'/40' | 쟤 헥사자석
㈜ 칠판에 구역을 나누어 비슷한 마음끼리 붙일 수 있도록 한다.

㈜ 헥사자석 보드 내용을 중심으로 정리하여 마음을 표현하는 말이 다양함을 인지시킨다.

쟤 책상보드, 보드마카
㈜ 일반화 방법을 제시하고 수업 후에도 실천하도록 강조한다. |
| 일반화
(학습정리) | | | | |

4. 칠판 활용 계획

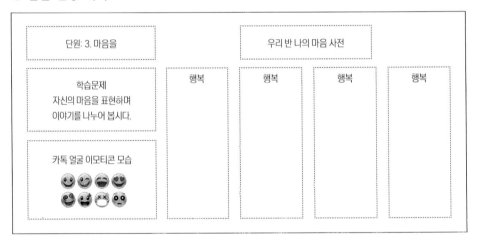

5. 참고 문헌

- 교육부(2019), 『1~2학년군 국어 2-1 교사용지도서』, 미래엔.
- 춘천교육대학교부설초등학교(2018), 달별솔이와 함께하는 배움·성장 이야기
- 허승환, 옥상현(2018), 『감정놀이』, 시공미디어.
- 박성우(2017), 『아홉 살 마음 사전』, 창비.

V.

수업 비평: 혁신의 눈으로 읽는
수업 에세이

교육과정중심 수업의 관찰! 행복 그리고 수업 이야기[26]

이 글은 김○○ 선생님이 ○○초에 근무할 당시인 2016년 7월 초에 동료 교원을 대상으로 실시한 초등 도덕과 3학년 1학기 '4. 생명을 존중하는 우리' 단원 중 1차시인 '생명이 왜 소중한가요?'라는 공개 수업에 대하여 저자가 비평한 것이다. 정확하게 표현한다면 비평이라기보다 다양한 관점에서 수업을 이야기한 담론에 가깝다고 하는 것이 맞을 것이다.

평소 수업에 대한 연구와 열정이 남다른 김 선생님의 수업 설계와 연출력 그리고 배우로서 수업예술 공연에 대하여 수업자 행위 중심의 관찰·평가에서 벗어나 학생 중심의 관점, 교육과정중심 수업의 관점까지 망라하여 총체적으로 수업에 대하여 관찰·기록·평가를 하는 데 중점을 두었다.

이는 현장의 교사들에게 수업에 대한 다양한 안목과 수업에 대한 질적 관심 그리고 수업에 대한 활발한 협의 문화 형성에 조금이나마 기여하고자 하는 바람도 작용하였음을 밝혀 둔다.

수업 비평은 교사와 학생들이 함께 구성해 가는 수업 현상을 하나의 분석 텍스트로 하여 수업 활동의 과학성과 예술성, 수업 참여자의 의도와 언행, 교과와 사회적 맥락 등을 종합적으로 고려하면서 수업을 기술, 분석, 해석, 평가하는 비판적이고 창조적인 글쓰기이다.

수업 비평이란 훌륭한 수업 실천가들과의 만남이다. 수업에 대한 열정과 안목을 가지고 자신의 수업을 아름답게 조형해 나가는 수업 예술가들을 만나는 것은 가슴 벅찬 일이다.

_ 이혁규, 「수업 비평의 눈으로 읽다」 중에서

26　이 글은 저자가 2016년도에 작성한 글이다. 이 글을 작성한 시기는 2009 개정 교육과정이 적용되던 시점이고, 지금으로부터 4년 전이라 2015 개정 교육과정이 적용되는 현재는 일부 맞지 않는 표현도 있을 것이다. 다만 시기는 몇 년 전이라고 해도 수업의 기본은 변화가 없으므로 수업에 대한 교사의 전문성 신장에 초점을 두고 읽어 보기를 바란다.

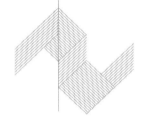

1. 수업 비평의 문을 열게 된 동기

　교육과 관련하여 가장 많이 듣는 말은 아마도 "교육의 질은 교사의 질을 능가하지 못한다."일 것이다. 교사의 전문성과 역할의 중요성을 역설한 말로 해석된다. 이 말은 다시금 "수업의 질은 교사의 질을 넘지 못한다."라고 비유할 수 있을 것이다. 교육을 하는 목적은 지금의 어린이들이 미래에 행복하게 잘 살아갈 수 있도록 하기 위하여 필요한 능력, 즉 역량을 키워주기 위한 것이다. 잘 살아갈 수 있는 힘인 역량은 교실에서 수업을 통해 자라고 익어서 열매를 맺게 되는 것이므로 교사의 질과 전문성은 교사에게 있어서 매우 중요한 요소이다. 수업은 교사에게 있어 교육의 목적을 달성하는 근간이기 때문에 수업의 전문성은 교사 능력의 바로미터가 된다. 1정 자격 연수 시 "교사는 수업에 승부를 걸어야 한다."라고 했던 동료 교사의 당찬 각오도 떠오른다. 일본의 경우 수업 달인을 매년 선정하는데, 대부분 고경력 교사들이 선정된다는 기사도 머릿속에 오버랩된다.

　이렇게 교육에 있어서 중요한 수업에 대한 일선 학교 현장에서의 접근 모습은 어떠한가? 수업 전문성 신장을 위한 노력과 소통은 활발한가? 수업에 대한 성장의 목적성을 갖고 교사 상호 간에 수업 아이디어 공유 및 협의 문화가 왕성하게 이루어지고 있는가? 필자가 보기에는 여러 가지 정책적 변화에도 불구하고 아직 교사 자신의 수업을 공개하고 협의하는 자발성이 있는 수업 문화의 창문은 많이 열려 있지 않다고 생각한다. 교장 자격 연수 시 모 대학 교수가 강의를 하면서 교사는 전문가가 아니라고 비판하는 내용이 아직도 귓가에 생생하다. 처음에는 반감을 가졌지만, 이내 변화에 둔감한 학교 현장의 수업 협의 문화를 떠올리며 슬그머니 부끄러움으로 목소리가 작아질 수밖에 없었다.

　수업 혁신, 수업복지, 전문적 학습공동체 만들기 등 교사의 전문성 신장을 위한 정책적인 접근도 시도되고 있지만, 여전히 학교 현장에서 수업 공개는 최소한으로 이루어지고 있고, 수업 협의 모습은 다소 진전은 있지만 수업자 자평-소감 및 질의-총평 등의 방법으로 짧은 시간 동안 제한적으로 이루어져 밀도 있고 깊이 있는 협의는 기대할 수 없는 구조를 가지고 있다. 수업자 입장에서 충분한 조언을 받아 수업 능력을 신장하기 어려움이 있는 수업문화는 예전과 다를 바가 없다. 공개 수업 이외에 대부분 수업 성장 측면에서 교사 상호 간에 소통하는 문화를 학교 현장에서 찾아보기 어려운 것도 사실이다. 교실은 닫혀 있고 교과서 중심에서 교육과정중심의 수업 문화로의 전이가 너무나 느린 것도 현실이다. 교사가 교육과 수업 등에 있어 전문가라고 인정받기 위해서는 기존 수업 공개 및 협의 문화에 대한 혁신적인 접근이 무엇보다 중요하다. 수업에 대한 연수·연구, 수업 이론 탐구, 수업에 대한 아이디어 교류, 적극적인 수업 공개 등 수업 혁신적 변화가 다양하게 이루어져야 한다는 요구가 증대되는 이유가 여기에 있다 하겠다.

수업에 대한 다양한 논의, 변화에 대한 갈증에 목말라하고 있을 때 김 선생님의 수업을 관찰하고 수업 협의에 참여하면서 불현듯 예전에 읽었던 이혁규 교수의 수업 비평 글이 생각이 나면서 짧은 수업 협의로 인하여 나누지 못한 많은 가슴 속에 남아있는 이야기들을 수업 비평을 통해 공유하고 싶었다. 수업 협의 방식 자체가 종전과 같이 참석 교원들이 돌아가면서 소감과 질문을 하는 형식적인 협의는 아니었지만, 한정된 시간으로 인하여 참석한 교원 상호 간에 충분한 수업 이야기를 나누지 못하게 되어 아쉬움이 남았기 때문이다. 김 선생님의 수업도 잘 짜여진 수업 설계와 매끄러운 수업 진행으로 이루어진 고품격 수업이었다. 그러나 일부이기는 하지만 함께 고민해야 할 부분도 있었다. 수업에 대하여 항상 좋은 점만 이야기하고 동료 교사의 기분을 상하지 않게 비판적이고 건설적인 평가를 하지 않는 것이 미덕인 협의 문화는 바람직하지 않다는 것에는 모두가 동의할 것이다. 무엇인가 수업을 통해서 조언을 받고 더 고민하고 발전하고자 하는 수업자에게는 아쉬움의 잔영이 남을 수밖에 없다. 또한, 수업자뿐만 아니라 참여한 교원들도 수업 잔치를 통해 수업 스킬을 더욱 연마하는 기회로 확장하지 못하는 상황이 마련된다. 이런 아쉬움을 채우기 위해 필자는 수업 비평을 힘을 빌려 다각적인 관점에서 수업에 대한 논의를 하고 싶었다. 이 글을 통해 수업자 행위 중심, 즉 방법적인 측면 중심의 평가에서 벗어나 교육내용 중심, 즉 교육과정중심 수업 측면, 학생 배움중심 측면까지 관찰 초점을 다각화하여 수업자뿐만 아니라 많은 교사와 수업 비평 글이라는 텍스트의 공유를 통해 수업을 바라보는 관점의 확대와 수업에 대한 논의가 활성화되는 계기가 마련되기를 바라는 마음으로 수업 비평의 문을 열게 되었다.

2. 수업 함께 들여다보기

이 수업은 초등학교 3학년 1학기 도덕과 '4. 생명을 존중하는 우리' 단원 중 1차시인 '생명이 왜 소중한가요?'라는 학습주제로 진행된 것이다. 김 선생님은 본 차시의 수업 목표를 '생명의 의미와 소중히 여겨야 하는 까닭을 알아보고 생명존중의 마음을 다지게 하는 것'으로 설정했다. 수업 시간은 40분으로 이루어졌으며 수업을 보지 못한 사람들까지 고려하여 수업 전 장면을 전사하여 기록하고자 노력하였다.

가. 수업 전 교실 장면

칠판 왼쪽 상단에 단원명과 중앙 상단에 학습문제를 분필로 미리 적어 놓았고, 단원명과 학습문제 중 동일한 단어가 연두색 종이로 가려져 있다. 학습문제는 보통 단원명 하단에 있기 마련인데 칠판 중앙 상단에 위치한 것이 새롭다.

또한, 대부분의 교실에서 코팅하여 제시하는 활동 1, 활동 2, 활동 3 표시판이 없다. 칠판 중앙에는 생각나무27판이 부착되어 있고 생각나무에는 커다랗게 물음표(?)가 자

〈그림 1-생각나무 자료〉

리하고 있다. 대형 TV는 OFF 상태이며 좌석 배치는 개별적으로 칠판을 향해 책상이 배열되어 있으며 맨 우측 2줄은 TV를 향해 비스듬하게 책상이 돌려져 있다. 교실 곳

---

27 **'생각나무'**는 김 선생님이 공개 수업이기 때문에 본 차시 수업을 위해 일회성으로 제작한 자료가 아니라 평상시 모둠별 토의·토론 시 포스트잇에 의견을 적어서 붙이거나 개인 또는 모둠의 의견들을 붙이게 하고 발표하게 하는 등 평소 수업시간에 다양한 용도로 활용되는 자료로써, 수업 후에는 교실 벽면에 부착해두고 있다고 한다. 본 차시에서는 주로 동기 유발 단계에서 활용하였다.

곳에는 그동안 수업 결과물로 자연스럽게 환경이 구성되어 있으며 편안한 분위기로 조성되어 있다. 학생은 전체가 15명이다.

나. 도입-동기 유발 및 학습문제 확인

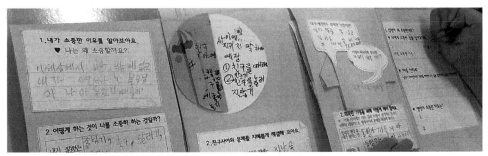

〈그림 2-도덕성장일기 학습장에 기록하는 장면〉

수업은 중앙에 있는 생각나무 판의 물음표를 가리키며 여러 분에게 가장 소중한 것은 무엇인지 도덕성장일기**28** 학습장에 적도록 한 뒤, 이에 대한 답을 하도록 하는 질문으로 시작되 었다. 학생들은 거수하고 선생님이 지명하면 지명받은 학생이 가족, 생명 등 대답을 한다. 지명받은 학생은 자기 자리에 앉 아서 자연스럽게 대답한다. 대부분의 교실에서 보이는 풍경과 는 대조된다. 지명받은 학생이 일어서서 답하거나 아니면 의 자를 빼고 일어서서 대답한 후 다시 앉는 모습도 보이지 않는

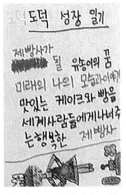

〈그림 3-도덕성장일기 표지〉

다. "○○가 발표를 하겠습니다. ○○를 향하여, 짝짝!" 하는 정 형화된 모습을 찾아볼 수 없는 것도 새롭기도 하다. 선생님은 아이들이 발표하면 자연 스럽게 손에 들고 있는 기록지**29**에 표시하는 것도 이채롭다.

---

28 **'도덕성장일기'**는 수업 공개를 위해 별도로 일회성으로 제작한 자료가 아니라 단원별로 4차시 학습 주요 내용을 적을 수 있는 학습지 대용으로 활용하도록 김 선생님이 직접 고안하여 제작한 메이킹북 형태의 자료로, 김 선생님은 단원 마다 도덕성장일기 자료를 제작하여 활용해 오고 있다. 또한, 도덕성장일기 자료는 '형용사로 가치 있는 꿈꾸기 프로 젝트'와 관련지어 학급 도덕 수업 특색과 관련하여 지속해서 추진하고 있다고 한다.

29 김 선생님은 수업 시간 내내 기록지를 손에 들고 학생들이 발표하면 기록지에 표시하고, 개인별, 모둠별 활동 내용 을 관찰하고 즉시 기록하였다. 공개 수업이라 본 수업 시간만 그렇게 하는지 물어보니 평상시에도 습관화되어 있는 모습이라고 한다. 학생들이 얼마나 수업에 참여하는지 수행평가 차원에서 수행과정을 기록지에 적는 것이 일상화되

이어서 선생님이 생각나무의 물음표 판을 뒤집으니 학급 단체 사진이 보인다. 단체 사진을 가리키면서 여러분이 가지고 있는 꿈을 이루기 위해 소중히 여겨야 할 것이 무엇인지 질문을 던지니 사람, 가족 등의 대답을 한다. 대부분의 학생이 손을 들며 적극적으로 수업에 참여한다. 선생님은 본 차시의 학습주제와 직접적으로 관련이 있는 생명을 학생들이 찾아내도록 질문으로 이끌어낸다. 이어서 이번 수업에서 배워야 할 문제가 무엇인지 학생들이 찾도록 유도한 후 학습문제를 제시하였다. 제시 방법은 생명이라는 단어를 덮고 있던 가림 종이를 떼어내는 방법으로 '생명의 의미와 소중한 이유는 무엇일까?'라는 학습문제를 제시하고 학생들이 충분하게 이해하도록 설명·확인시키면서 자연스럽고 유연하게 이끌어가는 모습이 인상적이다. 학습문제 확인이 매우 중요하다는 것을 선생님이 인식하고 있으며 이를 학생들에게 강조하는 것을 엿볼 수 있었다.

다. 전개-가치사례 제시 및 관련 규범 파악하기

전개 부분을 시작하면서 대부분의 수업에서 교사들은 〈활동 1, 2, 3〉 내용을 안내하고 수업을 진행하는 것이 공식화되어 있는데 김 선생님의 수업에서는 〈활동 1〉 종이판은 아예 보이지 않는다. 수업설계안에도 보이지 않는다. 지식이해 중심 수업모형 단계에 맞게 내용을 선정하여 진행하는 수업이기 때문에 활동 1, 2, 3을 굳이 제시할 필요가 없었을 것이다. 단지 수업 설계대로 수업모형 단계에 맞는 주요 학습 내용 중심으로 학습 활동을 진행하는 것으로 보였다.

가치제시 차원에서 '生命' 한자를 TV 화면에 제시하고 생명의 뜻이 무엇인지 문답을 통해 인지하도록 안내한다. 신통하게도 3학년임에도 날 생(生) 한자를 알고 있는 학생이 대답한다. 선생님은 한자 지도에 의미를 두지는 않고 생명이 한자어이기 때문에 한자로 제시하고 의미를 파악하도록 의도한 것 같다. 설계안의 유의점에도 이 부분이 적혀 있다. 그러면서 자연스럽게 "주변에서 생명을 가지고 있는 것들이 어떤 것들이 있는지?"라는 질문이 이어진다. 선생님, 가족, 새, 토마토 등을 학생들이 자연스럽게 대답한다.

어 있다고 한다.

김 선생님은 이어서 관련 규범을 파악하는 단계에서 간단하게 노래를 부르며 모둠학습 형태로 책상을 배치하게 한 후 모둠 생각모으기판**30**에 브레인라이팅 기법을 적용하여 각자 생명을 가진 것의 이름을 포스트잇에 적어서 붙이도록 한 후 서로 토의하여 생각모으기판 가운데에 생명을 가진 것들의 공통점을 적는 활동을 하였다.

〈그림 4-생각모으기판〉

학생들은 모둠별로 활동을 진지하고 활발하게 활동한다. 선생님은 모둠별로 공통점을 발표하게 한 후 칠판에 붙이게 하였다. 모둠 활동을 하는 동안 선생님이 궤간 순시를 통해 학생들의 활동 상황을 친절하게 챙기는 모습이 인상적이었다. 관련 규범의 의미를 구체화하기 위하여 『살아있어』 동화책 내용을 PPT로 제시하고 학생들이 전체독 형태로 읽도록 하면서 생명의 의미를 생각하도록 활동하게 하였다. 다만 이러한 활동들을 살펴볼 때 필자는 수업모형 단계인 가치규범 파악에 해당하는지 파악 수준을 넘어서 가치규범탐구에 해당하는지 고민할 필요가 있다고 생각하게 되었다.

라. 가치규범탐구 및 이해의 심화

가치규범탐구 단계에서는 탐구학습방법으로 수업이 진행되었다. 교과서에 있는 '생명이 사라진다면?' 활동을 전개하였다. 교과서에 있는 활동으로 선생님은 다음과 같이 방법과 규칙을 알려주고 활동하게 하였다.

〈'생명이 사라진다면?' 활동 방법〉	〈'생명이 사라진다면?' 활동 규칙〉
• 가운데의 사람을 '나'라고 상상하기 • 나에게 소중한 가치를 지니는 '생명' 4개 선택하기 • 임의로 책에 적기 • 하나씩 학용품으로 가리기 • 가린 생명이 사라진다고 상상하기 • 친구의 활동 모습 살펴보기	• 선택한 '생명'에 우선순위를 두지 않기 • 신호에 따라 하나씩 이름 가리기 • 오직 자신이 선택하기 • 친구의 생각을 존중하며 활동 살펴보기

---

30 **'생각모으기판'**은 김 선생님이 토의·토론 학습을 위해 직접 고안하여 제작한 자료로 평상시 수업에서도 자주 활용하는 자료로 수업이 끝나면 교실 뒤 환경판에 게시하여 학생들이 공유할 수 있도록 하는 등 피드백 자료로 활용하고 있다. 생각모으기판 가운데 칸은 보드마카로 적을 수 있다.

이 활동의 목적은 학생들 자신이 가지고 있는 소중한 가치를 지닌 것으로 여기는 생명을 하나둘씩 사라지게 하면서 정서의 흔들림을 스스로 또는 친구들의 모습을 통해서 보면서 생명이 누구에게나 경험할 수 있는 보편적 가치임을 알게 하기 위해서이다. 성격이 여리거나 죽음에 대한 공포심 등으로 심적 혼란이 생기지 않도록 교사의 세심한 배려와 관찰도 필요한 활동이라는 것을 느끼게 된다.

김 선생님은 이러한 측면에 대해 예상하고 수업을 진행해서인지 수업에 참여한 3학년 15명의 학생은 매우 진지하게 참여했고, 다른 친구들의 모습도 살피면서 활동에 참여하여 선생님의 의도의 중요성을 엿볼 수 있었다. 한편으로는 관찰하면서 이 활동 자체의 의미는 있지만 '생명이 사라진다면?' 활동 자체가 가치규범탐구 단계에 적절한 활동인지 이해의 심화 단계에 맞는지는 고민해야 할 부분으로 여겨지기도 하였다.

활동을 마친 후 선생님은 마음 인터뷰 활동으로 자연스럽게 이어갔다. PPT로 인터뷰 학습 안내를 하고 도덕성장일기 학습장에 활동하면서 어려웠던 점 등을 적도록 한 후 활동을 통한 자신의 경험을 다양하게 발표하게 했다. 그리고 칠판 앞에 있는 빈 의자에 지명받은 학생이 나오도록 한 다음 모형 마이크를 활용하여 인터뷰 형식으로 교사의 질문지에 대한 자신의 생각을 이야기하도록 하면서 다른 학생들이 함께 공감하게 유인하였다.

그런 다음 학급 전체 학생들의 마음을 알아보는 활동을 하면서 학습문제와 직결되는 내용인 생명이 소중한 이유를 알게 되었는지에 대하여 도덕성장일기와 발표 등으로 성취 수준을 확인하는 선생님의 관찰과 기록도 병행되었다. 다만 '도덕성장일기에 적은 내용을 모둠별로 돌려 읽기를 하여 이해와 소통의 기회를 확장하게 하였다면…' 하는 생각도 들었다.

마. 도덕적 정서 및 의지의 강화

이 단계에서는 생명의 원을 만들어서 생명이 소중한 이유를 돌아가면서 이야기하도록 하여 최종적으로 생명의 소중함을 마음에 새겨보고 마음을 다져보도록 하는 의도를 가지고 활동이 이루어졌다. 학생들이 원을 그리고 서로 손을 잡고 "생명이 소중한 이유는(전체독) ~이기 때문입니다(개인 발표)."라고 돌아가며 발표하는 활동이었다. 학생들의 대답은 생각보다 다채로웠다.

〈그림 5-생명의 원 활동 모습〉

바. 정리-정리 및 확대 적용과 실천 생활화

학습정리 단계에서는 미아고시 유키나의 〈생명〉이라는 시를 PPT로 제시하고 빈칸에 알맞은 낱말을 넣고 생명에 대한 의미를 정리하고 생명을 존중하는 태도를 갖도록 진행하였다. 마지막으로 차시 예고로 수업을 마무리하였다.

전반적인 수업 내용을 파악하기 위해서는 대부분의 수업이 수업 설계와 동일하게 이루어졌으므로 부록으로 제시한 수업설계안을 참고하기 바란다.

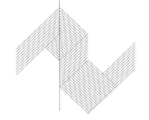

3. 수업에 대한 다양한 관점과 분석 그리고 이야기

"수업에는 왕도가 없다."라는 말이 있다. 이는 정형화된 틀이 없기에 더욱 수업이 어렵고 교사가 늘 고민하며 정진해야 한다는 메시지이다. 또한 수업은 다양한 변수가 있어 항상 자기 수업에 만족하기가 어렵다는 의미도 내포되어 있다. 수업자인 김 선생님도 이 수업 공개를 위해 수업의 방향, 수업 설계안 작성, 모형 단계별 적절한 내용 선정 등 수업 전략을 위해 4번이나 수정을 거듭하면서 최종 수업설계안을 작성하였다고 한다. 많은 고민과 연구로 인하여 보다 완성도 있는 수업을 공개해 주지 않았나 하고 생각한다.

본격적으로 수업 이야기를 하기 전에 교사에게 있어서 수업을 통해 요구되는 것이 무엇들이 있는지 살펴보는 것으로 시작하고자 한다. 수업은 교사에게 너무나도 많은 능력을 요구한다. 수업은 관객이 있는 연극, 영화, 드라마와 같이 종합 예술의 성격을 갖는다. 〈태양의 후예〉 드라마를 예로 든다면 시나리오 작가, 연출가, 연기하는 배우가 각자의 역할에서 최대한의 능력을 발휘하고 전문성을 살렸기에 시청자들의 마음을 설레게 하였고 시청률도 고공 행진을 하였다. 이를 수업에 비유하면 시나리오는 수업설계안, 연출은 수업안을 교실 공간에서 어떻게 펼칠 것인지 전문적으로 계획하는 것이며, 연기는 설계안대로 교사가 배우가 되어 아이들과 상호작용하는 것이다.

이처럼 드라마는 역할마다 각각의 분야에서 전문가가 참여하는 데 비하여 수업은 어떠한가? 시나리오도, 연출도, 연기도 모두 교사가 해야 한다. 이와 같이 수업은 교사에게 종합적인 에듀 엔터테이너와 같은 능력을 필요로 한다. 교사는 시나리오 작가이며 수업 연출가이고 배우로서 수업 연기도 잘해야 하기 때문에 고도의 전문성이 수반된다. 여기에 교사는 수업평론가로서 수업에 대한 다양한 관점도 요구받는다.

종합 예술인 수업은 본인의 시나리오의 질, 연출력, 연기력을 동료 교원에게 보여주는 수업 공연 종합 예술 활동이다. 수업은 감동도 있어야 하고 의도된 목적을 달성할수 있어야 한다. 따라서 교사는 수업 평가를 통해 피드백을 받는다면 보너스로 수업에 대한 전문성이 신장되기 마련이다. 그러므로 수업 평가는 공개 수업의 가장 중요한 요소이다. 수업에 대한 평가관점은 다양하다. 본 비평에서는 수업설계안 중심(수업설계안의 독창성, 효용성, 적절성), 내용 중심(교육과정과의 연계성, 목표-내용-목표와의 일관성 여부, 성취평가 등), 교수행위, 즉 방법중심(교사의 목소리 고저장단, 수업 연출력, 발문 스킬, 자료 투입 및 철거, 시간의 적절성 등), 학생배움중심(학습목표의 도달 여부, 성취도, 배움의 충실도)의 크게 네 부분으로 나누어 분석하고자 한다.

이 수업 비평을 통해 현장에서 있는 교사들이 때때로 갖고 있는 수업에 대한 오개념, 난개념을 해소할 수 있도록 적절한 예를 들어가면서 비평하여 수업에 대한 안목을 확장하는 데 기여하고자 한다.

가. 수업설계안 중심 관점 비평

드라마나 영화의 경우, 탄탄한 시나리오가 흥행 보증수표가 되듯이 수업에서도 치밀한 수업안이 성공하는 수업의 핵심이다. 수업안을 종래에는 교안, 수업 보도안으로 부르다가 현재에는 교수·학습(수업)과정안이라는 용어로 대부분 통일해서 사용하고 있다. 수업과정안은 말 그대로 '가르치는 교수와 이를 통한 학생들의 배움이 어떻게 이루어지게 해야 하는지에 대한 내용을 적은 계획서'라고 볼 수 있다.

요즈음 현장에서는 수업 공개를 할 경우 약안으로 작성하고 결재가 폐지되는 등 교사들에게 상당 부분 자율권을 부여하고 있다. 그런데 이 과정에서 약안에 대한 오해가 있는 것 같다. 약안이라고 하면 대부분 수업 내용을 매우 함축해서 A4 1장 이내 분량으로 작성하는 것으로 생각하는 듯하다. 정말 약안은 A4 달랑 1장! 수업안은 보통 세안, 준세안, 약안 등으로 분류한다. 세안은 수업자의 의도, 단원 설정 배경, 교재 연구, 실태 분석, 수업 전략, 본시과정안 등 수업과 관련하여 총체적으로 세밀하게 작성하는 것이고, 준세안은 세안에서 교재 연구, 실태분석 정도만 생략하는 것을 뜻한다. 또한, 약안은 적어도 수업자의 수업 전략(의도)과 본시 교수·학습과정안 중심으로 작성되어야 한다.

수업 공개인데 수업자의 의도는 기본이고 본시 과정안도 1장으로 축약하는 것이 아니라 2~3장이 되더라도 수업자의 계획이 고스란히 담길 수 있도록 작성해야 한다고 생각한다. 약안을 A4 1장 정도로 작성하는 일부 문화는 수업의 전문성을 더욱 지체하게 만들거나 결국 정체시킬 것이다.

김 선생님의 수업안을 살펴보면 수업자의 의도와 수업모형에 따른 단계별 수업 내용 선정, 학습 전략이 상세하게 제시되어 있고 본시 과정안의 경우 헤드 부분과 수업 활동 부분으로 나누어 세밀하게 작성되어 요리할 때 재료의 특성을 알고 맛깔나게 요리를 잘하는 요리사의 레시피와 같이 수업이 무엇인지 어떻게 해야 하는지에 대한 의미를 정확하게 알고 수업안을 작성하였고, 수업에 대하여 연구와 고민을 많이 한 흔적과 수업을 사랑하고 열정이 넘치는 교사임을 엿볼 수 있다. 그럼 본격적으로 수업 이야기를 나누어 보자.

📖 수업 전략화를 통한 수업개요 짜기

김 선생님의 수업안을 살펴보면 특히 지식이해 중심 수업모형에 대한 단계별 수업 조직, 학습 형태와 학습조직에 따른 전략적 아이디어 내용 형식을 일반화하였으면 하는 생각이 든다. 수업모형 단계에 따른 전략이 바로 수업 설계의 얼개를 짜는 개요 짜기 부분에 해당한다. 수업은 개요 짜기만 잘되면 수업의 방향도 제대로 설정되기 마련이다. 개요 짜기를 한 것을 수업과정안 양식에 보다 자세하게 그대로 옮기기만 하면 바로 본시 교수·학습과정안이 완성된다. 현장에서 교사들이 개요 짜기, 즉 전략화를 하는 연습이 잘되어 있어야 완성도 있는 수업 설계가 되고 배움이 일어나는 수업 활동으로 이어질 수 있다고 본다.

김 선생님은 개요 짜기를 2개로 나누어 제시하였는데, 이를 일원화하여 제시하면 다음의 〈표 1-가치이해 중심 수업모형에 따른 수업 전략(개요 짜기)〉과 같다. 대부분의 선생님도 수업 방향을 설정할 때 개요 짜기를 할 경우 다음의 개요 짜기를 참고하여 구상하면 보다 짜임새가 있고 튼실한 수업과정안을 작성할 수 있을 것이다.

학습 단계	시간	학습형태 및 조직	생각하는 수업 전략	수업매체
학습문제 인식	6	문답학습 (개인) (전체)	■ 도덕성장일기 자료를 활용하여 소중한 것 찾기 질의응답 - 생각나무를 통해 생명가치 인식 및 학습문제 파악하기 ■ 학습문제 확인하기 - 생명이 소중한 이유는 무엇인지 알아보기	• 도덕성장일기 • 생각나무판 • 학습문제 제시판서 및 가림종이
가치사례 제시 및 관련 규범 파악	8	토의토론 (모둠)	■ 브레인라이팅 기법으로 자기의 생각 적어보기 - 생각모으기판에 포스트잇에 생명 가진 것 적기 ■ 브레인스토밍 기법으로 공통점 찾아 적어보기 - 생명을 가진 것의 공통점 토의하여 가운데에 적고 발표하기	• 포스트잇 • 생각모으기판 • 수업전개 PPT
가치규범탐구 및 이해의 심화	16	탐구 학습 (개인) 인터뷰 학습 (전체)	■ '생명이 사라진다면?' 방법과 규칙 설명하고 활동하기 - 학용품으로 소중한 생명 하나씩 가리며 느낌 공유하기 ■ 활동하면 들었던 마음 소리 인터뷰하기 - 개인 및 학급 전체 마음 공유하기(인터뷰 학습)	• 활동배경 음악 • 수업전개 PPT • 도덕성장일기
도덕적 정서 및 의지의 강화	6	동그라미 학습 (전체)	■ '생명의 원'을 만들어 생명이 소중한 이유 공유하기 - "생명이 소중한 이유는 ~이기 때문입니다."	• 수업전개 PPT • 도덕성장일기
정리 및 확대 적용과 실천 생활화	4	가치 학습 (전체)	■ '미아고시 유키나'의 <생명> 시 제시하기 ■ 시의 빈칸에 알맞은 말 찾고 의미 생각하기 ■ 학습정리 및 차시 예고	• 수업전개 PPT • 생명이 소중한 이유 확인하기

〈표 1-가치이해 중심 수업모형에 따른 수업 전략(개요 짜기)〉

이와 같이 학습목표를 달성하기 위하여 가장 적합한 수업모형을 선정하고 수업모형 단계에 알맞은 수업 내용을 조직하며, 단계별로 효과적으로 활동할 수 있는 수업 형태와 학습조직으로 구조화한 다음, 수업 매체는 무엇으로 할 것인지 구성하는 등 수업 전략화를 하여 작성하면 수업의 전체적인 윤곽과 방향이 설정되는 것이다. 교사들은 수업안을 작성하기 전에 개요 짜기를 통해 수업의 방향성을 명확하게 잡는 연습을 많이 하는 것이 좋은 수업 설계를 하는 지름길이 되는 것이라는 사실에 주목할 필요가 있다.

📖 〈활동 1, 활동 2, 활동 3〉-활동 릴레이가 없어요

김 선생님의 수업안을 보면 특이한 것을 발견할 수 있다. 대부분의 수업안에는 활동 안내와 전개 단계에서 〈활동 1〉, 〈활동 2〉, 〈활동 3〉이 등장하기 마련인데 이러한 활동 릴레이가 보이지 않는다. 그동안의 수업안에서는 오래전부터 누가 정답이라고 하지 않았는데도 불구하고 활동 시리즈 중심으로 수업 설계를 하고 진행하는 방식이 정석으로 자리 잡은 것 같은데 말이다.

그런데 이 활동 릴레이 수업 설계 자체에 문제가 있다는 것은 아니다. 다만 활동이 목표 또는 평가와의 일관성, 연계성은 적으면서 활동중심으로만 내용을 설계하여 수업을 진행하다 보니 신나게 학생들이 활동을 많이 하였는데 정작 수업이 끝난 후에는 물어보면 재미는 있었는데 배운 것이 없었다고 대답하는 경우가 있다는 것이다. 즉, 학습 소외 현상이 발생한다는 데 있다. 또한, 천편일률적으로 활동은 3개를 해야만 하는 것이 공식인 것도 아닌데 대부분의 활동은 3개이다. 필요에 따라 활동은 2개, 4개를 할 수도 있는데 말이다. 활동 릴레이의 단점은 대부분 활동을 3개로만 한정하여 활동 내용을 설계하다 보니 학습목표 도달을 위한 위계성이 결여되어 탈맥락화로 이어지기도 한다는 데 있다. 활동을 3개로만 하는 활동 릴레이는 때로는 목표-내용-평가의 일관성을 유지하지 못하는 우를 범하여 수업의 목적을 달성하기 어려운 현상도 종종 발생한다.

학습문제를 해결하기 위한 최적의 위계성이 있는 활동 릴레이 수업이라면 문제점을 최소화할 수 있을 것이다. 그리고 활동 릴레이 수업을 한다면 수업안에서 학습 단계란은 삭제하거나 활동 릴레이에 맞는 수업안이 구안될 필요가 있다. 필자는 단순 활동 중심의 수업 패턴에 대한 새로운 조망과 논의가 활성화되기를 기대해 본다.

이런 측면에서 김 선생님과 같이 수업모형에 입각하여 단계에 맞는 내용을 선정하여 수업을 진행하는 것이 활동 릴레이 수업 설계의 문제점을 해결할 수 있는 하나의 대안이라고 생각한다. 최적의 수업모형을 선정하고 단계에 맞는 학습 내용으로 설계하면 목표-내용-평가의 일관성이 유지가 되어 탄탄한 배움중심의 수업으로 이어진다고 확신하기 때문이다. 모형 단계별로 조직화한 학습 내용을 교사가 학생들과 상호작용하며 수업을 진행하면 그 자체가 활동이지 않은가?

사실상 수업은 늘 활동과 활동으로 이루어지게 마련인데 굳이 〈활동 1, 2, 3〉 등 활동 릴레이로 구분하여 설계하고 진행할 이유가 없다고 본다. 또한, 적절한 수업모형이 없을 경우에는 수업자가 학습목표를 달성하기 위한 위계성이 있게 단계적으로 학습 내용을 선정·조직하여 설계하면 굳이 활동 릴레이로 나누지 않아도 완성도 있는 수업을 진행할 수 있다.

📖 수업의 헤드 부분! 교사의 수업 관점 살펴보기

수업 설계의 헤드 부분을 보면 수업자의 수업에 대한 관점을 파악할 수 있다. 수업 안의 헤드 부분의 형태에 대한 표준안은 없다. 수업자가 필요한 내용을 제시하면 된다. 김 선생님의 수업 설계 중 헤드 부분을 보면 다른 수업안과 대부분 동일하게 학습 주제, 목표 등이 제시되고 있지만, 눈여겨봐야 할 것은 (핵심)성취기준[31]과 핵심역량 그리고 창의·인성 요소의 제시이다.

수업 내용 중심의 비평에서 깊이 있게 다루겠지만, 수업은 교육과정중심으로 이루어져야 한다. 교육과정중심 수업을 설계할 때 가장 핵심적인 부분이 교과 교육과정에서 제시하는 (핵심)성취기준과의 연계성이다. 김 선생님은 도덕 교과 교육과정에서 제시하는 핵심성취기준이 무엇인지 정확하게 알고 본 차시와 어떻게 연관성을 갖고 있는지 그 의미를 명확하게 인지하고 수업을 설계하였음을 엿볼 수 있다. 또한, 본 수업을 통해 학생들에게 길러주고자 하는 핵심역량과 창의·인성 요소가 무엇인지 분명한 목적성을 갖고 출발하고 있다.

📖 김 선생님 수업 과정안의 헤드 부분

일시	2016. 7. 1. 5교시	장소	3학년 1반 교실	대상	3학년 1반(15명)	수업자	김 ○○
차시(쪽수)	1/4, 86~89쪽	학습주제	생명의 의미와 소중히 여겨야 하는 까닭 알기				
핵심성취기준	도441. 생명의 소중함을 명확하게 알고, 일상생활에서 생명존중을 적극적으로 실천할 수 있다.						
학습목표	생명의 의미와 소중히 여겨야 하는 까닭을 알아보고 생명존중의 마음을 다질 수 있다.						
수업모형	지식이해 중심 수업모형	학습형태	탐구학습 토의학습	학습 조직	전체 → 모둠 → 개인 → 전체		
학습자료	『바다로 돌아간 제돌이』, 수업전개 PPT, 생각나무, 도덕성장일기, 연꽃판, 마이크	핵심역량	공감능력	창의요소	상상력		
				인성요소	생명존중, 자기애, 배려		

---

31 핵심성취기준은 2009 개정 교육과정에서 2012년에 개발·보급한 성취기준이 너무 많다는 현장의 의견과 각 성취기준의 중요도에 대한 정보가 제대로 제공되지 못하여 교사가 교육과정을 재구성할 때 어려운 면이 지적됨에 따라, 2013년도에 성취기준 중에서 보다 중요하고 핵심적인 것을 선정하여 '핵심성취기준'이라고 하였다. 본 비평글은 2016년이라 핵심성취기준이라는 용어를 사용했다.

📖 일반적 교수·학습과정안 작성 방법 엿보기

표준화된 수업안을 살펴보면 상단 메뉴 구성이 학습 단계와 학습 요소, 교수·학습 활동, 시간, 자료 및 유의점으로 구분되어 있으며 그 하단에 해당하는 내용을 작성하게 되어 있다. 일부 교사들의 공개 수업안의 경우 이 메뉴에 따른 기술이 불분명하거나 메뉴의 의미를 정확하게 해석하지 못해 다른 내용을 기재하는 등 오류가 있는 것을 종종 발견할 수 있다. 학습 단계인데 도입-전개-정리로 하거나, 단계에 맞지 않은 내용으로 기재되어 있는 경우도 있다. 학습 단계는 말 그대로 수업모형 단계를 기재해야 하는데도 말이다. 학습 요소(요항)의 의미도 실제로 우측의 교수·학습 활동의 내용을 축약해서 제시해야 하는 것인데 학습 요소 칸에 학습 단계를 적거나 활동 1 등 유의미하지 않은 키워드를 기재하는 경우가 있다. 일부 교사들의 수업안에서 발생하는 오류 내용은 〈표 2-학습 단계 및 학습 요소 작성 오류의 예〉를 참고하기 바란다.

이러한 측면에서 김 선생님의 수업안을 살펴보자. 우선 학습 단계 메뉴는 지식이해 중심의 수업모형 단계에 맞게 잘 제시되어 있으며 학습 요소와 학습 형태 제시도 매우 적절하다. 다만 교수·학습 활동이나 학습 요소 메뉴에 학습조직(개인, 짝, 모둠, 전체)까지 제시되었으면 좋았을 것이다. 시간 메뉴 부분에서 8′/14′와 같이 시간을 누가하여 표시되어 수업자뿐만 아니라 참관자의 입장에서도 단계별로 수업이 어느 정도 흘러왔는지를 알게 해줌으로써 수업 시간의 안배를 적절하게 할 수 있는 방법이라 생각한다. 또한, 보통 자료 및 유의점으로 제시를 하는데 Tip과 유의점을 통합하여 사각 문자 T로 표시하여 진술함으로써 참관자에게 수업자의 의도와 고려해야 하는 부분을 자세하게 안내해 준 점이 새로웠다. 교수·학습 활동란의 경우에는 통합하여 제시하였다. 이는 수업자의 의도에 따라 통합하든지, 아니면 교사와 아동 활동으로 구분하여 제시하든지 하는 선택의 문제이다. 꼭 구분하여 제시해야 한다는 정론은 없다. 다만 진술 시에는 김 선생님의 수업안과 같이 특수문자로 교사 발문, 제시, 학생 응답을 일관성 있게 진술하는 것이 바람직하다.

전개	개념 도입	<활동1> 어떻게 읽을까요? ○ 시각 읽는 방법 알아보기 • 긴 바늘이 가리키는 작은 눈금 한 칸은 몇 분을 나타내나요? - 1분을 나타냅니다. • 긴 바늘이 숫자 2, 3, 4 …을 가리키면 각각 몇 분을 나타내는 것일까요? - 10, 15, 20 …분을 나타냅니다.	전개	학습활동 안내	♣ 학습활동 안내 [활동 1] 가르자! 달걀 10개를 두 그릇에 [활동 2] 10을 두 수로 가르기 대작전 [활동 3] 해결! 10을 두 수로 가르기 퀴즈
	개념 일반화	<활동2> 시각을 읽어요. ○ 동동이의 일기 읽기 • 시각 읽는 방법에 주의하며 동동이의 일기를 읽어 봅시다.	원리 탐구	활동1	♣ [활동 1] 가르자! 달걀 10개를 두 그릇에 • 달걀판을 사용한 10 가르기 상황 이해하기 - 달걀판의 달걀을 두 그릇에 나누어 담기 - 달걀판에 들어있는 달걀 10개를 두 그릇에 나누어 담아 보면서 파란 그릇에 들어간 달걀과 빨간 그릇에 들어간 달걀의 수 이야기하기
[사례 1] 학습 단계에 모형을 기입하지 않고 전개로만 제시하고, 학습 요소에 모형 단계를 기재하는 오류가 있음./모든 것이 활동인데 '활동 1' 이렇게 써야 하나?			**[사례 2]** 모형 단계에 전개와 원리탐구(단계에 해당) 모두 기재하는 오류와 학습 요소에는 '활동 1'로 제시하는 오류를 범함.		

〈표 2-학습 단계 및 학습 요소 작성 오류의 예〉

📖 학습문제 제시의 적절성

수업 협의 시 종종 수업 중에 학습목표와 학습문제 중 어느 것을 제시해야 하는지 하는 문제와 학습문제는 무엇이고 어떻게 진술하여 제시해야 하는지에 대한 의견은 분분하다. 일반적으로 헤드 부분에는 학습목표를 제시하고 수업 중에는 교과에 따라 다르겠지만 대부분 학습문제형으로 제시하는 것이 바람직하다. 김 선생님도 수업 중에는 의문형 학습문제로 제시하고 있다. 이는 교사의 의도가 담긴 듯하다. 즉, 학습문제를 의문형으로 제시하여 학습과제에 대한 관심을 더욱더 집중하도록 의도화하였다고 볼 수 있다.

가끔 오류가 있는 수업안의 경우 학습문제 확인이라고 되어 있는데 실제로 제시되는 진술은 학습목표형으로 되어 있는 경우가 있다. 이는 학습문제와 학습목표의 개념과 진술에 대한 인식이 불분명하기 때문에 발생하는 오류일 것이다. 체육이나 미술 등 예체능 교과의 경우에는 학습목표형으로 제시하는 것이 더 효과적일 경우가 있으니 수업 교과와 내용에 따라 수업자가 판단해야 할 것이다. 학습목표와 학습문제의 진술 방법은 〈표 3-학습목표와 학습문제의 진술 요령〉을 참고하기 바란다.

구분	주체	진술 형태	특징	작성 예
수업목표	교사 중심	~을 할 수 있게 한다.	교사가 수업을 설계하는 단계에서 진술하는 목표	지층이 쌓이는 순서를 알 수 있게 한다.
학습목표	학습자 중심	~을 할 수 있다.	이미 답이 나와 있으며, 노력해서 달성해야 할 도달점을 가리키는 용어	지층이 쌓이는 순서를 설명할 수 있다.
학습문제	학습자 중심	<일반적인 진술> 고학년은 "~보자." 저학년은 "~해 봅시다."	해결해야 할 문제를 알고 있을 뿐 그것을 해결해야 할 방법, 과정, 그리고 해결된 후의 결과를 모르는 상태에서 학습자들이 가지고 있는 지식, 기능, 경험을 종합적으로 활용해서 추구해야 할 부딪친 문제	지층이 쌓이는 순서를 알아보자(봅시다).

■ 학습목표 진술 요령
  ○ 학습목표는 한 수업 시간이나 학습 단원이 끝났을 때 나타날 수 있는 학생의 변화된 행동과 관련지어 성취적 용어로 진술되어야 하며 명세적이고 구체적인 행위 동사를 활용해야 한다.
■ 학습문제 진술 요령
  ○ 학습문제는 목표를 문제화한 진술 방법으로 "~하기.", "~해 보자.", "~할 수 있을까?" 등으로 표현하면 된다.
    - 학습목표: 비유가 나타나 있는 시를 읽고, 시의 내용을 이해할 수 있다.
    - 학습문제: 시를 읽고 비유적 표현에 대하여 알아보기, "알아보자.", "알아봅시다.", 의문형, 서술형, 명사형 등

〈표 3-학습목표와 학습문제의 진술 요령〉

📖 수업모형도 재구성이 가능한가?

수업모형은 맞춤복과 같이 수업목표에 도달하기 위한 최적의 맞춤형 수업 절차이자 틀이다. 수업모형은 복잡한 수업 현상이나 수업 사태를 특징적 상황을 중심으로 단순화시킨 형태를 말한다. 즉, 수업의 주요 특징을 요약해 놓은 설계도라고 할 수 있다. 좋은 수업을 설계하고 진행하기 위한 첫걸음은 바로 최적의 수업모형을 선택하는 데 있다. 모든 수업에 통용되는 절대적이고 유용한 수업모형은 없지만, 교사는 학습자의 수준, 학습 내용 등을 고려하여 가장 알맞은 수업모형을 선정하여 단계에 맞는 수업활동 내용을 조직화해야 한다.

그런데 일부 교사들은 수업모형은 재구성이 되지 않고 그대로 활용해야 하는 것으로 생각하는 경우가 있다. 수업모형을 재구성하지 않고 사용할 수도 있지만, 수업 목표에 도달하기 위하여 불필요한 단계는 삭제나 대체할 수 있다. 그러므로 수업모형도 재구성이 가능하다. 수업모형에 억지로 껴 맞추다 보면 수업의 방향이 다른 곳을 향하여 목표 도달이 곤란한 상황에 직면할 수도 있다. 맞지 않은 옷을 입었을 때 불편한 것과 같다.

김 선생님의 수업 설계를 보면 지식이해 중심 수업모형 단계를 재구성 없이 그대로 활용하여 수업 활동 내용을 전략화하였다. 전반적으로 단계에 맞는 활동 내용이 적절하게 조직화되어 있다. 다만 가치사례 제시 및 관련 규범 파악 단계와 가치규범탐구와 이해의 심화 단계에서 선정한 활동 내용이 단계의 요소와 일관성을 유지하는지는 고민할 필요가 있다.

가치사례 제시 및 관련 규범 파악 단계는 생명존중이라는 가치사례를 제시하고 생명을 존중하는 상황을 인식하도록 해야 하기 때문에 교과서에 제시된 그림을 활용하거나 주변의 사례를 제시하여 발문을 통해 규범을 파악하도록 간단하게 안내하거나 아니면 이 단계를 아예 삭제하는 것도 좋았을 것 같다. 사실 생명을 가진 것들의 공통점을 찾은 후 생명의 의미를 구체적으로 생각해 보는 활동 내용은 가치규범탐구에 해당하고 '생명이 사라진다면?'과 마음 인터뷰 활동은 이해의 심화 단계에 적합하다고 보이기 때문이다.

📖 목표와의 일관성이 유지되는 평가계획 수립

평가는 학습 목표에 도달하였는지 여부 및 성취 정도를 가늠하는 데 있어서 매우 중요한 요소이다. 목표-내용-평가의 일관성이 유지되는 데 있어서도 가장 중요한 부분이 평가이다. 그러나 일부 수업안을 보면 목표와 평가계획이 일관성이 없는 경우가 있다. 이는 평가에 대한 관점이 부족한 데서 기인한다. 김 선생님의 평가계획을 살펴보면 도덕과에서 요구하는 인지적, 정의적, 행동적 영역에 대한 평가를 모두 하도록 계획되었으며, 성취기준도 학습목표와 일관성을 유지하고 있다. 평가기준에 따른 평가척도인 루브릭도 세부적으로 잘 작성되어 있다. 또한, 평가 시기와 방법도 구체적으로 제시되어 있다. 평가는 지필평가와 수행평가로 이루어지는데 세부적으로 관찰법과 도덕성장 일기 활동지를 통해 평가하도록 계획되어 평가에 대한 관점도 명확하게 인지하고 있음을 엿볼 수 있다. 다만 행동적 성취기준의 경우 학습목표에서 마음을 다지는 것으로 진술되어 있으므로 "표현하고 실천할 수 있다."라는 부분은 삭제하는 것이 맞을 것 같다. 도덕과의 경우 1차시는 인지적, 2~3차시는 정의적, 4차시는 행동적 영역 중심으로 구성되어 있다. 2009 개정에서는 도덕적 정서 및 의지의 강화와 정리 및 확대 적용과 실천 생활화는 인지적, 정의적 접근 수업(지식이해, 가치판단, 모범강화, 가치심화)에서 동일하게 제시하고 있지만, 때로는 학습목표 설정에 따라 학습 내용을 경감하는 차원과 효율성 측면에서 단계의 재구성도 필요하다는 생각이 든다. 예를 들어 본 차시가 1차 시이므로 인지적 접근 중심으로 수업을 진행한다면 굳이 실천 생활화나 정의적 부분은 과감하게 생략하거나 살짝 건드려 주는 정도에서 전략화하는 방안도 강구할 수 있을 것이다.

나. 교육과정중심 수업 중심 관점에 대한 접근

대부분 학교 현장에서는 수업 협의를 하면 수업자 행위, 즉 수업방법 관점 중심으로 이루어지는 것이 일반적인 현상이다. 수업의 맥락적인 측면보다 차시 학습 내용에 초점을 맞춰서 이야기가 이루어진다. 이렇게 숲보다는 나무 중심의 관점으로 협의하다 보니 깊이 있는 교육적 의미를 상실하기 마련이다. 수업을 실시하는 이유는 수업을 통해 우리 학생들에게 필요한 능력인 역량을 길러주어 미래 사회에서 잘 살아갈 수 있도록 하는 데 있다. 그렇다면 수업에 대한 이야기를 나눈다면 실질적으로 교육과정중심으로 수업이 이루어지고 있는지에 대한 관점에서 논의를 다각적으로 할 필요가 있다. 필자는 항상 수업 혁신의 시작은 수업 협의 문화 개선부터 이루어져야 한다는 생각을 갖고 있다.

📖 교육과정중심 수업의 핵심은 (핵심)성취기준 문해력

교육과정중심 수업을 논하기 위해서는 교육과정 변천에 따른 특징을 살펴볼 필요가 있다. 2007 개정 교육과정은 내용 중심 교육과정이었다. 반면에 2009 개정 교육과정은 성취기준 중심 교육과정이라고 말한다. 그렇다면 2009 개정 교육과정을 적용하는 이 시점에서 교육과정중심 수업이란 무엇인가? 성취기준 중심으로 수업을 설계하고 진행해야 함을 의미한다. 성취기준은 국가 수준에서 제시한 교과별, 학년별로 필수적으로 가르쳐야 할 내용적 기준을 말한다. 보다 구체적으로 말하면 성취기준은 국가 수준의 교육과정에서 제시하는 추구하는 인간상과 이를 구현하기 위한 초등 교육목표의 의미를 반영하여 교과별 학년별로 가르쳐야 할 기준을 제시한 것으로써 가르쳐야 할 내용과 범위를 정해 준 것이다.

성취기준은 교사 입장에서 '무엇을 가르쳐야 하는가?'와 '무엇을 평가해야 하는가?'의 기준이고, 학생 입장에서는 '무엇을 배워야 하며 도달해야 하는가?'의 기준이 되는 것이다. 학교에서는 기본적으로 성취기준을 가르쳐서 학생들이 잘 도달하도록 지도해야 하며, 미도달 학생들은 재지도를 하여 도달하도록 노력해야 함을 의미한다. 학교 현장에서 주지 교과의 경우 지도해야 할 성취기준이 너무 많다는 의견에 국가에서는 가장 필수적인 성취기준을 선정하여 핵심성취기준으로 제시하였다. 통합교과, 음악, 미술, 체육 교과를 제외하고는 대부분의 교과는 핵심성취기준 중심으로 교육과정을 재구성하여 지도해야 한다. 교과서가 성취기준에 도달하기 위하여 집필되어 있기 때문이기도 하다.

교과별로 교과서의 단원은 (핵심)성취기준에 도달하도록 차시로 나누어서 제시하고 있다. 그렇기 때문에 성취기준 개수보다 차시 개수가 많은 것이다. 결국, 단원의 차시학습은 단원과 연관된 (핵심)성취기준 중 어느 것에 도달하기 위한 차시인지 맥락을 파악해야 한다. 왜냐하면, 우리는 교과서를 가르치는 것이 아니라 (핵심)성취기준을 가르쳐야 하기 때문이다. 그러므로 차시 수업을 하기 위해서는 어떤 (핵심)성취기준과 연관되며 본 차시에서는 (핵심)성취기준의 어느 부분과 연관되어 있는지 파악하여 학습주제를 정하고 학습목표를 선정하는 것이 매우 중요하다. 그리고 수업자는 수업을 통해 길러주어야 할 역량과 핵심 인성적 가치는 무엇인지 명확하게 파악하고 있어야 한다.

이러한 교육과정중심 수업 관점에서 김 선생님의 수업을 들여다보자. 김 선생님의 '생명을 존중하는 우리'라는 4단원에서 수업안 헤드 부분과 수업자 의도를 살펴보면 교과 교육과정에서 요구하는 핵심성취기준이 "생명의 소중함을 명확하게 알고, 일상생활에서 생명존중을 적극적으로 실천할 수 있다."라는 것을 인지하고 있으며, 핵심성취기준 중 생명의 소중함을 알도록 하는 것이 본 차시와 직접적으로 관련성이 있다는 맥락을 알고 학습목표를 적절하게 제시하였다.

또한, 도덕과의 주요 가치·덕목이 18개인데 수업 차시와 관련 있는 생명존중 가치를 학생들에게 수업을 통해 어떻게 내면화할 것인지에 대해 고민한 부분이 역력하다. 결국, 김 선생님의 수업은 교육과정중심 수업에서 가장 핵심인 성취기준과 수업 내용과의 일관성을 유지하도록 수업을 설계하고 진행하였다고 생각한다.

📖 학생참여형 수업은 핵심역량 함양의 시발점

교육과정중심 수업에서 중요한 수업 방향은 학생참여형 수업이다. 2015 개정 교육과정에서는 참여형 수업방법을 총론 교수학습방법에서 강조하고 있을 정도이다. 학생참여형 수업방법을 적용하면 핵심역량과 창의·인성적 요소를 다양하게 함양할 수 있다는 장점이 있다. 학생참여형 수업방법은 사실 새로운 교수 방법은 아니다. 지금까지 초등 현장 교사들이 수업 속에서 학생참여형 수업방법을 수많이 적용했다.

토의·토론학습, 프로젝트 학습, 협동 학습, 액선러닝 학습, 비주얼 씽킹(Visual Thinking) 등이 학생참여형 학습방법이기 때문이다. 다만 교사들이 학생참여형 수업의 의미를 명확하게 알고 적용한다면 교육적 효용성이 높아진다는 것이 매우 중요한 핵심이다. 참여형 수업을 하면 미래 사회가 요구하는 핵심역량과 창의·인성 요소 등을 기를 수 있기 때문이다.

교육학적인 측면에서 살펴보면 배움의 피라미드에서 보여주듯이 참여적 학습을 하면 배움 효과가 높아진다는 이론처럼 현장에서는 학생참여형 학습방법으로 수업하면 학습효과도 높고 미래 사회에서 요구하는 핵심역량도 함양할 수 있는 방법이기 때문에 적극적으로 활성화해야 한다는 것으로 이해하면 될 것이다. 그러므로 도덕과의 경우에도 학생참여형 수업을 통해 도덕적 가치 함양과 역량을 의도적으로 길러줄 수 있다고 보는 것이다.

김 선생님은 수업모형 단계별로 수업 내용에 따라 토의·토론학습, 탐구학습 등 다양한 참여형 수업방법을 적용하여 학생들이 학습 활동에 적극적으로 참여하도록 하여 의사소통 능력, 배려, 협력, 공감 능력 등을 함양하게 하였고, 단원의 핵심적 가치인 생명존중의 규범이 내면화하도록 수업을 설계하고 진행했는데 이는 높이 평가할 만한 부분이다.

더욱이 학급 프로젝트의 일환인 '미래의 가치 있는 꿈'과 생명존중과 연계하여 진로교육 및 가치함양 교육을 시도하고자 의도한 것은 특별한 의미가 있다고 본다.

📖 교과 전문가의 지름길! 교과별 교육과정과 지도서 총론 탐구하기

도덕과의 경우 주요 가치·덕목 중 전체 지향은 존중, 책임, 정의, 배려의 4가지로 이는 영역, 학년, 주제와 관계없이 적용되는 핵심이 되는 가치·덕목으로서의 성격을 가지고 있으며, 나머지 영역별 14개 가치·덕목은 학년별로 단원 학습을 통해 심화하여 지도하도록 구성되어 있다. 3학년의 경우 4단원에서 가르쳐야 할 가치·덕목은 생명존중이다.

수업자는 4단원에서 학생들에게 가치를 규범화해야 할 생명존중에 대한 교육적인 의미를 알고 최적의 수업모형을 선정하여 단계별로 알맞은 학습 내용을 선정하고자 교재 연구를 깊이 있게 한 것을 수업자 의도나 수업 활동을 통해서 확인할 수 있다. 수업자는 교과별 성취기준과 지도서 총론 부분을 탐독하여 본 차시에서 무엇을 어떻게 가르쳐야 하는지 방향성을 분명하게 알고 있었다. 이러한 교육과정적 안목이 있으니 교과서로 가르치지 않고 재구성하여 교과서로써 지도하려는 시도가 있었다는 생각이 든다. 교육과정에 대한 문해력을 높이고자 항상 노력하는 수업자의 자세는 바람직하다. 교육과정에 대한 문해력을 높이는 것은 교사의 전문성과 연결되기 때문이다.

교사가 교과서 중심으로 수업하다 보면 목적성이 없고 방향 감각을 잃은 수업을 하게 되어 전문성 신장을 기대하기가 매우 어렵다. 지금까지 학교 현장에서 수업은 교육과정-교과서-수업의 등식으로 성립되어 온 경우가 많다. 시대가 변화하고 미래지향적인 학생들을 기르기 위해서는 교과서가 아니라 교사가 재구성의 중심이 되고 전문가의 위치에서 수업을 선도하는 교육과정-교사-수업의 등식이 성립되는 방향으로의 전환은 시대적인 요구이자 당연한 귀결이다.

다시 정리하자면 수업을 하는 교사는 적어도 국가 수준에서 요구하는 추구하는 인간상과 초등 교육목표를 정확하게 알고 이러한 지향점을 교과별로 어떻게 녹여 교육해야 하는지 맥락적인 부분에 대한 전문성을 갖춰 단원에 따른 차시별 학습 내용이 성취기준과 어떻게 연계되는지 그 의미를 알고 수업을 주도하는 교사가 되어야 할 것이다.

김 선생님의 경우 도덕과 교육과정과 지도서 총론 부분에 대한 문해력이 높아 보인다. 수업자의 의도나 수업 내용을 돋보기처럼 들여다보면 정답이 보인다. 성취기준을 가르치기 위해 생명존중을 어떻게 1차시 수업에 녹여야 하는지, 수업모형의 단계에 맞는 내용의 조직화, 교과서에서 탈피하여 목표 도달을 위해 재구성을 위해 연구를 하여 적용한 점 등을 보면 교육과정에 대한 문해력의 깊이를 가늠할 수 있다.

📖 좋은 수업의 바로미터! 목표-내용-평가의 일관성: 교육과정-수업-평가의 일체화

수업은 성취기준과 관련하여 맥락적으로 학습목표를 알맞게 설정하고 여기에 도달시키기 위한 최적의 수업 내용을 설계하고 진행하여 학생들이 목표를 성취하였는지 평가를 통해 도달 여부를 확인하여 피드백하는 과정으로 이루어진다. 결국 수업은 학습목표를 얼마나 많은 학생이 성취하였는지가 매우 중요하다.

교육과정 측면에서는 성취기준에 얼마나 학생들이 도달하였는지가 관심사이다. 수업이 활동적이고 학생들이 즐겁게 참여하는 수업일지라도 수업 후에 학생들에게 배움이 일어나지 않는다면, 즉 배운 것이 없이 그저 재미만 있다고 한다면 이런 수업은 알맹이가 없는 수업이 되어버리는 것이다. 학습 소외 현상은 바로 수업에 대한 목적을 분명하게 알지 못하고 수업을 설계하고 수업을 진행하는 데서 발생한다.

따라서 수업에 있어서 가장 중요한 요소는 바로 평가에 있는 것이다. 수업을 계획할 때는 목표를 설정하고 평가를 어떻게 해야 하는지 고민하는 것이 매우 중요하다. 그다음은 학습 내용을 어떻게 선정해야 하는지 전략화해야 한다. 요즈음 교육 현장에서 백워드 설계 모형이 주목받으며 수업 설계에 활발하게 적용되는 것과 무관하지 않다.

지금까지 현장에서 수업을 살펴보면 대부분 학습목표를 설정한 후 크게 〈활동 1〉, 〈활동 2〉, 〈활동 3〉을 어떻게 선정할 것인지 고민한다. 〈활동 4〉까지 하면 문제라도 생기는지 이를 굉장히 금기시한다. 그렇다 보니 공개 수업에서는 목표를 달성하기 위한 최적의 활동 내용을 선정하기보다는 활발한 활동이 많은 내용 중심으로 설계하는 경우가 많다. 활동 간의 위계성도 고려해야 하는데 그렇지 않은 수업을 종종 볼 수 있다. 또한, 수업 활동 내용과 목표와의 일관성이 결여된 활동도 볼 수 있다.

그뿐인가? 평가계획은 목표와 일관성이 없거나 수업 중에 평가계획대로 평가가 이루어지지 않거나 시간이 없어서 학습정리나 적절한 평가 없이 용두사미 격으로 수업이 종결되는 경우도 목격하게 된다. 이는 수업을 설계할 때 목표-내용-평가의 일관성을 크게 생각하지 않고 활동 중심에만 관심을 갖고 설계하고 진행하는 데서 그 문제점을 찾을 수 있다.

김 선생님의 수업으로 시선을 돌려보자. 학습목표는 "생명의 의미와 소중히 여겨야 하는 까닭을 알아보고 생명존중의 마음을 다질 수 있다."로 설정하였다. 우선 학습목표를 어떻게 평가해야 하는지의 관점에서 평가계획을 수립해야 한다. 그다음에는 적절한 수업 내용을 조직화해야 한다. 세부적으로 말한다면 수업을 통해 4단원의 핵심 가치인 생명존중을 규범화하기 위하여 우선 생명의 의미에 대한 학습이 우선시되어야 하고, 그다음에는 생명을 소중히 여겨야 하는 이유를 알아보는 활동으로 이어져야 하며, 생명을 존중하는 마음을 다지도록 수업이 진행되어야 한다.

평가계획을 살펴보면 목표와의 일관성을 찾아볼 수 있으며, 수업을 통해서 살펴보면 인지적 영역 평가는 수업 중에 도덕성장일기에 작성한 내용을 궤간 순시를 하면서 기록지에 적으며 평가하였고 아울러 정의적 영역 평가는 생명의 원 활동으로도 평가가 이루어졌다. 수업 후에 학생들에게 질문을 통해 확인해보니 대부분의 학생들이 생명에 대한 의미와 생명을 존중해야 하는 이유에 대해 잘 알고 있었다.

대부분의 수업에서 평가는 수업 중에 한다고 하지만, 평가를 위해 기록지를 활용하는 수업은 거의 보지 못하였는데 김 선생님의 수업에서는 의도적으로 평가하는 모습을 볼 수 있어서 매우 보기 좋았고 의미 있게 다가왔다. 2015 개정 교육과정은 과정중심평가를 더욱 강조하고 있다. 항상 과정중심으로 평가하는 것은 매우 어렵지만, 김 선생님의 수업 중 평가와 수업 중·후 도덕성장일기 등을 통한 평가를 보면서 교사의 노력이 얼마나 중요한지를 알게 해주지 않았나 생각한다. 즉, 목표와 평가의 일관성은 유지되었다고 판단된다.

수업 내용은 어떠한가? 앞서 수업모형에서 언급했듯이 모형단계에 맞게 목표 도달을 위해 적합한 학습 내용을 선정 및 조직화하였기 때문에 목표와 내용은 일관성이 있고 평가와도 일체되는 것을 확인할 수 있다. 소위 교육과정(성취기준)-수업-평가의 일체화에도 부합하는 수업이었다고 생각된다.

📖 평가의 개념과 종류 바로 알기

교사는 평가에 대한 개념과 종류에 대하여 정확하게 알고 있어야 한다고 생각한다. 그런데 학교 현장에서 가끔씩 보면 지필평가와 수행평가의 개념을 혼동하는 경우가 보인다. 사실 평가는 수업에 있어서 가장 핵심적인 요소이다. 교육부 훈령에 의하면 학교 현장에서 교과 평가는 지필평가와 수행평가로만 실시하도록 되어 있다는 사실에 주목해야 한다.

교육부 훈령에 일부 교과의 경우 시도 지침에 따라 수행평가로만 평가를 실시할 수 있도록 개정이 된 바 있지만, 대부분의 지역에서 학업성적관리지침의 실시 방법은 변함이 없다.

지필평가는 선택형(진위형, 선다형, 혼합형)과 서답형(단답형, 완성형, 논술형)으로 구분된다. 서답형은 구성적 반응을 요구하는 형태로 구성형 문항이라고도 하는데 학자에 따라 서답형이 단순 정답을 요구하는 경우가 아니라면 수행평가로 정의해도 무방하다고 주장하는 경우도 있다. 그러나 서답형도 지필평가의 유형으로 여기고 있으며 대부분 지역에서 지필평가에서 논술형·서술형 문항을 00% 이상 출제한다는 등 내규를 만들어서 평가하는 곳도 많다.

수행평가(遂行評價: Performance Assessment)란 "평가자가 학습자들의 학습 과제 수행 과정 및 결과를 직접 관찰하고, 그 관찰 결과를 전문적으로 판단하는 평가 방식"을 의미한다. 수행평가는 과정중심이기는 하지만, 전문적으로 판단하는 평가 방식이라는 점에 관심을 가져야 한다.

수업안이나 교과 연간 평가계획에 평가 방법을 쓸 때는 지필평가, 수행평가로 나타내거나 수행평가(관찰, 포트폴리오), 또는 실험보고서 등으로 기재하는 것이 바람직하다. 수행평가라고 쓰면 수행평가 방법이 너무 많아서 정확하게 알지 못하기 때문에 명확하게 기재하는 것이 좋다.

지필평가		수행평가		
선택형 반응 요구	서답형(구성형) 반응 요구	특정 산출물 요구	특정 활동 요구	과정을 밝힘
○ 선다형 문항 ○ 진위형 문항 ○ 배합형 문항 (연결형)	○ 단답형 문항 ○ 완성형 문항 (빈칸 채우기) ○ 과제물 제시 ○ 시각적 자료 만들기 (개념도나 흐름도, 그래프나 표, 도안 등) ○ 서술형 ○ 논술형	○ 수필 ○ 연구보고서 ○ 과제일지 ○ 실험보고서 ○ 이야기/극본 ○ 시(poem) ○ 포트폴리오 ○ 미술작품 전시 ○ 과학 프로젝트 ○ 모형(model) 구성 ○ 비디오 구성/오디오 구성	○ 구두발표 ○ 무용/동작발표 ○ 과학실험 시연 ○ 체육 경기 ○ 연극 ○ 토론 ○ 음악 발표 ○ 실기	○ 구두질문 ○ 관찰 ○ 면담 ○ 회의 ○ 과정(process)에 대한 기술 ○ 생각하는 과정을 말로 표현 (think aloud) ○ 학습일지

〈표 4-지필평가와 수행평가 종류(교육부, 1998: 3, 일부 수정)〉

다. 수업자의 행위, 즉 교수 방법적 관점에 대한 접근

대부분의 학교 현장에서 수업이 진행되는 모습을 보면 눈에 들어오는 것은 수업자의 일반적인 수업 수행 능력이다. 동기 유발의 방법, 질문과 발문 그리고 지명 방법, 자료의 투입과 철거의 적절성, 시간 관리(안배) 능력, 수업 활동에 따른 적절한 좌석 배치, 칠판 활용 및 판서 능력, 수업자의 언어구사 능력, 교사 음성의 속도 및 고저장단, 궤간 순시 및 학생들과의 눈 맞춤 등 교수 방법의 다양성에 대한 능력을 들 수 있다.

더불어 전체적인 수업 분위기나 거수하는 학생의 분포와 발표하는 학생들의 분포도 수업자의 방법적 관점으로 관찰하게 된다. 이러한 교수 방법적 부분은 일반적으로 양적인 방법으로 수업을 분석하여 평가하는 경향이 많다. 반면에 질적인 방법은 이론적 근거가 필요한 수업 내용적 측면에 많이 활용되고 있다.

수업자의 행위 중심 관점에서 세부적으로 이야기를 이어가 보자. 학생들과 약속된 주의집중 방법, 즉 관례화되어 있는 경우 수업에 긍정적 효과를 미친다. 적절한 질문, 수렴적 및 확산적 발문을 적절하게 사용하고 다양한 학생들을 대상으로 지명을 통해 발표하게 하면 수업의 효용성과 학업성취도는 높아지게 된다. 정제된 언어 구사와 상황에 맞는 교사 음성의 고저장단은 학생들이 수업에 흥미와 집중력을 발휘하게 한다.

학습 활동에 따른 알맞은 학습조직과 좌석 배치는 학생들 간에 유기적인 상호작용을 극대화한다. 이러한 교수 방법적 측면은 수업자의 연출력과 무관하지 않다. 사실 동일한 수업안을 가지고 수업하는 경우 교사의 연출력, 즉 상황에 따라 자료를 제시하는 방법, 발문 방법, 교사의 표정과 수행 능력에 따라 학습 분위기, 학생 배움의 정도, 성취 수준 등이 상당히 달라진다는 것을 필자는 그동안 수없이 많이 보아 왔다. 교사만큼 수업에 있어서 가장 좋은 자료는 없다. 교사는 배우처럼 수업의 연기자가 되거나 공연의 연주를 멋지게 하는 연주가처럼 수업 종합 예술가로 거듭나야 할 것이다. 그러면 수업자의 교수 방법적 관점에서 김 선생님의 수업을 들여다보자.

📖 화려하지는 않지만, 꼭 필요한 자료 제작 및 활용

공개 수업의 경우, 화려한 수업 자료가 없으면 왠지 부담스러워 평상시 사용하지 않던 온갖 자료들의 백화점이 되어 버리는 모습을 종종 본다. 특히 교생실습 시 교생들의 수업에서 이러한 현상이 많이 발견된다. 아무리 화려해도 수업의 효과를 증진하는 데 정말 필요한 자료라면 의미가 있지만, 한 번 보여주고 철거해버리는 자료인데 제작에는 많은 시간이 소요되는 일회성 자료라면 과연 필요가 있는 것일까? 공개 수업일지라도 정말 필요한 자료만 제시해야 한다고 본다. 과시적으로 보여주는 것보다 자료의 효과성이 더 중요하지 않은가?

이런 측면에서 김 선생님의 자료 제시는 화려하거나 요란스럽지는 않지만, 정말로 꼭 필요한 자료만 활용한 것으로 보인다. 단원명과 학습문제는 분필로 미리 써 놓고 생명이란 단어는 가림 종이로 간단하게 가렸다. 학습문제 제시 때 가림 종이를 제거하여 생명을 강조하였다. 또한, 생각나무판은 평상시 사용하는 학습판으로 물음표를 보여주고 의문을 갖게 하면서 물음표를 뒤집어 학급 사진이 나타나게 하여 본시 학습문제를 인식하게 하는 동기 유발 자료로 활용하였다. 대형 TV의 경우 필요한 경우에만 수업 진행형 PPT를 제시하고 항상 리모컨이 수업자의 손에 들려있어서 상황에 맞게 화면을 ON/OFF로 통제하여 학생들의 시각적 분산을 막도록 하였다. 일부 수업에서 활동 단계와 맞지 않는 불필요한 화면을 계속 보여주는 모습이 종종 관찰되는 것과 대조된다.

그리고 도덕성장일기도 단원마다 북아트 형식으로 만들어 학습 활동 중 적합한 내용을 기재하여 사용하도록 고안하였다. 공개 수업을 위해 제작한 일회성이 아니라는 데 김 선생님의 교육적인 철학이 담겨 있다는 생각을 갖게 되었다. 참, 중요한 교구를 누락하여 소개하지 못할 뻔했다. 생각모으기판이다. 모둠별로 생각모으기판 각각의 사각형 안에 학생들의 생각을 적거나 포스트잇을 붙이도록 한 후 가운데 칸에 공통점이나 결과를 적도록 하여 토의·토론 학습용으로 활용하는 교구인데 평상시 수업에도 다양하게 활용하고 있었다. 김 선생님은 모든 교과 활동에도 확장하여 활용할 수 있는 다각적인 교구를 제작하여 자료의 효과성, 확장성, 지속성의 의미를 극대화하고 있다는 점에서 매우 진정성이 있는 수업을 구성하고 진행하는 교사라는 생각을 갖게 하였다.

📖 질문과 발문 그리고 지명의 적절성

수업을 진행하다 보면 학생들이 질문하거나 교사가 학생들 대상으로 질문이나 발문이 적절하게 이루어지면 학습목표에 도달하기가 용이해지기 마련이다. 발문은 수렴적인 발문보다 확산적인 발문이 학생들의 창의성을 신장하게 하고 생각하는 힘을 길러줄 수 있다. 그러나 늘 확산적인 발문만 할 수는 없다. 내용에 따라 질문이거나 간단한 발문도 필요하다. 항상 확산적 발문이 많을 필요는 없을 것이다.

교과에 따라, 가르치는 내용에 따라서 다르기 때문이다. 수업자는 활동 상황에 맞게 질문이나 발문을 적절하게 구사할 줄 알아야 한다. 특히 수업시간에 교사 위주의 질문과 발문은 있는데 학생들에게 수업 내용에 대하여 질문하는 시간을 주는 경우는 생각보다 많지 않다. 특히 학생들이 질문한다는 것은 새로운 지식을 얻기 위한 출발점인 행동을 한 것이며, 사고력과 창의력을 키우는 최선의 수단이 된다. 그런 의미에서 수업 중에 학생들이 질문을 많이 한다는 것은 분명히 좋은 징조이자 학생들의 이해 수준을 파악할 수 있고 수업을 조절하는 데 활용할 수 있다.

일부 교사들의 경우 학생들 대상으로 하는 질문과 발문의 차이에 대하여 혼선을 느끼는 경우가 있다. 질문은 정답이 있는 것을 말한다. 예를 들어 "우리나라 수도는?", "꽃 이름은?" 등이다. 반면에 발문은 사고를 자극, 유지, 발전시키기 위해 문제를 제기하는 것으로 답이 여러 가지인 것으로 생각하면 된다. "너는 어떻게 생각하니?"와 같은 것이 발문이다. 가급적이면 교사는 질문보다 발문이 많은 것이 바람직할 것이다.

김 선생님의 수업을 보면 대부분 질문은 거의 없고 발문 중심으로 진행되어 매우 바람직하며 발문의 정석을 보여준다. 수업안의 예상 발문만 분석해도 그렇다. 실제 수업에서도 수렴적 발문보다 확산적인 발문이 많다. 예를 들어, "무엇인가요?", "무엇일까요?", "어떤 마음이 들었나요?" 등으로 다양한 의견들이 제시되도록 발문에 고민하였음을 확인할 수 있었다.

하지만 수업 중에 학습문제가 무엇인지, 생명이 사라진다면 규칙을 잘 이해하는지 질문을 하게 한다든지 등 상황에 맞게 아이들이 이해 수준을 측정할 수 있거나 궁금한 것을 질문하도록 기회를 더 많이 주었다면 피드백에 용이하지 않았나 하는 생각도 들었다. 다른 수업에서도 교사들이 간과하는 부분이 교사 위주의 발문이 주가 되고 학생들에게는 질문을 할 수 있는 기회를 거의 주지 않는다는 점에 주목하여 필요시 학생들에게 질문하는 창문을 활짝 열어 둘 필요가 있다.

📖 지명의 다양성과 학생들의 자연스러운 발표 모습

발문 후 학생들이 거수하면 교사는 지명하게 되고, 지명을 받은 학생이 발표하는 모습은 수업이 이루어지는 교실에서 관찰되는 일반적인 모습이다. 물론 발문에 따라 거수하는 학생들이 많다는 것은 학생들이 수업에 적극적으로 참여하고 있음을 반증하는 것이다.

김 선생님의 수업에서 교사의 발문에 따른 학생의 거수 비율을 전체적으로 보면 72% 정도로 10명 중 7명 정도가 즉각적으로 손을 들어 발표 의사를 표하였다. 이는 학생들의 발표력이 높다는 것을 보여주는 대목이다. 다만 김 선생님은 대부분 발문 후 기다림이 별로 없이 즉각적으로 발표하도록 지명했는데, 머릿속에서 생각이 가물가물하거나 발표를 하고 싶지만 소극적이어서 손을 들지 못하는 학생들 등 부진한 학생들까지 고려하여 생각할 수 있는 시간을 주는 것은 필요하다고 본다. 특히나 확산적인 발문을 한 다음에는 학생들이 생각할 시간을 충분하게 줄 필요가 있다. 이것을 생각하는 시간을 의미하는 Wait-time이라고 한다. 누구나 잘 아는 내용은 Wait-time이 필요 없지만, 생각을 요할 시에는 Wait-time이 필요하다.

발표하는 모습으로 이야기의 초점을 돌려보자. 저학년 교실에서 자주 보이는 모습이기도 하다. 발표하기 전에 교사가 지명한 학생에 대하여 "○○를 향하여." 하면 '짝짝 짝짝짝' 등을 하게 하여 집중하게 하고 지명된 학생은 일어서서 의자를 책상 안으로 넣은 후 "○○가 발표하겠습니다." 하고 발표한 다음 다시 의자를 꺼내어 앉는 모습을 볼 수 있다. 그다음에는 칭찬 박수를 유도하기도 한다. 평상시 우리가 일상생활 속에서 질의응답을 할 때 이와 같은 모습으로 이루어지는가? 그렇다면 교실에서 정형화된 모습으로 발표하게 할 필요가 있는 것인가?

필자는 그렇게 생각하지 않는다. 지명을 받으면 자리에 앉아서 자연스럽게 발표하면 된다고 생각한다. 물론 1학년 정도의 학생이 발표 연습을 하기 위해서는 상기 방법이 필요할 수도 있다. 김 선생님의 수업에서는 일어서서 발표하는 모습은 볼 수가 없었다. 필자가 생각하는 대로 거수하고 지명이 되면 그 아이는 자연스럽게 앉아서 대답한다. 이렇게 하니 시간 절약도 된다. 군더더기가 없어서 좋다. 또한, 학생들이 발표하면 "○○가 이러한 내용으로 발표를 했는데 다음은 누가 해볼까?"와 같이 발표 내용을 다시 전달해 주는 것도 찾아볼 수 없다. 학생들이 발표한 내용을 전달해 주면 더 집중해서 학생들이 듣지 않을 가능성도 있지 않은가? 수업을 할 때 3과 예방과 3감 노력이라는 규칙이 있는데 수업을 설계하고 연출하며 수업을 진행할 때 마음에 담아 둘 필요가 있는 내용이다.

📖 교사의 언어 구사와 학생과의 상호작용

김 선생님은 수업 시간 내내 집중 박수나 손 유희 등을 통해 집중을 유도하는 모습을 찾아볼 수 없었다. 대부분 공개 수업에서 손쉽게 볼 수 있는 장면인데 말이다. 물론 학생들이 수업에 적극 참여하고 집중을 잘한 부분도 있었지만…. 그런데 수업을 보고 있자면 굳이 집중 박수 등을 할 필요가 없다는 것을 느꼈다. 발표를 하게 하거나 활동 전환을 할 경우 선생님과 아이들은 눈과 눈으로 말하는 것이 습관화되어 있다는 것을 발견하게 되었다.

김 선생님은 항상 학생들의 눈을 바라보며 조곤조곤 말했다. 때로는 강조가 필요할 때는 보다 크게 목소리에 힘을 주어 천천히 또박또박 학생들이 이해하도록 설명이나 발문을 한다. 중요한 이야기를 할 경우에는 잠시 말을 하지 않고 눈으로 시선을 집중하게 한 다음 전체가 바라보면 말을 이어가는 등 절제미가 있고 몰입도가 있는 수업 진행이 이채로웠다.

사실 눈높이 교육은 학생들의 눈높이에만 맞추는 것이 아니듯이 김 선생님은 3학년 학생들의 행동과 사고 특성과 이해 수준을 정확하게 알고 그 수준의 눈높이에 맞춰 수업을 진행하고 상호작용을 하는 모습이었다. 중견 교사로서의 품격을 보여주었다.

라. 학생 배움중심에 대한 접근

몇 년 전부터 혁신학교를 중심으로 수업 혁신 차원에서 배움의 공동체 운동이 전국적으로 급속도로 전파되었다. 요즈음에는 중등에서 보다 관심을 갖고 있는 것 같다. 배움은 학습보다는 더욱더 적극적인 개념을 가지고 있다. 경기도교육청에서도 배움의 공동체 운동의 핵심적 개념을 재해석하여 배움중심 수업을 강조하고 있다. 필자는 배움의 공동체가 지향하는 소외받는 학생이 없도록 모든 학생에게 배움이 일어나도록 해야 한다는 전제에 전적으로 동의한다. 이러한 측면에서 배움의 공동체 운동을 재구성하여 경기도교육청에서 배움중심 수업으로 재탄생하지 않았나 하는 생각도 든다. 맞는 말일 것이다. 어떠하든지 배움중심이라는 담론은 그동안의 교사 중심의 관점에서 탈피하여 수업의 주인공인 학생의 배움에 대한 것으로 무게중심이 이동해야 함을 의미한다.

경기도교육청에서 이야기하는 배움중심 수업이란 '학습자의 자발성과 자기 주도성을 기초로 하는 학습자 중심의 수업의 의미를 충분히 살리되, 교사와 학생이 끊임없이 교류하고 소통하면서 함께 지식을 창조, 형성해나가는 과정이 존재해야 하는 수업'을 말한다. 즉, 배움의 공동체가 수업의 방법에 초점을 맞추고 이러한 수업방법을 개선하기 위한 학생과 학생 간, 학생과 교사들 간의 학습공동체를 강조하는 것이라면, 배움중심 수업은 수업에서 담아낼 내용, 즉 어떤 배움이 수업에서 일어나도록 할 것인가에 중점을 두는 개념이며 학생의 배움을 강조하면서 교수·학습방법적인 측면 뿐만 아니라 교육과정 측면까지 새롭게 생성하고 재구성할 수 있다는 것을 강조하고 있다. 매우 공감이 간다. 그러나 너무나도 학생 배움중심으로 시선을 옮기고 교사의 가르침에는 관심이 적어진다면 이는 수업 맥락적으로 큰 오류를 범할 수 있다고 생각한다.

훌륭한 가르침이 없이는 훌륭한 배움이 없다고 본다. 교사의 가르침과 학생의 배움은 씨줄과 날줄처럼 연결되어 있다. 교사의 가르침은 학생의 배움을 전제로 준비되어야 한다. 이러한 측면에서 배움중심 수업은 매우 의미가 있다. 더욱이 가르침과 배움의 중요성에 균형이 이루어진다면 배움중심 수업은 진정한 교육과정중심 수업이 될 것이다.

필자는 배움이라는 것은 결국 교사의 가르침에 따라 학습 과정이나 후에 얼마나 알고 있는지, 성취를 했는지와 같은 내용이라고 생각한다. 배움은 수업을 통해 학생들이 얼마나 알고 있는 정도이다. 이것은 평가를 통해 알 수 있다. 평가계획과 무관하지 않다. 김 선생님의 수업을 예를 들면 학생들이 수업을 통해 생명의 의미와 소중한 까닭을 알도록 교사의 가르침이 있었다면 학생들은 수업으로 이러한 내용을 알게 되는 과정과 결과로서 배움이 이루어지는 것이다.

배움이 어느 정도인지는 대부분이 차시 성취기준에 도달했는지에 달려있다. 도달도가 낮으면 가르침의 방법과 절차에 의문점을 부여해서 분석할 필요가 있다. 수업 협의 관점도 마찬가지로 배움과 가르침에 대한 균형적인 관점으로 접근이 이루어져야 한다. 교육과정 재구성 부분도 함께 동반되어야 진정한 수업의 성찰이 이루어진다.

　김 선생님의 학급 학생들은 15명으로 중규모의 학급 집단이다. 그래서 배움이 얼마나 이루어졌는지 확인하는 것은 그리 어렵지 않다. 도덕성장일기와 수업 중 참여, 토의·토론, 발표 등을 전반적으로 관찰해야 할 것이다. 필자가 관찰한 바에 의하면 학습에서 소외된 학생은 보이지 않았다. 생명의 의미와 소중한 까닭도 대부분이 잘 알고 있었다.

　이 수업을 통해 아이들이 생명이라는 새로운 개념도 익히고 생명이 왜 소중한지를 알게 되는 모습을 보면서 교사의 수업 설계가 새삼 중요한 요소라는 것을 느끼게 되는 계기가 되었다.

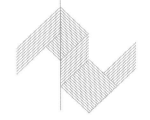

4. 수업 비평적 접근을 마무리하며

　서두에서도 언급하였듯이 필자는 김 선생님의 수업을 빌려서 학교 현장에서 공론화되어야 하는 수업과 관련된 제반 이야기를 꺼내어 보고 싶었다. 혹자는 진부한 글이라고 할 수 있을 것이다. 그러나 학교 현장에서 교사의 전문성 신장은 누가 대신해 줄 수 없다. 교사 스스로가 마음의 빗장을 열고 배움에 대한 열정을 가질 때 수업을 노래하고 연주하는 예술가로 거듭날 수 있다. 모두가 수업 예술가로의 전환을 기대하는 측면에서 수업 담론을 펼쳐나가도록 수업을 공개하고 공개적인 글을 쓸 수 있도록 배려해준 김 선생님에게 감사하고 고마운 마음을 전한다. 수업 비평적 접근을 마무리하며 몇 가지 교육과정과 수업 그리고 수업문화에 대한 약간의 바람을 적어보면서 글을 정리하고자 한다.

가. 미래 사회를 준비하는 교육의 준비와 수업 패러다임의 전환

　미래학자 토머스 프레이는 2015년 4월 26일경에 방송된 KBS TV 〈오늘 미래를 만나다-미래 혁명〉이라는 프로그램에서 "빅데이터, 3D 프린터, 드론, 무인자동차 등으로 인하여 지금부터 인류는 역사상 가장 큰 변화를 겪을 것이다."라고 미래 사회를 내다봤다. 그러면서 이러한 것으로 인하여 2030년에는 20억 개의 직업이 사라지고 또 새로운 직업이 그만큼 생겨날 것이라고 하였다. "소프트웨어가 세상을 장악할 것이다.", "빅데이터가 의사의 80%를 대체할 것이다.", "3D 프린터는 인터넷보다 더 큰 영향력을 끼칠 것이다."라는 충격적인 예언도 하였다. 그런데 이러한 예언이 사실로 나타나고 있다.

　세계경제포럼에서는 "생명공학, 인공지능 중심의 4차 산업혁명이 일어나며 초등학생이 사회의 주인공이 되는 시대에는 지금 없는 직업의 65%를 맞이하게 될 것이다."라고 내다보았다. 정말 이러한 상황이 연출될까? 그러나 이러한 우려가 현실이 된다는 것은 자명해지고 있다. 그래서 지금의 학생들에게 단순 기술을 가르치기보다는 창조력과 고도의 문제해결능력을 기르는 교육에 중점을 두어야 한다고 하였다. 즉, 미래 사회에 필요한 능력은 창의성과 사회성(협업능력)으로 집약된다. 영국은 "창의력과 알고리즘이 다음 세대의 직업 필수요소."라며 초등학교부터 알고리즘과 코딩교육을 2014년부터 시작하였다고 한다.

이러한 시대적 패러다임 속에서 교육의 목적은 어떻게 설정해야 할까? 현장 교사 입장에서는 정말로 중요한 관점이다. 교사들이 시대적 변화에 익숙해지지 않으면 21세기형 인재를 키우는 교육을 감당하기 어려워지기 때문이다. 농부 철학자 윤구병 박사는 교육의 목적을 제 앞가림을 하는 능력과 어울려 사는 능력을 갖추게 하는 것이라고 하였고, 앨빈 토플러는 자신의 미래 삶을 전망하고 실현하도록 도와주는 것이라고 하였다. 필자의 입장에서 미래 사회의 변화와 학자들의 말들을 종합해 볼 때 교육의 목적은 미래 사회에서 우리가 현재 가르치는 학생들이 잘 살아가는 힘(능력)을 갖도록 하는 것이라고 단정하고 싶다.

즉, 미래 사회에서 잘 살아갈 수 있는 스킬인 역량을 길러주는 것이 우리가 해야 할 교육의 방향이자 핵심이라고 주장하고 싶다. 우리는 이러한 미래 핵심역량은 바로 교육과정중심의 수업을 통해 만들어 갈 수 있다는 사실에 주목해야 한다. 『21세기 핵심역량』이라는 책에서는 혁신적 학습과 교육에 대한 질문을 다음과 같이 제시였다. 교사인 우리들이 어떻게 교육을, 수업을 수행해야 하는지 곰곰이 생각해 보자.

첫째, 선생님이 가르치는 학생이 학교를 떠나 세상에 나가게 될 20여 년 후, 이 세상은 어떻게 변해 있을 것인가? 둘째, 선생님이 가르치는 학생이 20여 년 후의 세상에서 성공적으로 살아가기 위해서는 어떠한 스킬을 가져야만 할까? 셋째, 앞으로 두 가지 질문에 대한 선생님의 대답을 바탕으로 수업을 설계한다면 어떠한 모습으로 하겠는가?

나. 교과서 중심에서 교육과정중심 수업으로의 전환은 필수

학교 현장에서 교사의 전문성 신장 차원에서 교과서와 초등 교육자료 i-scream은 어떤 영향을 주고 있을까? 미국이나 영국 등 소위 교육 선진국은 대부분 교과서가 없다. 있다고 해도 주지 교과 정도이고 그것도 교과서에 있는 내용을 숙제를 내거나 집에 가지고 가는 모습은 거의 찾아보기가 어렵다고 한다. 대신 국가 수준에서 교육목표와 성취기준이 제시되고 가르치는 내용은 교사가 재구성해야 하는 시스템이다. 그러다 보니 대부분 프로젝트형으로 진행되고 교과의 분절 현상보다 통합적인 접근이 이루어진다. 당연하게 교사의 전문성은 깊어지기 마련이다.

반면에 우리나라의 경우는 어떠한가? 국가에서 제공하는 친절한 교과서가 주어져서 교육과정이 개정되어도 별로 관심을 갖지 않아도 된다. 교과서만 가르치면 되기 때문이다. 학부모들은 교과서 중 일부를 가르치지 않으면 다 가르치지 않았다고 하는 안타까운 모습도 연출된다. 필자가 보기에는 우리나라의 친절한 교과서는 각 교사가 전문성을 갖춘 교사로 성장하는 데 있어 오히려 방해 요소가 된다고 생각한다.

적어도 교과서를 가르치더라도 국가 수준의 교육과정을 알고 지도하면 수업을 통해 미래지향적인 교육의 의미도 담고 의도하는 역량도 녹일 수 있는데 말이다. 전문성 있는 교사로서 성장하기 위해서는 교육과정을 바로 알고 교육과정중심으로 수업하는 것이야말로 정말로 중요한 핵심이다.

교육과정중심 수업의 관점에서 교육과정은 무엇일까? 우선 추구하는 인간상과 이를 구현하기 위한 초등 교육목표, 총론적 핵심역량을 충분하게 이해하고 이런 거시적 목표들이 녹아있는 교과별 성취기준을 정확하게 파악하는 안목을 갖는 것을 말한다. 교과별 성취기준이 들어 있는 교과별 교육과정을 바이블과 같이 읽고 가르칠 방향을 설정해야 하는 것이 교육과정중심 수업의 첫걸음이다.

그 다음에는 이러한 성취기준에 잘 도달하기 위하여 교과서에서 단원별, 차시별로 잘 구성되어 있는지를 살펴보아야 한다. 만약 성취기준 도달에 알맞지 않는 내용이 있다면 과감하게 수업자가 다른 내용으로 대체하여 가르치는 적극적인 재구성을 해야 한다. 그리고 단원 및 차시 학습을 통해 학생들에게 내면화해야 할 역량도 고려해야 한다. 이러한 역량을 길러주기 위해 학생참여형 수업방법을 수업 시간에 다양하게 적용하기를 바라는 것이다.

다시 정리하자면 교육과정중심 수업은 성취기준 중심으로 재구성하여 가르치는 것을 뜻한다. 성취기준과 관련하여 교과서를 바라보고 분석할 줄 아는 안목이 필요한 이유가 여기에 있다. 그래서 2009 개정 교육과정에서 주지 교과의 경우 핵심성취기준 중심으로 단원을 재구성하는 것은 필수사항이 되어버렸다. 교과서는 성취기준 중심으로 편찬되어 있기 때문에 성취기준 중 핵심적인 것들로 과감하게 경감한 핵심성취기준을 가르치기 위해서는 단원 재구성과 교과서 내용의 재구성은 동시에 수반되어야 하는 것이기 때문이다.

차시 학습을 할 경우 국가 수준의 성취기준과 어떤 연관성이 있는지를 알고 가르치는 것은 기본에 해당한다. 또한, 교육과정중심 수업의 주인공이 되기 위해서는 교육과정이 개정되면 교육과정의 핵심철학과 비전이 무엇인지 알고 이해하며 공감하는 노력이 필수적이다.

다. 교수·학습방법에 대한 전문성이 있어야

2009 개정 교육과정의 특징은 성취기준 중심 교육과정이라고 해도 과언이 아니다. 반면에 2017년부터 1~2학년부터 적용되는 2015 개정 교육과정의 경우에는 성취기준 중심 교육과정에다 핵심역량중심 교육과정까지 포함하면서 학생참여형 수업이 강조되었다. 학생참여형 교수·학습방법 적용으로 미래 사회에 필요한 핵심역량을 길러주는 교육으로 거시적인 안목을 갖고 출발하자는 것이 큰 방향이자 목적이다.

수업하는 교사에게 있어서 교수·학습방법의 적용은 기본적인 요체이다. 그러나 때론 예전에 나온 교수·학습방법은 기피하고 새로운 교수·학습방법의 트렌드만 쫓는 경향도 있다. 거꾸로 학습, 하브루타, 내러티브 학습방법 등이 그 예이다. 거꾸로 학습의 경우에도 교사가 새로운 학습방법을 모르면 안 되겠지만, 반면에 이를 맹신하고 무조건 도입 및 적용하려는 것도 조심해야 한다. 교육은 인기가요 순위가 아니지 않은가? 학습 내용이나 학생들의 특성 등을 고려하여 최적의 학습방법을 적용하는 것이 학습효과를 극대화하는 지름길이다.

요즈음에는 비주얼 씽킹이나 씽킹맵, Q&E 학습 등이 새롭게 등장했는데, 많은 교사가 이를 연수받고 적용하고자 한다. 새로운 수업방법을 아는 것은 매우 중요하다. 그러나 그렇다고 예전의 탐구 학습, 조사 학습, 교육연극 등의 수업방법은 필요 없는 방법인가?

교사가 전문가가 되기 위해서는 다양한 교수·학습방법에 대한 해박한 지식을 갖고 이를 수업에 적용하여 절차나 방법 등에 깊이 있는 식견을 갖고 있어야 한다. 10년이 넘는 경력을 가졌는데도 자신 있는 수업모형이나 수업방법이 없다면 누가 전문가라고 인정할 수 있겠는가?

필자가 보기에는 적어도 수업에 대한 전문가라면 모든 학습방법에 대하여 기본적으로 학습 절차나 방법을 알고 있는 것은 기본이고 이 중에서 보다 전문성을 갖고 있는 학습방법이 몇 가지는 있어야 할 것이다. 그런 의미에서 교사들 간 수업 스킬 전문성 제고 차원에서 활발한 토의와 정보 공유를 할 수 있는 수업공동체, 즉 교과연구회가 교·내외적으로 활성화되기를 기대해본다.

마지막으로, 수업과 관련된 아포리즘을 제시하면서 글을 마무리하고자 한다.

○ 좋은 수업을 위하여 3과 예방과 3감 노력을 지속해서 하자.
  □ 3과 예방
   • 많이 가르치려 말고 정선하여 가르치기
   • 어렵게 가르치려 말고 쉽게 가르치기
   • 빨리 가르치려 말고 천천히 가르치기
  □ 3감 노력
   • 교사의 말 줄이기
   • 꾸중 없애기
   • 군더더기 언행 없애기

○ 주의집중에 능숙 능란한 교사가 되기 위해서는 교사는 (연극배우)가 되어야 한다. 수업 상황에 따라 세종대왕, 슈렉, 마왕, 천사, 공주도 되어야 하니까? - 이상수

○ 운동경기에서는 선수들의 컨디션, 경기의 흐름을 파악하여 정확한 진단과 처방, 즉 작전을 잘 펼치는 감독이 명감독이다. 명감독은 전술·전략에 능하다. 이에 반하여 명품교사는 학생들의 흥미, 참여도, 개인차 등에 따라 다양한 수업 기법을 알고 적절한 시기에 투입하여 학습효과를 극대화하는 (수업 전략가)이다.

○ 교사의 임무는 두 가지가 있다. **글을 가르치는 일과 행실이나 도덕을 가르치는 일이다.** 전자는 (知育)이고 후자는 (德育)이라고 한다. 知育과 德育을 함께 글을 통해서 사람을 만들어가는 선생이 곧 스승이다.

○ 교사의 말은 '참말'이어야 하고, '무게'가 있어야 하며 '향기'가 있어야 한다.

○ **수업에는 왕도가 없다.** 그러나 멋진 수업을 위한 **교사의 피나는 노력**은 있을 수 있다. **멋진 수업!** 그것은 아동에 대한 **끝없는 사랑과 이해와 장인정신**이 바탕이 된 토양 위에, 수업 개선을 위한 의지와 노력과 연구 과정을 통해 얻어지는 땀의 결실이며, 이 세상에서 **가장 값지고 귀한 교사의 보람**이다.

○ **평범한 스승은 말하고, 좋은 스승은 설명하고, 수월한 스승은 모범을 보이고, 위대한 스승은 감화를 준다.**

○ **전문적인 교사에게는 3다(多)가 있다.**
  - 다독(多讀): 전문적인 교육 관련 책을 많이 읽음
  - 다수(多授): 수업을 많이 하는 것
  - 다견(多見): 우수한 수업을 많이 보는 것

---

o **교육**이라는 **(꽃)**이 <u>학교</u>에서 피어난다면, **(학습)**이라는 열매는 <u>교실</u>에서 **(수업)**을 통해 자라고 익어 **결실**을 맺는다. - 이윤호

o **배움이란** 당신이 이미 알고 있는 것을 발견하는 일이다. **삶이란** 당신이 알고 있는 그것을 증명하는 일이다. 그리고 **가르침이란** 당신과 마찬가지로 다른 사람에게도 그들이 이미 알고 있는 것을 일깨우는 일이다. 우리 모두는 배우며, 살며, 가르치고 있다. - 리차드 바크

o 수업을 통해서 교육과정이 구현되기 때문에 수업은 학생을 대상으로 교육과정에 생명을 불어넣는 일이고, 학생에게 교육과정이 작동할 수 있도록 하는 일이다. - 정광순

도덕과 교수·학습과정안[32]

1. 수업 개요

○ 단원명: 4. 생명을 존중하는 우리

○ 주제: 생명이 왜 소중한가요? (1/4차시)

○ 학습목표: 생명의 의미와 소중히 여겨야 하는 까닭을 알아보고 생명존중의 마음을 다질 수 있다.

2. 수업자 의도

2009 개정 도덕과 교육과정, 초등학교 도덕과의 목표는 일상생활에 필요한 도덕적 가치·덕목과 기본 생활 예절을 알고 기본적인 도덕적 판단력과 실천 의지를 함양하여 공동체 속에서 다른 사람과 공감·소통하며 조화롭게 살아갈 수 있는 도덕적 행동 능력과 습관을 기르는 것이다. 여기에서 가치·덕목은 도덕과 교육을 통해 학생들 속에서 기르고자 하는 바람직한 자질, 성향, 품성 등을 표상하는 것인데 2009 개정 도덕과 교육과정에서는 자율, 성실 등 18개의 주요 가치·덕목들을 설정하였다.

4단원은 자연·초월적 존재와의 관계 영역으로, 다른 생명의 입장에 서서 느끼고 생각하는 활동을 통해 생명존중에 대한 바른 판단을 할 수 있는 능력을 키우도록 하는 것이 중요하다. 또한 1단원, '소중한 나'와 연계하여 자신도 소중한 생명임을 알고 진지하게 학습할 수 있도록 분위기를 조성해야 한다.

핵심 지도 가치·덕목인 '생명존중'은 모든 생명에 대한 관심을 가지고 배려하며 사랑

---

32   이 수업안은 김 선생님이 수업 공개 시 제공한 것으로 원문을 가감 없이 그대로 게재하였다.

하는 것을 의미하는 포괄적인 개념이다. 사람이 윤리적이고 도덕적인 생활을 하는 데 기본적인 바탕이 되므로 '미래의 가치 있는 꿈'을 이루게 하고자 하는 본 학급에는 매우 의미 있는 가치·덕목이 될 수 있다.

이러한 측면에서 본 차시에서는 '미래의 가치 있는 꿈'을 이루기 위해 생명의 의미, 생명을 소중히 여겨야 하는 까닭과 중요성을 탐구한다. 또한, 인간의 생명뿐만 아니라 동식물, 나아가 자연에 존재하는 모든 생명까지도 소중하게 여기는 마음과 태도를 가지도록 하는 데 중점을 두었다. '생명존중'이라는 가치규범을 탐구하는 교수·학습 활동에 있어 '생명의 소중함'을 느끼는 활동은 매우 중요하다. 그러나 교과서에 제시된 '생명이 사라진다면' 활동을 분석해 보니 일부 문제점이 있어서 대안활동 활용에 대한 고민도 다각적으로 해 보았으나, 수업자 스스로 설정한 본 수업의 목적 중 하나인 '함께 고민할거리'에 비추어, 수업에 적용 후 대안을 함께 찾아보는 것으로 결정하였다.

따라서 본 수업에서는 '생각 모으기' 활동을 통해 생명의 의미를 찾고 『살아있어』라는 책을 통해 이해한 것을 바탕으로, '생명이 사라진다면?' 상상 활동과 '마음 인터뷰' 활동으로 가치규범을 심화시키고자 한다. 또한 2009 개정 도덕과 교육과정이 추구하는 통합적, 융·복합적 적용에 기초하여 '생명의 원' 활동을 통해 '생명존중'의 가치를 강화하고 '미래의 가치 있는 꿈'을 이루기 위해 실천해야 한다는 것도 고려하여 지도하고자 한다.

3. 수업 전략(지식이해 중심의 수업과정)

가. 단계별 수업 조직 전략

단계	중심내용	전략
동기 유발 및 학습문제 인식	나에게 '소중한 것'을 통한 호기심 갖기	'미래의 가치 있는 나'와 관련하여 소중한 것을 찾아보는 활동을 통해 '나' 중심의 수업에 몰입하고, '생명'에 대한 호기심을 갖는다.
가치사례 제시 및 관련 규범 파악	생명의 의미와 주변의 생명 찾기	'生命' 한자를 통해 '생명'의 의미를 알아보고 주변에서 생명을 찾은 후 '생각 모으기' 활동으로 공통점을 찾아본다. 『살아있어』라는 책을 함께 읽는 활동으로 '생명의 의미'를 구체화한다.

가치규범탐구 및 이해의 심화	생명이 소중한 이유 알아보기	'생명이 사라진다면?' 활동으로 생명의 소중함을 탐구하는 간접 체험을 하고 '마음 인터뷰'를 통해 '생명이 소중한 이유'를 심화한다.
도덕적 정서 및 의지의 강화	생명을 소중히 여기는 마음 다지기	'생명의 원' 활동을 통해 생명이 소중한 이유를 함께 공유하며 '생명존중'의 의지를 다진다.
정리 및 확대 적용과 실천 생활화	생명존중 적용하고 실천하기	'미야코시 유키나'의 <생명>을 통해 자신의 생명 또한 소중함을 인식하고 '미래의 가치 있는 나'가 되기 위해 노력한다.

나. 학습 형태 및 조직 전략

단계	학습형태	학습조직	전략
동기 유발 및 학습문제 인식	문답 학습	전체	'소중한 것'에 대한 질문을 통해 '미래의 가치 있는 나'와 관련된 수업임을 인식하게 한다.
가치사례 제시 및 관련 규범 파악	토의·토론학습	모둠	'生命'으로 '생명'의 의미를 알아보고 생명을 찾는 활동과 공통점을 찾는 활동으로 '생명'에 대한 개념을 형성한다.
가치규범탐구 및 이해의 심화	탐구 학습 토의 학습	개인 전체	'생명이 사라진다면?' 활동으로 생명의 소중함을 탐구하고 전체 토의 학습에 적합한 '마음 인터뷰'를 적용한다.
도덕적 정서 및 의지의 강화	공유 학습	개인 전체(원)	'생명이 소중한 이유'를 말함으로써 서로의 생각을 공유한다.
정리 및 확대 적용과 실천 생활화	가치 함양 학습	전체	학급 전체가 시를 함께 읽고 빈칸을 채우며 '생명존중'의 가치를 함양한다.

4. 본시 교수·학습과정안

일시	2016. 7. 1. 5교시	장소	3학년 1반 교실	대상	3학년 1반(15명)	수업자	김○○
차시(쪽수)	1/4, 86~89쪽	학습주제		생명의 의미와 소중히 여겨야 하는 까닭 알기			
성취기준		도441. 생명의 소중함을 명확하게 알고, 일상생활에서 생명존중을 적극적으로 실천할 수 있다.					
학습목표		생명의 의미와 소중히 여겨야 하는 까닭을 알아보고 생명존중의 마음을 다질 수 있다.					
수업모형	지식이해 중심의 수업과정	학습형태	탐구·토의학습	학습조직		전체→모둠→개인→전체	
학습자료	『바다로 돌아간 제돌이』, 수업전개 PPT, 생각나무, 도덕성장일기, 연꽃판, 마이크	핵심역량	공감능력	창의요소		상상력	
				인성요소		생명존중, 자기애, 배려	

학습 단계	학습 요소 (학습형태)	교수·학습 활동	시간	자료 및 유의점 (재 자료, tip 유의점)
동기 유발 및 학습문 제 인식	동기 유발 (문답학습) 학습문제 인식 (문답학습) 학습문제 확인	⊙ "생각 나무" ☞ '미래의 나(꿈)'를 위한 소중한 것 찾기 ▶ 여러분들에게 가장 소중한 것은 무엇인가요? 　- 가족, 친구, 생명입니다. ▶ 가치 있는 여러분들의 꿈을 이루기 위해 소중히 여겨야 할 것은 무엇인가요? 　- 사람, 가족, 정직, 자연입니다. ☞ 보편적 가치, '생명' 만나기 ▶ 우리를 포함한 동물과 식물, 누구에게나 있는 이것은 무엇일까요? ⊙ 학습문제 알아보기 ☞ '가치 있는 나의 꿈'을 이루기 위해 공부할 것 알기 　生명의 의미와 생명이 소중한 이유는 무엇일까?	6'/6'	재 수업전개 PPT 재 생각나무, 학급단체사진 T 학급 도덕 수업 특색인 '형용사로 가치 있는 꿈꾸기' 프로젝트와 관련지어 생각할 수 있는 발문을 한다. 재 도덕성장일기 T 수업시간을 고려해 가치(생명)를 발문 없이 즉시 제시할 수도 있다. 재 수업전개 PPT 재 학습목표 가림종이 T 학습문제가 '미래의 가치 있는 꿈'을 이루기 위해 노력해야 할 것임을 명확히 설명한다.
가치 사례 제시 및 관련 규범 파악	가치제시 (개념형성 학습) 관련 규범 파악 (개념형성 학습)	⊙ "생명의 의미" ☞ '生命' 글자 제시 및 의미 찾기 ▶ 생명의 뜻은 무엇일까요? 　- '날 생', '목숨 명'입니다. 　- '살아있는 목숨'입니다. ☞ 주변에서 '생명' 찾기 ▶ 우리 주변에서 생명을 가지고 있는 것들을 찾아볼까요? 　- ○○아, 선생님, 가족, 강아지, 꽃, 나비입니다. ▶ 생명을 가진 것들 이름을 적어봅시다. ▶ 생명을 가진 것들의 공통점을 찾아봅시다. ☞ 『살아있어』 책을 통한 생명의 의미 구체화하기 ▶ 『살아있어』를 함께 읽으며 생명의 의미를 구체적으로 생각해 봅시다.	8'/14'	재 수업전개 PPT T 낱자를 알면 의미를 설명하게 하고 모르면 교사가 설명한 후 단어의 의미에 대하여 발문한다. 재 생각모으기판, 붙임 종이 T 식물도 생명이 있음을 알게 하고 살아있는 것을 어떻게 알 수 있는지 고민하게 한다. 재 동화책 『살아있어』 PPT

가치 규범 탐구 및 이해의 심화	가치규범탐구 (탐구학습)	⊙ "생명이 사라진다면?" ☞ '생명'이 소중한 이유 알아보기 ▶ 나에게 소중한 가치를 지니는 생명들이 사라진다고 상상해 봅시다. ▶ 방법과 규칙을 생각하며 활동해 봅시다. ＜'생명이 사라진다면?' 활동 방법＞ □ 가운데 사람을 '나'라고 상상하기 □ 나에게 소중한 가치를 지니는 '생명' 4개 선택하기 □ 임의로 책에 적기 □ 하나씩 학용품으로 가리기 □ 가린 생명이 사라진다고 상상하기 □ 친구의 활동 모습 살펴보기 ＜'생명이 사라진다면?' 활동 규칙＞ □ 선택한 '생명'에 우선순위를 두지 않기 □ 신호에 따라 하나씩 이름 가리기 □ 오직 자신이 선택하기 □ 친구의 생각을 존중하며 활동 살펴보기 ▶ 다른 친구들 관찰하기 　- 친구의 모습을 세심하게 살피기 　- 친구의 선택에 따른 얼굴빛, 행동 등 관찰하기 　- 나와의 공통점 찾기	8′/22′	⊤ 3학년 수준에서 생명은 하나뿐이며 대체할 수 없다는 것을 깨닫게 한다. 灺 활동 배경음악, 종(벨) ⊤ 학용품으로 하나씩 이름을 덮을 때 정서적 흔들림이 너무 강하여 덮을 수 없다고 하는 학생의 경우에는 덮고 싶지 않은 이유에 대해서 물어봄으로써 활동의 목적을 성취하게 한다. ⊤ 다른 친구의 모습을 관찰하는 이유는 인지·정서의 흔들림을 공유함으로써 '생명'이 누구에게나 경험할 수 있는 보편적 가치임을 알게 하기 위해서이다.
	가치이해 심화 (토의학습)	⊙ "마음 인터뷰" ☞ 활동하며 들렸던 마음의 소리 인터뷰하기 ▶ 활동하면서 어려웠던 점은 무엇인가요? ▶ 활동하면서 느낀 점은 무엇인가요? ☞ 학급 전체의 마음 알아보기 ▶ 생명이 하나하나 사라질 때마다 어떤 마음이 들었나요? 　- 슬펐어요, 마음이 아팠어요. ▶ 잃어버린 생명을 다른 생명으로 바꿀 수 있을까요? 　- 아니요, 바꿀 수 없어요. ▶ 한번 잃어버린 생명을 다시 찾을 수 있을까요? 　- 다시 찾을 수 없어요. 한번 잃어버리면 살릴 수 없어요. ▶ 생명이 소중한 이유를 알게 되었나요?	8′/30′	灺 수업전개 PPT, 도덕성장일기, 마이크, 질문지 ⊤ 앞에 나온 사람은 교사의 질문지에 대한 자신의 생각을 준비한다. ⊤ 인터뷰는 활동을 통한 자신의 경험을 먼저 이야기한 후 질문한다. ⊤ 질문이나 발문은 본 수업의 학습문제이므로 반드시 모든 학생이 알아야 하며, 학생들의 수준을 고려하여 상식적인 수준에서 지도한다.
도덕적 정서 및 의지의 강화	정서·의지 강화 (공유학습)	⊙ "생명의 원" ☞ 생명이 소중한 이유 정리하기 　- 생명은 단 하나뿐이다. 　- 생명을 잃으면 다시 찾을 수 없다. ▶ 활동하면서 느낀 생명이 소중한 이유를 적어봅시다. ▶ '생명의 원'을 만들어 자신의 생각을 공유해 봅시다. 　- "생명이 소중한 이유는 ~이기 때문입니다."	6′/36′	灺 수업전개 PPT, 도덕성장일기 ⊤ 생명이 소중한 이유를 말할 준비를 한 후 생명의 원을 만든다. ⊤ 학생 수를 고려하여 적절한 크기로 만들도록 한다.

| 정리 및 확대 적용과 실천 생활화 | 정리 (가치함양학습) 실천생활화 (가치함양학습) 차시 예고 | ⊙ '미야코시 유키나'의 <생명> ☞ 시를 살펴보며 학습 내용 정리하기 ▶ 시의 빈칸에 알맞은 낱말을 넣어 의미 정리하기 - 생명, 건전지, 너 같은 것은 필요 없어, 슬퍼진다. 살아갈 테다. ☞ '미야코시 유키나'의 '생명존중' 태도 생각하기 ▶ '미야코시 유키나'에게 '생명'은 어떤 것이었을까? - 소중한 것, 닳아 없어지지만 열심히 살아야 할 것 ▶ '미야코시 유키나'의 '생명존중' 태도 생각하기 - 힘들지만 실망하지 않고 생명을 존중하며 최선을 다합니다. ☞ '가치 있는 나의 꿈'을 위해 '생명의 소중함' 실천하기 ⊙ 차시 예고 ☞ 『바다로 돌아간 제돌이』를 통해 생명에 대한 올바른 태도 갖기 | 4'/40' | 재 수업전개 PPT, 미야코시 유키나의 <생명> 티 사용된 수업시간을 고려하여 빈칸에 들어갈 낱말을 생각하여 말하게 하거나, 하나씩 가림종이를 제거하며 읽게 하여 적절히 시간을 조절한다. 티 미야코시 유키나가 죽는 순간까지 생명을 소중히 여겼던 태도를 공유하여 '생명존중'을 실천할 수 있게 지도한다. |

5. 평가계획

평가 영역	성취 기준	평가 기준	평가 척도	평가 시기	평가 방법
인지·정의적	생명의 의미와 소중히 여겨야 하는 까닭을 알 수 있다.	생명의 의미를 알고 소중히 여겨야 하는 까닭 두 개를 정확하게 알고 있다.	상	수업 후 수업 중	도덕 성장일기
		생명의 의미를 알고 소중히 여겨야 하는 까닭 한 개를 알고 있다.	중		
		생명의 의미와 소중히 여겨야 하는 까닭을 모두 알지 못한다.	하		
행동적	생명을 소중히 여기는 마음을 표현하고 실천할 수 있다.	'생명의 원 만들기' 활동을 통해 생명을 소중히 여기는 마음을 적극적으로 표현하고 실천할 수 있다.	상	수업 중	관찰
		'생명의 원 만들기' 활동을 통해 생명을 소중히 여기는 마음을 표현하고 실천할 수 있다.	중		
		'생명의 원 만들기' 활동에 소극적이며 생명을 소중히 여기는 마음 표현과 실천의지가 부족하다.	하		

6. 참고 문헌

- 교육과학기술부, 초등학교 3~4학년군 도덕 ①(2016).
- 교육과학기술부, 초등학교 교사용 지도서 3~4학년군 도덕 ①(2016).
- 나카야마 치나츠(2008), 『살아있어』, 보물상자.
- 은방울꽃모임(2004), 『건전지가 다하는 날까지』, 서울: 한울림.

- 미야코시 유키나(1998), 『생명』, 서울: 한울림.
- 박광철(2012), 『협력놀이』, 서울:테크빌닷컴.
- 이상수, 브랜드가 있는 선생님, https://blog.naver.com/edusang

| 참고 문헌 |

- 강현석(2014), 교육과정 재구성 및 특성화 방안: KDB 중심의 간학문적 통합 단원구성, https://21erick.org/column/268/
- 강현석, 이지은(2018), 이해중심 교육과정을 위한 백워드 설계의 이론과 실천: 교실혁명, 학지사.
- 경기도교육청(2016a), 교사의 교육과정 문해력 신장 연구, pp인쇄소.
- 경기도교육청(2016b), 배움중심 수업 2.0 이해와 실천, 교육과정정책과.
- 경상남도교육청(2017), 앎과 삶이 하나 되는 교육과정 이야기, ㈜브레인.
- 광주교육대학교목포부설초등학교(2000), 수업실습 길잡이, 실습자료집.
- 교육과학기술부(2011), 초등학교 교육과정, 과학기술고시 2011-361 [별책 2]
- 교육과학기술부(2012a), 2009 개정 교육과정에 따른 성취기준·성취수준(3-4학년), 부운디자인.
- 교육과학기술부(2012b), 초등학교 교사용 지도서(통합교과 2-1), ㈜벽호.
- 교육부(1992), 교육부 고시 제1992-16호에 따른 국민학교 교육과정 총론 해설.
- 교육부(1997a), 제7차 초등학교 교육과정 해설(I) (총론, 재량활동).
- 교육부(1997b), 초등학교 교육과정, 교육부 고시 제1997-15호.
- 교육부(1998), 수행평가의 이해(한국교육과정평가원 제공), 신일문화사.
- 교육부(2015), 초등학교 교육과정, 교육부 고시 제2015-80호 [별책 2]
- 교육부(2016a), 2015 개정 교육과정에 따른 평가기준(초등 3~4학년).
- 교육부(2016b), 2015 개정 교육과정 총론해설(초등학교), (사)장애인문화인쇄협회.
- 교육부(2018), 초등학교 1~2학년군 국어과 교사용지도서, ㈜미래엔.
- 교육부(2020), 2020학년도 초등학교 학교생활기록부 기재요령, 디자인리더.
- 교육인적자원부(2001), 제7차 교육과정에 따른 성취기준·평가기준, (연구) 한국교육과정평가원.
- 군산교육청(2001), 교실 수업 개선을 위한 수업아이디어 자료집, 군산인쇄소.
- 김경희(2016), 교육평가의 종류와 특징, 행복한 교육, 2016. 4월호.
- 김국현(2009), 성취기준의 개념 혼란과 도덕과 성취기준·평가기준의 설정 원리와 방법, 교육과정평가연구, Vol. 12, No. 3.
- 김세영(2015), 초등교사의 교육과정 리터러시에 관한 실제적 접근, 한국교원대학교 대학원 박사학위 논문.
- 김소연(2011), Drake의 KDB 모형을 적용한 주제 단원 개발, 한국교원대학교, 석사학위 논문,

G901:A-0005581111.

- 김은주(2018), 교직과 교사, 시그마프레스.
- 김종윤, 이승미, 박선화, 임윤진, 배선화(2018), 성취기준 질 제고를 위한 국제 비교 연구, 교육부 위탁 정책연구.
- 김현섭(2016), 학생 자리 배치, 어떻게 해야 할까? 블로그(https://eduhope88.tistory.com/234).
- 류재택 외(2000), 제7차 교육과정 개정에 따른 초등학교 4학년 성취기준 및 평가기준개발연구, 한국교육과정평가원, 연구보고 RRE 2000-4-2.
- 리사 카터 지음, 박승열 외 옮김(2017), 교육과정-수업-평가 일체화, 살림터.
- 마이클 오스본(2015), KBS 시사기획 창, 로봇의 일자리.
- 문곡에듀플랫폼 교육상담연구소, DCAC 민주시민·적응역량검사, http://www.munkokedu.com/docs/sub02/personality
- 박종임(2017), 과정중심평가의 이해 및 실제, 대구광역시교육연수원, 초등과정중심평가 전문가 양성 직무연수 교재.
- 박태호(2015), 아하 학생배움중심의 PCK 수업 설계 2, 아카데미프레스.
- 부산시교육청(2017), 2015 개정 교육과정 시행에 따른 영어과 과정중심 수행평가 자료집.
- 서지영, 김갑철, 김윤희, 김택천, 이정원, 장용규(2009), 2007 개정 교육과정에 따른 체육과 성취기준과 평가기준 개발 연구.
- 세계경제포럼(2016), '일자리의 미래' 보고서.
- 신민희(2012), 학습성과 수행평가를 위한 루브릭 개발과 적용에 관한 연구, 공학교육연구 제15권 제5호.
- 에듀쿠스(2018). 앎과 삶을 담은 교사 수준 교육과정. ㈜북랩.
- 온정덕(2015), 교육과정 안에서 키워지는 핵심역량, 행복한 교육 10월호.
- 온정덕(2016), 미래 사회 인재상과 2015 개정 교육과정의 개정 방향, 2015 개정 교육과정에 따른 교과별 교육과정 선도 교원 연수 자료, 교육부.
- 위키백과, https://ko.wikipedia.org/
- 이경건, 홍훈기(2017), 2015 개정 교육과정에서 도입한 '핵심 개념'의 의미 변화 과정분석, 교육과정평가연구, Vol. 2.
- 이경선(2016), 이해중심교육과정 '백워드 디자인에 따른 단원 및 차시 개발', 블로그(경선쌤의 수업하는 교실).
- 이광우 외(2014), 교과 교육과정 개발 방향 설정 연구(연구보고 CRC 2014-7). 한국교육과정평가원.
- 이근호, 곽영순, 이승미, 최정순(2012), 미래 사회 대비 핵심역량 함양을 위한 국가 교육과정구상. 한국교육과정평가원. 연구보고 RRC 2012-4.
- 이돈희, 곽병선, 최석진, 허경철, 조난심, 박순경, 홍후조, 김재춘(1997), 제7차 교육과정 개정에 따른 교과 교육과정 개발 체제에 관한 연구, 연구보고 CR97-36.
- 이미경 외(2016), 2015 개정 교육과정에 따른 초·중학교 교과 평가기준개발연구(총론), 한국교육과정평가원, 연구보고 CRC 2016-2-1.

- 이상수, 브랜드가 있는 선생님, https://blog.naver.com/edusang
- 이윤호(1985), 교사의 수업기술 향상을 위한 학교수업연구, 한국교육출판.
- 이의용(2010), 잘 가르치는 교수, 쌤앤파커스.
- 이지수(2018), 문법 교육과정의 실태와 개선 방안, 새국어생활, 28권 3호.
- 이진영(2019), 봄빠와 함께하는 교육과정 재구성, https://blog.naver.com/kocu
- 이찬승(2015), 빅 아이디어, 교과서 집필에 반드시 반영돼야!, 교육을 바꾸는 사람들(https://21erick.org/column/363).
- 이한나, 교과별 성취기준 읽기, http://blog.naver.com/nocomgam2/220827793028
- 이혁규(2011), 수업 비평의 눈으로 읽다, 우리교육.
- 임종헌, 최원석(2018). '과정중심평가'의 특징과 의미에 관한 연구: 자유학기제 '과정중심평가'를 중심으로. 한국교육, Vol.45, No.3.
- 전라남도교육청(1998), 문답으로 알아 본 좋은 수업 포인트 70, 장학자료.
- 정광순(2013), 교사의 교육과정 문해력 기르기, 교육과정 정책 이해 관리자 연수 자료, 경상남도교육청, 경남교육 2013-203.
- 정혜승(2007). 성취기준 중심 국어과 교육과정 구성에 관한 비판적 고찰. 국어교육, 123.
- 중앙일보(2016), 전 세계 7세 아이들 65%는 지금 없는 직업 가질 것, 2016년 1월 20일자 중앙일보 기사(https://news.joins.com/article/19441065?cloc=joongang|home|newslist1).
- 최승현, 강대현(2007), 교육과정 개정에 따른 사회과 내용교수지식(PCK) 연구, 한국교육과정평가원 연구보고 RRI 2007-3-3.
- 춘천교육대학교부설초등학교(2019), 달·별·솔이와 함께하는 배움·성장 이야기 Vol.3, 교육부상설 연구학교 보고서. 미에드.
- 충청남도교육청(2003), 클릭! 으뜸수업 길라잡이, 초등학교 교육과정 운영자료 11.
- 토마스 프레이(2016), KBS 오늘 미래를 만나다 강연.
- 한국교육과정평가원(2014), 교과 교육과정 개발 방향 설정 연구, 한국교육과정평가원 연구보고 CRC 2014-7.
- 한국교육과정평가원(2015). 2015 개정 교육과정에 따른 교과서 검정 심사 운영 방안(I). 한국교육과정평가원 연구보고 RRC 2015-9.
- 한국교육학술정보원(2020), 초·중등학교 정보공시 입력 지침서, 참다자인.
- 허경철, 박순경, 이우, 이미숙, 정근, 김진숙, 민용성, 김두정(2005). 초·중등학교 교육과정 총론 개정(시안) 연구 개발(CRC 2005-6). 서울: 한국교육과정평가원.
- 홍후조(2011). 알기 쉬운 교육과정. 학지사.
- Drake, S. M.,&Burns, R. C.(2003). *Meeting standards through integrated curriculum.* 박영무, 강현석, 김인숙, 허영식(역)(2006). 통합교육과정, 원미사.